Brigitte Fassbaender

# *«Komm' aus dem Staunen nicht heraus»*

Brigitte Fassbaender

# *«Komm' aus dem Staunen nicht heraus»*

MEMOIREN

C.H.Beck

Mit 49 Abbildungen

Vorderer Vorsatz (von links oben): Als Eboli, Carmen, Marina, Fricka, Gräfin Geschwitz, Marie, Sesto, Dorabella, Orfeo, Amme

Hinterer Vorsatz (von links oben): Als Gräfin Geschwitz, Amneris, Octavian, Orlofsky, Clarissa, Waltraute, privat, als Hänsel, Charlotte, Eboli


www.chbeck.de
Satz: Fotosatz Amann, Memmingen
Druck und Bindung: Druckerei C.H.Beck, Nördlingen
Gedruckt auf säurefreiem, alterungsbeständigem Papier
(hergestellt aus chlorfrei gebleichtem Zellstoff)
Printed in Germany
ISBN 978 3 406 74115 9

myclimate

klimaneutral produziert
www.chbeck.de/nachhaltig

Daß wir sie überschätzen, dazu ward
die Vergangenheit unserem Gedächtnis einverleibt.
HUGO VON HOFMANNSTHAL

Siehe, ich lebe. Woraus? Weder Kindheit
noch Zukunft werden weniger …
Überzähliges Dasein entspringt mir im Herzen.
RAINER MARIA RILKE

*Für J. S.*
*und alle Freunde und Wegbegleiter,*
*die nicht namentlich genannt sind,*
*die aber mein Leben mit ihrem Verständnis*
*und ihrer Treue bereichern*

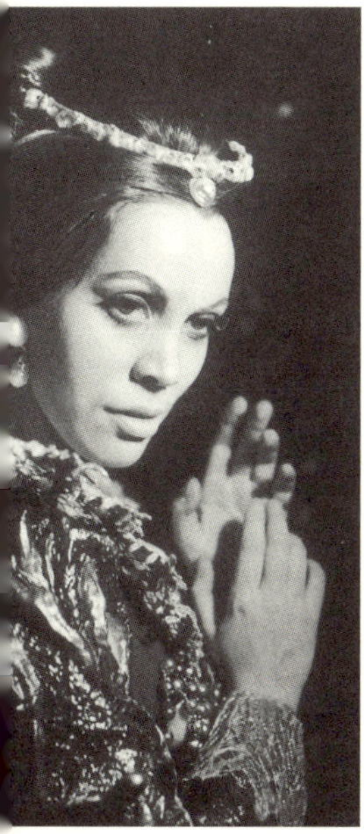
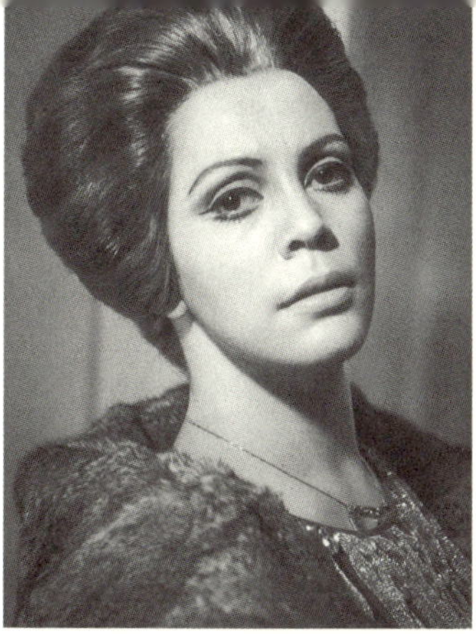
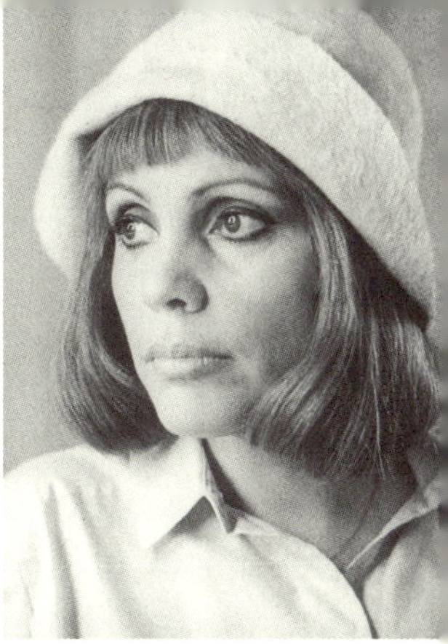
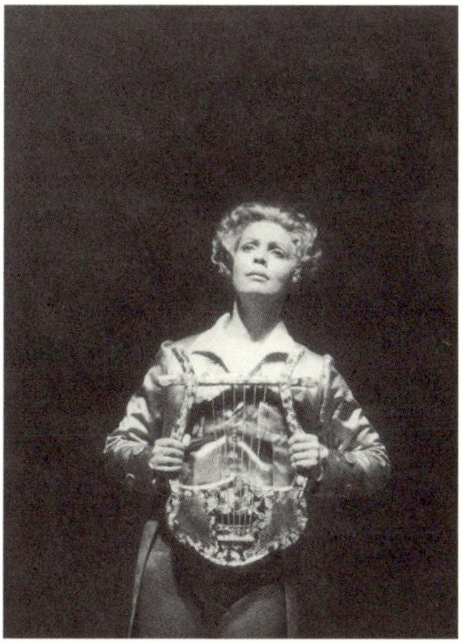
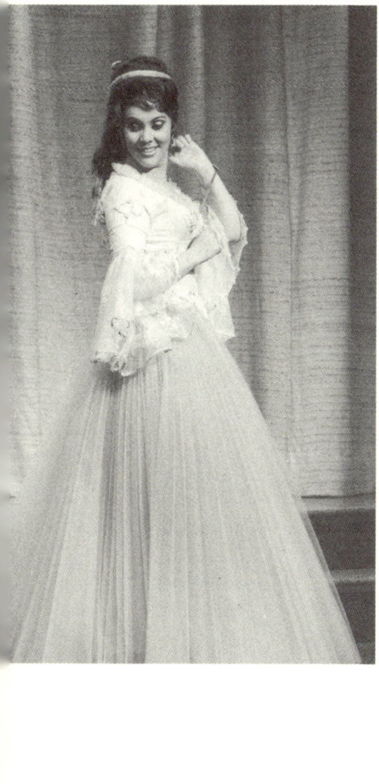
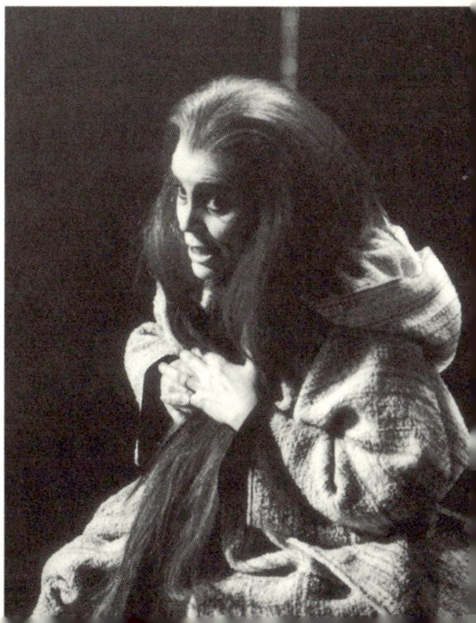

# *Inhalt*

## Zu Beginn

Eigentlich wollte ich mit 44 sterben. So hatte ich es mir jedenfalls als Schulmädchen vorgenommen. Genauso wie mein geliebter Christian Morgenstern, dessen Lyrik ich damals verschlang und dessen Leben mich so beeindruckte. Es ist anders gekommen – ich lebe immer noch und habe das erreicht, was man «Alter» nennt. Die großen halbrunden und runden Geburtstage häufen sich. Ich soll ein Buch über mein Leben schreiben, so werde ich gebeten, ermuntert und aufgefordert. Man fürchtet ein Verstummen, ein Gehen, ohne die Zeitzeugenschaft meines Lebens hinterlassen zu wissen.

Man bietet mir Hilfestellung und Ghostwriting an – ich will es nicht. Wenn schon, denn schon. Das Wort war mir immer nah und das Schreiben eine vielgeübte Tätigkeit, die in vielfältiger Form mein Leben begleitete und ihren Niederschlag fand. Artikel, Begleittexte, Vorworte, skurrile Kurzgeschichten, Gedichte sind hie und da entstanden, manches wurde sogar in diversen Druckwerken veröffentlicht. Aber ein Buch? Ein richtiges Buch? Im Schreiben war ich bislang Kurzstreckenläuferin. Für einen Menschen voller Skrupel und Selbstzweifel ist es schwer vorstellbar, dass aus seinem Leben ein Buch werden sollte, das andere interessieren könnte. Doch an Erlebnissen und Begegnungen ist dieses Leben reich – und es begann zu einer Zeit, die mich zur «Zeitzeugin» macht, deren Wachsen und Werden offensichtlich interessant genug erscheint, um festgehalten zu werden.

Also unternehme ich den Versuch, tatsächlich ein Buch zu verfassen, bevor es zu spät sein könnte. Bei dem Wort «Versuch» fühle ich mich einigermaßen geborgen. Denn Versuch ist und bleibt alles, was ich beginne, solange ich fähig sein werde, mein Leben eigenständig zu gestalten. Versuch war und ist jede künstlerische Äußerung; Versuch war, Kreativität zu leben und zu bewältigen. Ein ununterbrochener Vorgang. Ich stürze mich hinein in das Abenteuer meiner «Memoiren» und nehme die Herausforderung an, nicht ohne wieder einmal bei Shakespeare das Wort zu finden, das mir Hilfe und Entschuldigung ist: «Mir ist Geschehenes abgetan. Oh Zeit! Du selbst entwirre dies, nicht ich: Ein zu verschlungener Knoten ist's für mich.»

B. F. im Februar 2018

# 1
# *Herkunft*

## *Der Vater*

Mein Vater sprach nicht gern und nur selten über seine Familie. Was ich von ihm über sie weiß, ist bruchstückhaft und vage. Den bis ins 15. Jahrhundert zurückverfolgten Stammbaum der Familie habe ich nach dem Tod meines Vaters in seinen Unterlagen gefunden. Die Auszüge aus Kirchenbüchern und Registern hat er wohl zusammengetragen, als es in Deutschland nötig war, den «Ariernachweis» zu erbringen.

Viele der Vorfahren stammten aus Aachen und Umgebung. Der Ururgroßvater, Johann Heinrich Josephus Fassbaender, war Küster, Organist und Nadelmacher, so steht es in den alten Registerauszügen von 1798. Mit seiner Frau Anna Katharina Sibylla Schürfeld hatte er zwei Söhne. Der Erstgeborene, Karl Wilhelm, war Lehrer, heiratete zweimal und hatte acht Kinder. Der Zweitgeborene, Adolf Johann Ludwig, war Bäcker und zeugte mit seiner Frau, der Niederländerin Maria Theresia Printz, sechs Söhne, von denen der vierte, Albert Johann, mein Großvater und der Vater meines Vaters werden sollte. Geboren 1861, wurde Albert Johann Schreiner und heiratete Elisabeth Brodmühler, deren Vater ebenfalls Schreiner war – ein Beruf, der in der weitverzweigten, immer wieder in die Niederlande reichenden Ahnenreihe häufig vorkommt. So ist mir klar, woher meine Neigung zu Bäumen, zu Holz, zum Schreinern und Handwerken stammt. Es gab unter meinen Vorfahren auch einen Hufschmied, einen Gastwirt, zahlreiche Bürgermeister und Schöffen, nur weit und breit keinen Musiker oder Künstler, bis auf den orgelspielenden Küster, meinen Ururgroßvater.

Mein Großvater Albert Johann, der Aachener Schreiner und Holzhändler, starb sehr früh, als mein 1897 geborener Vater, Wilhelm Josef

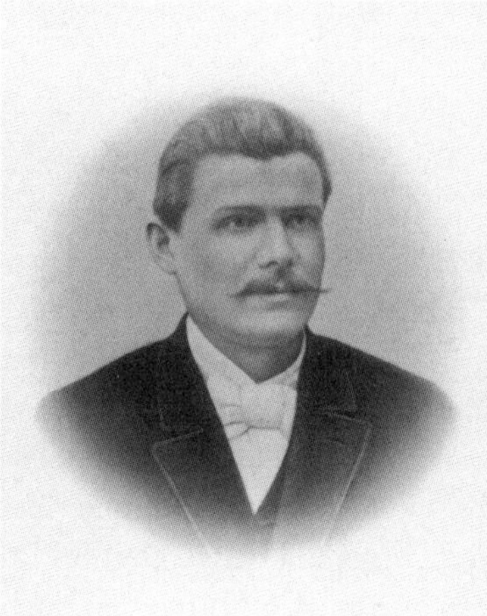

Albert Fassbaender,
der Großvater väterlicherseits

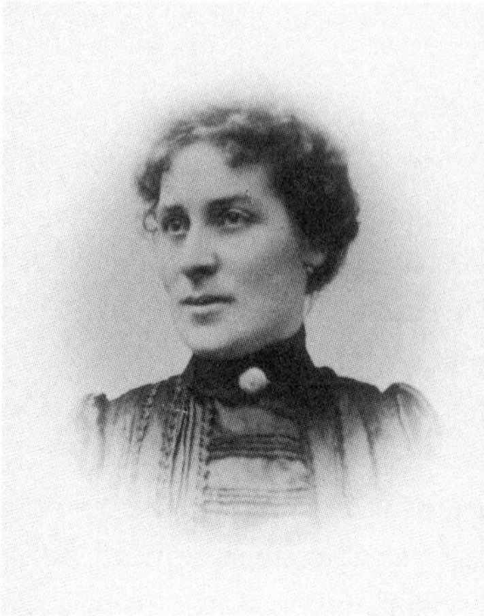

Elisabeth Fassbaender, geb. Brodmühler, die Großmutter väterlicherseits

Maria, zwei Jahre alt war. Dieser wuchs nun in der Obhut seiner streng katholischen, einfachen Mutter Elisabeth auf, die eine schöne Frau gewesen sein muss. Er hatte zwei ältere Brüder und eine Schwester mit Namen Philomene. Zu seinen Brüdern brach er jedoch als junger Mann jeglichen Kontakt ab – ich habe sie nie gesehen. Sie hatten ihn beim Tod der Mutter um das Erbe betrogen, wie er sagte. Zu Philomene hingegen, die ein Leben lang in der Geburtsstadt Aachen lebte, bestand eine lose Verbindung. Ich lernte sie kennen, als sie meinen Vater einige Jahre vor seinem Tod noch einmal besuchte: eine kleine, dickliche Person, eine Miniaturausgabe meines Vaters, still und verschlossen. Man schwieg miteinander.

Die Mutter, die von den Geschwistern heftig geliebt wurde, war Ende der Zwanzigerjahre gestorben. Mein Vater bewahrte ihr zeitlebens eine zärtliche Erinnerung. Er hütete ihren Rosenkranz in einem kleinen Etui, das er immer bei sich trug und küsste, wenn er es aufnahm oder ablegte. In seiner Hinterlassenschaft habe ich einen Brief von ihr an den karrieremachenden Sohn gefunden, mit Bleistift geschrieben, in schütterer Rechtschreibung, in dem sie ihn zu Anstand und Ordnung und zum sonntäglichen Kirchgang mahnt.

Schon früh wurde mein Vater in den Aachener Domchor aufgenommen, in dem er zum Sopransolisten heranwuchs. Von dieser Zeit erzählte er später viel – von den Konzertreisen ins benachbarte Ausland, nach Belgien, wo er auch ins Gymnasium ging, und in die Niederlande, wo die Großmutter eine Tulpenfarm hatte. Und vom Besteigen des steinernen Throns Karls des Großen im Dom, das natürlich streng verboten war, was aber die Chorbuben überhaupt nicht kümmerte. Mein Vater war ein wildes, ungebärdiges Kind und hatte daher seinen Spitznamen «der wilde Dumgrof»: So wurden im Aachener Dialekt die Raubritter genannt. Sein Lehrer, der Chordirektor Felix Knubben, förderte den talentierten Chorbuben und riet zum Gesangsstudium.

Nach dem Stimmbruch entwickelte sich die Stimme zu einem prachtvollen Bariton. Nun wurde Wilhelm Josef Maria zielstrebig zum Musiker ausgebildet. Nebenbei lernte er das Handwerk des Restaurators und Glasers. Er malte, stand einem Chor als Chorleiter vor, wollte Dirigent werden und komponierte. Einige Lieder in Brahms'scher Manier haben sich erhalten, ein Walzer für Klavier ist schwungvoll und lässt einiges Talent erkennen. Aber die stimmliche Begabung brach sich unaufhaltsam Bahn, und so studierte mein Vater ernsthaft Gesang, zunächst in der Domchorschule, dann betreut von Künstlern der Aachener Oper, wo er denn auch sein erstes Engagement erhielt. Dankbar und respektvoll erinnerte er sich des damaligen Generalmusikdirektors Peter Raabe und des Dirigenten Fritz Busch, die ihn maßgeblich förderten. Raabes Nachfolger wurde ein junger, hochbegabter Dirigent namens Herbert von Karajan. Er und mein Vater wetteiferten, wer der am besten angezogene, extravaganteste Jungstar der Aachener Oper war. Karajan erzählte es mir lachend, als auch ich – über fünfzig Jahre später – mit ihm zusammenarbeitete. Mein armer Vater aber stolperte als Heerrufer im «Lohengrin» bei einem seiner ersten Auftritte im heimatlichen Stadttheater über seine Kostümschleppe und schlug der Länge nach hin. Ein für ihn unvergessliches Ereignis.

Nach zwei Anfängerjahren in Aachen und seiner noch von der Mutter abgesegneten Heirat mit der Jugendliebe Mathilde wurde mein Vater an die Kroll-Oper in Berlin engagiert, deren Ensemble er unter dem Dirigenten Leo Blech bis zur Schließung der Oper angehörte. Nach dem Vorsingen soll Leo Blech notiert haben: «Bildschöne Stimme, aber etwas militärisch ...» Was immer er damit gemeint haben mag – Soldat war mein Vater natürlich auch gewesen. Als Achtzehnjähriger eingezogen, war er im Ersten Weltkrieg Meldegänger und wurde sogar mit einer Tapferkeitsmedaille ausgezeichnet. Die Erfahrungen dieses Krieges aber machten aus ihm einen überzeugten Pazifisten.

In Berlin vervollkommnete er sein Gesangsstudium bei den berühmten Gesangslehrern Paul Bruns und Jacques Stückgold, denen er seine sichere und souveräne Technik verdankte. Paul Bruns war es auch, der endgültig entschied: «Das ist ein Bariton!» Damit waren alle etwaigen Tenorträume ausgeträumt.

1924 schloss die Kroll-Oper ihre Pforten, und mein Vater zog weiter, ins nächste Engagement nach Düsseldorf. Dort blieb er drei Jahre und ging danach an die Stuttgarter Oper, die damals noch Landestheater war. Inzwischen war sein Sohn Rolf in Aachen geboren worden, und seine Frau Mathilde folgte nun meinem Vater nach Stuttgart. Im dortigen Ensemble gab es einen Sänger namens Wilhelm Fassbinder, was zu ständiger Verwechslung, besonders zur Vertauschung der Post führte. So entstand schließlich aus dem Spitznamen der Jugendzeit der Künstlername «Domgraf», der dem Fassbaender vorangestellt wurde. Aus Wilhelm Josef Maria Fassbaender wurde Willi Domgraf-Fassbaender.

Von Stuttgart aus gastierte mein Vater an der Berliner Staatsoper, an der er auch einen Gastvertrag erhielt. Dort arbeitete er wieder mit Leo Blech zusammen, dazu mit Otto Klemperer, Erich Kleiber und allen großen Dirigenten der damaligen Zeit. 1930 bekam er einen Festvertrag als erster lyrischer Bariton und war von nun an Ensemblemitglied der Berliner Staatsoper. Gleichzeitig hatte er ständige Gastverträge mit den Staatsopern München und Wien. Clemens Krauss, der damals Musikdirektor der Wiener Oper war, schätzte ihn sehr und setzte ihn bald im italienischen Fach ein.

In die erste Zeit an der Berliner Staatsoper muss auch die Begegnung meines Vaters mit Max Reinhardt, dem legendären Regisseur, gefallen sein. Reinhardt hatte ihn auf der Bühne gesehen und engagierte ihn für die Titelrolle seiner Produktion «Der Studentenprinz», der Musicaloperette von Sigmund Romberg. Mit Stolz erfüllte meinen

Vater Reinhardts Lob am Ende der Zusammenarbeit: «Fassbaender, Sie sind ja ein Schauspieler!», wobei mein Vater ihn treffend nachzumachen wusste, mit der in der Wange rotierenden Zunge. Das sei für ihn der «Pour le Mérite» gewesen, pflegte mein Vater zu sagen.

Von da an war er der singende Schauspieler, der auch in einigen Filmen mitwirkte, die, heute betrachtet, ziemlich unerträglich sind. Immerhin aber ist damals, 1932, auch der erste deutsche Opernfilm entstanden, Smetanas «Verkaufte Braut» in der Regie von Max Ophüls, mit meinem Vater in der arg zusammengestrichenen Tenorpartie des Hans, der er problemlos gewachsen war. Jarmila Nowotná, eine von meinem Vater mehr als verehrte Sängerin, sang die Marie, und auch Karl Valentin und Liesl Karlstadt waren mit von der Partie. Der Film hat sich bis heute seinen Charme bewahrt und zeigt eine für damalige Verhältnisse sehr moderne Kameraführung. In einem anderen Filmprojekt verkörperte mein Vater den Komponisten Carl Maria von Weber. Allerdings ist einzig die Szene, in der Weber, sich selbst am Klavier begleitend, die Arie des Max aus seinem «Freischütz» zum Besten gibt, sehens- und hörenswert. Sie meisterte mein Vater aufgrund seiner mühelosen Höhe mit Bravour. Von den musikalischen Unterhaltungsfilmen, in denen er mitspielte, sind «Theodor Körner» und «Der glückliche Herr Fünf» zwei Titel, die mir noch einfallen.

Inzwischen war mein von Damen jeden Alters umschwärmter, gutaussehender Vater schon längst von der herzensguten Mathilde geschieden. Scheidungsgrund war eine ungarische Tänzerin – so steht es in der Scheidungsurkunde, die sich erhalten hat. Mathilde und der gemeinsame Sohn Rolf blieben in Stuttgart.

In den Dreißigerjahren avancierte mein Vater an der Berliner Staatsoper zum ersten Kavaliersbariton des Hauses. Seine Hauptpartien umfassten alle Baritonrollen bei Mozart, Rossini und Verdi. Er war *der* Figaro, *der* Barbier und *der* Rigoletto seiner Zeit. Er sang Konzerte und Liederabende, trat an allen führenden Häusern des In- und Auslandes auf und war der umjubelte Kammersänger.

In Berlin traf er die als Berliner Schönheit bekannte und verehrte Ilse Seeger, deren Mutter eine geborene von Crailsheim war. Die Sache mit der ungarischen Tänzerin war vorbei – er verliebte sich sterblich in Ilse Seeger und heiratete sie auf der Stelle. Dieser Ehe entstammt mein zweiter Halbbruder Peter.

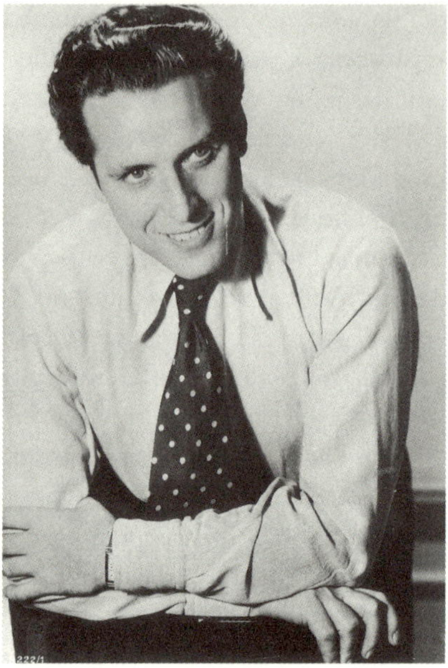

Willi Domgraf-Fassbaender, der Vater,
auf einem Autogrammfoto

Mein Vater genoss sein erfolgreiches Sängerleben in vollen Zügen. Er gehörte zu den Auserwählten, die 1934 unter dem Dirigenten Fritz Busch und in der Regie von Carl Ebert das Mozart-Festival in Glyndebourne mit «Figaros Hochzeit» und «Così fan tutte» eröffneten. Live-Mitschnitte dieser Gründungsproduktionen sind erhalten und zeugen von der hervorragenden Mozart-Pflege, die dort herrschte. Mein Vater, der auch in den folgenden Jahren nach Glyndebourne zurückkehrte, schwärmte später von der Zeit dort, dem gastlichen Haus des Festivalgründers John Christie, der das Festival für seine Frau, die Sopranistin Audrey Mildmay, ins Leben gerufen hatte. Sie stand regelmäßig in allen Mozart'schen Sopranpartien auf der Bühne, umgeben von der damaligen Elite der Mozart-Sänger. Der englische Hofmaler malte meinen Vater, Virginia Woolf besuchte Vorstellungen in Glyndebourne und erwähnt den agilen, schönstimmigen Figaro in ihren Tagebüchern.

Glyndebourne war einer der Höhepunkte in der internationalen

Karriere meines Vaters, ebenso wie sein Auftritt als Papageno in Salzburg, den er 1937 in der «Zauberflöte» unter Toscanini sang. Dazwischen allerdings lag der Tiefpunkt, der sein Sängerleben mit Krankheit und schwerwiegenden Operationen traf. Man diagnostizierte eine Nierentuberkulose, woraufhin er in der Berliner Charité von dem berühmten Professor Sauerbruch persönlich operiert wurde. Eine Niere musste entfernt werden, und die Genesung und Rekonvaleszenz nahmen über ein Jahr in Anspruch, das mein Vater in Italien verbrachte. Dort fand er langsam wieder in seine Form und sein Singen zurück. Dabei half ihm der italienische Tenor Giuseppe Borgatti, der – damals schon erblindet – ein renommierter Gesangspädagoge war. Von Borgatti, der hauptsächlich als Wagner-Sänger bekannt war, haben sich Aufnahmen aus den Zwanzigerjahren erhalten, die ihn als Meister seines Faches zeigen. Mein Vater holte sich bei ihm entscheidende Anregungen und neue Kraft und konnte so seinen Weg als gefragter Opern- und Konzertsänger fortsetzen.

Daran hatte seine zweite Frau, die schöne Ilse, allerdings nicht geglaubt und ihn in der Zeit seiner Krankheit mit Sack und Pack und Sohn Peter verlassen. Die Trennung war ein schwerer Schlag für meinen Vater, denn er hatte Ilse sehr geliebt. Ein neuer Ehemann war auch schon parat, mit großer Villa am Wannsee: ein Berliner Verleger, der bei den Nazigrößen gern gesehen war und in seinem «Aufwärts»-Verlag auch nationalsozialistisches Schriftgut druckte. Mein Bruder Peter, der nun in diesem Milieu und im Park am Wannsee aufwuchs, kann von Hitler-Schranzen erzählen und den Bonzen, die im Haus seines Stiefvaters ein und aus gingen.

Ilse Klieber, geschiedene Fassbaender, nahm sich 1945 aus Angst vor den Russen zusammen mit ihrer Mutter das Leben, nicht ohne meinen damals zehnjährigen Bruder, der im Garten seine Halbgeschwister beaufsichtigte, zu fragen, ob er «mitgehen» wolle «zu den Engeln». «Nein», meinte der, «wir spielen grade so schön.» Kurze Zeit später fand er die Leichen seiner Mutter und Großmutter, wähnte die beiden Frauen schlafend und spielte weiter …

In der Staatsoper war mein Vater von getreuen Hitler-Anhängern und Nationalsozialisten umgeben, allen voran sein Intendant Heinz Tietjen, ein strammer Nazi und enger Vertrauter der Bayreuther

Clique um Winifred Wagner. Mein Vater verehrte den mittelmäßigen Dirigenten und Regisseur Tietjen leider heftig. Und so ließ sich auch der berühmte erste italienische Bariton der Deutschen Staatsoper zu Berlin spät, aber doch zum Eintritt in die Nationalsozialistische Partei überreden, gedrängt von einem Fachkollegen, dessen Machenschaften mein ziemlich naiver, gutmütiger Vater nicht durchschaute. Auch glaubte er, mit dem Eintritt in die Partei jüdischen Freunden und Kollegen noch mehr helfen zu können, als er es durch Beziehungen und Ausnutzung seines Namens schon getan hatte. Nach dem Krieg gab es tatsächlich eine Anzahl jüdischer Heimkehrer, die meinen Vater bei seiner Entnazifizierung entlasteten und ihn als Helfer und mutigen Freund schilderten. In seinen Entnazifizierungspapieren steht denn auch, er sei nur «nomineller Nazi» gewesen. Meine Mutter aber war über seinen Eintritt in die Partei so erbost, dass sie sich trennen wollte.

Seine dritte Frau, die Theater- und Filmschauspielerin Sabine Peters, hatte mein Vater im Dezember 1938 geheiratet. In der «Filmwelt» Nr. 1 vom Januar 1939 gibt es ein Foto, auf dem man beide vor dem Standesamt in Berlin-Wilmersdorf sieht, meine Mutter strahlend für die Kamera, mein Vater eher verhalten lächelnd. Der Brautstrauß waren Mimosen und Maiglöckchen. Da war ich schon unterwegs; wer weiß, ob das Foto sonst entstanden wäre …

## *Die Mutter*

Meine Mutter war in eine grundsolide preußische Kaufmannsfamilie hineingeboren worden. Ihr Großvater väterlicherseits, Theodor Peters, Mitbegründer und langjähriger Direktor des «Vereins Deutscher Ingenieure», war mit Oskar von Miller, dem Gründer des Deutschen Museums in München, und Graf Zeppelin befreundet, dem er – so die Familienlegende – vom Bau seines nach ihm benannten Fluggeräts abgeraten habe, da dieses sich als untauglich und nicht zukunftsträchtig erweisen würde. Der Zeppelin ging trotzdem in Bau und hielt sich einige Jahre in der Luftfahrt. Als das Unglück des Luftschiffes «Hindenburg» bei Lakehurst in den USA passierte, war mein Urgroßvater schon lange tot, aber in der Fami-

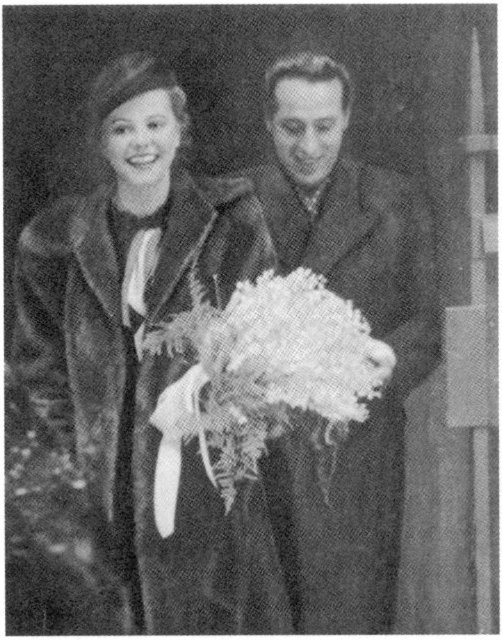

Hochzeit der Eltern 1939, Foto aus der «Filmwelt»

lie kursierte der Spruch: «Hätte der Graf doch nur auf Theodor gehört!»

Im Deutschen Museum in München hängt ein Gemälde, auf dem Kaiser Wilhelm II. im Kreise vieler bedeutend aussehender, bärtiger Männer zu sehen ist. Der Mann in der Ecke unten rechts ist mein Urgroßvater, auch er ein stattlicher, bärtiger Mensch mit imposantem Kopf. Er hatte mehrere Söhne – einer davon wurde mein Großvater, Alfred Ernst Peters, geboren 1887. 1912 heiratete dieser die Offizierstochter Friederike Clementine Charlotte Dorothea Anders, genannt Dora, meine Großmutter.

Mein Großvater Alfred soll eine schöne Tenorstimme gehabt haben. Und er spielte ziemlich begabt Geige, wobei er von einem Schüler des legendären Brahms-Freundes Joseph Joachim unterrichtet wurde. Man machte viel Kammermusik im musikalischen Hause Peters, meine Großmutter sang im Konzertchor der berühmten Berliner Singakademie, und als Kammermusikteilnehmer soll auch Albert

Einstein bei den Peters' erschienen sein. Später kamen dann die Pianisten Conrad Hansen und der ganz junge Eduard Erdmann hinzu. Wenn mein Großvater da geigend mithalten konnte, wundert es nicht, dass er nur ungern Kaufmann geworden war. Umso weniger legte er dann seiner – 1913, pünktlich ein Jahr nach der Hochzeit – erstgeborenen Tochter Steine in den Weg, als sie sich nach dem Abitur entschied, Schauspielerin zu werden.

Die schauspielerische Begabung der jungen Sabine Peters war groß, und so wurde die Achtzehnjährige von der damals berühmten Ilka Grüning unterrichtet und in die Schauspielschule der Berliner Theatergröße Agnes Straub aufgenommen, die ihr eigenes Theater leitete. Dort spielte meine Mutter bald kleine und größere Rollen, wurde vom Film entdeckt und filmte fleißig bei der UFA. Sie war der Prototyp des sauberen, aschblonden Mädels mit Witz und Charme – eine intelligente Schauspielerin, deren Filme teilweise mit großem Publikumserfolg liefen. In der Filmbranche war sie ein beliebtes Sternchen, das neben Stars wie Ingrid Bergman und Gustaf Gründgens vor der Kamera stand. Bis zu meiner Geburt hatte sie 33 Filme gedreht und war in unzähligen Stücken auf Berliner Bühnen zu sehen. Gastspiele führten sie auch an die Münchner Kammerspiele.

Der Großvater meiner Mutter mütterlicherseits, mein Urgroßvater Johannes Nathanael Friedrich Anders, war in Angerburg in Ostpreußen geboren und Offizier im Range eines Hauptmanns beim Kaiser geworden. Wenn er an die kaiserliche Tafel befohlen war, kam er hungrig nach Hause, denn wenn der Kaiser seine Mahlzeit beendet hatte, durften auch die Offiziere nicht weiteressen. Da dem Kaiser – seines verkürzten linken Armes wegen – alles vorgeschnitten wurde, war er mit dem Essen in kurzer Zeit fertig, während die Offiziere noch vor ihren halbvollen Tellern saßen, die man nun abservierte … Von diesen frustrierenden Kaiseressen und dem hungrigen Urgroßvater wurde in der Familie oft erzählt. Auch dass er – in seiner Hauptmannsuniform – den Pferdemist von der Straße sammelte und in einer Schubkarre in seinen Garten fuhr.

Der ganze Anders'sche Familienzweig stammte aus Ostpreußen. Da gab es den Ururgroßvater Johann Friedrich und seine Frau Bertha, geborene Harder; Johann Friedrich war Superintendent in Ortelsburg, ein lebensgroßes Bild von ihm soll in der dortigen Kirche ge-

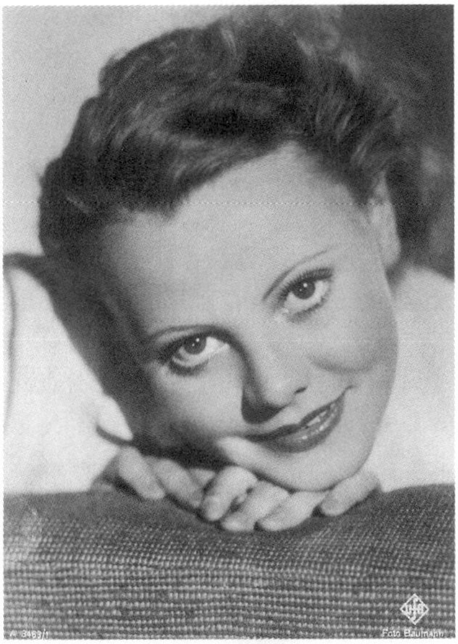

Sabine Peters, die Mutter,
auf einem Autogrammfoto

hangen haben. Ein anderer Vorfahre wurde der «König von Rodjani» genannt, weil ihm riesige Wälder gehörten und er der reichste Holzhändler der Gegend war. Und einer war ein Handschuhmacher, der nach Paris ging und dort das Färben von Leder erlernte, das in Deutschland noch unbekannt war. Als er zurückkam, wurde er in Berlin ein steinreicher Mann, dem ein Haus in der Kantstraße gehörte. Sechsspännig soll er gefahren sein, erzählt die Familienlegende! Auch Königsberg spielte als Familienstadt eine Rolle. Dabei kenne ich das Land meiner Anders'schen Vorväter nur aus den Erzählungen meiner Großmutter und meiner Großtante.

Meine Mutter hatte, so denke ich, viel «Preußisches» an sich. Pünktlichkeit, Fleiß und Disziplin waren ausgeprägte Eigenschaften der hübschen jungen Frau, die vollkommen den in den Dreißigerjahren bevorzugten Typ verkörperte. Eine Stupsnase und große, braune Augen verliehen ihr einen mädchenhaften Ausdruck, sie kam an im Film und auf der Bühne. Dazu hatte sie einen süßen Sopran, war sehr musikalisch und hätte auch eine gute Soubrette werden können; sie liebte das Chanson und die Operette. Auch zeichnerisch war sie nicht unbegabt und malte viel und gut. Sie war ganz die Tochter ihres Vaters, hatte seine künstlerischen Neigungen geerbt und durfte sie uneingeschränkt in die Tat umsetzen. Meine Mutter war eine gute Schauspielerin. Der legendäre Alfred Kerr, Kritikerpapst im Deutschland der Zwischenkriegszeit, schrieb über ihr Talent: «(...) eine Begabung, die es verdient, mit goldenen Trompeten bekannt gemacht zu werden (...)». Zu Recht war meine Mutter stolz auf diese Kritik.

Der Lebensgefährte von Agnes Straub war der jüdische Schauspieler und Regisseur Leo Reuss, dessen Schicksal in Theaterkreisen bekannt ist. Der österreichische Dramatiker Felix Mitterer hat ein Stück, «In der Löwengrube», über ihn geschrieben, das die verwegene Eulenspiegelei des Schauspielers in der Nazizeit zum Inhalt hat. Leo Reuss verliebte sich in die junge Elevin aus der Schauspielschule und arbeitete mit ihr zusammen auf der Straub-Bühne, als Regisseur oder Partner im Stück. Der wesentlich ältere, gutaussehende Kollege war die erste große Liebe meiner Mutter.

Als Leo Reuss sich – in der Hoffnung, der Emigration entgehen zu können – in die Tiroler Berge zurückzog, sein Aussehen total veränderte und bärtig, blondgefärbt, mit Tiroler Dialekt als vermeintliche schauspielerische Naturbegabung wieder auftauchte, war meine Mutter die Erste, die er in Berlin aufsuchte. Sie erkannte ihn nicht. «Wenn du mich nicht erkennst, geht die Sache gut», soll er gesagt haben. Doch die Sache ging nicht gut. Zwar sprach er erfolgreich am Wiener Theater in der Josefstadt vor und wurde engagiert, aber nach einer gefeierten Premiere gab er seine Identität preis. Von nun an erhielt er keine Rollen mehr. Reuss floh 1937 aus Wien und ging nach Amerika. Meiner Mutter hatte er versprochen, sie nachzuholen, was er jedoch nie tat. In Amerika heiratete er die Tochter eines Filmbosses und machte eine kleine Karriere als Nebendarsteller in großen Filmen.

Meine Mutter blieb zurück, mit gebrochenem Herzen, das aber nach einigen Trostaffären mit Filmkollegen – Karl Schönböck, Albert Lieven und Johannes Heesters sollen es gewesen sein – von meinem Vater geheilt wurde. Mit Schönböck und Lieven verband meine Eltern eine jahrelange Freundschaft; «Onkel Albert» und seine Frau, eine Filmschauspielerin namens Petra Peters, habe ich als Kind noch kennengelernt, und auch den schönen Karl mit dem gepflegten Schnurrbart sehe ich vor mir, wie er wohlwollend lächelte und sich aus seiner Höhe zu mir beugte. Die Sache mit Albert Lieven war wohl ernster, doch mein Vater kam dazwischen und siegte. Erich Kästner, der ein Verehrer junger Schauspielerinnen war und meine Mutter ganz besonders in sein Herz geschlossen hatte, schrieb ihr damals einen Vierzeiler:

Sei traurig, wenn du traurig bist,
und steh' nicht stets vor deiner Seele Posten.
Den Kopf, der dir ans Herz gewachsen ist,
wird's schon nicht kosten.

Er muss sie ganz gut gekannt haben.

Der erste Platz in der Erinnerung meiner Mutter war jedoch Leo Reuss vorbehalten. Einen Ring von ihm fand ich nach ihrem Tod in ihren Sachen. Meine Mutter besaß kaum Schmuck, aber diesen Ring hat sie über alle Kriegs- und Nachkriegswirren hinweg gehütet. Zwei große, silberne Kerzenleuchter, die Reuss ihr vor seinem Weggang übergeben hatte, waren für sie ein Heiligtum: «Die hat Leo mir geschenkt.» Sehr spät erst sprach sie über diese für sie so bedeutende Liebe ihres Lebens. Da war mein Vater schon gestorben, und sie erzählte zum ersten Mal von ihrem Leben vor ihm.

## *Die Anders-Schwestern*

Eine besondere Rolle unter meiner Verwandtschaft mütterlicherseits spielten für mich die drei Anders-Schwestern. Das waren neben meiner Großmutter Dora meine Großtante Hanna und die jüngste Schwester, Tante Käthe. Die drei waren so verschieden, sahen sich so unähnlich, dass man sie nie für Schwestern gehalten hätte. Ähnlich war nur ihr Schicksal, was die Wahl ihrer Ehemänner betraf. Denn alle drei heirateten einen Alfred – und alle drei hatten kein Glück mit ihren Alfreds.

Tante Hanna, die älteste der Schwestern, der Familienzwerg – sie war nur einen Meter fünfzig groß – heiratete ihren Cousin Alfred Drews, den Sohn des Bruders ihrer Mutter. So etwas war damals noch erlaubt. Alfred Drews war ein begabter Landschaftsmaler und Porträtist. Seine Bilder sind weitgehend verschollen, die meisten im Krieg verlorengegangen. Ich besitze ein wunderschönes Apfelstillleben und zwei kleine Genrebilder, die in Russland entstanden sein sollen. Als Alfred Drews aus dem Ersten Weltkrieg zurückkam, fühlte er kurz darauf, dass er erblindete, und erschoss sich auf dem Dachboden des Hauses, das er mit seiner jungen Frau und der einjährigen Tochter Irene bewohnte.

Tante Hanna fand ihn und konnte sich von diesem Schock nur schwer erholen. Sie hat nie wieder geheiratet, kein Mann fand je mehr ihr Interesse. Alfred war ihre große Liebe gewesen, der sie bis über den Tod hinaus die Treue hielt. Sie zog ihre Tochter Irene alleine groß und verdiente ihr Geld mit Büroarbeit. Mutter und Tochter trennten sich nie, sie lebten ein Leben lang zusammen. Ich habe beide noch gut gekannt und oft bei Tante Hanna in Berlin übernachtet, in der kleinen Dreizimmerwohnung, in der einige gerettete Bilder von Alfred Drews gehütet wurden. Nach Tante Hannas Tod lebte Irene noch ein paar Jahre allein mit den Bildern. Wo diese nach ihrem Tod geblieben sind, weiß ich nicht.

Käthe Anders hingegen heiratete einen Dr. jur. Alfred Andreas Ferdinand Florian von Baumgartner, einen Spross aus österreichischem Beamtenadel. Die Hochzeit fand im Wiener Stephansdom statt, Kardinal Innitzer war der sie trauende Priester. Meine von mir sehr geliebte Tante Käthe wurde mit ihrem Alfred ebenfalls todunglücklich. Irgendwie hatte er mit Tabak zu tun, war wohl Vertreter für ägyptische Zigaretten, die in der Familie auch fleißig geraucht wurden. Er ließ meine Tante wochen- und monatelang allein in Wien zurück, gepiesackt und unterdrückt von einer bigotten Schwiegermutter, der die bürgerliche deutsche Schwiegertochter ganz und gar nicht zusagte. Tante Käthe sprach nach Alfreds Tod nur mit Grausen von dieser Frau, die jeden Tag in die Kirche ging. Irgendwann löste sie sich aus der Wiener Misere und kehrte zurück nach Berlin, wo sie, Cognac trinkend und ägyptische Zigaretten rauchend, mit mehreren Katzen ihr Leben teilte, ab und zu besucht vom Baron Baumgartner, denn zur Scheidung kam es nie.

Mich faszinierten als Kind zwei große Knubbel an den Handgelenken von Tante Käthe, die ich betastete und bestaunte. Sie waren weich und wanderten unter der Haut hin und her. Sie sei beim Gardinenaufhängen von der Leiter gefallen und in ein Fenster gestürzt, erklärte Tante Käthe. Es war aber ein veritabler Selbstmordversuch aus Kummer über den Hallodri Alfred gewesen. Gott sei Dank hatte sie überlebt. Ihre Katzen – die graue Mausi, die aus ihrem Sektglas trank, und der blonde Kater Cesi – sind mir aus ihren Erzählungen in lebhafter Erinnerung, ebenso wie die Bett- und Tischwäsche, die sie aus einer großen Kommodenschublade holte, um mir die siebenzackige Baronskrone zu zeigen, die überall eingestickt war. Baron Alfred starb an Krebs, nachdem Tante Käthe noch einmal nach Wien zurückgekehrt war, um ihn dort bis zu seinem Tod zu pflegen.

Die dritte Anders-Schwester, meine Großmutter Dora, hatte aber wohl das bitterste Leid um ihren Alfred, meinen Großvater, zu ertragen. Nach anfänglich freundlichen Ehejahren mit dem ehrgeizigen, eitlen, klugen, jedoch despotischen Alfred Peters verdüsterte sich ihr Leben bis zur Tragödie. Davon erzähle ich später mehr …

Ein Jahr nach der Geburt meiner Mutter kam noch eine Tochter zur Welt, meine Tante Brigitte, genannt «Dittel». Sie wurde meine Patentante. Man lebte in Berlin-Lankwitz, und Alfred Peters war viel auf Reisen. Er dürfte eine Art Handelsvertreter gewesen sein, angestellt bei einigen Großfirmen vorwiegend jüdischer Besitzer, von denen er eine, die Firma Thamm, nach dem Ersten Weltkrieg zusammen mit einem jüdischen Freund namens Ludwig Jansen übernahm und sich selbstständig machte. Jansen emigrierte zur rechten Zeit nach Brasilien. In den Fünfzigerjahren, da war mein Großvater schon gestorben, kam er einmal mit seiner Frau nach Deutschland zurück und besuchte meine Großmutter in Berlin. Unvergesslich ist mir von diesem Besuch ein Spaziergang im Grunewald, bei dem Frau Jansen immer die Wege verließ und auf dem Waldboden lief. «Endlich wieder deutschen Boden unter den Füßen.» Sie hatte Tränen in den Augen. Meine Großmutter weinte mit, überwältigt von Erinnerungen.

Im Familienstammbuch meines Großvaters, das aus dem Jahr 1911 datiert und von ihm immer wieder aktualisiert wurde, finde ich in seiner kraftvollen Handschrift folgende Einträge: «Geschäftliche Reisen führten mich nach Litauen, Lettland, Estland, Finnland, Schwe-

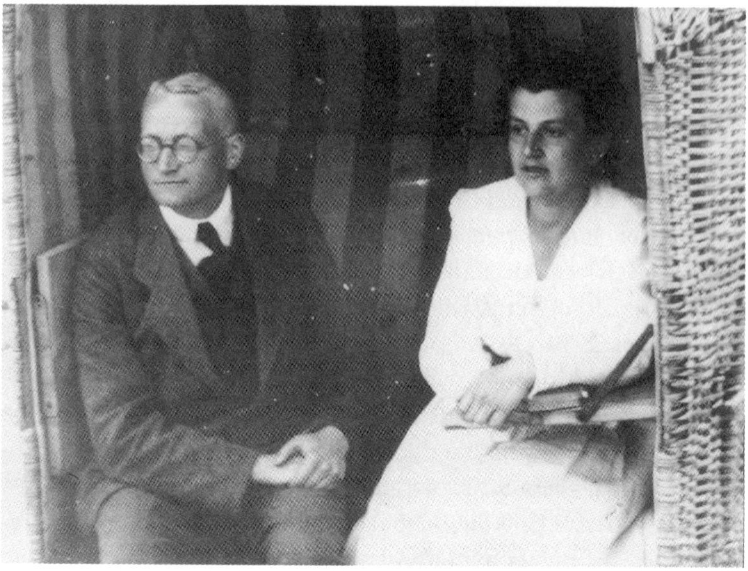

Alfred Peters und Dorothea Peters, geb. Anders, die Großeltern mütterlicherseits

den, Rumänien, Jugoslawien, Ungarn, Österreich, Italien, England, Irland, Frankreich, Spanien, Ägypten, Palästina. Ab 1929 trat ein Rückgang der Geschäfte ein, so dass das Thamm-Unternehmen an den Kahn-Konzern verkauft wurde, in dessen Dienste ich trat. Der Zusammenbruch des Konzerns 1932 zog den Verlust fast meines gesamten Vermögens und meiner Stellung nach sich.» Ende der Aufzeichnungen, die auch noch seine Kriegserlebnisse im Ersten Weltkrieg enthalten. Mein Großvater vermerkt seine Beförderung zum Leutnant und die Teilnahme an heftigen Kämpfen in Frankreich. Er erhielt das Eiserne Kreuz 1. Klasse, weil er, «als Funker Referent beim Stabe des Gruppennachrichtenkommandeurs, während der Kampftage unter Einsetzung seiner Persönlichkeit, hervorragenden Anteil an der Bewährung und Aufrechterhaltung des Betriebes der Funkverbindungen hatte. Leutnant Peters hat mit größter Unerschrockenheit eingegriffen und durch seinen persönlichen Mut die Durchführung des Betriebes im Großkampf ermöglicht. Er hat Hervorragendes als schneidiger Offizier in feindlichem Feuer geleistet. K. H. Qu., den 22. November 1917, gezeichnet Hirsch, Hauptmann der Reserve.» Die Abschrift der Urkunde ist im Familienstammbuch säuberlich eingeklebt.

Im Sommer 1918 stürzte der «schneidige Offizier» mit seinem Pferd, kehrte 1919 nach längerem Lazarettaufenthalt zu Weib und Töchtern nach Berlin zurück und übernahm wie erwähnt die Firma Thamm. Wie es mit der Familie Peters nach dem geschäftlichen Zusammenbruch weiterging, entzieht sich meiner Kenntnis. In meinem Kinderleben taucht der Großvater 1944 auf, als ich von Berlin nach Dresden zu den Großeltern evakuiert wurde. Da war mein Großvater Direktor einer Dresdner Fotofabrik, der Korelle-Werke. Man lebte feudal in der ersten Etage einer Villa in Dresden-Blasewitz, in der Nähe der Elbanlagen, wo das Enkelkind liebevoll aufgenommen wurde. In Dresden war alles ruhig – keine heulenden Sirenen, keine Bombenangriffe, man musste nicht halbe Nächte im Keller verbringen. Bis zum 13. Februar 1945.

# 2

# *Eine Kindheit in Kriegs- und Nachkriegszeit*

## *Als ich geboren wurde*

Als ich geboren wurde, war einer der größten politischen Verbrecher aller Zeiten auf dem Höhepunkt seiner Macht. Er herrschte, umgeben von fanatischen, machthungrigen Spießern, über sein nationalsozialistisches Reich und zettelte gerade den Polenfeldzug an.

Als ich geboren wurde, lebten meine Eltern in Berlin, der Metropole dieses Reiches. Sie lebten in Wohlstand und Erfolg und arrangierten sich mit den Umständen. Meine Eltern waren beide keine Nationalsozialisten. Meine Mutter, eine erklärte Gegnerin des herrschenden Regimes, haderte lebenslang mit der Tatsache, dass sie es nicht geschafft hatte, meinen Vater von der heillosen Dummheit seines Eintritts in die Partei abzuhalten. Mein Vater war ein herzensguter Mensch, gütig und tolerant, dem Leben zugewandt und vollkommen unpolitisch. Ein heiterer Künstler, der ganz seinem Beruf gehörte, den Alltag spielerisch bewältigte und sein Leben in vollen Zügen genoss. Warum er es nötig fand, mit den Wölfen zu heulen, wird mir ewig unerklärlich bleiben. Ich habe von ihm nur vage Andeutungen erfahren, aus Scham geboren und kaum nachvollziehbar.

Ich bin als waschechte Berlinerin in Schöneberg zur Welt gekommen. Allerdings nicht im «Monat Mai», wie es in dem bekannten Berliner Lied heißt, sondern zwei Monate vor Ausbruch des Zweiten Weltkrieges, am 3. Juli 1939. Der Gynäkologe, der mich in der Schöneberger Klinik mit einem Kaiserschnitt auf die Welt holte, war ein Freund der Familie und die große Liebe meiner Tante Brigitte, der Schwester meiner Mutter. «Tante Dittel» war aber verheiratet und die Affäre mit dem Gynäkologen streng geheim. Dass seine Frau ihn betrog, hätte meinem Onkel, einem dünkelhaften, aufrechten deutschen Ästheten, der aus bester Familie kam und Antiquitäten sammelte, das Herz gebrochen, denn er liebte Tante Dittel abgöttisch. Die Familie hielt dicht. Ich glaube, er hat nie etwas erfahren.

Ich bin also ein Kaiserschnittkind und soll mich sehr gegen mein Erscheinen auf dieser Erde gewehrt haben. Mit den Fäusten hätte ich um mich geschlagen – so heftig, dass man dem Säugling die Arme festbinden musste, sonst hätte er sich selbst verletzt ... So erzählte es mir jedenfalls meine Mutter später, wobei sie das Wort «Kaiserschnittkind» nicht ohne Stolz gebrauchte. Sie selbst kann von der Geburt und deren wohl sehr komplizierten Umständen nicht viel mitbekommen haben. Immerhin bescherte ihr mein Eintritt in die Welt ein Nahtoderlebnis und eine Lungenembolie. Sie schilderte später anschaulich, wie sie sich unter der Zimmerdecke schwebend wiederfand und unten meinen weinenden Vater und den ratlosen Arzt an ihrem Bett stehen gesehen habe. Irgendwie muss sie dann aber dem Tod noch einmal entkommen sein, denn sie kehrte kurz darauf in ihren Körper und ihr Krankenbett zurück.

Ich aber wurde mit Kuhmilch ernährt, da meine Mutter mich nicht stillen konnte und eine lange Phase der Krankheit und körperlichen Labilität durchmachte. Sie wurde nicht müde, mir die Geschichte meiner verkorksten Geburt und ihrer Krankheit, die Gott sei Dank nicht zum Tode geführt hatte, mit schöner Regelmäßigkeit zum Geburtstag zu servieren. Der psychologisch sensible Umgang mit der verletzbaren Kinderseele war die Sache meiner Mutter – der frustrierten, durch die Umstände meiner Geburt aus der Bahn geworfenen Schauspielerin – wohl nicht. Als ich zu denken und begreifen begann, litt ich unendlich unter Schuldgefühlen und weinte vor Mitleid regelmäßig und bitterlich.

Die Persönlichkeit meiner Mutter war in ihrer Leidensbereitschaft, ihrer depressiven Grundhaltung und der dann wieder zur Schau gestellten Forschheit und preußischen Disziplin schwierig und für ein Kind nicht einzuordnen. Sie konnte unendlich zärtlich und geduldig sein, um im nächsten Augenblick an sich und den Anforderungen des Alltags zu verzweifeln. Ihr Temperament war unberechenbar, und ihre Klugheit half ihr dabei wenig. Die Höhen und

Tiefen in der Ehe meiner Eltern, die künstlerischen Höhenflüge des Vaters, die meine Mutter erzwingen wollte und wohl auch erzwang, die Stilisierung zum Sängerstar und «Göttergatten», die er durch sie erfuhr, waren für sie eine Art Ersatzbefriedigung.

Das alles wurde mir aber erst viel später bewusst. Vorläufig war ich ein Säugling, der im Garten, im Babykorb, im Halbschatten gehegt und gepflegt wurde. Meine Erinnerung setzt schon früh ein, ich muss eineinhalb Jahre alt gewesen sein. Wir wohnten in Berlin-Nikolassee, in einer hochherrschaftlichen Villa mit großem, baumbestandenem Garten, wo ich ein Kinder- und Spielzimmer mit Balkon hatte. Dort nahm ich unter der Aufsicht des Kindermädchens auch meine Mahlzeiten ein. Im Sommer so viel an der Luft wie möglich, genoss ich abends vor dem Einschlafen den Gartenduft, den ich aus der Haut meiner Arme sog. Nach wie vor kamen meine Arme nicht zur Ruhe, ich drehte und wendete sie vor meiner Nase, bis ich auch die letzte Sonnenwärme eingeatmet hatte.

Ich war eine heftige Daumenlutscherin und blieb das sehr lange. Ich glaube, ich war zwölf, als man es mir endlich abgewöhnt hatte. Die Folge war eine leichte Deformation des Oberkiefers und eine schwere, hässliche Zahnspange, die ich jahrelang nachts tragen musste. Ich riss sie morgens nach dem Aufwachen aus dem schmerzenden Mund und warf sie wütend an die Wand – das speichelfeuchte, rosa Bakelit glänzte hämisch. Wenn ich es kaputtgeworfen hatte, bekam ich eine neue Spange. Geholfen hat es immerhin. Aber zurück zur Babyzeit in Nikolassee.

Meine Geburt wurde von der Berliner Boulevardpresse sehr wohl registriert, denn die Heirat der umschwärmten jungen Schauspielerin mit dem berühmten Bariton der Staatsoper war eine Sensation gewesen. Nun geisterte so manches Bild meiner im Garten ruhenden Mutter mit Nachwuchs Brigittchen neben sich durch den Blätterwald.

Meine Eltern führten damals ein großes Haus mit etlichen Angestellten. Außer dem Kindermädchen gab es eine Köchin, die blonde Mary, ein Stubenmädchen, ein Gärtnerehepaar und den Herrn Bank, den Sekretär meines Vaters, der auch als Chauffeur des großen Horch fungierte – einer damals beliebten, jetzt ausgestorbenen Automarke –, mit dem mein Vater seine Konzertreisen unternahm. Die-

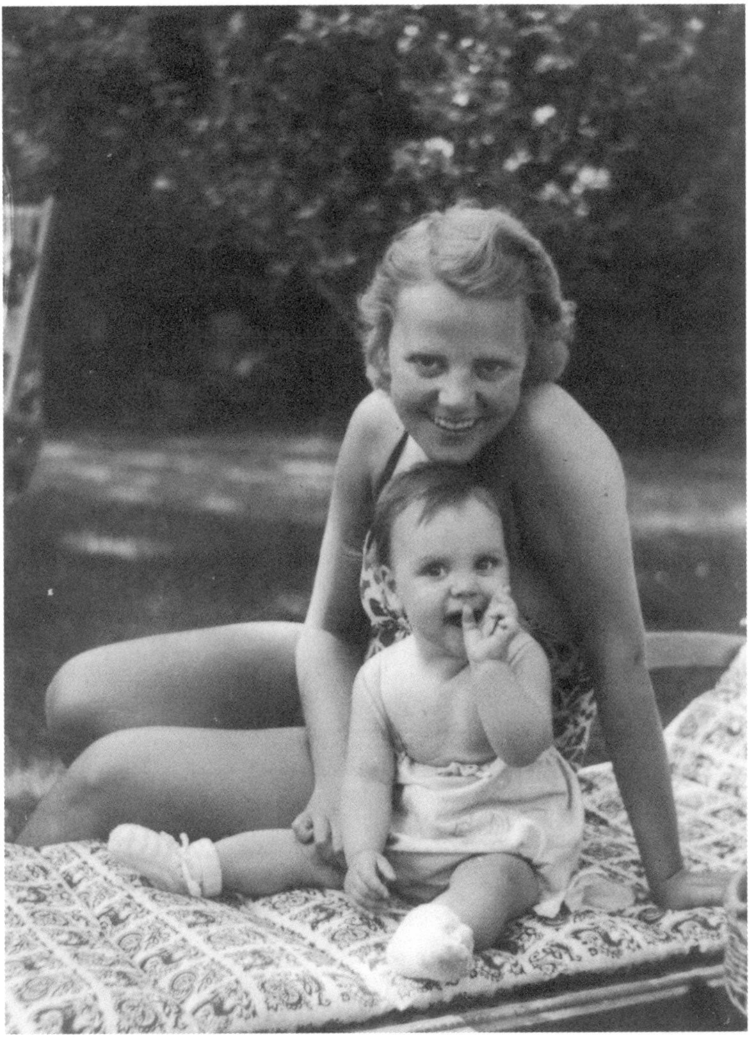

Mit der Mutter, 1940

ser Lebensstil war üblich in kammersängerlichen Kreisen des eleganten, internationalen Berlin, und meine Eltern genossen ihn vollauf. Mein gutmütiger Vater ging erfolgreich und weltmännisch seinen künstlerischen Verpflichtungen nach. Seine kleine Tochter liebte er sehr, während er die Söhne aus den beiden vorangegangenen Ehen nur sporadisch sah. Hier schob die postume Eifersucht meiner Mutter einen Riegel vor.

Wenn mein Vater zu Hause war, keine Vorstellung hatte und nicht auf Reisen war, sang er mich abends oft in den Schlaf. Er komponierte kleine Lieder für mich. Eins davon habe ich unverlierbar im Ohr – Text und Melodie. Die warme, weiche Stimme meines Vaters rührte mich zu Tränen; immer wieder musste er das Liedchen wiederholen, bis die Tränen endlich getrocknet waren und ich einschlief. Er trug mich oft auf den Schultern und nahm mir die Angst vor Gewittern, indem er mir die Zusammenhänge von Blitz und Donner erklärte. Am Sonntagmorgen durfte ich ins Elternbett und bekam einen Teelöffel Butter, der in Zucker getaucht wurde. Meine Eltern frühstückten sonntags im Bett, und «Butterzucker» war eine von mir geliebte Köstlichkeit. Sonst erinnere ich mich nicht an eine zuckerreiche Kindheit – mit Ausnahme von «Zucker-Ei», das vornehmlich bei Grippe und Erkältungen zum Einsatz kam, gab es nicht viel Süßes im Hause Fassbaender. Ich hielt mich lieber an den Hundekuchen des von meinem Vater mit in die Ehe gebrachten Scotchterriers Schruppi. Die Tüte in der Speisekammer war ein großer Anziehungspunkt. Als ich einmal beim Stibitzen von Schruppi in die Nase gebissen wurde, war der Hundekuchen vom Speiseplan gestrichen.

An der Hand eines Kindermädchens stand das Kind irgendwann in einer Menschenmenge vor dem Hotel «Adlon» und sah eine Wachtparade am Brandenburger Tor. Eine Musikkapelle gab es auch, sie spielte einen Marsch. Die Zuschauer klatschten, und das Kind freute sich. Das muss 1943 gewesen sein, als wir kurzzeitig im «Adlon» wohnten, bevor die Wohnung in der Bleibtreustraße bezugsfertig war. Meine Eltern zogen damals, aus was für Gründen auch immer, aus der Villa in Nikolassee in die Stadt. Zu dieser Zeit war ich immer an der Hand irgendeines Kindermädchens.

Eines meiner Kindermädchen namens Margret liebte ich abgöttisch. Als meine Mutter, die die meiste Zeit meiner mir erinnerlichen Kleinkindzeit in ihrem mit erbsenfarbenen Vorhängen abgedunkelten Schlafzimmer die Nachwehen meiner Geburt auskurierte, bemerkte, dass Margret mir besonders ans Herz gewachsen war, sollte das Kindermädchen entlassen werden. Aber ich erzwang mit

Vehemenz ihre Nähe und Betreuung, indem ich mich an sie klammerte und ununterbrochen schrie; alle Versuche, mich von ihr zu trennen, schlugen fehl. Meine eifersüchtige Mutter hatte schließlich ein Einsehen, und Margret blieb – wenigstens noch eine Weile. Indessen zogen wir aus dem geliebten, später immer wieder aufgesuchten und von außen bestaunten Haus in eine Zehnzimmerwohnung in Nähe des Kurfürstendamms.

Dort war es lange nicht mehr so schön. Der Garten fehlte, die Großstadt brauste vor den Fenstern. Ab 1943 wurden auch die Bombenangriffe der Alliierten immer heftiger, ich wurde sehr krank. Die hektischen Aufbrüche in den Luftschutzkeller Nacht für Nacht, die immer stärkere Kriegsbelastung, die Unruhe und Nervosität der Erwachsenen führten bei mir zu einer lebensbedrohenden Erkrankung, einer sogenannten Azetonvergiftung. Ich litt an dauerndem Erbrechen, konnte nichts mehr bei mir behalten, nicht mehr essen und trinken. Nach wochenlangem Krankenhausaufenthalt und langsamer Genesung beschlossen meine Eltern, mich zu den Großeltern Peters nach Dresden zu evakuieren. Die geliebte Margret verließ uns. Sie machte sich selbstständig und leitete nach dem Krieg ein Kinderheim in Ostberlin. Ich habe sie nie wieder gesehen.

## *Dresden*

Dresden war bis dahin von den schlimmsten Kriegswirren und Bombenangriffen verschont geblieben. Ich kam in den Kindergarten, lernte den Hitlergruß und liebte meine Umhängetasche, in der ich alles verwahrte, was mir wichtig erschien. An der Hand meiner Großmutter machte ich Spaziergänge in den Elbanlagen; der schneereiche Winter 1944 ist mir mit Schlittenfahrten und Schneeballschlachten in Erinnerung. Unvergesslich sind mir auch die Besuche in Großvaters Stammlokal «Zum Auerhahn», wo der ausgestopfte Riesenvogel mit gespreizten Flügeln über der Theke thronte und von mir mit ständigem Entzücken betrachtet wurde. Mein Großvater holte sich dort in einem großen, grünen Glaskrug mit Schnappverschluss frischgezapftes Bier, das er zum heimischen Abendessen trank, nicht ohne mich kräftig kosten zu lassen. Ich mochte diese

Spaziergänge mit ihm und den nachfolgenden Belohnungsschluck für mein geduldiges Mitgehen, das neben seinen langen Beinen und seinem ausladenden Schritt gar nicht so einfach war.

Mein Großvater war ein eitler Mann. Er hatte eine große, wuchernde Topfpflanze in seinem Ankleidezimmer, eine Aloe, von deren fleischigen Blättern er Stücke brach, um sich mit dem Pflanzensaft das schüttere blonde Haar zu gelen.

Mein Großvater hatte leider auch eine Volkssturmuniform, die er des Öfteren anlegen musste, denn er war Scharführer einer Kompanie. Ich verstand natürlich die Zusammenhänge nicht und sah nur, wie er vor dem großen Ankleidespiegel paradierte und zackig den Metallverschluss des schräg über die Schulter verlaufenden Leibriemens schloss. Er besah sich stolz von allen Seiten und schritt in knallenden Knobelbechern davon. Meine Großmutter sah ihm betreten nach.

Überhaupt war die Stimmung im Hause des Großkaufmanns Alfred Peters nicht immer die beste. Wenn mein Großvater mittags zum Essen erschien, brachte er seine Sekretärin, ein Fräulein Lange, mit, die seine Geliebte war. Er mutete meiner Großmutter zu, dieses Fräulein Lange an ihrem Tisch zu bedienen und zu verköstigen. Mir machte das weniger aus, denn Fräulein Lange ließ mich nach dem Essen auf ihrem Schoß sitzen und erklärte mir geduldig in breitestem Sächsisch die Bilder in O. E. Plauens Kinderklassiker «Vater und Sohn», während mein Großvater sich zurückzog und meine Großmutter den Tisch abräumte. War der Mittagsschlaf des Großvaters erledigt, ging er mit Fräulein Lange zurück in die Fabrik.

Für mich verging das Leben in Dresden friedlich mit «Quarkkeilchen», einem Pfannengericht aus Quark und zerquetschten gekochten Kartoffeln; dazu gab es Kakao aus Bunzlauer Tassen. Der Wintergarten mit Korbmöbeln und Kakteen war mein Lieblingsaufenthalt.

Das muss auch die Zeit gewesen sein, in der der «kleine Herr Knopf» geboren wurde. Ich band mir die Schürze der Großmutter um, setzte eine Baskenmütze auf und schleppte unermüdlich einen Handwerkskasten mit mir herum, in dem sich ein Hammer befand. Mit diesem Hammer bearbeitete ich alles, was mir unnötig hervorzustehen schien. Mit ein paar Schlägen hatte ich alle Schlüssel des

Küchenschranks und des Wohnzimmerbuffets abgebrochen. Das Donnerwetter meiner überraschten Großmutter und der Wutausbruch meines Großvaters ließen nicht lange auf sich warten: eine der seltenen Gelegenheiten, bei denen ich vom Großvater übers Knie gelegt wurde. Wenn der kleine Herr Knopf in weniger rabiater Stimmung war, lauschte er angespannt dem Sinfoniekonzert aus dem Radio, holte sich eine Fußbank, die zum Dirigentenpult avancierte, und dirigierte hingebungsvoll, mit geschlossenen Augen und großer Geste das unsichtbare Orchester. Die Musik hatte es ihm angetan. Der kleine Herr Knopf löste ein ums andere Mal Kopfschütteln und Lachen bei den Erwachsenen aus, aber man ließ ihn gewähren. Nur die Schlüsselaktion durfte sich nicht wiederholen.

Um während der nun auch in Dresden zu erwartenden Bombenangriffe für den Fall der Fälle gerüstet zu sein, musste jeder Haushalt ab dem Spätnachmittag die Badewanne mit Wasser füllen, damit «Löschwasser» schnellstens zur Hand war. Mehr als einmal wurde der jauchzende kleine Herr Knopf, der sich plantschend im kalten Wasser vergnügte, schimpfend aus der Wanne entfernt. Die heraufbeschworene Lungenentzündung wollte sich aber nicht einstellen.

Kurze Zeit später hoben einige Fabrikarbeiter meines ungetreuen Großvaters im Garten einen Luftschutzbunker aus, und dann kam auch schon die Nacht vom 13. auf den 14. Februar 1945, die wir in diesem Bunker überlebten, während Dresden im Inferno der Bomben in Schutt und Asche sank. Ich habe nichts vergessen von dieser Nacht und den darauffolgenden Tagen, die sich in der Rückschau als eine gewaltige feuerdurchbrauste Szenerie darstellen.

Der erste Angriff erfolgte ohne Vorwarnung. Die Bomben fielen, obwohl kein warnendes Sirenengeheul zu hören gewesen war. Ich wurde von den Detonationen und dem Lärm der Bomberflugzeuge wach und lief ins Schlafzimmer, wo meine Großmutter und Tante Dittel, die zu Besuch und im achten Monat schwanger war, auf dem Bett lagen. Im Halbdunkel des Raumes leuchtete das Auge des Radios, das anfliegende Bomberverbände der Engländer meldete. Aber sie waren doch schon da! Im Schlafanzug, in Hausschuhen, mit übergeworfenem Mantel und einer Decke ging es nun sofort in größter Eile in den Luftschutzkeller, wo sich alle Hausbewohner einfanden. Meine Tante wurde in einen Liegestuhl gebettet, ich kauerte bei ihr. Die Notbeleuchtung fiel aus, so dass man im Dunkeln saß. Auch hier gab es die Wanne mit Löschwasser. Der Keller schwankte, die nahen Bombeneinschläge waren ohrenbetäubend. Die Erwachsenen schrien und weinten, es herrschte Panik. Ich weinte nicht. Dann gab es wohl so etwas wie eine Feuerpause, und alle rannten aus dem Keller in den Bunker im Garten. Die mitgenommenen Decken hatte meine Großmutter in das Löschwasser getaucht, die Nässe schützte uns nun vor Funkenflug und Phosphor, der überall glühte und tropfte. Die Luft war heiß, der Himmel graurot.

Kaum waren wir im Bunker, begann der zweite Angriff. Mein Großvater, der in der Fabrik gewesen war, kam in der Pause zwischen den Angriffen zurück und meldete, sie sei getroffen. Auch unser Haus brannte inzwischen lichterloh, und wir flohen in der nächsten Atempause des Angriffs vor dem Feuermeer um uns herum in die Elbanlagen. Nah am Wasser gab es einen Ausflugspavillon. Dort saßen und standen wir mit vielen anderen den Rest der Nacht. Irgendwann zogen die Flugzeuge ab, das Bombardement war beendet.

Am Morgen gingen wir zurück in unsere Straße – alle Häuser brannten. Die Bäume, die die Straße säumten, bogen sich im Feuersturm. Ein Haus war stehen geblieben und wurde zur Anlaufstelle für viele Menschen. Auch wir verbrachten dort ratlos den Tag. Mein Großvater organisierte einen Handwagen und holte aus dem Bunker einen vorsorglich dort deponierten Koffer. Was darin war, weiß ich nicht, vermutlich Papiere und ein paar Wertsachen. Mein Großvater stand vor den Trümmern unseres Hauses und nahm eine Teetasse auf, die unversehrt aus einem Schuttberg ragte. Ich besitze sie heute noch.

Am Gartenzaun hinterließen wir ein Schild, wo wir zu finden seien, meine Tante und ich wurden auf den Handwagen gesetzt, und gegen Abend zogen wir los. Ziel war das Hotel «Weißer Hirsch» in Pillnitz, dessen Besitzer mein Großvater kannte. Stundenlang marschierten wir durch das zerbombte Dresden, vorbei an Toten und Verwundeten. Schwarz standen die Fassaden der Häuser, dahinter das Feuer in den Fensterhöhlen. Der Himmel über Dresden war taghell und feuerrot. Unvergessliche Bilder, lange Jahre immer und immer wieder geträumt.

Irgendwann, gegen Mittag des nächsten Tages, erreichten wir Pillnitz. Das Hotel war menschenüberlaufen. Aber wir fanden Unterschlupf, bekamen ein Zimmer und kampierten zur viert in einem Bett. Eine Gulaschkanone rollte zur Verpflegung an, wir standen im Freien und löffelten Graupensuppe.

Sämtliche Verständigungswege, Post, Telefon, der Bahnverkehr nach Berlin, waren seit den Angriffen abgebrochen. Meine Eltern konnten nichts über uns in Erfahrung bringen, Dresden war dem Erdboden gleichgemacht und wir verschollen. Nach vierzehn Tagen gelang es meinem Vater, mit einem Militärtransport Berlin zu verlassen und im zerstörten Dresden nach uns zu suchen. Am Gartenzaun fand er unser hinterlassenes Schild, und dann stand mein Vater weinend bei uns im Pillnitzer Hotelzimmer und schloss mich in die Arme.

Wir wurden alle in einen mit Holzgas angetriebenen Wagen verfrachtet, den mein Vater aufgetrieben hatte, und machten uns auf die Rückfahrt nach Berlin. Auch das unauslöschliche Eindrücke – die von Bombenkratern zerklüftete Landschaft, die zerfetzten Kiefernwälder zwischen Dresden und Berlin und das rüttelnde, schüttelnde Auto, dessen Holzvergaser mehr als einmal streikte. Immer wieder mussten wir aussteigen, anschieben, in den anfahrenden Wagen springen. Die schwangere Tante Dittel blieb im Wagen und betete, dass die Wehen nicht einsetzten!

Schon damals war ich mit einem Sinn fürs Groteske und Absurde ausgestattet, und so vermerkte ich auch das: Bei der Ankunft in Berlin, beim Verlassen des Wagens empfing uns die Sirenenwarnung eines Bombenangriffs. Der nächste Luftschutzbunker musste schleunigst aufgesucht werden.

## *Russenzeit*

Es folgte, was für mich unter dem Stichwort «Russenzeit» abrufbar in der Erinnerung verankert ist: das Kriegsende, die Nachkriegszeit. Vielfältige Bilder und Geschehnisse haben sich unverlierbar eingeprägt, Bruchstücke, Erinnerungsfetzen.

Die Berliner Stadtwohnung war ausgebombt, meine Eltern besaßen nichts mehr außer dem vorsorglich ausgelagerten Familiensilber,

Teppichen und Bildern, die sich im Wochenendhaus in Drewitz bei Berlin befanden. Dort hatte mein Vater vor dem Krieg ein großes Grundstück gekauft, wo in wieder besseren Zeiten ein neues Haus gebaut werden sollte. Zur Wahl hatte auch ein Grundstück am Starnberger See gestanden, neben der Villa des Filmkollegen Willy Birgel ... Géza von Cziffra, ein Filmregisseur der UFA, überließ meinen Eltern nach der Ausbombung seinen kleinen Bungalow im Dahlemer Hüttenweg in der Nähe des U-Bahnhofs Thielplatz, und dort verbrachten wir das Kriegsende und einige Zeit danach. Schrecklich waren die Tieffliegerangriffe, bei denen auf uns, die wir durch den kleinen Garten in den nächsten Bunker hetzten, gezielt und geschossen wurde wie auf fliehende Hasen. Nur das Hakenschlagen beherrschten wir nicht. Im Souterrain des kleinen Hauses befanden sich verschlossene Wandschränke, von deren Inhalt wir nichts ahnten. Das Souterrain blieb der Privatbereich des Hausherrn.

Das Kriegsende machte sich in Berlin-Dahlem dadurch bemerkbar, dass es keinen Strom und kein Wasser mehr gab. Täglich zogen johlende Horden der Alliierten durch die Gegend – die Amerikaner und Engländer in ihren Jeeps, die Russen mit Panzern und Lastwagen, aber auch mit von kleinen Pferden gezogenen «Panjewagen», wie die hölzernen Fahrzeuge hießen, auf denen sie grölend und Peitschen schwingend saßen. «Wie die Hunnen», sagte meine Mutter. Sie hatte sich die Zähne geschwärzt, sich Asche ins Gesicht geschmiert und ihr blondes Haar unter einem Kopftuch verborgen. Eine Maßnahme, die leider nichts helfen sollte.

Wasser gab es nur an einigen Pumpen im Viertel, wir holten es jeden Tag in Eimern und Flaschen von der nächstgelegenen Wasserstelle. Dort stand man Schlange und schleppte dann die gefüllten Eimer vorsichtig zurück. Allnächtlich schreckten uns plündernde Russen aus dem Schlaf. Sie trieben meine Eltern und mich vor sich her, schlossen uns in irgendeines der Zimmer im Souterrain ein und taten sich an den von uns nicht angetasteten Vorräten des Hausherrn gütlich, die sie im Keller fanden. Eingemachtes, Konserven, Alkoholika, alles landete im Magen der Besatzer oder an den Wänden des Hauses. Notwendige Geschäfte erledigten sie in der Badewanne; eine Toilette schienen sie nicht zu kennen. Sieben Mal wurde meine Mutter von den betrunken abziehenden Russen mitgenommen. Das Schluchzen meines Vaters, der auf Knien bat, seine Frau zu verschonen, werde ich nie vergessen. Die Verkleidung meiner Mutter nutzte nichts: «Du, Frau – mitkommen!» «Die Russen lassen sich von ihr die Stiefel putzen», versuchte mein Vater sich und mich zu beruhigen. Irgendwann kam meine Mutter vom Stiefelputzen zurück. Verwüstet, zerstört.

Meinem Vater gelang es, sich über eine Kommandantur ein Schreiben zu besorgen, das ihn als Sänger, «Artista», der Staatsoper auswies. Das hatte zur Folge, dass er den nächtlichen Eindringlingen zum Beweis etwas vorsingen musste, und oft riss mich sein verzweifelt geschmetterter «Rigoletto» aus dem Schlaf. Die Stimme meines Vaters klang dann anders, als sie vor Jahr und Tag in der von Lebensfreude durchzogenen Villa in Berlin-Nikolassee geklungen hatte. Wenn ich im Morgengrauen im elterlichen Schlafzimmer, in dem ich bei fröhlichen Premierenfeiern oder sonstigen Anlässen schlafen durfte, von ausgelassenem Gesang geweckt worden war, hatte sich die jubelnde Stimme meines Vaters mit der von Peter Anders, Erna Berger oder Hans Hotter, von Tina Lemnitz, Marcel Wittrisch oder Maria Cebotari vereint, die zu Gast gewesen waren.

Eines Tages lag ein totes Pferd vor unserer Gartentür. Die Nachbarn kamen mit Eimern und Messern und schnitten sich alles Essbare von dem verendeten Tier. Denn zu essen gab es weniger als gar nichts. Wassersuppen, durch Brennnesselblätter und Mehlschwitze angereichert, sowie durch den Fleischwolf gedrehte Kartoffelschalen, die zu Bouletten geformt und gebraten wurden, waren übliche Mahlzeiten. Da tat so ein Pferdebraten sicher gute Dienste. Wir verzichteten. Fasziniert stand ich an der steifbeinigen, zersäbelten Tierleiche, deren mit einem dumpfen Film überzogene, herausquellende Augen mich klaglos ansahen. Der stundenlangen Stromsperren wegen kochten wir damals wie unsere Nachbarn im Garten auf einer Art Backsteingrill; in diesen Tagen zog der Duft von Pferdebraten durch die Gegend.

Aus der Nähe sah ich den ersten russischen Soldaten eines Morgens nach dem sogenannten Zusammenbruch, der endgültigen Eroberung Berlins durch die Alliierten. Er kam aus dem Bunker, auf den ich gerade zu rannte, um eine dort vergessene Tüte Äpfel zu holen. Er hatte sie in der Hand und biss in einen meiner Äpfel. Dann warf er mir die Tüte lachend zu. Zu Kindern waren sie nett, die Besatzer, besonders die Russen. Ich bekam die Masern und lag mit Fieber rotgesprenkelt im Bett. Die Krankenbesuche der grinsenden, mitleidig sich in der Tür drängenden Russen häuften sich. An meinem Bett stapelte sich die bittere Fliegerschokolade; einen Fotoapparat, den ein Franzose dem kranken Kind gebracht hatte, ließ kurze Zeit später ein Engländer mitgehen, als er mich besuchen kam, und die Amerikaner brachten Kaugummi.

Eine Begegnung mit Hildegard Knef ist mir aus den ersten Nachkriegstagen noch in Erinnerung. Die ganz junge Knef war mit einem Filmproduzenten liiert, Ewald von Demandowsky, einem Freund von Goebbels und hohen Nazi. Er bewohnte das Nachbarhaus im Hüttenweg. Man kannte sich aus UFA-Zeiten, denn meine Mutter hatte nach ihrer Genesung in den letzten Kriegsjahren bei der «Tobis» noch einige Filme gedreht. Die «Tobis» war Demandowskys Firma, und dort startete die Knef ihre Filmkarriere.

Bei einem Besuch in der Villa des Nachbarn bekam ich einen Holzpapageien geschenkt, der auf einer Stange saß und wippen konnte. Ich war begeistert, denn all mein Spielzeug war ja in Dresden verbrannt. Über den Verlust einer geliebten Schildkrötpuppe und eines Stoffhundes, den mir mein Vater aus Prag mitgebracht hatte, kam ich lange nicht hinweg. Dass sie verbrannt waren, konnte ich nicht fassen, ich trauerte heftig. Nun war der hölzerne Papagei ein kleiner Trost.

Ewald von Demandowsky machte sich im Endkampf um Berlin auf, seine Heimatstadt zu verteidigen, so, wie der «Führer» es befohlen hatte: «bis zum letzten Atemzug». Die Knef hatte eine Uniform aufgetrieben, sich die Haare geschoren und war ihm als Soldat verkleidet gefolgt. Eines Nachmittags kam sie in unseren Garten gewankt, als meine Großtante Käthe, die – ausgebombt – zu uns gestoßen war, dabei war, unseren Backsteingrill in Gang zu bringen. Die Knef brach auf den Stufen des Hauseingangs zusammen und wurde von den Erwachsenen ins Wohnzimmer geschleppt. Ich bekam noch mit, wie man ihr die Stiefel von den Beinen schnitt und den Uniformrock auszog. Dann musste ich den Raum verlassen, denn sie begann unter Weinkrämpfen zu erzählen. In ihrem Buch «Der geschenkte Gaul» kann man nachlesen, was meine Eltern damals vermutlich als Erste zu hören bekamen.

Es gibt eine andere, einschneidende Episode, die mir für alle Zeiten in der Erinnerung haften blieb: Vorbeiziehende, plündernde Russen hatten Schränke im Souterrain unseres Bungalows aufgebrochen und Gewehre, Uniformen und Hitler-Bilder gefunden. Sie hielten meinen Vater für den Besitzer. Er sollte kurzerhand im Garten des Hauses liquidiert werden. Ich spielte dort arglos vor mich hin und fühlte mich plötzlich von meiner totenblassen Mutter an der Hand zur Hauswand gerissen, wo mein Vater ebenfalls bleich, aber ruhig in den Gewehrlauf eines Russen blickte, der auf ihn angelegt hatte. Meine Mutter stellte mich und sich daneben. Offensichtlich verwirrte den Russen der Anblick des Kindes, auf das er nun zielte. Er zögerte. Auf der Straße gingen ein paar angeheiterte Kumpane vorbei, sie riefen ihm lachend etwas zu. Er spuckte vor uns aus, schulterte sein Gewehr und ging ihnen nach. Meinen Eltern war nicht zum Lachen zumute. Ich ahnte mehr den Ernst der Situation, als dass ich ihn verstand. Ein Waffentrauma ist mir geblieben. Vor Gewehren graust mir bis heute.

## *Die Schulzeit beginnt*

Allmählich normalisierte sich das Leben wieder. Die Vororte Dahlem und Zehlendorf wurden zur amerikanischen Zone erklärt, und bald arrangierten die Amerikaner Hauskonzerte in den Prachtvillen, die sie inzwischen besetzt hatten. Mein Vater und seine Kollegen von der Staatsoper sangen bei diesen Gelegenheiten Lieder- und Arienabende, was zur Aufbesserung unseres Speiseplanes diente, denn die auftretenden Sänger wurden großzügig verköstigt. Meine Mutter begleitete meinen Vater regelmäßig zu diesen Konzerten, angetan mit einem Abendkleid, in das sie sich eine känguruartige Beuteltasche genäht hatte. Darin verstaute sie die bei Tisch gereichten guten Bissen, um sie nachts bei der Heimkehr an mich zu verfüttern. Da wegen Stromsperre der Eisschrank ausfiel, musste alles Verderbliche sofort gegessen werden. Ich würgte also verschlafen das Corned Beef und die Turkey-Sandwiches hinunter, um sie kurze Zeit später wieder von mir zu geben. Der Nachkriegskindermagen war überfordert …

1946 verließen wir das Haus im Hüttenweg und die Gegend um den Thielplatz. Nach einer Zwischenstation in einer anderen Dahlemer Straße, wo wir für ein paar Monate das Haus neben Peter Anders, dem Tenorkollegen meines Vaters, bewohnten und ich mit seinen drei Kindern im Garten spielte, zogen wir nach Schlachtensee in eine uralte, düstere Riesenvilla, in deren Erdgeschoss wir hausten. In einem verwilderten Gartenparadies gab es Apfelbäume, einen Teich, eine Laube und einen verwunschenen Felsengarten. Ich war den ganzen Tag in diesem Garten unterwegs, wurde allerdings irgendwann eingeschult und fühlte mich plötzlich meiner Freiheit beraubt. Außer der Schulspeisung, bei der es so etwas wie Nudelsuppe mit Fleischeinlage gab und ab und zu eine Art Schmalzgebäck mit einem Riegel Chesterkäse, den man sofort verschlang, hatte die Schule wenig zu bieten.

Der Schulweg führte vorbei an Trümmergrundstücken, es war streng verboten, sie zu betreten. Wir Schulkinder taten es trotzdem und überboten uns im Suchen und Finden der größten und bizarrsten Bombensplitter. Ich hatte heimlich eine stattliche Sammlung angelegt, die ich vor den Augen der Erwachsenen verbarg. Eines Mittags auf dem Heimweg war auf der Straße vor einer zerbombten Villa eine kleine Absperrung um einen Gulli zu sehen. Und in den Gulli lief ein Rinnsal aus Blut. Da hatte ein Kind nicht nur einen Splitter gefunden, wie ich von den herumstehenden Leuten erfuhr. Das gab mir zu denken, und ich ließ es bei der bereits vorhandenen Sammlung, die ich von da an nicht ohne Grausen betrachtete.

Was das Lernen betraf, war ich nicht besonders eifrig, denn natürlich waren alle Erlebnisse auf der Straße viel interessanter. Mit dem Schreiben kam ich klar, aber Lesen-Lernen und vor allem Rechnen interessierten mich nicht. Schularbeiten zu machen, vergaß ich ganz einfach. Eines Tages kam mir meine Mutter auf die Schliche: Sie bat mich, ihr meine Fibel zu zeigen und ihr daraus vorzulesen. Mein stockendes Gestammel war blamabel. Es gab ein gehöriges Donnerwetter, meine Mutter nahm die Sache in die Hand und erreichte in kürzester Zeit mehr, als es der Schule in einem Jahr gelungen war. Von da an las ich fließend, und meine Leselust war geweckt. Kein bedrucktes Stück Papier war mehr sicher vor mir, ich las in jeder freien Minute. Da es in der Nachkriegszeit lange kein Toilettenpapier gab,

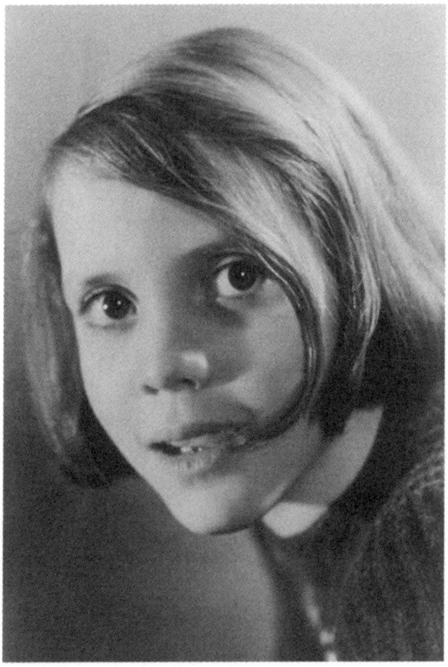

1947

schnitt man sich aus Zeitungen und sämtlichem verfügbaren Altpapier das auf dem Klo Benötigte zurecht. Es wurde auf einen Haken gespießt und hing nun da. Das war eine meiner ersten intensiven Lektüren. Manchmal erwischte ich einen Fortsetzungsroman aus der Zeitung und war todunglücklich, wenn er abrupt endete, weil er anderweitig gebraucht worden war. Trotzdem verdankte ich dem Klopapier so manches spannende Lesevergnügen.

Zu Weihnachten schenkte mir meine Großmutter Grimms Märchen aus der Reihe «Die Bücher der Rose». Ich habe den Band heute noch, nehme ihn immer wieder zur Hand und hüte ihn wie einen Schatz. Jahre später stöberte ich in Antiquariaten nach weiteren «Büchern der Rose» und war glücklich, wenn ich fündig wurde. Nach den Märchen waren die «Deutschen Heldensagen» von Gustav Schwab dran, die ich begeistert las. Mein Lieblingsheld war Dietrich von Bern, der von Defoes Robinson Crusoe abgelöst wurde, einem Buch, das bis heute seinen Reiz für mich nicht verloren hat. Ich entdeckte die Bücherregale meiner Eltern und verschlang wahllos alles, was da stand. Sogar vor Lyrik machte ich nicht halt. Meine Mutter freute sich über meinen Leseeifer und förderte ihn mit gezielten Empfehlungen. Von manchem riet sie mir noch ab, und einige Bände, die ich mir herausgesucht hatte, waren über Nacht verschwunden – vorsorglich entfernt, weil ungeeignet für Kinder meines Alters. Aber frühreif war meine Lektüre allemal.

Zu essen gab es zu Hause nur Wasser- und Mehlsuppen. In den Wassersuppen schwammen zerhackte Brennnesseln und Kohlrübenstücke – Kohlrüben waren das Gemüse der Nachkriegszeit. Die Mehlsuppen wurden mit Vierfruchtmarmelade angereichert. Brot und Fett, meistens Butterschmalz, gab es auf Marken und viel zu wenig für die fünfköpfige Familie, die wir inzwischen waren. Denn außer Tante Käthe war, nach dem Selbstmord seiner Mutter, auch mein Halbbruder Peter zu uns gekommen. Er war ein bildhübscher Junge mit langem Haar und von mädchenhafter Zartheit. Ich verstand mich prächtig mit ihm, und wir heckten gemeinsam die üblichen Streiche aus, um Tante Käthe zu ärgern. Als meine Mutter ihn zum Friseur schickte und er seine Haarpracht loswurde, war das eine Tragödie für ihn. Sein Bleiben war auch nicht von langer Dauer – meine Mutter war uns beiden wilden Kindern nicht gewachsen. Vor allem nachdem sie meinen Bruder dabei ertappt hatte, wie er auf einen großen Zimmerkamin geklettert war, um meine Eltern durch das Oberlicht der Schlafzimmertür zu beobachten, war ihre Geduld zu Ende. Peter wurde nun von der ersten Frau meines Vaters, der gütigen Mathilde, aufgenommen; er kam nach Stuttgart und wuchs dort in Ruhe und Frieden bei seinem Halbbruder Rolf auf. Ich war wieder allein und schloss mich den Kindern der Familie an, die in der Schlachtenseevilla den Keller bewohnte. Der Vater war Schreinermeister. Es waren Adventisten, die ausgiebig das Erntedankfest feierten, was mich sehr beeindruckte: ein festliches Ritual, ein Gottesdienst in den eigenen vier Wänden – und es gab gut zu essen. Ich durfte mitessen.

Bei uns gab es nur gut zu essen, wenn ein Carepaket angekommen war. Es kam aus Amerika – von wem, weiß ich nicht – und bereicherte den Speiseplan mit Erdnussbutter, Eipulver, Schokolade und dem schon aus der Schule bekannten Chesterkäse. Zigaretten für die Erwachsenen waren auch dabei. Es wurde heftig geraucht, weil es den Hunger linderte. Kippen wurden gesammelt, die Tabakreste in eine kleine Maschine gebröselt, es entstanden die «Selbstgedrehten». Auf dem Schwarzmarkt getauscht wurde hauptsächlich für Zigaretten, und so manches gerettete Familiensilber landete dort. Chesterfield und Lucky Strike waren die Marken, die die Amerikaner ins Land gebracht hatten.

Ich «rauchte» auch, aber natürlich nur nachgemachte Glimmstängel aus gerolltem Papier. Ich war fast immer verkleidet; mit einem Schlafrock und einer spitzen Mütze angetan, deklarierte ich mich zum Märchenerzähler, versammelte meine Spielkameraden um mich und erzählte ihnen aus dem Stegreif erfundene, lange Geschichten. Erstaunlicherweise hörten sie geduldig zu. Sie kamen gern in den großen, verwilderten Garten, bis meine Mutter mir den Umgang mit den Kindern der Gegend verbot, weil eines der Mädchen, mit denen ich am Nachmittag noch gespielt hatte, in der Nacht mit Kinderlähmung ins Krankenhaus gebracht worden war. Als ich am nächsten Tag prompt 40 Grad Fieber bekam, lag der Verdacht auf Ansteckung nahe. Gott sei Dank bewahrheitete er sich nicht – mein Körper kämpfte mit tagelangem hohen Fieber dagegen an, und die Kinderlähmung kam nicht zum Ausbruch. Sie war das Schreckgespenst der Nachkriegszeit, das erst durch die einsetzenden Massenimpfungen vertrieben wurde.

Meine Mutter tingelte mit einem Zirkus durch die Lande. So verdiente sie ein wenig Geld für die hungrige Familie, denn mein Vater durfte bis zu seiner Entnazifizierung nicht auftreten. In den Umbaupausen saß sie in der Zirkusmanege und rezitierte Scherzgedichte oder las Geschichten von Manfred Kyber vor. Sie lernte diese Programme zu Hause, und ich hörte ihr gerne beim Sprechen und Üben zu. «Der Teekessel» war meine Lieblingsgeschichte.

In dieser Zeit entdeckte ich, dass meine Stimme irgendetwas Besonderes war. Wenn ich vor mich hinsang, beim selbstvergessenen Spiel, spürte ich eine Kraft beim Singen, die mir seltsam vorkam. Auch schien die Stimme nicht so zu krähen, wie ich das von meinen gleichaltrigen Schulkameradinnen kannte. Da war etwas, das mich erstaunte. Meine Stimme schien lauter, zugleich weicher, mit einem schwingenden Vibrato, obwohl ich natürlich damals noch nicht wusste, was das bedeutete.

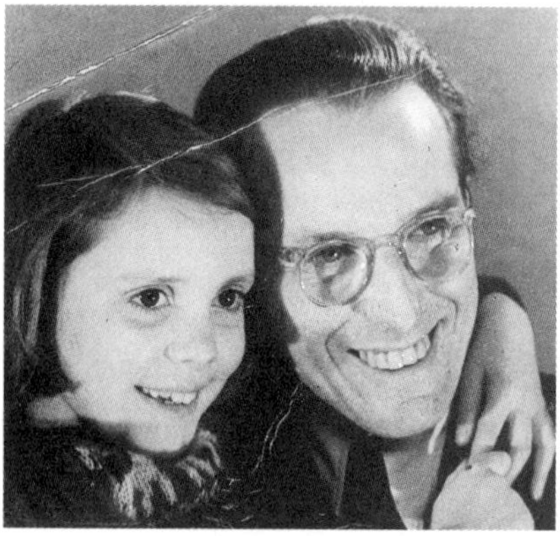

Mit dem Vater, 1947

Mein Vater – der auf irgendeine Weise zu einem Flügel gekommen war, vielleicht befand sich auch ein Instrument bereits im Haus – hatte begonnen, Gesang zu unterrichten. Junge Kollegen kamen zu Gesangsstunden. «Kommen Sie bitte herein, wollen Sie bitte singen», wurde ein geflügeltes Wort in der Familie, denn so empfing ich die Schüler meines Vaters, denen ich gerne und eifrig die Tür öffnete. Eine junge, rundliche Dame, Rita Streich, wurde einige Jahre später eine berühmte Sängerin. Wenn mein Vater mit seinem Begleiter arbeitete, saß ich unter dem Flügel und ließ mich von den Schallwellen einhüllen, die aus dem Boden des Instrumentes auf mich abstrahlten. Ein wunderbares Wohlgefühl. Später dann, in meinem Zimmer, sang ich die Lieder nach, die ich von meinem Vater gehört hatte: «Im wunderschönen Monat Mai», «Ich grolle nicht», «Es war, als hätt' der Himmel die Erde still geküsst» …

Ich sang nicht leise, ich sang laut und mit ungeahnten Kräften. Einmal sah ich meinen Vater lauschend und mit einem glücklichen, erstaunten Ausdruck im Gesicht in der Zimmertür stehen – und verstummte von Stund' an. Für lange Zeit kam kein gesungener Ton mehr über meine Lippen. Ich fühlte mich ertappt, belauscht und beobachtet. Ich verschloss diesen unerklärlichen Schatz in mir, kaum dass ich ihn entdeckt hatte.

## *Zwischenspiel am Meer*

Die Entnazifizierung meines Vaters hatte stattgefunden, er durfte wieder arbeiten. Er sang an der Staatsoper, die langsam ihren Spielbetrieb in Behelfsspielstätten aufgenommen hatte, und begab sich wieder auf Konzertreisen. Meine Mutter sagte dem Zirkus Ade und begleitete ihn. Nach ihrer langsamen Genesung hatte sie in den Vierzigerjahren noch ein paar Mal gefilmt und Theater gespielt, aber der Anschluss hatte ihr nach der langen Auszeit nicht recht gelingen wollen. Das Kriegsende und die Wirren danach taten das Ihre, und so entschloss sie sich, nur noch für meinen Vater da zu sein und ihn auf seinem Berufsweg noch intensiver zu begleiten als zuvor.

Auf einer Bädertour beschlossen meine Eltern, mich auf eine Nordseeinsel zu verschicken, wo ich mich von den Strapazen der Hungerzeit erholen sollte. Ich war viel krank, regelmäßige Mittelohrentzündungen und Anginen quälten mich, woraufhin meine Mandeln gekappt wurden – ein grässlicher Eingriff, der damals üblich und überaus schmerzhaft war. Zuletzt litt ich an einer Furunkulose, einer Folge der Unterernährung, hatte Ödeme an den Beinen, und meine Eltern waren in größter Sorge um mich.

Ich wurde also in Begleitung von Tante Käthe nach Borkum geschickt und verbrachte dort einige herrliche Monate. Wir lebten in einem Fischerhaus, es gab Butter und Sanddorn in jeder Form, viel Fisch und Sonne, Wind und Meer. Ich ging in die Dorfschule, lernte Plattdeutsch und war glücklich. Die Liebe zu Inseln und zum Meer war geboren. Die Seeluft hatte Erfolg, denn meine Gesundheit stabilisierte sich, und ich war weniger anfällig. So kam der Tag, wo Tante Käthe und ich von Borkum Abschied nehmen mussten.

# 3

# *Jugendjahre*

## *Hannover*

Nachdem die Währungsreform eingeleitet worden war, entschieden sich meine Eltern im Juni 1948 wenige Tage vor Beginn der Blockade durch die Sowjetunion, Berlin zu verlassen und nach Hannover zu ziehen; mein Vater hatte einen Gastvertrag am dortigen Opernhaus. Ich erlebte meinen ersten Flug mit einer Transportmaschine der Luftbrücke von Berlin nach Hannover. Dort zogen wir in eine Wohnung, die wir uns mit einem Dirigenten der Oper teilten. Das Erste, was passierte, war, dass meine Mutter Wanzen entdeckte. Sie krabbelten hinter den Tapeten herum und überfielen uns nachts, wir waren mit Stichen übersät. Als man meiner Mutter auf dem sofort aufgesuchten Gesundheitsamt keinen Glauben schenkte, fing sie die Tiere in einer Streichholzschachtel, trug sie in das Büro des Gesundheitsbeamten und ließ sie auf seinem Schreibtisch frei. Umgehend erschien ein Kammerjäger, der die Wanzen mit Gas verjagte. Wochenlang wohnten wir im Hotel «Rheinischer Hof» am Hauptbahnhof, bis das Wanzengift sich verzogen hatte und wir zurück in die Wohnung konnten. Im Hotelrestaurant bestellte meine Mutter immer den «Ratsherrentopf» – Leipziger Allerlei mit kleinen Filets – und erklärte mir, das sei das Reellste! Es wurde mächtig gespart im Hause Fassbaender. Möbel mussten angeschafft werden, Betten, Geschirr, denn wir besaßen ja nichts mehr.

In Hannover ging ich aufs Gymnasium, dessen Besuch in Westdeutschland schon mit der vierten Klasse begann, und war im Übrigen fleißige Besucherin eines Tattersalls, der sich in der Nähe der Wohnung befand. Ich liebte ein drahtiges, kleines Pferd, auf dem ich reiten lernte und das mir sehr vertraut wurde. Am liebsten hatte ich das «Musikreiten». In beschwingtem Rhythmus durch die Reithalle

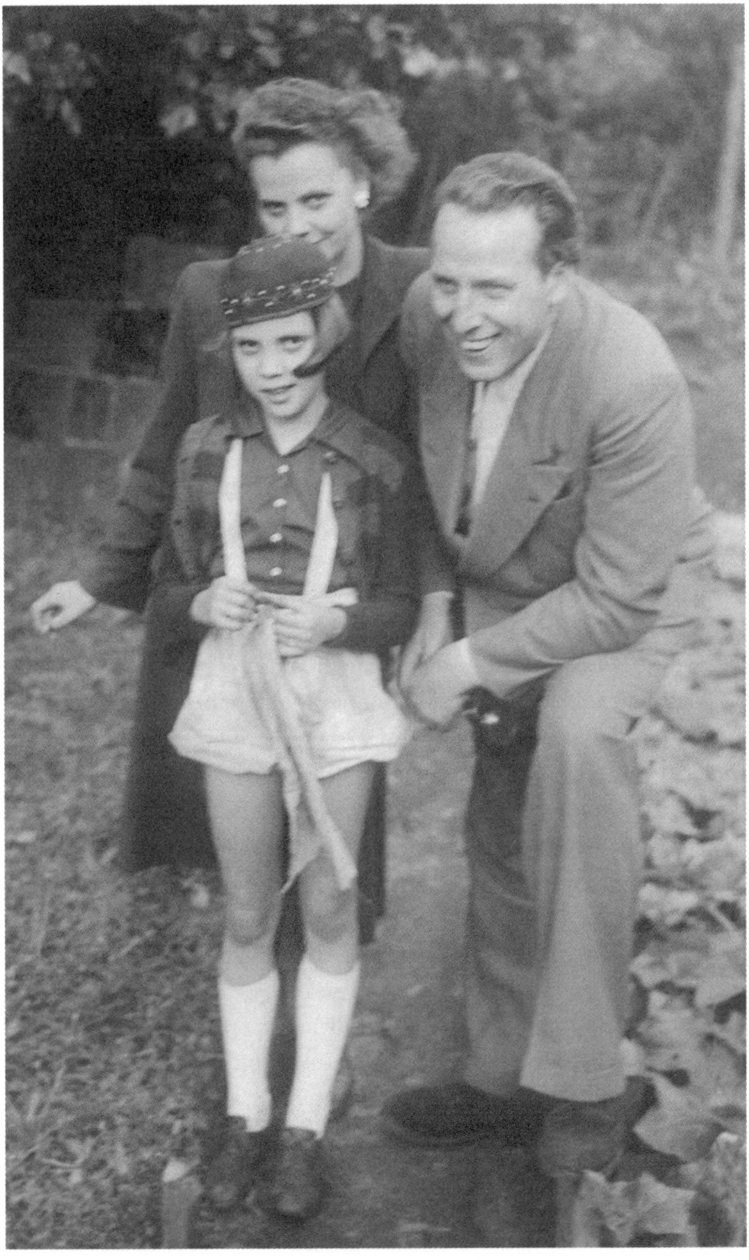

Mit den Eltern, 1950

zu traben war wunderschön. Auch an kleinen Springen durfte ich teilnehmen. Ich war eine begeisterte Reiterin und trieb mich fast jeden Tag entweder bei den Pferden oder im ebenfalls nahegelegenen Zoo herum, für den ich eine Jahreskarte hatte. Da zog es mich zu den Wildpferden und den Zebras, den Giraffen und zu den Raubtieren.

Ich lernte Fahrradfahren und radelte durch den Stadtwald, die Eilenriede. Tante Käthe erklärte mir den Sternenhimmel, meine Mutter bastelte mit mir Kasperpuppen aus Korken und Knete, die ich noch heute habe und hüte. Wir bauten ein Theater und malten Kulissen, und ich schrieb Stücke und animierte die Tochter des Dirigenten, mit mir Theater zu spielen, natürlich nach eigenen Texten. Wieder war Verkleiden und Schminken angesagt – ein Zimmer wurde zur Bühne, die Diele zum Zuschauerraum, in dem sich meine Eltern, Tante Käthe und das Dirigentenehepaar versammeln mussten, um meinen improvisierten textlichen Alleingängen zu folgen, denn Barbara, das Dirigentenkind, bekam vor lauter Befangenheit nie den Mund auf. Die Peinlichkeit dieser Aktivitäten war mir bald bewusst, das Echo der Erwachsenen verhalten.

Wenn ich nicht Theater spielte und Stücke schrieb, im Zoo oder im Tattersall war, fand man mich bei der Dirigentengattin, die Malerin war. Das Wohnzimmer der Familie war ihr Atelier, und ich durfte dort an einer Staffelei stehen und große Bögen mit Farbe bemalen – eine Kreativität, die sich im Laufe der Jahre vertiefte; damals wurde der Keim für mein Vergnügen an der Malerei gelegt.

In Hannover durfte ich auch schon in die Oper gehen und meinen Vater auf der Bühne sehen. Zuerst allerdings gab es, wie üblich, ein kindertaugliches Ballett. Ich glaube, es war die «Puppenfee», in die Tante Käthe mich liebevoll einführte. Dann aber war gleich die große, oft blutrünstige Oper an der Reihe. Ich sah meinen Vater als Rigoletto und Scarpia. Dass ein Bühnentod kein echter Tod war, sondern man wieder aufstand und vor dem Vorhang erschien, hatte ich begriffen. Aber dass die Messerattacke der Tosca auf Scarpia keine Wunde hinterließ, konnte ich nicht fassen. Sowie mein Vater nach der Vorstellung nach Hause kam, musste er sein Hemd ausziehen und mir seine Unversehrtheit beweisen. Erst dann gab ich Ruhe. (Die Tosca war meine Traumpartie, als ich anfing, ans Singen zu denken: einer von den unerfüllten Träumen meines Lebens.) Meine Mutter muss ich schon ganz früh einmal in Berlin auf der Bühne gesehen haben. In der Familie kursierte die Geschichte, ich hätte während einer Liebesszene laut und entrüstet gekräht: «Mami küsst einen fremden Mann!»

Ein Weihnachtsfest in Hannover war in seiner Fülle an Geschenken so überwältigend, dass ich es nie vergessen habe: Ich bekam meine erste Armbanduhr, ein Schifferklavier, und unter dem Weihnachtsbaum saß ein Hund. Ein lebendiger Hund! Die Drahthaarterrier-Hündin, die mein Vater bei der Tombola auf einem Presseball in Kiel gewonnen hatte, wurde Daisy getauft und durfte trotz des Widerstandes meiner Mutter bleiben. Nach kurzer Zeit hatte auch meine Mutter sich in das Tier verliebt. Ich war selig und Daisy mein Ein und Alles.

Meine Eltern kamen überein, dass Kind und Hund nun wieder einen Garten brauchten. Anfang der Fünfzigerjahre hatte mein Vater seine Haupttätigkeit von Hannover nach Nürnberg verlagert, wo er neben dem Singen bald auch Regie führte und Oberspielleiter des Hauses wurde. Doch die Sehnsucht nach Berlin war groß, und meine Eltern entschlossen sich, ihren Hauptwohnsitz wieder nach Berlin zu verlagern. Im Westsektor der Stadt, in Zehlendorf in der Nähe der Krummen Lanke, fanden sie ein Doppelhaus. Tante Käthe bezog eine eigene kleine Wohnung in Berlin, und meine Großmutter Peters, die nach dem Krieg in Dresden und dann in Chemnitz geblieben war, um meinem Großvater nahe zu sein, wurde zu uns geholt.

## *Die Gefangenschaft des Großvaters*

Das Schicksal meiner Großeltern mütterlicherseits, besonders meines Großvaters, war tragisch, aber zeitgemäß, kein Einzelfall. Er war bei Gründung der DDR von einem ehemaligen Arbeiter seiner Fabrik angezeigt worden, wegen schikanöser Behandlung von Fremdarbeitern und angeblicher nazistischer Umtriebe. Es kam zu einem sogenannten Schauprozess der Arbeiterklasse gegen einen Kapitalisten. Aus den Prozessakten, makabren Zeugnissen der damals herrschenden «Säuberungsmethoden» gegen Staatsfeinde, geht hervor, dass keine

Entlastungszeugen gehört wurden, obwohl sie zahlreich vorhanden waren. Mein Großvater wurde zu fünf Jahren Gefängnis verurteilt und verbüßte seine Haftstrafe in Dresden und in der berüchtigten Haftanstalt Hoheneck. Die Briefe, die er meiner Großmutter aus dem Gefängnis schrieb, geben tiefen Einblick in den Gefängnisalltag und die Entbehrungen, denen er ausgesetzt war. Meine Großmutter sparte sich jeden Bissen vom Munde ab und schickte Pakete mit dem Wenigen, das ihr damals möglich war. Sie röstete Brot und Haferflocken, backte Kekse, schickte Hartwurst – er war selten zufrieden. Die Margarine war im Paket zerlaufen, die Kekse ranzig, er brauchte Kaffee, Bücher und seine Geige. Meine Großmutter nutzte alle Besuchstage und versuchte, all seine Wünsche zu erfüllen.

Auch ich erinnere mich an einen Besuch im Gefängnis. Mein Großvater wollte seinen «Schimpus» – so nannte er mich – unbedingt wiedersehen. Mein Vater sang ein Weihnachtskonzert für die Gefangenen, und ich wurde mitgenommen. Den einst so «schneidigen», eleganten Großvater in Sträflingskleidung in der kargen Einrichtung und dem kalten Licht des Gefängnisses zu sehen, war erschreckend. Er war abgemagert und bemühte sich um Fassung. Ich war viel zu jung, um die Tragweite des Geschehens ermessen zu können, aber die Atmosphäre und der verhärmte Großvater sind mir noch gegenwärtig. Es war das letzte Mal, dass ich ihn sah. Er ist 1954, schwer zuckerkrank und im Gefängnis medizinisch unzureichend versorgt, zwei Monate vor seiner Entlassung gestorben.

Da waren wir gerade nach Berlin zurückgekehrt, und das Leben in der Obhut meiner Großmutter begann. Sie teilte ihre Trauer mit dem öfter aus Dresden zu Besuch kommenden Fräulein Lange; mein Großvater hatte statt einer zwei trauernde Witwen hinterlassen. «Die Lange» wurde von meiner Großmutter mit Dingen versorgt, die es in der DDR nicht gab, die in Westberlin aber schon wieder zu haben waren. Sie erschien immer in einem Mantel mit Pelzkragen. Wenn sie uns verließ, war der Kragen mit Nylonstrümpfen ausgestopft, im Mantelsaum befanden sich Büchsen mit Ölsardinen, und in den Puffärmeln versteckte sie Bananen. Die Mauer war noch nicht gebaut und die Kontrollen der Volkspolizei nicht so scharf wie später.

Es kamen auch ehemalige Mitgefangene meines Großvaters zu uns, die von der Zeit im Gefängnis erzählten, von seinen musikalischen Aktivitäten im Anstaltsorchester, seiner klugen, immer hilfreichen Präsenz. Wenn sie gingen, steckte ihnen meine Großmutter jedes Mal so viel Geld zu, wie sie von ihrer schmalen Rente abzweigen konnte. Der Kampf um diese Rente war ein andauerndes, entwürdigendes Unterfangen. Wenn ich heute die Berge von Anträgen und Bittgesuchen lese, die Formulare und Aufstellungen, die meine Großmutter an die zuständigen Stellen schickte, bewundere ich sie noch im Nachhinein, mit welcher Tapferkeit sie die Zeit nach dem Tod ihres Mannes bewältigte.

Der Anstaltspfarrer kam und berichtete vom Ende meines Großvaters, wobei er bestätigte, dass es der mangelnden ärztlichen Versorgung zuzuschreiben war. Meine Großmutter trug all ihr Wissen und ihre Vermutungen zu einer «Kampfgruppe gegen die Unmenschlichkeit», aber es war ja nichts mehr zu ändern. Die sterblichen Überreste von Alfred Peters blieben verschollen, sie waren verbrannt, verscharrt. Die «Kampfgruppe» hatte ihre Büros in Berlin-Nikolassee, Ernst-Ring-Str. 4. Das war das Haus meiner Kindheit gewesen …

## *Wieder in Berlin*

Unser Haus, ein Doppelhaus in einer von Ebereschen gesäumten Zehlendorfer Villenstraße, war klein, und der Garten war es auch, aber er reichte für Hund und Schulkind allemal. Denn der große Garten lag vor der Haustür: Der Grunewald und die Krumme Lanke, der lauschige See inmitten des Waldes, waren in ein paar Schritten erreicht.

In den umliegenden Häusern wohnten Familien mit gleichaltrigen Kindern. Schnell wurden wir Freunde, gingen in dieselbe Schule, feierten alle Kindergeburtstage gemeinsam und gingen in den Familien der anderen aus und ein. Gemeinsam machten wir den Grunewald unsicher, schwammen im Sommer um 5 Uhr früh in der Krummen Lanke, veranstalteten Wettschwimmen ans gegenüberliegende Ufer. Oder wir fuhren ein paar Stationen mit dem von Pferden gezogenen Bolle-Wagen mit, der morgens die Milch lieferte; wir sprangen aufs hintere Trittbrett, ließen uns durch die Gegend fahren und liefen dann wieder nach Hause.

Als die Tanzstundenzeit gekommen war, absolvierten wir auch die zusammen und überwachten kritisch, wer den attraktiveren Tanzpartner abbekam. Meine gleichaltrige Freundin Uta aus dem Haus gegenüber, die heute eine bekannte Berliner Malerin ist, hatte einen brünetten, pfiffigen Burschen ergattert, dessen Vater ein Süßwarengeschäft führte; der «Pisi» genannte Galan versorgte uns eifrig mit Bonbons und Brausepulver. Mein Tanzstundenjüngling wurde «Dackel» genannt. Er war blond und schüchtern, aber sehr reizend. An manchen Wochenenden war die Fortsetzung der Tanzstunden im eigenen Heim angesagt. Dann wurden die Teppiche aufgerollt, der Plattenspieler in Gang gesetzt und heftig Boogie-Woogie, Slowfox und Cha-Cha-Cha geübt. Meine Großmutter servierte Schnittchen und Limonade. Anschließend spazierte man noch ein wenig im Grunewald, wobei ab und zu ein schüchternes Händchenhalten stattfand. Mir waren diese vertanzten Wochenendnachmittage eher langweilig. Uta war der gleichen Ansicht, und wir gaben unseren Jünglingen nach einiger Zeit den Laufpass. Mein armer «Dackel» zog traurig von dannen. Wir haben uns später wiedergetroffen, als er mich nach einer Vorstellung an der Deutschen Oper erwartete und zum Essen einlud. Er war noch genauso schüchtern und freundlich wie vor Jahr und Tag.

Utas Vater fuhr jeden Morgen mit seinem VW in sein Geschäft. Manchmal nahm er uns mit und setzte uns an der Schule in Dahlem ab, meistens aber fuhren wir mit dem Rad. Mein grünes Fahrrad mit Sportlenker und Gangschaltung liebte ich sehr. Jeden Abend, Punkt 19 Uhr, kam Utas Vater nach Hause. Die drei Kinder, Uta, Heike und Tilmann, standen an der Garage parat, und die Begrüßung war jedes Mal so stürmisch und herzlich, als hätte man sich wochen- oder jahrelang nicht gesehen. Auch Mutter Korth kam die Gartentreppe hinuntergerannt – dann verschwand die Familie im Haus zum Abendessen. Ich stand am Fenster meines Zimmers und beobachtete die Szene, manchmal winkte ich, manchmal nicht. Ich wünschte mir sehnlichst, auch mein Vater würde täglich nach Hause kommen. Ich war neidisch und traurig und oft ein spröder Gast im Hause Korth. Denn ich zog nie den Mantel aus, war immer auf dem Sprung und fühlte mich als Fremdkörper in diesem engen Familienverband. Ich wurde auch zum Essen an den gemeinsamen Tisch geladen – und saß im Mantel da. Mutter Korth wunderte sich, ließ mich aber gewähren.

Das Leben in der Obhut meiner Großmutter war paradiesisch, bis auf die Tatsache, dass ich meine Eltern sehr selten sah und große Sehnsucht nach ihnen hatte. Die wöchentlichen Anrufe aus Nürnberg vertieften das Leid. Nach den Gesprächen mit meinem Vater, dessen Sprechstimme ich so liebte, weinte ich bittere Tränen. Manchmal kam meine Mutter für einige Zeit nach Hause, um nach dem Rechten zu sehen, meistens aber nur, um mit hochgelegten Beinen zu ruhen, wenn sie wieder eine der sie oft heimsuchenden Thrombosen ausheilen musste – eine fatale Anfälligkeit seit meiner Geburt.

In den Schulferien fuhr ich nach Nürnberg, wo meine Eltern in einer Werksbaracke auf dem Theatergelände wohnten und ich die meiste Zeit im Opernhaus verbrachte, in jeder Probe des inszenierenden und in jeder Vorstellung des singenden Vaters. Ich sah alles, was Oper und Schauspiel zu bieten hatten. Ich sah den legendären Werner Krauss und den jungen Oskar Werner in einer Gastspielaufführung des Wiener Burgtheaters, ich sah die deutsche Erstaufführung des Musicals «Kiss Me, Kate» mit Peter Kreuder am Pult. Ich ging in jede Oper und jede Operette, schwärmte für die Operettendiva und den Tenorbuffo und verehrte glühend den ersten Bariton des Hauses namens Leonardo Wolovsky, der mir unvergesslich ist als intelligenter, suggestiver Darsteller. Abend für Abend saß ich in der Loge meines Vaters und gab mich mit Haut und Haaren der Welt des Theaters hin. Zurück in Berlin, hatte ich nichts als Schauspiel und Oper im Kopf, während meine Schulkameradinnen von ihren Ferien an der Nordsee oder in Italien berichteten.

Von Westdeutschland nach Berlin übersiedelt, musste ich zunächst wieder die Volksschule besuchen, das Gymnasium begann im Westen der zweigeteilten Stadt erst mit der siebten Klasse. Durch die Nachkriegswirren und die diversen Umzüge innerhalb und außerhalb Berlins bin ich auf ungefähr acht verschiedenen Schulen gewesen, immer im Pensum voraus oder hinterher. Meine schulische Laufbahn war eher unrühmlich.

Schule – das war für mich Freiheitsberaubung. Das Lehrpersonal der Berliner Gertraudenschule, des Gymnasiums, in das ich nach Beendigung der Volksschule ging, war ein schneiderkostüm-bewehrtes

Geschwader kerniger Damen, die man sich unschwer beim Hitlergruß vorstellen konnte. Was ich damals natürlich noch nicht tat. Ihre Verachtung für uns Backfische stand spürbar, greifbar im Raum. Nur drei der Lehrerinnen sind mir in guter Erinnerung als kluge, menschlich agierende Wissensvermittlerinnen: die Deutschprofessorin Frau Dr. Laserstein, die genialische Musiklehrerin Ilona Gerds und die Malerin Frau Diem, die den Zeichenunterricht bestritt. Auch die Direktorin, Frau Dr. Gassner, war sanft und angenehm; man lernte ein ordentliches Französisch bei ihr. Alle anderen Erscheinungen: verdrängt, vergessen, mit unguten Erlebnissen verbunden. Ich konnte auch nur den sogenannten musischen Fächern etwas abgewinnen. Kurzzeitig mochte ich zwar auch Chemie und Französisch, aber alles, was mit Arbeit, besonders mit nachmittäglicher Schularbeit verbunden war, war Horror und Graus.

Ich avancierte zum Klassenclown, hinter dem ich Unmut und Scheu versteckte. Im Deutschunterricht übernahm ich in den durchgenommenen, mit verteilten Rollen gelesenen Dramen die Hauptrollen, und in den Pausen las ich den lauschenden Mitschülerinnen die damals übliche Lektüre (Enid Blyton, Mark Twain etc., etc.) vor, anstatt auf dem Schulhof das Pausenbrot zu essen oder die Schulspeisung wahrzunehmen. Ich schrieb die besten Aufsätze, spielte in der Theatergruppe der Schule die «alten Männer», verweigerte den Religionsunterricht und den Sport. Turnen und Völkerball hasste ich wie die Pest. Am schlimmsten aber war das Geräteturnen. Den Sinn von stumpfsinnigen, über Kästen und Lederböcken ausgeführten Sprüngen oder dem Kopfüber-Hängen in Ringen an Seilen, dem Klettern an stangenbespickten Wänden konnte ich partout nicht erkennen. Auch schämte ich mich in knappem Hemd und schwarzer Turnhose. «Hoch das Kistchen», hieß es bei der süßlichen Turnlehrerin, von der wir wussten, dass sie mit der Biologielehrerin in die Ferien fuhr. Wenn sie mein «Kistchen» anfeuerte, war ihr Ton eher süffisant.

Es gab ganze Sporttage in freiem Gelände, mein Hundertmeterlauf war eine Katastrophe. Meilenweit abgeschlagen keuchte ich immer als Letzte durchs Ziel. Wir lernten schwimmen, ich stand minutenlang auf dem Zweimeterbrett und starrte ins weit entfernte Wasser unter mir. Endlich beförderte mich ein Schubs der Lehrerin ins aufspritzende Nass. Immerhin ist aus mir aber eine ganz gute, ausdauernde Schwimmerin geworden. Turmspringen muss ja nicht sein …

Eine mit meinen Eltern befreundete Röntgenologin stellte schließlich eine leichte Rückgratverkrümmung fest, den sogenannten Scheuermann. Das rettete mich! Ich bekam ein Attest und war vom Sport befreit. Allerdings musste ich mich nun mit einem harten, unbequemen Korsett herumärgern, das mir angepasst wurde und das ich monatelang tragen musste. Auch Besuche beim Chiropraktiker waren nötig. Von Zeit zu Zeit regulierte er mit grässlichen Verdrehungen und Verrenkungen die Wirbelsäule. Es knackte unheimlich und tat manchmal gemein weh. Der «Scheuermann» war eine typische Nachkriegserkrankung – unter meinen gleichaltrigen Schulkameradinnen gab es einige «Scheuermänner».

Im Klassenzimmer saß ich in der letzten Reihe und schrieb und zeichnete vor mich hin, mit den Gedanken in einer Traumwelt. Oder ich starrte aus dem Fenster auf den stillen, baumbestandenen Vorplatz der Schule und ersehnte das Schrillen der Klingel, die endlich den Schulschluss anzeigte. Nur der Deutschunterricht, wenn sieben Stunden Aufsatz angesagt war, war das reine Vergnügen. Nach maximal drei Stunden gab ich mein Geschriebenes ab und verließ den Klassenraum, erlöst für diesen Tag, während meine Klassenkameradinnen weiter brüteten und mir neidisch nachsahen.

Manche schulische Unaufmerksamkeit bedauere ich zutiefst, und originelle Zeitgenossen waren die Lehrerinnen allemal, sagt mir die Rückschau. (Drei Männer gab es übrigens vorübergehend im Lehrkörper auch: Herrn Sack, Religion, der schon seines Namens wegen nicht ernst genommen wurde, Herrn Schinkel, der Latein unterrichtete und ungut roch, und Herrn Cascorbi, einen reizenden, legeren Herrn, der meine Aufsätze aufhob und sie mir Jahre später wiedergab, als ich in Berlin in der Oper sang und er mich beim Bühnenpförtner nach der Vorstellung damit überraschte.) Dass man fürs Leben lernt und nicht für die Schule – das habe ich erst später begriffen. Aber dass man nie auslernt, das war mir schon sehr früh bewusst. Und so ist es geblieben.

Eine meiner besten Schulfreundinnen war die Tochter des berühmten Tenors Rudolf Schock, der mit meinem Vater gut bekannt war. Isolde kam oft zu mir nach Hause, und ich war zu Gast in der Villa Schock in Dahlem. Die Schocks waren eine sportliche Familie, sie besaßen eigene Pferde. Ich nahm wieder Reitstunden, und wir ritten gemeinsam im Grunewald aus. Isolde war ein sehr frommes Mädchen, ich erinnere mich an stundenlange Gespräche über Gott und die Welt, besonders aber über Gott. Das – und das Singen unserer Väter waren unsere Hauptthemen. Isolde hatte eine hübsche Sopranstimme mit ausgeprägtem Timbre und sang frisch und fröhlich bei allen möglichen Schulveranstaltungen und Konzerten. Ich beneidete und bewunderte sie. Es ihr nachzutun, daran dachte ich nicht, denn immer noch verbarg ich das Geheimnis meiner Stimme tief in mir.

## *Aufbruch*

Zu Hause sang ich manchmal im kleinen Badezimmer vor mich hin. Dass meine Großmutter mich hörte, machte mir nichts aus. Sie verstand ja nichts davon. Aber nie hätte ich gewagt, mich vor anderen singend zu offenbaren. Das änderte sich gegen Ende der Schulzeit, als ich all meinen Mut zusammennahm, mich einer Klavier spielenden Klassenkameradin anvertraute und sie bat, mich doch einmal bei einem Lied zu begleiten.

Im Musikunterricht, bei der bemerkenswert guten Musiklehrerin, die uns klug und temperamentvoll an klassische Musik heranführte, Aufnahmen des jungen Fischer-Dieskau vorspielte und uns mit Schubert und Mozart vertraut machte, hatte ich mich nie hervorgetan; das Chorsingen hatte ich verweigert und nicht mehr als eine Vier in der Benotung bekommen. Nun weihten wir die Lehrerin in mein Geheimnis ein. Sie öffnete uns den Musiksaal, so dass wir in Freistunden oder nach Beendigung des Unterrichts noch eine Weile musizieren konnten. Und das taten wir!

Das erste Lied, das ich sang, war Schumanns «Ich grolle nicht» aus der «Dichterliebe». Ich weiß nicht, warum gerade dieses Lied es mir angetan hatte, aber ich sang es mit Leib und Seele und aller mir zu Gebote stehenden Stimmkraft. Ich versuchte mich an Beethovens Gellert-Liedern – «Die Himmel rühmen die Ehre Gottes», so schmetterte ich hingegeben. Auch die Arie der Agathe aus dem «Freischütz» nahm ich mir vor, «Wie nahte mir der Schlummer», merkte aber bald, dass meine Stimme sich in den hohen Lagen der Agathe nicht wohlfühlte, und verzichtete künftig auf diese Arienausflüge. Ich blieb dem Lied in der mir bequemen Lage treu, und die deutete auf Mezzosopran hin.

Mein Vater hatte inzwischen, neben seiner Operntätigkeit, eine Gesangsklasse am renommierten Hans-Sachs-Konservatorium in Nürnberg übernommen und leitete dort auch die Opernschule. Ich warf all meine Skrupel über Bord und schickte ihm ein Tonband mit Liedern, die ich mit der Klavier spielenden Freundin aufgenommen hatte. «Das bin ich», schrieb ich dazu, «wenn du meinst, es könnte sich lohnen, dann würde ich gerne Sängerin werden! Das Singen macht mich sehr glücklich.» Postwendend kam ein Anruf – mein Vater klang freudestrahlend: «Es lohnt sich! Ich muss dich natürlich in natura hören, du musst mir vorsingen. Bestätigt sich der Eindruck, dann bilde ich dich aus!»

Den nächsten Ferienbeginn konnte ich kaum abwarten. Ich eilte nach Nürnberg und sang meinem Vater in seinem Zimmer im Konservatorium vor. «Das ist ein schönes Material! Du weißt, es ist ein schwerer Beruf – er kostet Fleiß, Disziplin und Opfer. Aber wenn du es wirklich willst …» Ich wollte es wirklich, die Würfel waren gefallen. All die letzten Jahre über hatte ich mir bei Berufsüberlegungen vorgestellt, Schauspielerin werden und meiner Mutter nacheifern zu wollen. Jetzt aber fühlte ich als stärkste Kraft die Musik, das Singen in mir. Und auf der Opernbühne konnte ich ja meine schauspielerische Ambition auch einbringen. Meine Eltern waren glücklich mit meiner Entscheidung. Sie hatten gehofft und gewünscht, dass ihre Tochter den Weg beschreiten würde, den sie gegangen waren. Nun war es so gekommen, das nötige Talent vorhanden, und der Ernst des Lebens konnte beginnen.

Da ich kein Hochschulstudium anstrebte, sondern sofort mit der Gesangsausbildung beginnen wollte – auch darin von meinen Eltern unterstützt –, sagte ich frohen und leichten Herzens der ungeliebten Schule ein Jahr vor dem Abitur Ade. Das Abitur war sowieso ein lastender Albtraum gewesen, ein Berg, der sich vor mir auftürmte. Meine Prüfungsangst war groß, und ich hatte mir schon länger eingeredet, dass ich es gar nicht schaffen würde. Nun war ich diese Sorge los.

Mit etwas weniger leichtem Herzen nahm ich Abschied von meinem geliebten Berlin, von allen Freunden, vom Grunewald. Das Haus in Zehlendorf wurde aufgegeben. Meine Eltern mieteten ein großzügiges Haus in Nürnberg, meine Großmutter und ich verließen Berlin.

Während meine Mutter und meine Großmutter den Umzug nach Nürnberg vorbereiteten, gingen mein Vater und ich auf eine Reise, die er mir zur Beendigung der Schulzeit geschenkt hatte. Er wollte mir «sein Italien» zeigen und nahm die Route, auf der er als junger Sänger einst gereist war. Es ging über Österreich – mit einem Probenbesuch bei den Salzburger Festspielen – in die Schweiz, über das Tessin nach Italien. Wir machten Halt am Titisee, dem Lago Maggiore, dem Comer See und in Sirmione am Gardasee. Er zeigte mir Venedig, wo ich meinen ersten Thunfisch aß, und Florenz, wo er mir Birnen mit Belpaese servieren ließ: unbekannte Genüsse, die perfekt zur Landschaft passten. Eine längere Pause machten wir am Lido di Jesolo. Ende der Fünfzigerjahre war der Strand verschlafen und menschenleer, Fischerboote lagen in der Sonne. Es gab wenige Pensionen und keine verschandelnden Betonpaläste.

Wir lernten einen Capitano kennen, der uns zu sich nach Treviso einlud. Er war ein Opernfan, und es war ihm eine Ehre, meinen Vater bei sich in seiner italienischen Großfamilie zu empfangen. Mein Vater nahm die Einladung tatsächlich an, und wir verbrachten einen langen Nachmittag und Abend in der Wohnung des Capitano. Ein siebengängiges Menü würde serviert, was mein Vater sichtlich genoss, während ich keinen Hunger hatte, kaum ein Wort verstand und mich sehr unwohl fühlte. Natürlich war ich stolz, dass der Capitano meinen Vater kannte, aber die Einladung war mir eher lästig.

Dann fuhren wir über den Großglockner gemächlich heimwärts. Es war eine idyllische Reise, mein heiterer Vater am Steuer seines Opels, den er «Leporello» getauft hatte, war stolz, seiner Tochter die Schönheiten der Landschaften zu zeigen, die wir durchfuhren. Meine Laune dagegen war eher verhalten. Ich war genau in dem Alter, in dem man seine Eltern pausenlos kritisiert und alles ablehnt, was sie einem anbieten. Trotzdem hat diese Reise bleibende Eindrücke hinterlassen, und die Bemühungen meines Vaters, es uns so schön wie möglich zu machen, habe ich sehr wohl zur Kenntnis genommen. Es muss für ihn nicht leicht gewesen sein, seine oft nörgelnde, missgelaunte Tochter zu ertragen. Aber er war viel zu gutmütig, um streng zu werden. Er ertrug mich mit Geduld und leichter Traurigkeit.

Auf jeden Fall hatte uns die Reise die Aufregung des Umzugs erspart. Ich sichtete stolz die gemachten Fotos und schwärmte besonders vom Gardasee und der herrlichen, von Zypressen gesäumten Serpentinenstraße, die wir mit Blick auf den See hinuntergefahren waren. Ein unvergessliches Bild. Als ich dreißig Jahre später dieselbe Straße wieder auf den See zufuhr, tauchte es sofort aus der Erinnerung auf. Diesmal war ich unterwegs, um mir ein Haus oberhalb des Sees mit Blick auf Sirmione anzusehen. Es gab keinen Zweifel für mich, dass ich dieses Haus erwerben musste. Es war das «Schnäppchen» meines Lebens. Ich bin sicher, mein Vater hat – von höherer Warte aus – das Seinige dazu beigetragen, dass mir gerade dieses Haus begegnet ist.

# 4

# *Studienzeit und Anfänge in München*

## *Nürnberg*

Ich war nun also Studentin des Nürnberger Konservatoriums, belegte alle Pflichtfächer – Musikgeschichte, Theorie, Ensemblegesang. Auch der Chor blieb mir nicht erspart. Ich murmelte mit im 2. Alt und lernte dabei vom Blatt singen. «Wer hat dich, du grüner Wald ...», sang der Konservatoriumschor aus voller Kehle bei der Grundsteinlegung der Nürnberger Meistersingerhalle, bei der auch die Bäume der Parkanlage gepflanzt wurden. Da war ich dabei und schmetterte mit. Als Sängerin stand ich dann später einige Male auf der Bühne der Halle, und jedes Mal musste ich an unser Chorkonzert denken.

Zum ersten Mal seit langer Zeit erlebte ich wieder einen relativ normalen Familienalltag in einem Vier-Personen-Haushalt. Ich bewohnte das Dachgeschoss des Hauses und gab mich ganz meinen Musikstudien und dem Klavierspielen hin, das ich schon in Berlin begonnen hatte und hier nun als Pflichtfach fortsetzen musste. Viel ist leider nicht daraus geworden, denn mein Klavierlehrer am Konservatorium war ein begeisterter und guter Liedbegleiter. Die Unterrichtsstunden wurden mit dem Musizieren von Liedern verbracht, mein Repertoire wuchs, aber das Klavierspiel blieb auf der Strecke.

In Nürnberg wurde auch der erste Fernseher angeschafft, und eines Abends gab es in einem der beiden verfügbaren Programme den Film «Nacht und Nebel» von Alain Resnais, der die Judenverfolgung und die Gräueltaten der Nazis in den Konzentrationslagern zum Thema hat. Meine Eltern verließen das Zimmer. Ich blieb schreckensstarr vor dem Apparat sitzen. Es war das erste Mal, dass ich mit der Vergangenheit in dieser Form konfrontiert wurde. In der Schule, im Geschichtsunterricht, war darüber mehr oder weniger hinwegge-

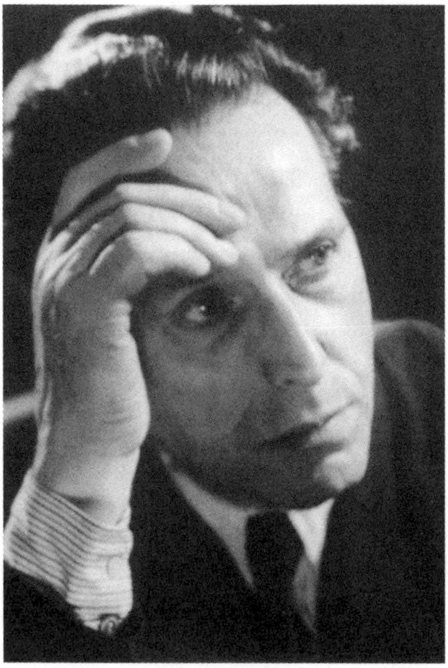

Der Vater

schwiegen worden. Ich konnte es nicht fassen und lief schreiend zu meinen Eltern, machte ihnen Vorwürfe, fragte, wie sie in dieser Zeit hätten leben können, beschuldigte sie auf das heftigste. Mein Vater sagte gar nichts. Meine Mutter versuchte, meine Aufgewühltheit zu besänftigen: «Wo hätten wir denn hingehen sollen? Wir hatten unsere Arbeit im Land unserer Muttersprache – wir hatten dich, das kleine Kind …»

Erst viel später erzählten mir meine Eltern einige Details aus ihrem Leben in der Nazizeit. Der Mantel der Verdrängung wurde gnädig über alles gebreitet. Ich aber war und blieb zutiefst verstört, und die Auseinandersetzung mit der Zeit des Nationalsozialismus hält an, bis heute.

Ich werde oft gefragt, ob das Studieren beim eigenen Vater nicht problematisch war. Natürlich gab es Krisen, wenn ich glaubte, zu kurz zu kommen, was aber an mir lag, da ich auf meinen rund um die Uhr beschäftigten, pausenlos arbeitenden Vater Rücksicht nehmen wollte und ihn oft bat, Ruhe zu halten, anstatt mich zu unterrichten. Aber wenn wir arbeiteten, arbeitete er konzentriert und intensiv, mit phantasievollen Übungen, die die reine Technik nie langweilig werden ließen. Ich hospitierte auch im Unterricht der anderen Gesangsstudenten, die er betreute, und lernte dabei viel. Einen Lehrerwechsel zog ich nie ernsthaft in Betracht.

Ich hatte eben das große Glück, von Anfang an den richtigen Gesangslehrer gefunden zu haben. Mein Vater war ein wunderbarer, kenntnisreicher, einfühlsamer Pädagoge – und ein großer Sänger, der alles, was er lehrte, am eigenen Leibe erfahren und ausprobiert hatte. Der Klang seines italienisch geschulten Baritons mit dem strahlenden, unverkennbaren Timbre hat sich in meinem Herzen unverlierbar erhalten und meine Auffassung von gesunder, müheloser sängerischer Entfaltung maßgeblich geprägt.

Dieses Lehrer-Schülerinnen-Verhältnis war von Beginn an getragen von absolutem Vertrauen und Verantwortungsgefühl und natürlich auch von der Vermittlung handfester Erfahrungen, die mein Vater mir aus seinem erfolgreichen Sängerleben weitergeben konnte. Aber wie das so ist: Lebenserfahrungen der «Altvorderen» hört man sich mehr oder weniger geduldig an, um sie dann (fast) alle erst einmal selbst machen zu müssen … Eine allerdings leuchtete mir schon früh ein, und ich habe sie relativ rigoros beherzigt und bin ihr – als mein aktives Sängerleben begann – von Anfang an gefolgt: «Sitz nicht zu viel in der Kantine herum, da triffst du die Frustrierten und Unzufriedenen», sagte mein Vater.

Auch alle anderen Ratschläge, die er mir in mein Sängerleben mitgegeben hat, haben sich bestätigt. Ich habe «am eigenen Leibe» erfahren, dass Singen ein «Hochleistungssport» ist, für den man sich ständig fit halten, dem man Opfer bringen muss. Denn um das einem anvertraute Instrument der Stimme frisch und gesund zu erhalten, ist – neben der selbstverständlichen Beherrschung der Technik, also des Handwerks – eine kontrollierte, vernünftige Lebensführung notwendig: Disziplin! Die menschliche Stimme, die zu einem Instrument geformt wurde und dadurch zu künstlerischem Ausdruck befähigt ist, ist ein hochsensibler Apparat. Sie überträgt nicht nur jede seelische Regung, sondern zugleich jede seelische Verstörung. Diese Sensibilität, der die Stimme unterworfen ist, kann natürlich wie ein Hemmschuh wirken: Alle Indispositionen, jedes innere und äußere Unwohlsein machen sich sofort bemerkbar. Es heißt also, ein Leben lang Rücksicht zu nehmen auf dieses leicht angreifbare, leicht verstörbare Instrument und sich so zu verhalten, dass man seine Mittel jederzeit – möglichst in Hochform – zur Verfügung hat. Das jedenfalls ist die Verpflichtung, die ein professioneller Sänger eingehen muss. Eine möglichst robuste Gesundheit, ein gesundes Nervenkostüm, Verantwortungsgefühl für die gestellte Aufgabe – nämlich seine Mittel, dieses Stimmmaterial, in Ruhe und auf vernünftige Weise zum Wachsen und Reifen zu bringen – und *last but not least* die kontrollierte technische Beherrschung dieser Mittel, um sie den leib-geistigen und seelischen Anforderungen des Sängerberufs unbeschadet aussetzen zu können: Das sind, kurz gesagt, die Voraussetzungen, die ein Sänger zu erwerben und denen er sich zu unterwerfen hat.

Darum ist nichts wichtiger – und schwerer zu finden – als der richtige Gesangslehrer. Jeder junge Sänger sei also auf der Hut vor Scharlatanen. Illusionen sind leicht geschürt, Versprechungen schnell gemacht, und die Verlockungen einer «großen Karriere» können allzu leicht zum Menetekel werden, wenn eines fehlt – der sängerische Instinkt und der Mut, der Wahrheit ins Gesicht zu sehen: Ohne harte, disziplinierte Arbeit unter Anleitung eines wohlwollend-wissenden Könners, sprich Gesangspädagogen, hat noch kaum jemand den Hochleistungssport des Singens überlebt. (Ein Hochleistungssport übrigens, der ganz ohne Doping auskommen muss.) Und noch etwas gehört von Anfang an dazu: die Bereitschaft, die eigenen Grenzen zu erkennen und sich in dem Rahmen zu bewegen, der einem auszufüllen gegeben ist. Falscher Ehrgeiz – besonders der des Lehrers (!) – schadet der Stimme. Immer und in jedem Fall!

Falscher Ehrgeiz war meinem Vater fremd, ich glaube sogar, er selbst war nie besonders ehrgeizig. Es ist ihm viel in den Schoß gefallen, er sang erfüllt und beseelt, das Ausschöpfen seiner Mittel war ihm selbstverständlich. Weder sich noch andern wollte oder musste er etwas beweisen. Er war ein genügsamer Mensch, der seine Ziele relativ mühelos und unverkrampft erreichte. Auch als Pädagoge vermittelte er eine relaxte, vorsichtige Arbeitsweise. Sein Credo war die solide Beherrschung der Technik, die ruhig und umfassend aufgebaut werden sollte.

Mein Vater und der Klavierlehrer waren vorläufig die Einzigen, die mich hören durften. Es hatte sich herumgesprochen, dass der Kammersänger seine singende Tochter unterrichtete – Neugier und Erwartung waren groß. Während des Unterrichts lief ich öfter zur Doppeltür des Raumes und riss sie unvermittelt auf, um mich zu überzeugen, dass sich kein Lauscher angeschlichen hatte. Meinen armen Vater habe ich mehr als einmal in große Verlegenheit gebracht mit meiner standhaften Weigerung, vor Publikum etwas zum Besten zu geben. Ich erinnere mich an eine Einladung im Hause Grundig, dem Wohnsitz des in Nürnberg ansässigen Firmenbesitzers. Dort sollte mein Vater unbedingt sein Wunderkind vorführen, aber es kam nicht dazu, meine Scheu war zu groß. Stur wie ein Panzer schwieg ich mich durch den mir unerträglichen Abend und konnte meinen Vater aus der Peinlichkeit der Situation nicht erlösen. Die pikierten Blicke der Anwesenden waren körperlich spürbar.

Einem Studienkollegen gelang es jedoch, mich zu einem gemeinsamen Kirchenkonzert zu überreden. Ich nahm ihm das heilige Versprechen ab, niemandem etwas davon zu erzählen, und glaubte daran, dass er es halten würde. Am Abend des Konzerts, das in einer Kirche in irgendeinem Ort bei Nürnberg stattfand, sah ich von der Orgelempore aus, wo die Solisten standen, unter mir die Hände meiner Eltern auf der Lehne einer Kirchenbank liegen – sie hatten also doch davon erfahren und waren natürlich gekommen! Von diesem meinem ersten öffentlichen Konzert gibt es sogar eine Kritik, erschienen am 13. März 1960: «Die verlässlichen Solisten waren wieder Lore K. und Emil H., zu denen sich in der Kantate ‹Rufet nicht die Weisheit› Brigitte Fassbaender mit einer wohltuend weichen Altstimme und als Tenor Franz M. gesellten.»

Das Eis war damit gebrochen, ich bewältigte meine übergroße Scheu und meine seltsamen Skrupel und war nun öfter bereit, in einem Kirchenkonzert zu singen. Ja, ich war sogar bereit, in einer Veranstaltung des Konservatoriums in Purcells Oper «Dido und Aeneas» die Rolle der Zweiten Hexe zu übernehmen. Damit erschien mein Name auf dem Veranstaltungsplakat, und das sollte entscheidende Folgen haben. Mein Vater teilte mir eines Abends mit: «Nächste Woche ist ein Vorsingen in München, Hartmann will dich hören.» Staatsintendant Rudolf Hartmann, Intendant der Bayerischen Staatsoper, inszenierte zu dieser Zeit in Nürnberg und hatte auf dem Plakat meinen Namen gelesen. Er fragte meinen Vater nach der singenden Tochter – er habe gerade eine Mezzovakanz für eine Anfängerin. Ja, ja, ich sei Mezzo, aber noch viel zu jung und gerade erst im dritten Studienjahr, antwortete mein Vater. Aber Hartmann blieb dabei, er wollte mich hören, und zwar auf der Bühne des Prinzregententheaters, in dem die Staatsoper nach ihrer Zerbombung residierte, während sich das wiedererstehende Münchner Nationaltheater noch im Bau befand.

In Windeseile lernte ich drei Arien. Bis jetzt hatte mein Vater mit mir nur Technik und Liedliteratur gearbeitet. Wir wählten die Arie der Olga aus «Eugen Onegin», ein Wunsch Hartmanns, eine Arie der Dalila von Saint-Saëns und die Arie «Oh, schöne Jugendtage» aus Wilhelm Kienzls «Evangelimann». Das war reines Mezzorepertoire mit viel Tiefe.

Der 12. Dezember 1960 kam, wir fuhren nach München. Mein Vater schien mir genauso nervös wie ich. Auf der Bühne des Prinzregententheaters fand noch die Generalprobe von «Carmen» statt, anschließend war das Vorsingen anberaumt. Ich weiß nicht mehr, was um mich herum geschah, während ich mich einsang und auf das Probenende warten musste, wie ich auf die Bühne geführt wurde, vor mir der dunkel gähnende Zuschauerraum, neben mir der Korrepetitor am Klavier. In der Nullgasse, beim Inspizienten, stand mein Vater, Daumen drückend und blass vor Aufregung. «Bitte, fangen Sie an», tönte eine Stimme aus dem Dunkel zu mir herauf. Und ich fing an. Ich sang alle drei Arien. Stille. Dann wieder die Stimme: «Kommen Sie bitte mit Ihrem Herrn Vater ins Foyer.»

Ein hilfreicher Inspizient brachte uns dorthin. Da standen der Generalmusikdirektor des Hauses, der Dirigent Joseph Keilberth, Intendant Hartmann und der Chef des Betriebsbüros, Herbert List. Man betrachtete mich lächelnd. Mir schlug das Herz noch in der Kehle, das Lampenfieber war kaum abgeflaut. Man wandte sich an meinen Vater: «Das hat uns sehr gefallen, das ist ein außerordentliches Talent. Wir würden Ihre Tochter gern engagieren. ‹Eugen Onegin› kommt in der nächsten Spielzeit, sie könnte gleich die Olga mitsingen.» Hartmann sah mich an: «Aber ein bisschen abnehmen, Kindchen, wir sehen Sie auch in Hosenrollen …» Meinem Vater ging das alles zu schnell, er bat um Bedenkzeit. Ich sei noch so jung, gerade 21. «Wir passen auf, auf dies Talent», brummte Keilberth. «Und Sie, lieber Kammersänger, können sie ja intensiv weiterbetreuen! Das Studium fängt jetzt doch erst an!», meinte Hartmann. Damit waren wir entlassen.

An mir ist dieser Tag wie im Traum vorbeigegangen. Ich konnte mich kurze Zeit später, als all das Wirklichkeit wurde, an keine konkreten Einzelheiten wie Räumlichkeiten oder Menschen, die uns begrüßt hatten, mehr erinnern. Nur die heiße, gerade von Carmen verlassene Bühne, das riesige Dunkel vor mir und dann meine zukünftigen Chefs, Keilberth und Hartmann, waren und sind unauslöschlich präsent. Auch was ich anhatte, weiß ich noch: einen scheußlichen braunen Rock, dazu einen grünen Rollkragenpullover, nicht sehr kleidsam, und braune Stiefel.

Die Rückfahrt nach Nürnberg verlief schweigend. Wir mussten das Erlebte erst verarbeiten. Mein Vater lächelte glücklich vor sich hin, ich versuchte zu rekonstruieren, was geschehen war. Zu Hause angekommen, mussten wir meiner Mutter natürlich alles haargenau berichten. Sie platzte vor Stolz. Und bald wussten Konservatorium und Opernhaus, dass «sei Dochter» an die Bayerische Staatsoper engagiert worden war.

## *Anfang in München*

Ich beendete mein Studium in Nürnberg ohne Opernprüfung und trat am 1. April 1961 mein Engagement in München an, noch vor Beginn der neuen Spielzeit im September. Mit 21 war ich nun also Ensemblemitglied der Bayerischen Staatsoper! Meine Gage betrug 700 D-Mark brutto.

Wir suchten eine Wohnung, ein möbliertes Zimmer – mir war alles zu teuer. Ich wollte auf keinen Fall, dass meine Eltern meine Miete bezahlten, ich wollte selbstständig sein, und Sparen war ich gewohnt. Meine Mutter war darin ein vorbildliches Genie. Endlich fand sich etwas durch Vermittlung eines Kollegen von der Staatsoper. Ganz in der Nähe des Prinzregententheaters, in der Possartstraße in München-Bogenhausen, bezog ich eine Kammer im Dachgeschoss einer großen Villa. Das Haus wies sich als «Muttermilch-Sammelstelle» aus, und die Hausmeisterin, meine unvergessene Frau Graßl, die Vermieterin der Kammer, bekam dafür 40 D-Mark.

Ich hatte ein Bett, einen kleinen Schrank, einen Stuhl, ein Regal und einen herrlichen Blick über die Gärten der umliegenden Villen. Frau Graßls eisernen Herd in ihrer Wohnküche durfte ich mitbenutzen, wenn ich mir etwas kochen wollte. Einen Eisschrank gab es nicht, Butter, Eier und Tomaten schwammen im kalten Wasser der Badewanne, die ich auch mitbenutzen durfte. Im angrenzenden Speicherraum verstaute ich meinen Koffer, und an einer Wäscheleine hingen die Sachen, die in den winzigen Schrank in meinem winzigen Zimmer nicht hineingingen. Ich lebte von Nudeln und Tomatensoße, aß auch manchmal in der Opernkantine, wo Hermine, die Wirtin, großzügige Portionen für 2 Mark 75 austeilte.

In kurzer Zeit war ich vollkommen zu Hause im Prinzregententheater, das ich eigentlich nur verließ, um in meiner Kammer zu schlafen. An freien Wochenenden fuhr ich mit dem Zug nach Nürnberg, brachte die schmutzige Wäsche zur Mutter und hatte Unterricht beim Vater.

Ich bekam gleich tüchtig zu tun. In fast jeder Oper gibt es eine Magd oder einen Pagen – ich habe sie alle gesungen. Jeden Tag hatte ich Proben für diverse Übernahmen kleiner Partien, aber auch größere ließen nicht lange auf sich warten.

## *Abschweifung*

Ich glaube, es gibt keine Diät, die ich in den Jahren zwischen 1960 und 1995 nicht ausprobiert hätte. Seit der Bemerkung Hartmanns: «Aber abnehmen, Kindchen» kam ich mir immer zu dick vor, auch wenn alte Fotos mir anderes beweisen. Zunächst musste ich den noch vorhandenen «Backfischspeck» loswerden. Das aber geschah wie von selbst durch die viele Arbeit und die karge Ernährung der Anfangsjahre. Ich passte bald mühelos in alle Hosen, die ich in den verschiedensten Pagenrollen auf der Bühne tragen musste.

Als die Partien im Laufe der Jahre dramatischer wurden, wuchs auch mein Appetit. Ich aß und trank für mein Leben gern. Nach den

Vorstellungen saß ich noch oft zu Hause bei Wein oder Bier, im Sommer im Garten, im Winter vor dem Kamin. Ich hatte einige Freunde und Bekannte, die es liebten, mich im Verein mit ihnen trinkend zu erleben. Der Alkohol war nach großen Anspannungen und schweißtreibenden Vorstellungen nur zu willkommen. Auf den Reisen, in geselliger Kollegenrunde, wurde ebenfalls reichlich gebechert.

Die Sänger meiner Generation waren keine Kostverächter. Besonders in Italien und Spanien, wo die Vorstellungen viel später beginnen als in unseren Breiten und erst gegen Mitternacht zu Ende sind, war es gang und gäbe, hinterher noch essen und trinken zu gehen. Der nächste Tag war meistens frei, also konnte man – wie sagt man so passend – ein Fass aufmachen. Und das taten wir! Ich kenne kaum eine Kollegin oder einen Kollegen aus der damaligen Zeit, der nicht trinkfreudig und mehr oder weniger trinkfest gewesen wäre. Die großen Bässe waren führend, die aus Russland und Finnland besonders. Sie bevorzugten härtere Sachen, da floss der Wodka schon mal in Strömen und das Bier hinterher. Wir Damen hielten uns an Wein, rot oder weiß, je nach Geschmack. Ich hatte mir diese Art von «Entspannung» regelrecht angewöhnt, das Zechen gehörte zum meistens hektischen Lebensrhythmus dazu. Dabei merkte ich nicht, dass ich gefährdet war, ich merkte nur, dass das häufige späte Essen und das zu viele Trinken der schlanken Linie gar nicht guttaten. Eigentlich brauchte ich Essen ja nur anzuschauen, und ich nahm schon zu. Alles, was mir schmeckte, machte dick.

Es begann also schon früh das Auf und Ab der Diätversuche, das Ausprobieren aller angepriesenen Wunderkuren, die definitiv helfen sollten. Ich war nicht die Einzige, die es mit jeder von ihnen versuchte; unter Kolleginnen tauschten wir ständig Diäten und Ergebnisse aus. Besonders nach den Ferien hatte ich zu kämpfen, um die überflüssigen Kilos wieder loszuwerden. Zwar waren Ferien jahrelang eine Seltenheit, denn die sommerlichen Festspiele in München, Salzburg und Bayreuth lösten einander ab oder überschnitten sich, viel Zeit für Urlaub blieb da nicht, bis die neue Spielzeit begann. Aber hatte er stattgefunden, kam ich regelmäßig um einige Pfunde bereichert zurück.

Steaks waren mir zuwider – ein Hinweis auf das vegetarische Leben, das ich allmählich begann und bis heute führe. Doch vorläufig waren da die Mayr- und die Schrothdiät, das Schlemmen à la Dr. Atkins, die Ananas- und die Kohlsuppendiät, Fit for Life, die Hollywood- und die Glyxdiät, die Trennkost und das Heilfasten. Ich habe all das hinter mir, mit kurzzeitigem Erfolg und sicherem Jojo-Effekt.

Sehr gesund war das nicht, das Über-die-Stränge-Schlagen und das darauffolgende Sich-Kasteien. Das aber waren die einzigen körperlichen Schwankungen, denen ich ausgesetzt war, sonst war ich gesundheitlich ziemlich stabil. Ich litt nicht unter Allergien wie viele meiner Kollegen und vermied die Dauerbesuche beim Hals-Nasen-Ohren-Arzt, die bei den meisten Sängern an der Tagesordnung waren und sind. Nachdem ich mir die in der Kindheit verstümmelten Mandeln von einem Münchner Sängerarzt hatte herausnehmen lassen, hielten sich auch Erkältungen und Anginen in Grenzen. Die Praxis des HNO-Arztes suchte ich nur auf, wenn eine schwere Indisposition mich dazu zwang und ein Pensum durchgestanden werden musste. Absagen lagen mir nicht. Ich versuchte immer durchzuhalten.

In Starnberg gab es einen HNO-Guru, zu dem eine Schar von Sängern regelrecht pilgerte. Einer berühmten Kollegin sagte man nach, sie habe ein Zelt in seinem Garten aufgeschlagen. Dieser Arzt wurde ununterbrochen besucht, und seine Diagnose, sein Wort, seine Behandlungsmethoden waren das Nonplusultra. Ich war auch ein paar Mal da, aber was ich sah und erlebte, gefiel mir nicht. Fast allen Patienten, die sich im Wartezimmer oder in den Behandlungsräumen drängten, ragte ein Metallstab mit einem blutigen Wattebausch daran aus der Nase. Einige saßen vor schnarrenden Apparaten und hatten eine Art von Elektroden am Hals, mit denen der Kehlkopf massiert werden sollte. Viele saßen mit umgeschnallten Inhalierapparaten und ängstlichen Augen herum. Wenn das alles nichts half, gab es die üblichen Vitamin- und Kortisonspritzen, die strapazierte Stimmbänder zum Abschwellen brachten. Das war eine Standardbehandlung, deshalb musste ich nicht nach Starnberg fahren.

Die oft, zu oft gestellte Diagnose der verkrümmten Nasenscheidewand, die operiert werden müsse, ereilte auch mich. Ich dankte höflich. Aber viele Kollegen ließen sich darauf ein und ließen die für das Singen so empfindlich wichtige Nasenpartie regulieren. Auch Fritz

Wunderlich hatte sich dieser Operation unterzogen, die leider Mode geworden war. Ich erinnere mich gut an eine seiner letzten Vorstellungen in München. Er kam von der Bühne und wirkte besorgt und nicht so relaxt und heiter wie sonst. Er wisse nicht, was los sei, sein Resonanzgefühl sei gestört nach diesem «verdammten Eingriff». Es war eine Umstellung, mit der er offensichtlich nicht klarkam.

Ich zog es vor, wenn nötig, meinen Münchner Arzt aufzusuchen. Waren die Stimmbänder gespiegelt worden und die Diagnose «glatt wie ein Elefantenzahn» erfolgt, konnte ich beruhigt meiner Wege gehen.

Ein Sänger ist vollkommen abhängig von der Befindlichkeit seines Stimmapparats, dieses Muskels, der möglichst allen Anforderungen des Berufs jahrelang unbeschadet standhalten soll. Die beste Voraussetzung dafür ist eine sichere, bewusste Technik. Gewusst, wie – das ist immer noch die aussichtsreichste Maßnahme, wenn man mit einer leichten Indisposition singen muss, wie sie einen fast ständig ereilt. Nicht umsonst heißt ein bekannter Sängerwitz: Dreimal im Jahr bin ich gut bei Stimme, aber dann habe ich nicht zu singen ... Bei schwerer Indisposition allerdings sollte man tunlichst den Mund halten, da nutzt auch die beste Technik nichts. Wer auf einer Erkältung herumsingt, mit geschwollenen Stimmbändern, läuft Gefahr, sich bleibende Schäden zu holen.

Und ich wiederhole: Noch etwas gehört zur Absicherung bei diesem so fordernden, risikoreichen Beruf, das sind Vernunft, Geduld und die Erkenntnis der eigenen Grenzen. Zumindest wären das Voraussetzungen, um einigermaßen gelassen durch die Höhen und Tiefen eines Sängerlebens zu wandern. Denn vor den Tiefen ist niemand geschützt, von Krisen niemand verschont. In meinem Sängerinnenleben war die größte Krise das einsetzende Klimakterium. Das ist ein prekäres Thema, das unter den Teppich gekehrt werden möchte, mit dem man sich nicht konfrontieren will – eine Tabuzone, die besser unangetastet bleibt. Davon später mehr.

## *Typen und Prägungen*

Zurück nach München, an die Bayerische Staatsoper. Dort lernte ich die kauzigen und altgedienten Korrepetitoren kennen, die alle noch eng mit Richard Strauss und Clemens Krauss zusammengearbeitet hatten. Da gab es einen Herrn Seiffert, den «Gucker» – warum er so genannt wurde, bekam ich Gott sei Dank erst später mit. Er hatte es auf irgendeine Weise bewerkstelligt, sich von einem Nebenraum aus ein Guckloch in eine der hölzernen Kabinen der Damentoilette zu bohren und die Damen des Ensembles bei ihren einschlägigen Aufenthalten dort zu beobachten. Das war aber vor meiner Zeit und längst geahndet. Herr Seiffert war strengstens verwarnt worden und fristete nun sein korrepetitorisches Dasein im Kellergeschoss des «Prinze», wie das Theater allgemein genannt wurde. Er war ein glänzender Korrepetitor und eine düstere Erscheinung. Richard Strauss erwähnt ihn häufig in seinen Briefen, denn Seiffert war ihm ein enger Mitarbeiter gewesen, der die Strauss'schen Partituren und Klavierauszüge korrigierte, bevor sie in Druck gingen. Strauss und Wagner waren Seifferts Götter. Vor dem «Prinze» stand und steht noch immer in einer kleinen Grünanlage eine Wagner-Büste auf steinernem Sockel. Oft habe ich Seiffert beobachtet, wie er ehrfürchtig den Hut zog und sich verneigte, wenn er daran vorbeiging.

Dann war da Gerhard Poppe, ein hervorragender Begleiter, für den die schwersten Klavierauszüge Bagatellen waren. Er war wesentlich nonchalanter als Seiffert und ließ so manchen Fehler beim Korrepetieren durchgehen, weil er so schwungvoll vor sich hin spielte, dass er auf das Singen kaum achtete.

Der kauzigste von allen war Toni Kinz, ein liebenswürdiger Österreicher mit Schnauzbart und verschmitztem Humor, der während der Korrepetitionsstunden viel lieber aus seiner Oper vorspielte, an der er offensichtlich ein Leben lang schrieb. Sie hieß «Syrinx Flöte» und ist nie aufgeführt worden. Er wollte immer meine Meinung wissen über seine neuesten Einfälle und spielte sie mir begeistert vor. Ich fühlte mich überfordert, denn es klang alles gleich. Aber ich liebte Toni Kinz, er hatte während seiner Studienzeit in Wien noch Schönberg und Alban Berg kennengelernt, von denen er mit Verehrung sprach; in «Syrinx Flöte» war allerdings von deren revolutionärer Tonsprache nichts zu hören.

Die Hände dieser originellen Pianisten sehe ich noch genau vor mir: Seifferts braune, glatthäutige Finger mit den akkurat geschnittenen Nägeln; Poppes Fingerspitzen sahen wie gepolstert aus, höchst sensible Luftpolster, die einen weichen, farbigen Klang erzeugten. Kinz dagegen spielte mit durchgestreckten Fingern, die flach auf den Tasten lagen. Am liebsten lernte ich moderne Musik mit ihm. Er spielte die schrägsten Stellen in den schönsten Harmonien; ob Krenek, Henze, Strawinsky oder Hindemith – es klang alles nach C-Dur und immer ein bisschen nach «Syrinx Flöte». Aber auf diese Weise entdeckte man Melodisches auch in den sprödesten Passagen.

Es gab auch junge Korrepetitoren, die aber schon genauso kauzig und originell waren wie die alten. Toni Ruppert war einer von ihnen, ein Erzmusikant, ebenfalls komponierend und sogar erfolgreich aufgeführt. Er gehörte bald zu unserer jungen Truppe, genauso wie Alexander Steinbacher, der so schüchtern war, dass er kaum einen Satz fehlerfrei herausbrachte, sondern sich ständig verhaspelte und sich an seine imponierende Nase fasste, nicht mehr ein noch aus wissend. Er konnte selbst am meisten darüber lachen. Wir lachten mit. Er war ein hochbegabter Pianist und Liedbegleiter und übernahm später eine Professur an der Münchner Musikhochschule. Seine Tochter ist die renommierte Geigerin Arabella Steinbacher. Wie er das geschafft hat, ist mir ein Rätsel.

Einer der prägenden Musiker meiner Anfängerzeit, an den ich mit Hochachtung und Dankbarkeit denke, war Meinhard von Zallinger, erster Staatskapellmeister des Hauses. Er hielt mich unnachgiebig, wissend und unbeirrbar dazu an, die spezifischen Anforderungen des Mozart-Stils zu bewältigen. Mozart war seine absolute Domäne. Er probierte mit uns jungen Sängern ausdauernd und pünktlich, was immer es von Mozart zu singen gab. Ihm verdanke ich Unendliches an Geduld und Wissensvermittlung und nicht zuletzt wunderbare Abende mit ihm am Pult und mir, der manchmal überforderten, aber immer bemühten Anfängerin vor ihm auf der Bühne. Wenn er seinen etwas verschobenen Kopf mit dem markanten Unterkiefer leicht und lächelnd zur Seite neigte, dann war in meinem Singen sicher der Stoßseufzer zu hören: Er war zufrieden. Ich war es natürlich nicht, aber versprach, es beim nächsten Mal besser machen zu wollen. Er war ein ausgezeichneter Dirigent, einer von den Stillen, Unaufwändigen, ein glänzender Handwerker und großer Musiker. Von kaum jemandem habe ich so viel gelernt wie von ihm, von seiner Disziplin, seiner Akribie, die nie kleinlich war, sondern immer nur der Musik verpflichtet, von seiner Noblesse und seiner Könnerschaft.

Bewundernd und aus eigener, manchmal leidvoller Erfahrung sei angemerkt: Kein Komponist fordert so viel Disziplin und Stimmkultur, Beherrschung der Mittel und ständige künstlerische Kontrolle wie Mozart. Ich persönlich glaube, dass man nur dann, wenn man sich diesen Forderungen unterwirft, in die Höhen und Tiefen seiner Musik als singender und interpretierender Mensch eindringt. Dann erst, wenn das Handwerk selbstverständlich zur Verfügung steht, sind wir in der Lage, den Forderungen der Komponisten und des wohl Größten, weil Unerklärlichsten unter ihnen nachzukommen. Nicht nur meinem Vater, auch von Zallinger habe ich diese Einsicht zu verdanken. Meinen ersten Cherubin, die erste Dorabella, den Annio im «Titus», die Dritte Dame aus der «Zauberflöte» – alles habe ich mit ihm studiert und unter seiner Leitung gesungen. Absolute Werktreue und zügige Tempi zeichneten ihn aus.

## *Erste Partien*

Bevor ich aber die Mozart'schen Fachpartien singen durfte, war natürlich der Dritte Knabe in der «Zauberflöte» eine meiner frühesten Aufgaben, und den sang ich sogar noch unter der Legende Knappertsbusch, von dem mir nur die charakteristische, wie angeklebte Stirnlocke in Erinnerung ist. Was er zu mir sagte, als ich ihm im Dirigentenzimmer vorgestellt wurde – «Das ist die kleine Tochter vom großen Fassbaender» –, habe ich vergessen. Es kann nicht sehr bedeutend gewesen sein.

Im «Figaro» hatte ich bisher nur eins der beiden Blumenmädchen im zweiten Akt singen dürfen: ein Duett, zwei Ministrophen. Der Studierauftrag für den Cherubin lag aber schon länger vor, und ich war bestens studiert. Eines Morgens kam dann tatsächlich der Anruf: Die große Kollegin hatte abgesagt, und ich durfte am Abend ein-

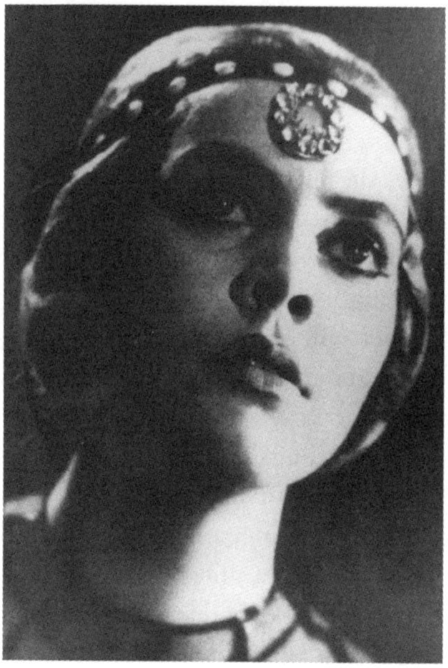

Als Page in Richard Strauss' «Salome», 1961

springen! Schnell probierte ich das Kostüm, es gab eine kurze Verständigungsprobe, und schon ging der Vorhang auf im Cuvilliés-Theater: Ich war zum ersten Mal der *Cherubino d'amore.*

An meinen allerersten Auftritt auf der Bühne des Prinzregententheaters erinnere ich mich natürlich auch noch ganz genau: Ich war der Vierte Page in Wagners «Lohengrin». Eine kurze Phrase, die Elsa zum Münster ruft, war im Quartett zu singen. Danach stand man stundenlang an den Stufen des Münsters und bewunderte die großen Heroinen der damaligen Zeit: Ingrid Bjoner oder Claire Watson als Elsa, Astrid Varnay oder Martha Mödl als Ortrud und den Tenor Jess Thomas als strahlend schönen Lohengrin. Im Gleichschritt und Zeitlupentempo marschierten wir Pagen fackeltragend hinter den Primadonnen her. Mehr als einmal trat ich der Varnay auf die Schleppe.

Wenn ich nicht selber auf der Bühne stand, mit irgendeiner Wurzen, wie kleine und kleinste Partien genannt werden, saß ich jeden Abend in der Künstlerloge und sah mir die Vorstellungen an. Oder ich schlich mich nach einer Abendprobe zum Inspizientenpult und verfolgte von da aus den Schluss der Oper. Ich sah und hörte sie alle, die Größen der Sechzigerjahre. Oft aber stand ich selbst neben ihnen auf der Bühne, teilte die Garderobe mit ihnen, sog Erzählungen und Attitüde auf wie ein Schwamm.

Das Münchner Ensemble war erstklassig, jedes Fach war mehrfach besetzt, und es gab noch die ganze alte Garde, die Clemens Krauss und Richard Strauss gewohnt war, wie zum Beispiel Hans Hotter, Josef Greindl, Max Lorenz, Hans Hopf, Franz Klarwein, um nur einige zu nennen. Die großen Sopranistinnen wie Annelies Kupper, Marianne Schech oder Cäcilie Reich, alles Primadonnen vergangener Tage, hatten ihren Zenit weit überschritten, waren aber immer noch in dankbaren und undankbaren Partien zu hören. Dazu kam eine Anzahl Gäste, international renommiert, und aufstrebender Nachwuchs.

Allmählich wurden meine Partien größer und das Repertoire bunt gemischt. Den Niklas in «Hoffmanns Erzählungen» von Offenbach durfte ich sehr bald übernehmen, ohne jeden Probenaufwand, vor allem ohne Orchesterprobe: Eine Anspielprobe für die «Barcarole» direkt vor Beginn der Vorstellung war alles. Josef Metternich und Lorenz Fehenberger waren respekteinflößende Partner, neben denen ich mich bewähren musste. Man wurde öfter so ins kalte Wasser geworfen – eine gute Schule für Spontaneität und Improvisation, will mir im Nachhinein scheinen.

Bei den Festspielen 1962 durfte ich schon den «Salome»-Pagen in einer Neuinszenierung des Staatsintendanten Rudolf Hartmann, meines Chefs, singen. Lisa della Casa war die bildschöne, schleiertanzende Salome. Aus der Zisterne stieg bleich und vergeistigt, in härenen Gewändern, Dietrich Fischer-Dieskau als Jochanaan hervor, und neben Astrid Varnay als Herodias durfte ich den ganzen Abend knien und ihren ausladenden Unterkiefer bewundern, wenn sie ihre Einsätze gewaltig in die Runde rief. Der Herodes war Gerhard Stolze. Am Pult stand, mit Ehrfurcht und Zagen von mir erwartet, Karl Böhm.

Ich hatte Schauergeschichten über ihn gehört, wie unleidlich und verletzend er sein konnte, wie er Kolleginnen mit seinen Verbalattacken zu Tränenausbrüchen gebracht hatte, während der Bühnenproben vor versammeltem Orchester. Bei einer «Ariadne»-Probe im

Cuvilliés-Theater war ich selber Zeugin eines solchen Vorfalls geworden. Schluchzend war Erika Köth, die Zerbinetta, von der Bühne gegangen, während die Kollegen betreten herumstanden. Böhm war leider nicht der Einzige, der sich solche Ausfälle erlaubte. Zu mir war und blieb er Gott sei Dank milde und überwiegend freundlich. «Kindele, mochen's mir da schön die Ochtel! Ochtelauftakt! Ka' Söchzehntel!» Und dann gab's eins hinten drauf mit dem Taktstock. Das war alles, sonst blieb ich verschont. Ich hatte Glück, er mochte mich.

Ich bin ihm bis zu seinem Tod 1981 noch oft in gemeinsamer musikalischer Arbeit begegnet, und es war immer bewundernswert, mit welcher Ökonomie, welchem Wissen, welcher Präzision dieser Altmeister Orchester und Sänger führte. Er saß die meiste Zeit am Pult, mit undurchdringlicher Miene und blitzender Brille. Den Takt schlug er deutlich lesbar, mit wenig Armbewegungen, nur aus dem Handgelenk. Aber wenn er sich erhob und die Ellenbogen abspreizte, dann ging eine Klangwoge an Fortissimo durch das Orchester. Mehr brauchte er nicht zu tun. Dann setzte er sich wieder, und es war so leise und transparent wie zuvor.

Die Spielzeit 1962/63 wurde mit dem avisierten «Eugen Onegin» von Tschaikowsky eröffnet. Mit der Arie der Olga hatte ich beim Vorsingen Interesse erweckt, nun war ich tatsächlich die Premierenbesetzung! Meine Partner als Onegin und Lenski waren Hermann Prey und Fritz Wunderlich: beide schon mit fast beiden Füßen in der Weltkarriere, fleißige, muntere Kollegen, die die Newcomerin neugierig und liebevoll unter ihre Fittiche nahmen. Ich bewunderte beide zutiefst. Obwohl ich Fischer-Dieskau zu meinem Vorbild erkoren hatte, konnte ich mich Hermann Preys Naturstimme und seinem prachtvollen Singen nicht entziehen. Zudem war er ein uneitler, herzlicher Kollege, der mich nicht herablassend behandelte. Das tat der «Fidi» auch nicht, aber der Respekt vor seiner Größe hielt mich lange Zeit auf Distanz. War ich doch schon seinerzeit auf dem Schulweg ehrfürchtig am Dahlemer Gemeindehaus vorbeigegangen, wo, wie ich wusste, Fischer-Dieskaus frühe Aufnahmen entstanden waren, im Verein mit der wunderbaren Hertha Klust, einer Korrepetitorin der Staatsoper, mit der auch schon mein Vater gearbeitet hatte. Wir bekamen diese Aufnahmen dann brandneu im Musik-

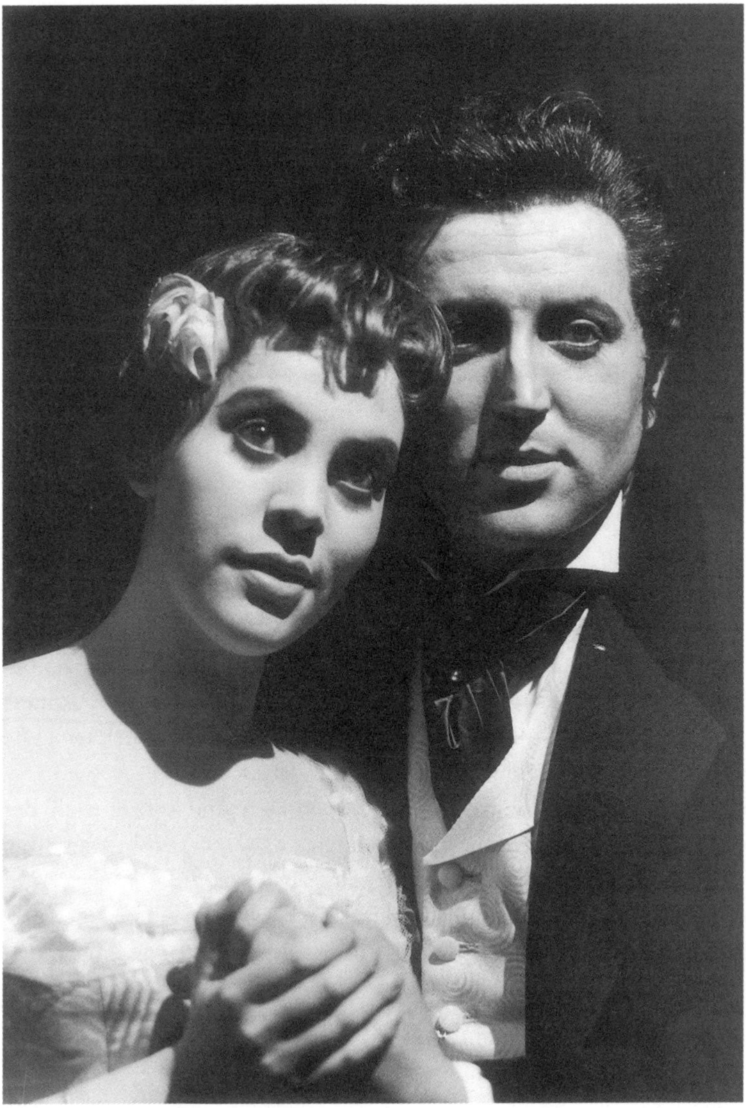

Mit Fritz Wunderlich, 1962 in München in Tschaikowskys «Eugen Onegin»

unterricht zu hören, als beispielhafte Interpretationen der «Winterreise» oder des «Schwanengesangs». Als Jahre später meine erste Liederplatte in ebendiesem Gemeindehaus entstand, nahm ich es als gutes Omen, in dem Raum vor dem Mikrofon zu stehen, in dem Fischer-Dieskau seine große Schallplattenkarriere begonnen hatte.

Hermann Prey war ein anderer Fall, kein Priester seiner Kunst, sondern ein Naturbursche, ein lustiger Kumpel, der aber seine Interpretationskunst sehr ernst nahm und gern auf Proben diskutierte, unter Vorlage einer Taschenpartitur …

Fritz Wunderlich konnte morgens um zehn, wenn die Proben begannen, schon mühelos ein hohes C schmettern, was er gerne unaufgefordert und lachend tat. Er war ein gottbegnadeter Sänger, der sich mit seiner hinreißend verschwenderischen Art zu singen sofort die Herzen des Publikums eroberte. Dabei war er ein kluger Techniker, der genau wusste, was er wann und wie zu machen hatte. Das war nicht nur Naturstimme mit unverwechselbarem Timbre, das war technisches Können, ständiges An-sich-Arbeiten und rastloses Vervollkommnen seiner Mittel.

Er und Prey waren eng befreundet, eine der kumpelhaften Tenor-Bariton-Freundschaften, wie sie auch meinen Vater und Peter Anders verbunden hatte, immer aufgelegt zu Späßen und Frotzeleien. Die Proben mit den beiden waren das reine Vergnügen.

Fritz wurde mir zum Freund, wir sangen und spielten auf der Bühne intensiv und gerne miteinander. Olga und Lenski waren bei uns ein glaubhaftes Paar, so glaubhaft, dass mein zukünftiger Mann uns eifersüchtig beobachtete und mir nach der Vorstellung Vorwürfe machte, ich hätte mich beim Tanz im zweiten Akt gar zu eng an den Fritz geschmiegt …

## *Privates*

In München gab es eine entzückende Inszenierung von «Intermezzo», der selten gespielten Oper von Richard Strauss. Kurt Wilhelm, ein Strauss-Kenner erster Güte und charmanter Regisseur, hatte die Oper im Cuvilliés-Theater inszeniert, Hanni Steffek und Hermann Prey waren die perfekten Vertreter der Hauptrollen, in denen Strauss sich und seine Frau Pauline autobiographisch auf der Opernbühne verewigt hat. Ich übernahm in der Wiederaufnahme der erfolgreichen Produktion die klitzekleine Rolle der Mitzi, die einen Satz zu singen und eine Melodie zu pfeifen hat. Also sang ich «Bist du fertig, Schatz» und hüpfte pfeifend in ein großes Bauernbett, in dem der Tenorbuffo Ferry Gruber, ein Münchner Liebling, als mein Liebhaber im Stück auf mich wartete. Ich sollte ihn zum Schlittschuhlaufen abholen und war angetan mit einem weißen Röckchen, einem weißen Angorapullover, weißen Stiefeln, einer weißen Pelzmütze und einem weißen Muff. Über der Schulter trug ich ein Paar Schlittschuhe. Ich zog den Tenorino aus dem Bett und verschwand mit ihm eilig durch eine Tür. Das Ganze war eine Angelegenheit von zwei Minuten. Später hatte ich noch einen stummen Auftritt auf der Schlittschuhbahn.

Ich wunderte mich während der Wiederaufnahmeproben, dass diese Szenen wieder und wieder geprobt wurden. Immerzu bestellte man mich zu Proben, bei denen der Regieassistent Gerhard Weitzel die Rolle des im Bauernbett Wartenden selbst übernahm, denn Ferry Gruber hatte anderweitige Verpflichtungen und konnte die Proben gar nicht wahrnehmen.

Ich wunderte mich nicht lange, sondern verliebte mich in den eifrigen Regieassistenten, der es umgekehrt schon längst getan hatte. Er war ein kluger, reizender Mann, hatte Sänger werden wollen, war aber bei der Regie gelandet. Er war belesen und hochmusikalisch, und wir verstanden uns prächtig. Öfter lud er mich zum Essen ein. Gerade begann sich die Hühnerbraterei-Kette «Wienerwald» zu etablieren, und ein erstes Restaurant entstand in München-Bogenhausen – das wurde unser Stammlokal. Gerd holte mich zu sonntäglichen Ausfahrten mit seinem VW ab, und bald waren wir ein Paar. Die ganze Oper nahm Teil an unserem jungen Glück, und ich eröffnete meinen Eltern, dass ich diesen Mann heiraten wollte.

Meine Eltern hatten für sich und mich in München-Schwabing je eine Wohnung gekauft: Nach einer schweren Grippe, bei der meine Mutter mich gepflegt und deshalb einige Nächte auf einer Matratze zwischen Bett und Tür meiner Dachkammer verbracht hatte, befand sie, das sei nun genug, das Kind müsse endlich anständig wohnen. Ich zog also nach Schwabing an den Hohenzollernplatz, und meine

Großmutter Peters kam zu mir nach München, um mich zu versorgen. Sie verstand sich bestens mit Gerhard Weitzel, dem Mann, mit dem ich nun mein Leben teilen wollte. Meine Eltern dagegen machten eine bedenkliche Miene, nicht, weil sie ihn nicht mochten, sondern weil sie ihre 23-jährige, vollkommen unerfahrene Tochter vor Überstürzung und Enttäuschung bewahren wollten. Aber ich war mir vollkommen sicher, mit diesem Mann wollte ich alt werden. Ich hatte mir einige solche Dinge in den Kopf gesetzt. Auch, dass ich nur mit dem Mann zum ersten Mal schlafen wollte, den ich auch heiraten würde, und all solch überkommenen Unsinn. Doch so geschah es.

Am Tag der Generalprobe von «Eugen Onegin» verlobten wir uns, und ich trug stolz meinen Verlobungsring. Fritz Wunderlich schenkte uns einen Kochtopf, einen chromglänzenden, schweren Topf von den «Württembergischen Metallwaren», und sagte dazu: «Ihr werdet sehen, der Topf wird uns alle überleben. Ich habe auch so einen, die sind unverwüstlich.» Er sollte leider Recht behalten. Fritz ist schon lange tot, mit seinem Kochtopf koche ich noch immer.

Nun war ich also verlobt und ein knappes Jahr später verheiratet. Meine Großmutter hatte eine Grippe nicht überstanden und war im Frühjahr 1962 gestorben. Ich vermisste sie unendlich, wir waren uns sehr nah gewesen.

Mein Mann zog mit Sack und Pack zu mir in die Schwabinger Wohnung. Wir waren beide viel beschäftigt, mein Mann als begehrter Assistent diverser Regisseure und ich im ständigen Lernprozess des Repertoireaufbaus. Die «Junge Staatsoper» wurde gegründet, in der begabter Nachwuchs engagiert und gefördert wurde; ich gehörte ganz selbstverständlich dazu, obwohl ich einen Vertrag im festen Ensemble hatte. In einer Studioproduktion sang ich meine erste Dorabella, es folgte «Djamileh», eine unbekannte Oper von Bizet, in der Regie meines Mannes. Ich war mit der Titelrolle besetzt, einer Vorstufe der Carmen.

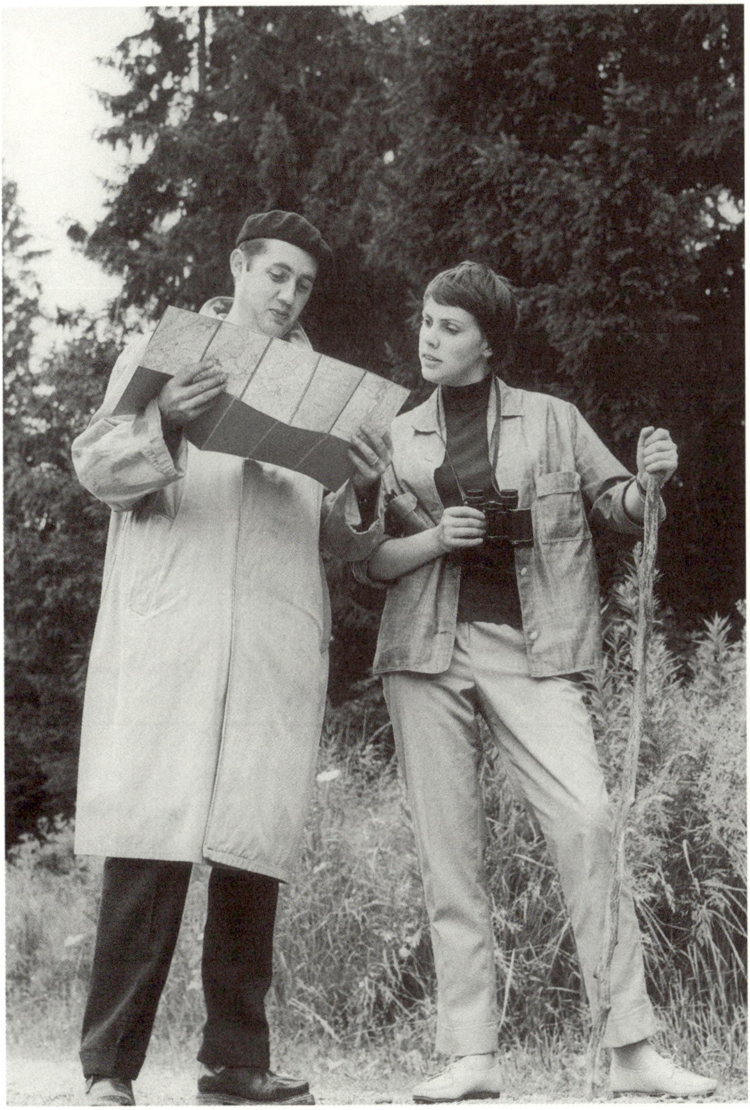

Mit Gerhard Weitzel beim sonntäglichen Wandern

# 5

# *Von München in die Welt*

## *Ensembleleben und erste Reisen*

Es kam der Umzug vom Prinzregententheater ins wiedererstandene Nationaltheater an der Maximilianstraße. Wir zogen in eine Baustelle, und es wurde mit den Proben zur Wiedereröffnungspremiere «Die Frau ohne Schatten» von Richard Strauss begonnen. Ich war als eine der «Ungeborenen» besetzt und als «Stimme von oben», zwei unsichtbaren, nur akustisch wahrnehmbaren Erscheinungen. Die Ungeborenen sangen von der Seitenbühne, für die Stimme von oben musste ich in den Schnürboden klettern.

Nach einer Vormittagsprobe verließ ich das Haus und wollte die Maximilianstraße überqueren. Es herrschte reger Verkehr, die Autos standen vor einer Ampel, ich schlüpfte durch eine Lücke – und ein Wagen, der in zweiter Reihe überholte, fuhr geradewegs in mich hinein. Meine Schuhe und meine Handtasche flogen durch die Luft, meine Armbanduhr ebenso. Die Fahrerin stieg schreckensbleich aus. Ich hatte eine Kopfplatzwunde, aus der es heftig auf meinen schönen Kamelhaarmantel blutete. Die Frau hob meine Sachen auf und brachte mich über die Straße. Etwas wackelig und geschockt lehnte ich an einem Hauseingang. Die Fahrerin klingelte an einem Türschild, woraufhin ein Mann öffnete und mich in Empfang nahm; die Frau fuhr davon. Der Mann war Zahnarzt, er hatte den Unfall von seinem Praxisfenster aus beobachtet, gab mir schließlich einige Spritzen und nähte die Kopfplatzwunde an Ort und Stelle. Verpflastert und verbunden fuhr mich mein inzwischen herbeigeeilter Mann zum Röntgen und dann nach Hause. Ich hatte eine leichte Gehirnerschütterung. Doch die Kopfwunde heilte schnell, und eine Woche später stand ich schon wieder auf der Probe und sang meine Ungeborene und meine Stimme von oben aus dem sicheren Off. Ich konnte also doch noch bei der Eröffnung dabei sein!

Die umjubelte Premiere zur glanzvollen Wiedereröffnung des Nationaltheaters fand am 21. November 1963 statt. Bei einer der Folgevorstellungen stand ich wie üblich beim Inspizienten und hörte mir den letzten Akt von der Seite an. Plötzlich erhielt ich einen Klaps auf den Po – ich drehte mich um. Hinter mir stand Birgit Nilsson, die die Färberin sang: «Das wird was, Kind, das ist eine schöne Stimme!», sagte sie lachend und eilte zu ihrem Auftritt. Ich war wie vom Donner gerührt. Von so einer großen Sängerin ein solches Lob zu erhalten machte mich sehr glücklich und mutig.

Ich sang im großen Haus nun immer größere Rollen, durfte den Hänsel übernehmen, avancierte von der Dritten adeligen Waisen im «Rosenkavalier» zur Annina – an interessanten mittleren Aufgaben war kein Mangel. Es kam ein erstes Gastspiel am Düsseldorfer Opernhaus, das – von dem bekannten und rührigen Intendanten Grischa Barfuß geführt – ein gutes, junges Ensemble besaß, aus dem einige bedeutende Sänger hervorgegangen sind, unter ihnen Hildegard Behrens und Karl Ridderbusch. Ich sang die Dorabella in einer Neuinszenierung von «Così fan tutte». Barfuß wollte mich in sein Ensemble holen und bot mir einen verlockenden Festvertrag mit reizvollen Fachpartien wie der Carmen oder der Ulrica in Verdis «Maskenball» an. Ich sang meine Dorabella, hatte schlaflose Nächte – und sagte zu.

Zurück in München und im Angesicht des Nationaltheaters bereute ich sofort. Fachpartien hin oder her – wer wusste, ob ich das alles schon durchhalten würde? Hier in München war meine künstlerische Heimat, hier wurde ich langsam und solide aufgebaut, nicht überfordert. Hier waren verantwortungsbewusste Menschen am Werk, die wussten, dass junge Stimmen eine sorgsame Pflege brauchen.

Ich ging beschämt zur Intendanz und bat um Hilfe. Hartmann zog erstaunt die Augenbrauen hoch, dann lachte er: «Der kleine Frosch bleibt hier, keine Sorge, ich regle das.» Der «kleine Frosch» – so nannte er mich in den Anfangsjahren – zog erleichtert von dannen. Hartmann sprach mit dem Kollegen in Düsseldorf, die Sache war vom Tisch. Und ich nahm mir vor, meinen Ehrgeiz zu zügeln und zehn Jahre Ensemblearbeit geduldig abzuwarten, wie mein Vater sie angeraten und prophezeit hatte. Weiter ging es also mit all den Pagen und Mägden, all den mittleren, größeren und kleinen Partien. Und dann kam der sogenannte Durchbruch.

Günther Rennert, der große, international renommierte Regisseur, inszenierte 1965 die Rossini-Oper «Die Liebesprobe», «La pietra del paragone», im Cuvilliés-Theater, und ich war mit der weiblichen Hauptrolle, der Clarissa, besetzt. Ich liebte die Arbeit mit Rennert, sang begeistert Rossini'sche Koloraturen und verliebte mich in seine Musik. Es wurde ein Riesenerfolg. Die Presse war blendend, auch überregional, und plötzlich hagelte es Angebote. Der Rundfunk, die Schallplatte, das Fernsehen meldeten sich, die ersten großen Konzertangebote kamen, Agenten zeigten Interesse. Aber beileibe nicht alles, was ich unternehmen wollte, wurde vom Haus gestattet. Covent Garden fragte an, ich sollte dort den Cherubin singen. «Nein», hieß es von der Intendanz, «das geht nicht. Sie werden hier gebraucht.» Was folgte, war Beschäftigungstherapie. Ich war traurig, jedoch bemüht zu verstehen, dass es zu meinem Besten sei und eine internationale Tätigkeit noch zu früh für mich.

Neben der Opernarbeit hatte ich begonnen, mich intensiv mit Liedern und anderem Konzertrepertoire zu beschäftigen. Ich bekam die Chance, mit dem großen Bach-Dirigenten und Organisten Karl Richter zu arbeiten; die sonntäglichen Kantatenkonzerte in seiner Münchner Kirche durfte ich übernehmen, wenn Hertha Töpper, die Münchner Opern- und Konzertsängerin, ein Star des Nationaltheaters, nicht konnte oder wollte. Auch österliche Johannes-Passionen und Matthäus-Passionen standen auf meinem Programm, nicht nur mit Richter im Deutschen Museum, das sein Konzertsaal war, sondern landauf, landab.

Bei meiner ersten Schallplatte war ich Einspringerin, natürlich für Hertha Töpper. Während einer vormittäglichen Probe in der Oper kam ein Herr ins Klavierzimmer und fragte, ob ich am Nachmittag statt Hertha Töpper die Einspielung eines Operettenduetts übernehmen könnte. Sie sei erkrankt und habe kurzfristig abgesagt. Ich sagte ja – er drückte mir die Noten in die Hand und nannte mir Ort und Zeit. Bis zum Nachmittag hatte ich das Duett gelernt, «Heinerle, Heinerle, hab kein Geld», hieß das. Erst war ich der Meinung, ich

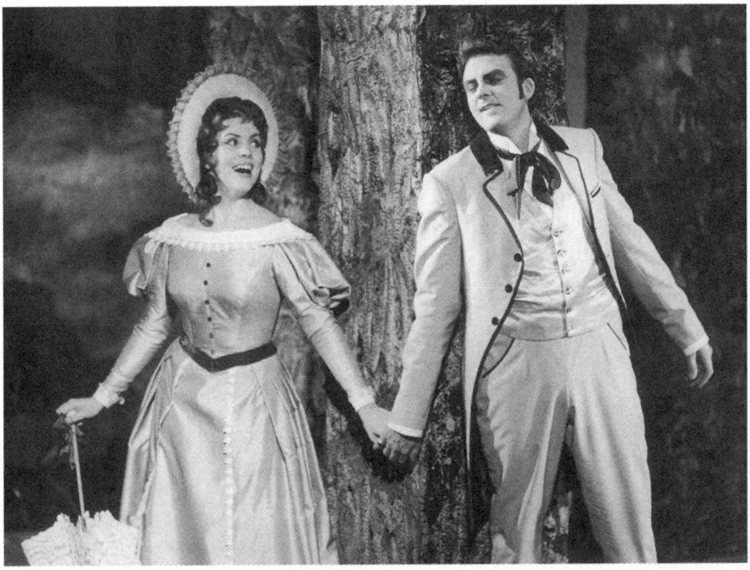

Als Clarissa in Rossinis «Liebesprobe», 1965 mit Keith Engen

solle das Heinerle singen, aber das konnte ich mir von Hertha Töpper nicht recht vorstellen, also lernte ich die Mutter, und das war richtig. 400 D-Mark bekam ich bar auf die Hand. Und kurz darauf ein neues Angebot von der Schallplattenfirma «Electrola», bei einer Gesamtaufnahme der Oper «Martha» von Friedrich von Flotow als Nancy mitzuwirken. Das war eine tiefe Altpartie. Ich sagte freudig zu.

Die Aufnahmen fanden im Münchner Bürgerbräukeller statt, wo viele der «Electrola»-Einspielungen entstanden. Der Gedanke, dass hier ein (wenn auch schiefgegangenes) Attentat auf Hitler stattgefunden hatte, faszinierte mich. Die Säule, in der die Bombe versteckt gewesen war, ließ ich mir zeigen. Sie stand noch unverändert nach dem Wiederaufbau des Raumes.

Meine Partner auf dieser Schallplatte waren Anneliese Rothenberger, Nicolai Gedda und Hermann Prey. Anneliese Rothenberger war eine ungeheuer disziplinierte Arbeiterin und niemals zufrieden. Wieder und wieder wollte sie die schwierigen Passagen ihrer Rolle wiederholt wissen, immer hatte sie etwas an sich oder der Aufnahme-

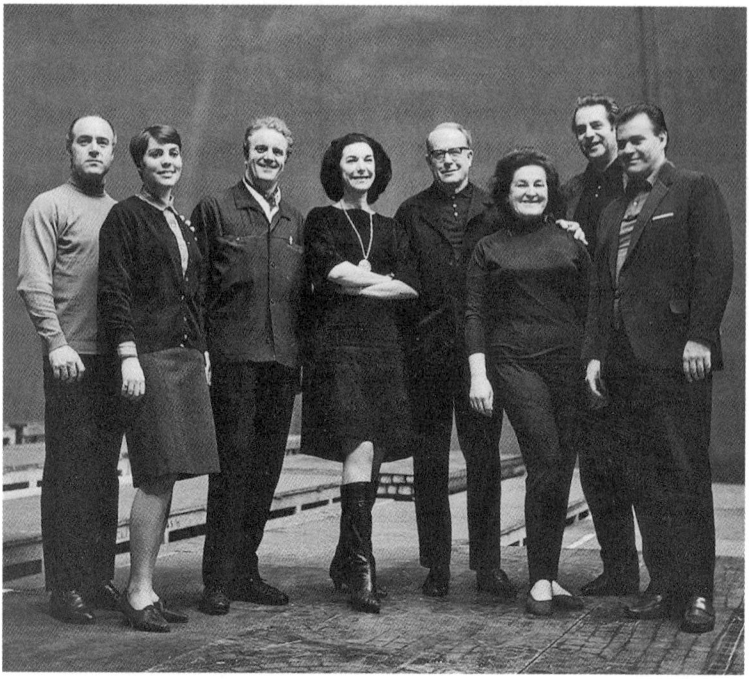

«Salome»-Gastspiel an der Mailänder Scala, 1967, von links nach rechts: José van Dam, Brigitte Fassbaender, Ticho Parly, Jean Madeira, Rudolf Hartmann, Birgit Nilsson, Hans Günter Nöcker, Berislav Klobučar

technik auszusetzen. Ganz anders Nicolai Gedda. Er kam quasi ungelernt, er war so musikalisch, dass er alles spielend vom Blatt sang; das habe ich mehr als einmal erlebt. Der Lyonel, so hieß seine Rolle, war für ihn ein Kinderspiel. Bequem stand er, mit über die Schulter geworfenem Jackett, vor dem Mikrofon und ließ seine herrliche Stimme mühelos strömen. Im Übrigen erinnerte er mich an Buster Keaton: Mit todernster Miene erzählte er die lustigsten Sachen. Er war ein echter Clown und technisch einer der besten Sänger, die ich je erlebt habe.

Dieser ersten Begegnung mit Anneliese Rothenberger und Nicolai Gedda folgten noch viele weitere gemeinsame Aufnahmen und Auftritte. Mit Anneliese war ich bis zu ihrem Tod befreundet. Wir standen in einem Opernfilm gemeinsam vor der Fernsehkamera, sie lud mich in ihre eigene Fernsehshow ein. Nachdem sie aufgehört hatte zu singen, trafen wir uns öfter in München in fröhlicher Runde beim geliebten Kollegen Benno Kusche, der uns seine unübertroffene Paella kochte. Wir schrieben uns, ich besuchte sie in ihrem Anwesen in der Schweiz, wo sie mir ihr Atelier mit all den lebensfrohen Blumenbildern zeigte, die sie so gerne malte. Sie war eine vorbildliche Künstlerin, dabei hart zu sich selber und hart oft im Urteil über andere. Von ihr habe ich gelernt, wie unerbittlich die Dauerpräsenz in diesem Beruf sein kann, wenn man sich den Medien und der Öffentlichkeit ausliefert.

Ein erstes Auslandsgastspiel führte mich nach Frankreich. In Bordeaux sang ich den Pagen in der «Salome» – und gleich darauf dieselbe Rolle an der Mailänder Scala mit Birgit Nilsson als Salome. Die grandiose Sängerin, eine herzerfrischend natürliche und humorvolle Kollegin, war ein besonderer Liebling von mir. Ich bewunderte ihr Singen, ihr Können aus tiefstem Herzen.

In Wien wurde die «Jahrhundertaufnahme» von Wagners «Ring» mit Georg Solti für die «Decca» eingespielt. Ich war eine der Walküren, die Waltraute. Birgit Nilsson sang die Brünnhilde, Hans Hotter den Wotan, die Wagner-Elite der damaligen Zeit war in dieser Aufnahme versammelt. Ich fürchte, ich bin inzwischen fast die einzige Überlebende dieses legendären Unternehmens, das in den Wiener Sophiensälen stattfand. Ebendort traf ich auch zum ersten Mal Lucia Popp.

In einer Gesamtaufnahme von Mozarts «Titus» sang ich den Annio und Lucia die Servilia. Wir wohnten in derselben Pension, der altehrwürdigen Pension Schneider. Lucia führte abends nach den Aufnahmen immer ihren Hund aus. Ich begleitete sie, und wir sprachen über Gott und die Welt. Mit dieser wunderbaren Sängerin sollte ich bald darauf oft gemeinsam auf der Bühne stehen. Den Sesto in dieser Einspielung übernahm Teresa Berganza, die damals in ihrer Blütezeit stand. Sie war eher reserviert und distanziert und hatte nicht viel übrig für die junge Kollegin. Am Pult stand István Kertész, ein Mozart-Dirigent erster Güte, der viel zu früh von uns gegangen ist. Er ertrank in Israel im Meer.

## *Die neue Ära in München*

In München war Günther Rennert als Nachfolger von Rudolf Hartmann, der sein Amt nach über zehn Jahren niedergelegt hatte, Staatsintendant geworden. Er holte sich Wolfgang Sawallisch, der Joseph Keilberth als Generalmusikdirektor ersetzte. Keilberth war während einer «Tristan»-Vorstellung am Pult zusammengebrochen und kurz darauf gestorben. Die Erschütterung in München war groß, denn Keilberth war eine unumstrittene Größe gewesen, eine Institution. Sawallisch aber war der adäquate Nachfolger. Er und Rennert verstanden sich bestens, es sollte eine fruchtbare und glückhafte Ära für München werden.

Ich brauchte bei diesem Intendantenwechsel nichts zu fürchten, denn beide mochten mich. Mein Vertrag wurde verlängert und etwas später von einem Festvertrag in einen sogenannten Residenzvertrag umgewandelt, das heißt, ich hatte so und so viele Premieren in der Spielzeit mit garantierten Abenden. Nun war ich frei für eine internationale Opern- und Konzerttätigkeit. Die setzte auch mit Vehemenz ein, aber ich sorgte dafür, dass München in meiner Planung die Priorität hatte. Das Nationaltheater war und blieb meine künstlerische Heimat. Alle großen Fachpartien habe ich mir in München erarbeitet; die erste Carmen, die erste Eboli, die erste Amneris und vieles andere mehr sind in München geboren.

Eine Festspielproduktion des «Figaro» unter Rennerts Regie und der Stabführung von Karl Böhm brachte mir 1968 den ersten richtig erarbeiteten Cherubin, unvergesslich auch wegen eines Da-capo-Erlebnisses: Ich musste die zweite Arie wiederholen. Die Münchner Kritikerpäpste Joachim Kaiser und Karl Schumann lobten mich. Ich war glücklich.

Diese «Figaro»-Produktion hatte eine normale Probenzeit von sechs Wochen. Die Gräfin wurde in der Premiere von Claire Watson gesungen und später von Gundula Janowitz übernommen. Den Grafen sang Dietrich Fischer-Dieskau. Zum ersten Mal erlebte ich ihn so hautnah, denn dem kleinen «Salome»-Pagen von einst war der gestrenge Jochanaan nicht nahe gekommen. Jetzt hatten Graf und Cherubin einiges miteinander zu tun, und ich konnte Fischer-Dieskaus Probenarbeit mit größter Aufmerksamkeit verfolgen. Er war ein

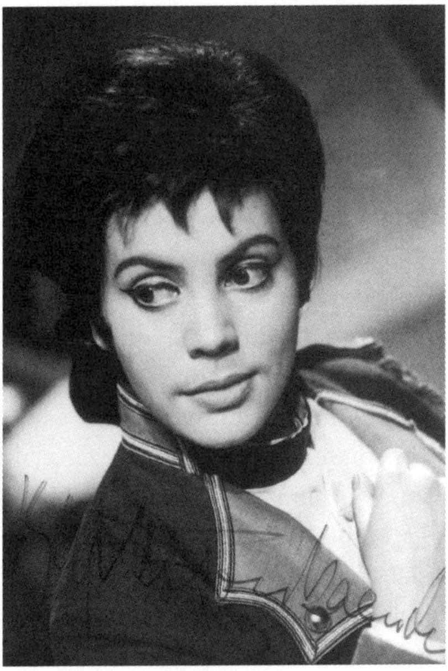

Als Cherubin in «Figaros Hochzeit», 1968,
Autogrammfoto

unermüdlicher Arbeiter, jeder Schritt wurde hundert Mal geprüft und gegangen, jede Geste kontrolliert. Das Endergebnis war so gekonnt und auf den Punkt genau, dass es wie spontan wirkte. Er erlaubte sich keine Freiheit, keine ungeplante Äußerung.

In der Szene, in der Cherubin sich vor dem eintretenden Grafen unter einem Tuch in einem Sessel verbirgt, musste Fischer-Dieskau aufgebracht mit einer Reitpeitsche auf den Sessel schlagen. Ich kauerte im Sitz, und Fidi schlug so hart zu, dass ich Mühe hatte, nicht laut aufzuschreien. Ein dicker roter Striemen auf meinen Oberschenkeln war eine tagelange Erinnerung an diesen rabiaten Grafen. Danach zog ich immer die Knie unters Kinn und kroch in die Tiefe des Sessels. Sonst war Fischer-Dieskau die höfliche Freundlichkeit in Person. Er konnte herzlich lachen, war kollegial und ohne Allüren. Aber er war sehr auf Haltung bedacht, in legerer Probenkleidung sah er merkwürdig unbequem aus. Wenn wir uns zur Begrüßung oder zum Abschied umarmten, neigte er sich aus seiner Höhe herab und wirkte seltsam hölzern. Ich umarmte ihn ganz vorsichtig. Immer hatte ich das Gefühl, es könnte ihm ein Arm abbrechen.

Nachdem ich im «Rosenkavalier» jahrelang die Annina neben Hertha Töppers Octavian gesungen hatte, erhielt ich schließlich den ersehnten Studierauftrag für die Hosenrolle, die meine Paraderolle werden sollte. Hertha Töpper hatte mir zwar erklärt: «Nach dem Octavian müssen Sie sich nicht drängen, Kindchen. Der ist schwer und hetzt nur von Umzug zu Umzug.» Doch der Desillusionierungsversuch half nichts. Ich hatte die Rolle bald drauf, denn oft genug hatte ich die Oper von Anfang bis Ende gehört, mit allen Octavianen, die damals in München auftraten.

Und dann war es so weit, Ende der Sechzigerjahre wurde ich in einer geschlossenen Vorstellung für die «Freunde des Nationaltheaters» mit der Rolle ausprobiert, in der jahrealten Hartmann-Inszenierung, authentisch wie zu Zeiten von Richard Strauss. Ich bestand die Bewährungsprobe und durfte den Octavian von da an – wenn auch selten – singen, wenn Frau Töpper verhindert war. Ansonsten aber blieb ich die Annina vom Dienst. Als die englische Königin zu Gast in München war und sich in einer Festvorstellung des «Rosenkavaliers», die ihr zu Ehren gegeben wurde, vermutlich langweilte – man konnte sie gähnen sehen –, wurden wir ihr in der Pause im Foyer vorgestellt, und das gesamte weibliche Ensemble versank im Hofknicks. Auch Hertha Töpper als Octavian und ich als Annina.

1972/73 – inzwischen war die alte Inszenierung abgesetzt – gab es eine Neuproduktion der in München so beliebten Strauss-Oper in der Regie von Otto Schenk und unter der musikalischen Leitung von Carlos Kleiber. Kleiber war damals schon kein Geheimtipp mehr, sondern der umworbene Stardirigent, der er eigentlich nie sein wollte. Die Ausstattung lag in den Händen von Jürgen Rose. Gwyneth Jones war die Marschallin, Karl Ridderbusch der Ochs, Lucia Popp die Sophie. Und ich war der neue Octavian! Es war eine unglaublich dichte und harmonische Probenzeit. Carlos Kleiber war von der ersten Stellprobe an dabei, er und Schenk verstanden sich auf Anhieb: zwei genialische junge Theatermacher, total der Arbeit hingegeben, tausendprozentig beteiligt. Eine Beteiligung, die sie auch von uns verlangten, in jeder Sekunde. Wir waren bereit. Wortgenauer und notengetreuer habe ich vielleicht nie wieder arbeiten müssen.

Wir waren eine eingeschworene Arbeitsgemeinschaft, und so, aus einem Guss, war dann auch das Ergebnis aller Bemühungen. Wenn sich der Vorhang über dem zweiten Akt hob, klatschte das Publikum nicht nur in der Premiere, so spektakulär war das Bühnenbild. Die Premiere und jede weitere Vorstellung wurden ein umjubelter Erfolg. Nach der Premiere schwebte ich ein paar Tage auf Wolken, bis der Arbeitsalltag einen wieder eingeholt hatte.

Carlos Kleiber hatte die schönsten, ausdrucksstärksten Arme, die ich je gesehen habe bei einem Mann. Ich nehme an, er wusste um ihre Wirkung, denn er trug bei Orchesterproben immer kurzärmelige Frotteehemden, die den Blick auf seine wunderbaren Bewegungen frei ließen. Es waren eben nicht nur die den Klang formenden Hände, die ihn so besonders machten. Wenn nötig, schlug er auch den Takt, mit dem kurzen, weißen Stab, dessen Knauf schwerelos in seiner rechten Hand ruhte und der manchmal in die Linke wanderte, die vollkommen unabhängig von der Rechten Zeichen geben konnte. Ich war fasziniert von Kleibers Händen und Armen, die kraftvoll und ungeheuer zart zugleich Tänze aufführten und vollkommen leicht und klar vermittelten, was im Orchester auszudrücken war.

Stand Kleiber am Pult, war er total verwandelt. Er strahlte – ich muss es so sagen, auch wenn es kitschig oder pathetisch klingt – eine überirdische Freude aus. Nie war er mit dem Kopf in der Partitur, sondern immer mit Blick und Miene bei uns auf der Bühne. Er konnte sowieso alles auswendig und war auf die Partitur nicht angewiesen. Die Musik kam aus ihm heraus, total verinnerlicht und spontan. Sein strahlender Gesichtsausdruck konnte jedoch bei der geringsten Schwankung oder Unaufmerksamkeit, die er hörte oder vermutete, sekundenschnell in tiefe Enttäuschung und Traurigkeit übergehen. Das dauerte nie lange, dann gab Kleiber sich wieder der unbändigen, mitreißenden Musizierfreude hin, aber der Schatten war dagewesen, unübersehbar. Und man fühlte sich schuldig. Nach der Vorstellung lag dann prompt seine Visitenkarte in der Garderobe: «Warum hast du mir das angetan», stand darauf.

Im Alltag wirkte er oft überfordert von den einfachsten Dingen, von seiner ungelenken Gangart, vom Essen, von normalen Bewegungsabläufen. Er war kompliziert und scheu und gab sich den An-

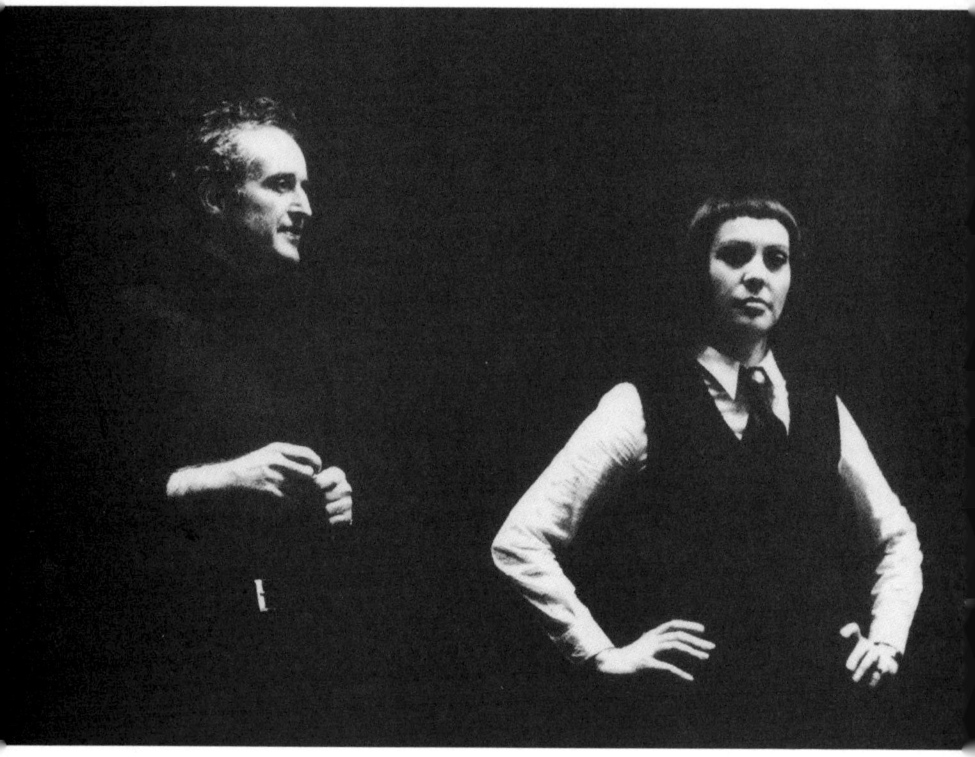

Mit Carlos Kleiber, 1972

strich der Hilflosigkeit. Dabei war er klug und witzig, lachte viel und gerne, konnte aber auch böse und sarkastisch sein und verbal ganz schön um sich schlagen. Sein Anspruch an sich und andere war maßlos und nie zufriedenzustellen. Doch all das fiel ab, er war wie ausgewechselt und nicht mehr von dieser Welt, wenn er dirigierte und das Orchester zu seinem Instrument machte, mit einer Bedingungslosigkeit und Kompromisslosigkeit, wie ich sie nur bei ihm erlebt habe.

Carlos Kleiber zu ergründen, sein Charisma zu erklären kann nicht gelingen. Zu viele Facetten, zu viele Ängste und Zweifel trug er vor sich her. Wo bei ihm Wahrheit und wo die Fassade begann, habe ich nie herausgefunden. Er war der unreifste und gleichzeitig interessanteste Mensch, der mir begegnet ist. Und der größte Dirigent, mit dem ich gearbeitet habe.

Mit dem Octavian war meine sogenannte Weltkarriere endgültig in Gang gekommen. Ich gehörte nun zu der Handvoll Sänger, die sich überall auf der Welt in den Opernhäusern wiedertrafen; ob in Berlin, Hamburg, München, Wien, London, San Francisco, New York, Chicago, Paris, Mailand – überall begegnete man sich zu gemeinsamer Arbeit in den verschiedensten Produktionen.

## *Hundesuppe in Mailand*

Die «Rosenkavalier»-Produktion an der Mailänder Scala, die der Münchner folgte, war ein zweiter Aufguss und eine Vertiefung des Erarbeiteten zugleich. Statt Gwyneth Jones sollte Gundula Janowitz die Marschallin singen. Lucia Popp war wieder als Sophie dabei, Thomas Stewart sang den Faninal und Hans Sotin den Ochs. Doch schon während der ersten Stellproben kam es zu Nervositäten und gravierenden Unstimmigkeiten zwischen Kleiber und Janowitz. Der Auseinandersetzungen müde, warf sie das Handtuch und reiste ab. Es war uns allen unverständlich, denn sie war Kleibers geliebte «Fledermaus»-Rosalinde und die Agathe auf seiner «Freischütz»-Aufnahme.

Gott sei Dank war kurzfristig Evelyn Lear zur Verfügung, eine versierte Marschallin, die Ehefrau von Thomas Stewart. Sie sprang ein, und die beiden waren froh, eine Produktion miteinander machen und so eine Weile zusammen sein zu können. Sie waren bester Laune, ein humorvolles, kluges und immer noch verliebtes Ehepaar. Ich mochte sie sehr, und Evelyn war für mich eine sympathische Partnerin, was auf der Bühne das Miteinander erleichtert, denn in diesen Rollen kommt man sich zwangsläufig sehr nah. Lucia war sowieso zur Freundin geworden, und die gemeinsamen Bühnenauftritte waren eine schauspielerische und musikalische Freude. In Mailand wohnten wir alle in einem Appartementhotel in der Nähe des Domes, und Lucia kochte für ihren alten Spaniel, der sie begleitete, «Hundesuppe» in der kleinen Küche ihres Appartements. Immer stand ein großer Topf auf dem Herd, und der Duft von Reis, Gemüse und Markknochen zog durch den Hotelflur.

Nach den Proben trafen wir uns in kleiner Runde oft bei diesem oder jenem im Zimmer, meistens bei Lucia, lagerten auf der Erde und spielten Carlos' Lieblingsspiel: Einer nannte einen Schlüsselsatz, und nun mussten gezielte Fragen der anderen zu einer Geschichte führen, deren Kern in diesem Schlüsselsatz enthalten war. Der Phantasie waren keine Grenzen gesetzt, und jeder dachte sich die skurrilsten Geschichten aus. Waren wir endlich vom Raten und Lachen müde, aßen wir die Hundesuppe des Spaniels, die Lucia großzügig servierte. Sie schmeckte hervorragend. Ein guter Wein machte die Runde, und spät genug ging man ins Bett ... Die Premiere in Mailand wurde ein Erfolg mit ausverkauften Vorstellungen. Viele Hundesuppennächte versüßten uns den langen Aufenthalt. Und dann zerstreute sich unsere Truppe wieder in alle Winde.

Die Salzburger Festspiele riefen. Rennert inszenierte «Così fan tutte», Böhm dirigierte. Gundula Janowitz war die Fiordiligi, Peter Schreier sang den Ferrando, Reri Grist die Despina, Hermann Prey den Guglielmo und Fischer-Dieskau den Alfonso. Es war eine Starbesetzung, und alle waren mir bekannte, vertraute Kollegen. Aber ich war, bis auf die wie immer intensive, beglückende Arbeit mit Rennert, unglücklich in Salzburg. Der Touristenrummel, der Schnürlregen oder die stickige Sommerhitze, je nachdem, der Dauerkommerz der Festspiele waren meine Sache nicht. Aus jeder Drogerie, jedem Metzgerladen lächelten einen die Starporträts der Kollegen an. Ich fand es grauenhaft. Als ich nach einer Probe mittags in mein Hotel zurückkam, stand die Wirtin mit einem Ehepaar auf meinem Balkon und zeigte die Aussicht – ich war empört! Der Herr stellte sich vor: Eugène Ionesco. Nach meiner Abreise wollte er das Zimmer beziehen ...

Sieben Jahre hintereinander verbrachten wir in derselben Besetzung unseren Sommer in Salzburg, nur Rolando Panerai war statt Fischer-Dieskau dazugekommen. Ich aber fuhr in jeder freien Minute heim nach München und nur knapp vor den Vorstellungen nach Salzburg zurück.

In einem dieser Sommer ließ Karajan mich fragen, ob ich in seiner «Salome»-Produktion die Herodias übernehmen wolle. Ich sagte nein. Ich fühlte mich viel zu jung und hatte nur das Klischee der alternden Heroine im Kopf. Im nächsten Sommer, mitten in den Münchner Festspielen, ich saß an einem freien Nachmittag Wein

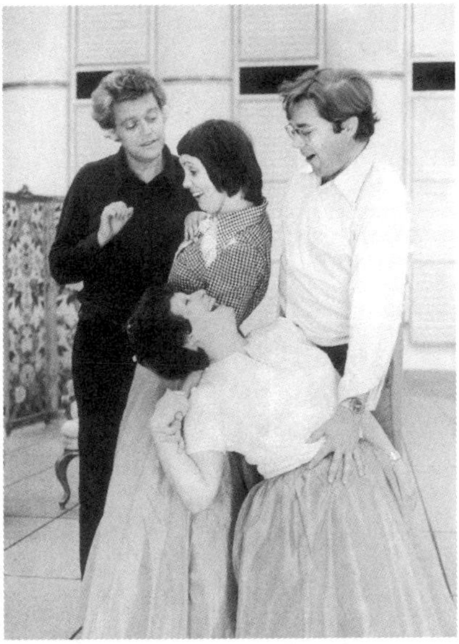

Bei den Proben zu «Così fan tutte» in Salzburg, 1972, mit Gundula Janowitz, Hermann Prey und Peter Schreier

trinkend mit Freunden im Garten, klingelte das Telefon, und Salzburg fragte an, ob ich am kommenden Abend die Eboli in «Don Carlos» übernehmen könne. Christa Ludwig habe abgesagt, und Karajan lasse bitten. Ich sagte wieder nein. Das war mein drittes Nein zu Karajan: Das erste hatte ich ihm schon einige Jahre zuvor gegeben. Damals war ich nach Japan geflogen, um in Tokio den Mezzopart in Beethovens Neunter zu singen, wozu Karajan mich eingeladen hatte. Am Tag nach der Ankunft, mitten im Jetlag, setzte er eine Klavierprobe an und arbeitete die Eboli-Arie mit mir. Dann bot er mir die Partie der Emilia in seinem «Otello» an, den er in Salzburg inszenieren und dirigieren wollte. Ich sagte nein und gab zu bedenken, dass ich in München bereits Carmen, Eboli und dergleichen singe und Emilia ein Rückschritt sei.

Er schien das zu akzeptieren. Wenig später führte er das «Rheingold» in Salzburg und an der Scala auf – ich war die Fricka. Das «Rheingold» wurde verfilmt – ich war die Fricka. Dann aber kamen

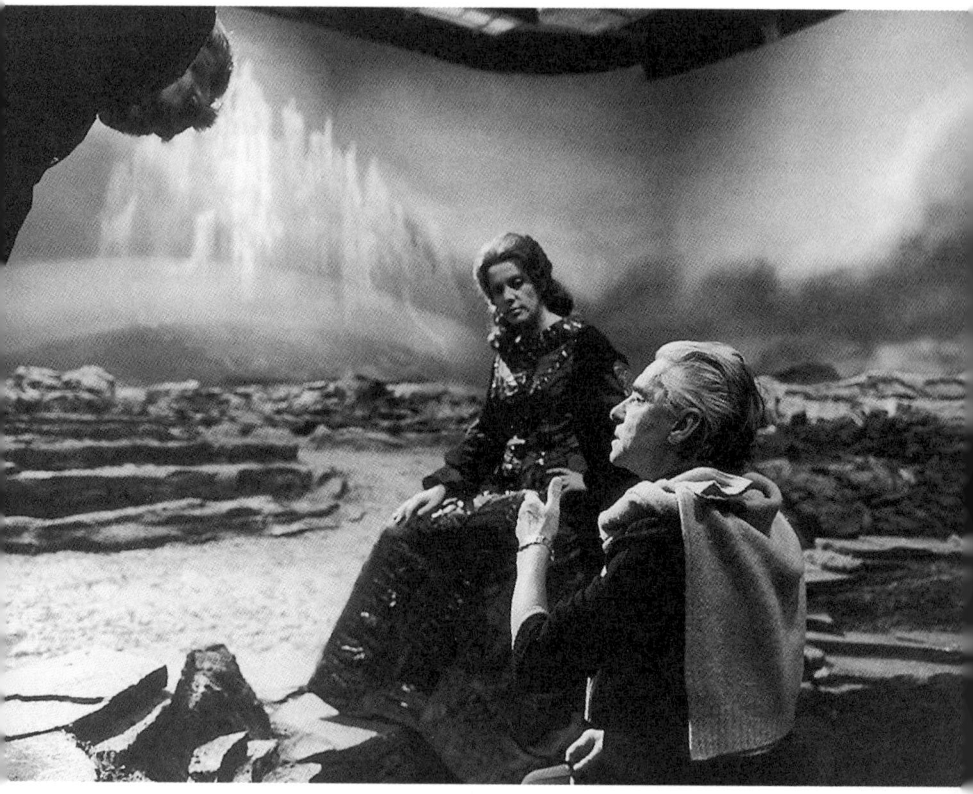

Mit Herbert von Karajan bei der Verfilmung
von Wagners «Rheingold»

mein Nein zu Herodias und zur Eboli, und das war's dann. Dreimal «nein» zu Karajan, das ging nicht.

Ich wurde also kein Mitglied der Karajan-Clique, dafür arbeitete ich intensiv mit Kleiber zusammen, der oft in München dirigierte. Ich war sein ständiger Octavian, danach in einer Neuinszenierung der «Fledermaus» sein Orlofsky, ebenfalls in der Regie von Otto Schenk. In einer Gesamtaufnahme des «Tristan» war ich Kleibers Brangäne, neben Margaret Price, die auf der Bühne nie eine Isolde gesungen hätte. René Kollo war der Tristan, Bayreuth-erfahren und ein angestammter Vertreter dieser Rolle. Die Aufnahmen fanden in Dresden in einer Kirche statt, mit der brillanten Dresdner Staatskapelle. Der mir befreundete Dirigent Georg Fritzsch, ein wunderbarer Musiker, weiß zu erzählen, wie er als Student diesen Aufnahmen, auf der Empore versteckt, beiwohnte, Kleiber-besessen, wie er war. Die Semperoper war im Wiederaufbau begriffen, und wir durften die Baustelle besuchen.

Ein Gastspiel der Bayerischen Staatsoper, das mich mit «Figaro» und «Rosenkavalier» nach Tokio und Osaka führte, ist mir besonders in Erinnerung, weil es während einer «Rosenkavalier»-Vorstellung eine Bombendrohung gab. Das Orchester und Carlos Kleiber waren die Ersten, die fluchtartig das Theater verließen, während wir Damen mit auf die Suche nach der Bombe gingen ... Beim Rückflug nach München saß ich neben Carlos im Flugzeug. Er erzählte mir von seiner Jugend und der Belastung, die sein Übervater Erich Kleiber, ebenfalls Dirigent, für ihn allzeit bedeutet hatte.

Wie sehr konnte ich das nachfühlen – mir war's doch ebenso gegangen. Eine Zeitlang hatte ich mit dem Gedanken gespielt, meinen Namen zu ändern, um nicht mit dem berühmten Namen meines Vaters von vornherein einem Erwartungsdruck ausgeliefert zu sein. Der Domgraf entfiel bei mir als Tochter sowieso. Ich beließ es dann aber bei Fassbaender, denn ich erlebte, mit welcher Hochachtung, ja Liebe, die alten Kollegen von meinem Vater sprachen, und ich wusste, wie stolz meine Eltern waren, dass es mit diesem Namen weiterging.

## *Krankheit und Tod*

Mein Vater war als Lehrer und Berater jederzeit für mich da, wir arbeiteten immer an den auf mich zukommenden Partien und an meinen Konzert- und Liederprogrammen. Meine Mutter hingegen war die kritische Beobachterin meiner schauspielerischen Ambitionen. Beide gingen in München in jede wichtige Premiere, solange es ihnen gesundheitlich möglich war. Mein Vater hatte sich bis in seine Siebziger gut gehalten; er sah viel jünger aus, sein Haar war dunkel und voll geblieben, er war agil und unterrichtete, so viel er konnte. Dann plötzlich fing er an abzubauen. Der körperliche und geistige Verfall ging schleichend vor sich und dauerte einige Jahre. Als mein

Vater bettlägerig wurde, pflegte meine Mutter ihn aufopfernd zu Hause. Ein Krankenbett wurde angeschafft und im Wohnzimmer aufgestellt, so dass er durch das große Fenster in den Garten schauen konnte. Der Fernseher lief – er sah hinein und konnte nichts mehr verstehen.

Wenn ich zu Besuch kam, erkannte er mich oft nicht. In hellen Momenten erzählte er von seinen frühesten Anfängen und erwähnte Namen um Namen, dankbar und mit Ehrerbietung für das, was diese mir Unbekannten ihm hatten angedeihen lassen. Dann versank er wieder in Schweigen und spielte mit seinen Fingern wie ein Kind. Er konnte aber auch rabiat werden, dann schlug er um sich, machte ins Bett und provozierte meine Mutter mit bösartigen Ausbrüchen – es war eine schwere Zeit für sie. Er musste einige Male ins Krankenhaus gebracht werden mit akuten Beschwerden aller Art – sie holte ihn immer wieder zurück in das Gitterbett.

Meine Eltern hatten mir Ende der Sechzigerjahre finanziell geholfen, ein altes Haus auf einem großen Waldgrundstück im Münchner Osten zu erwerben, mit der Auflage, anbauen zu können. So war es dann auch geschehen. Nun lebten wir Wand an Wand, mein Mann und ich in unserem kleinen, verwunschenen Hexenhaus, meine Eltern nebenan in ihrem Isartaler Fertigbungalow. In vieler Hinsicht war das sehr bequem, und der enge familiäre Kontakt brach nie ab. Es gab aber auch Phasen, wo mich diese Nähe belastete und ich den Schritt zu einem so engen Zusammenleben bereute. Das geliehene Geld hatte ich längst zurückgezahlt.

Meiner Mutter war ich in den schweren Zeiten keine große Hilfe, ich ging meinem Beruf nach, war auf Reisen im In- und Ausland oder hatte Proben und Vorstellungen in München. Kam ich nach Hause, war nebenan die Krankheitsmisere ständig spürbar. Oft haderte ich mit dem Schicksal, dass meine von Erschöpfung gezeichnete Mutter sich so aufopfern musste. Ich ging zu meinem Vater, sooft ich konnte, saß an seinem Gitterbett, erzählte von der Arbeit, den Kollegen – er verstand mich nicht, hörte aber wie ein kleines Kind mit großen Augen zu. Es war eine Altersdemenz, die seine körperlichen und geistigen Funktionen völlig lahmlegte.

Wir hatten eine hilfreiche Hausärztin, die uns über den Krankheitsverlauf und den nahenden Tod meines Vaters aufklärte. Er starb im

Februar 1978, ein paar Tage vor seinem 81. Geburtstag. Die Familie war um ihn versammelt, es war der Tod eines geliebten Patriarchen.

Der Vorgang seines Sterbens und der eintretende Tod waren ein einschneidendes Erlebnis für mich. Ich war meinem Vater in diesen Stunden unendlich nah und erlebte Dinge, die ich nicht in Worte fassen kann und will. Es war eine transzendente Erfahrung, die mein Leben veränderte, eine Wahrnehmung, die mich ganz zu mir selber führte.

Im Todesjahr meines Vaters begann ich erst, bewusst zu leben. Davor war alles Erlebte wie ein Rausch an mir vorbeigezogen. Nun hatte ich das Gefühl, die Kräfte, die mir zugewachsen waren, ganz allein und eigenverantwortlich verwalten zu müssen. Da war niemand mehr, den ich in jeder beruflichen Lebenslage um fachlichen Rat fragen konnte, niemand mehr, zu dem ich so viel Vertrauen hatte. Die Liebe zu meinem Vater hatte eine kreatürliche, selbstverständliche Geborgenheit bedeutet. Jetzt fühlte ich mich allein.

Das Verhältnis zu meiner Mutter war ein ganz anderes, geprägt von einer rückhaltlosen Ehrlichkeit. Sie hatte mich von Kindheit an dazu erzogen, die Wahrheit zu sagen. Einmal, als sie mich bei einer Ausrede, einer Notlüge, einer Flunkerei ertappte, hatte sie mir unmissverständlich zu verstehen gegeben, dass so etwas nicht geduldet war. Eine schallende Ohrfeige überzeugte das Kind damals von der Ernsthaftigkeit ihrer Ermahnung. Es war das einzige Mal, dass meine Mutter mich geschlagen hat.

Eigentlich hatte meine Mutter mich nie als Kind behandelt. Die Gespräche mit ihr, die Erkundung von Poesie und Literatur, die sie mit mir unternahm, als ich lesen und schreiben konnte, waren vielmehr so, als spräche sie zu einer Freundin. Dabei ist es geblieben. Sie war meine Ansprechpartnerin in allen Irrungen und Wirrungen, die Beruf und Leben – vor allem dieses – mit sich brachten. Sie konnte relativieren, wusste es nicht besser, hatte aber einschlägige Erfahrungen. Die Gespräche mit ihr fanden auf einer gewissen intellektuellen Ebene statt; sie war eine kluge, gebildete Frau mit großem Wissensdrang. Nach dem Tod meines Vaters wurde unser Verhältnis enger und vertrauter, als es zuvor gewesen war. Aber es blieb eine schwierige Beziehung. Meine Mutter war unbestechlich, unbeirrbar, mit eiserner Selbstdisziplin.

Wie schon erwähnt hatte meine Mutter sich nach dem Krieg entschlossen, nur noch für meinen Vater da zu sein. Das war auch deshalb richtig und konsequent, weil er ein umschwärmter Casanova war; ich erinnere mich an so manche Auseinandersetzung, bei der meine Mutter ihre Koffer packte. So musste und wollte sie ständig an seiner Seite sein, sollte diese Ehe Bestand haben. Jahre später erlebte ich immer wieder, dass gutaussehende ältere Damen, die im Publikum gewesen waren, um die Tochter des großen Domgraf zu sehen und zu hören, zu mir kamen und mit schwärmerischem Blick verkündeten: «Ich habe Ihren Vater gut gekannt, ich war damals Tänzerin in Berlin …» oder Assistentin in der Kostümabteilung oder Anfängerin im Ensemble, Gott weiß, wo … Margot Hielscher war so eine «Assistentin» gewesen, die mein Vater «entdeckt» und einem Filmboss dringend empfohlen hatte. Sie hat ja dann auch eine gewisse Karriere als Filmschauspielerin und Chansonsängerin gemacht.

Margot Hielscher führte in den Siebzigerjahren in München zusammen mit ihrem Mann, dem Filmkomponisten Friedrich Schröder, ein großes Haus. Es fanden regelmäßig Einladungen statt, und es traf sich, was Rang und Namen hatte. Auch ich erschien einmal im Schlepptau von Kollegen und lernte bei der Gelegenheit den großen George London kennen, der damals schon durch seine Stimmbandlähmung reduziert war und kaum sprach. Er war ein bildschöner, eindrucksvoller Mensch. Margot Hielscher gab, begleitet von ihrem Mann, ein paar Chansons zum Besten und war eine aufmerksame, überaus charmante Gastgeberin. Auch sie erinnerte sich dankbar an meinen Vater und lächelte vielsagend …

Ich weiß nicht, ob mein Vater allmählich sein männliches Temperament hat zügeln können. Ich glaube kaum. Er war attraktiv und von echter Liebenswürdigkeit, ein Charmeur bis ins Alter. Die Krisen zwischen meinen Eltern hörten nicht auf, weder in Hannover noch in Nürnberg. Dann ging es lautstark zu zwischen den beiden, aber sie rauften sich immer wieder zusammen. Mein Vater bagatellisierte alles, was meiner Mutter Kummer bereitete. Sie wiederum gab ihre übergroße Eifersucht zu und fügte sich letzten Endes lachend seinem Charme. Dann war für eine Weile Ruhe, bis sie annahm, wieder Grund zur Besorgnis zu haben, und ihm die bittersten Vorwürfe machte. Es war die temperamentvolle Beziehung zweier Vollblutkünstler und Theatermenschen, die erst im Alter zur Ruhe kamen und an Philemon und Baucis gemahnten. Einer ohne den andern war nicht vorstellbar.

Ich wundere mich manchmal darüber, wie ich bei allem Erlebten in Kindheit und Jugend doch so normal und stabil durchs Leben gekommen bin. Die Liebe und ein selbstverständliches Zusammengehörigkeitsgefühl waren ein starker Schutz, mit dem meine Eltern mich umgaben. Wir waren ein von vielschichtigen Emotionen geschütteltes, aber unverbrüchliches Dreiergespann.

Das Kind und der Ehemann waren die Lebensaufgabe meiner Mutter geworden, der sie sich nach der Schauspielerei hingebungsvoll widmete. In der Brieftasche meines Vaters habe ich eine vergilbte gefaltete Briefkarte gefunden, die meine Mutter ihm geschrieben hat. Das muss noch vor der Eheschließung gewesen sein, wie mir die gedruckte Adresse auf der Karte sagt; ein Datum gibt es nicht. «Liebling! Was soll ich dir denn sagen! Dass ich dich liebe? Das weißt du! – Dass ich mit jedem Gedanken bei dir bin? – Das weißt du! Dass ich alle vier Daumen halte? – Das weißt du! – Dass ich unbändig stolz bin? Auch das weißt du! – Was soll ich dir denn aber sagen?! Ohne dich zu langweilen? Mir fällt nur immer ein: Ich liebe dich, ich liebe dich, ich liebe dich.» Diese Worte hat mein Vater ein Leben lang bei sich getragen. Jetzt bewahre ich sie als frühes Zeugnis einer großen Liebe, die alle Krisen überstand.

Nach dem Tod meines Vaters wünschte meine Mutter nichts sehnlicher, als wieder spielen zu können. Ein junger, ihr über die Jahre befreundeter Schauspieler, der bei meinem Vater Gesangsunterricht genommen hatte, verhalf ihr zu einigen kleinen Auftritten in Fernsehspielen und Werbespots. Das gab ihr enormen Auftrieb. Sie hatte Kontakt zu alten Kollegen, nahm wieder teil am Leben, begleitete mich sogar einmal nach London, weil sie die Stadt liebte und mich in Covent Garden auf der Bühne erleben wollte. Ich stellte ihr Freunde und Menschen meines privaten Umfeldes vor, auch aus dem Bedürfnis, ihre unbestechliche Meinung zu hören. Es waren zwei positive Jahre, in denen sie sich sichtlich erholte und wieder Mut und Hoffnung schöpfte, ihr Leben allein in den Griff zu bekommen. Sie pflegte sich wieder, machte sich zurecht, kam mit zu Einladungen und reiste mit mir nach Wien. Wir feierten Weihnachten bei Freunden, wir gingen in die Oper.

Doch dieser Zustand war von kurzer Dauer. Sie erlitt einen Herzinfarkt und kam in die Klinik, danach in ein Sanatorium, wo sie einen halbherzigen Selbstmordversuch unternahm – ein Aufschrei nicht überwundener Not und Trauer. Sie wurde in die geschlossene Abteilung einer Psychiatrie überwiesen, wo sie jede medikamentöse Behandlung verweigerte. Die Tabletten, die Antidepressiva spülte sie die Toilette hinunter. War Aufsichtspersonal bei ihr, sammelte sie die Pillen im Mund und spuckte sie, kaum wieder allein, hinter den Schrank. Das erzählte sie mir spitzbübisch lachend, als sie wieder zu Hause war: Der Hausärztin war es gelungen, sie aus der geschlossenen Anstalt zu befreien. Meine Mutter erzählte entrüstet von verschlossenen Türen und vergitterten Fenstern.

Sie bemühte sich, sich zu erholen, klagte aber bald über unerklärliche Beschwerden in den Beinen, ein Kribbeln, ein Brennen, gegen das kein Mittel half. Die Ärztin versuchte, es beruhigend mit einer Neurodermitis oder einer neuralgischen Störung zu erklären, ordnete aber eine Generaluntersuchung in einer Münchner Klinik an. Dort, in der Neurologie, musste meine Mutter viele schmerzhafte Untersuchungen über sich ergehen lassen, ich weiß nicht, was man alles mit ihr anstellte. Nach Beendigung dieser Untersuchungen teilte mir der Neurologe die Diagnose mit – meine Mutter sollte und wollte nicht dabei sein, sondern wartete voller Angst in ihrem Krankenzimmer, mit welcher Nachricht ich zurückkommen würde. Der Arzt eröffnete mir, dass bei meiner Mutter der Befund einer tückischen Krankheit vorliege, der amyotrophischen Lateralsklerose (ALS), und ihre Lebenserwartung ungefähr noch ein Jahr betrage. Man werde alles tun, das immer heftiger einsetzende Leiden erträglich zu gestalten, aber eine Heilung gebe es nicht.

Ich habe meiner Mutter nicht die Wahrheit gesagt. Ich sprach von einem diffusen Krankheitsbild, das zu Hause behandelt werden könne. Ich weiß nicht, ob sie mir glaubte. Sie war Schauspielerin durch und durch und spielte die Hoffende, Besserung Erwartende, Positive. «Wenn es mir besser geht, dann spiele ich wieder!»

Es begann eine Leidenszeit, die sie tapfer, mit wachen Sinnen und rigoroser Selbstbeobachtung ertrug. Ich hatte eine Ganztagspflege für sie engagiert, denn die typischen Lähmungserscheinungen der Krankheit setzten vehement ein. Sie konnte die Beine nicht mehr bewegen, nicht mehr stehen oder laufen, litt unter schrecklichen Krämpfen. Sprachstörungen und Schluckbeschwerden traten ein, sie konnte sich nicht mehr artikulieren, versuchte es aber mit aller Kraft. Die Pflegerin verstand sie hin und wieder. Beim Essen verschluckte sie sich bis zu Erstickungsanfällen, eine grausame Begleiterscheinung in der Schlussphase der Krankheit. Sie wurde gefüttert, jede Nahrungsaufnahme war ein qualvoller Vorgang.

Im Rollstuhl ließ sie sich zum Grab meines Vaters fahren. Solange sie die Arme und Hände noch einigermaßen gebrauchen konnte, schrieb sie uns auf einen Block, was sie brauchte und wollte. Dann ging auch das nicht mehr, und sie zeigte die Worte mühsam auf einer Alphabetstafel auf.

Das Furchtbare war ihre vollkommene geistige Klarheit. Sie dämmerte nicht dahin, sondern erlebte ihren Zustand wach und glasklar. Woher sie die Kraft zur Hoffnung nahm, ist mir unerklärlich. Ich stand hilflos und machtlos vor diesem Verfall. Sooft ich konnte, ging ich zu ihr, saß bei ihr, erzählte ihr von meinen Reisen, meiner Arbeit. Sie freute sich. Lachte mit weit geöffnetem Mund, aus dem nur noch mühsame Geräusche kamen. Die Pflegerin kümmerte sich rührend rund um die Uhr. Die Krampfanfälle und die Lähmungen des Atem- und Schlucktraktes erreichten ihren Höhepunkt – meine Mutter buchstabierte «ich kann nicht mehr» – sie wollte ins Krankenhaus gebracht werden. Zu Hause war eine erleichternde Behandlung bei den häufigen Erstickungsanfällen nicht mehr möglich.

Im Krankenhaus war sie nur wenige Stunden. Sie starb, fast auf den Tag genau ein Jahr nachdem der Arzt mir die Diagnose mitgeteilt hatte. Ich war bei ihr, es war eine Erlösung. Sie ist meinem Vater in den berühmten vier Jahren nachgestorben. Eine ähnlich meditative, einschneidende Begegnung mit dem Tod wie beim Sterben meines Vaters hatte ich beim Tod meiner Mutter nicht. Die Erleichterung, dass ihre Qual ein Ende hatte, überwog die Trauer. Für mich war es ein Glücksfall, dass ich beim Abschied meiner beiden Eltern dabei sein konnte.

Nach dem Tod meiner Mutter versuchte ich, meinen normalen Arbeitsalltag wieder aufzunehmen, wie es mir beim Abschied meines Vaters auch gelungen war. In Köln hatte ich eine Reihe von «Titus»-Vorstellungen zugesagt, der Sesto war eine meiner liebsten Partien.

Ich reiste zu ausgiebigen Proben an und brach zwei Tage vor der Wiederaufnahmepremiere zusammen. Ich konnte nicht mehr atmen, nicht mehr singen. Ich saß weinend beim Intendanten und versuchte, meinen Zustand zu erklären. Die Erstickungsanfälle, das krampfartige Würgen und Husten meiner Mutter waren nicht spurlos an mir vorbeigegangen. Erstaunlicherweise hatte man in Köln Verständnis und ließ mich aus der Produktion.

Ich zog mich in ein Kneipp-Sanatorium bei Wien zurück, das von Nonnen geleitet wurde, und gestattete mir dort eine zweimonatige Auszeit, die mir unendlich guttat und mich innerlich und äußerlich wieder auf die Beine brachte. Ich hatte zwei Monate Zeit, mich auf mich selbst zu besinnen. Vor lauter beruflicher Hektik und persönlichen Ablenkungsmanövern hatte ich der notwendigen Trauerarbeit gar nicht die nötige Zeit eingeräumt. Jetzt wurde ich mir einer großen Verlassenheit bewusst, die nichts mit dem Wissen um Freunde und Gefährten zu tun hatte, die natürlich für mich da waren und mich auffingen. Die Nähe zu meinen Eltern war doch so groß gewesen, dass ich das Gefühl hatte, mein Leben ganz neu überdenken und in die Hand nehmen zu müssen. Eine essentielle, jederzeit selbstverständliche Hilfe und Anlaufstelle gab es nicht mehr.

## *Abschweifung*

Ich weiß nicht, ob ich gläubig bin. Auf jeden Fall bin ich nicht konfessionell gebunden. Aber ich habe in meinem Beruf und meinem Leben so viele Momente der Gnade erlebt, dass ich nicht an einer höheren Macht zweifle. Ich persönlich glaube, dass die Musik die Kunstform ist, die uns am unmittelbarsten Gottesnähe ahnen lässt, uns am spontansten den Gottesbegriff erschließen kann. Denn wie wäre ein Mozart zu fassen, wenn es keine göttliche Kraft gäbe? Mozart ist Gottesbeweis; Schubert ist Gottesbeweis. Die Eingebungen, die die Größten der großen Komponisten erfahren haben, kommen aus göttlichen Gefilden. Und so ist der schöpferische Mensch nichts anderes als Gottes Gefäß, in dem sich Unerklärliches bereitet. Einen Abglanz davon darf derjenige erfahren und erleben, der sich in den Dienst der Sache begibt, der das Unfassbare mit seiner interpretierenden Kunst zum Leben erweckt: der Sänger, der als Bote, als Nachklang eines Gottes fungiert, der mit seiner Kunst die Mythologie beherrscht: Orpheus!

Wenn der Sänger die Bühne, das Konzertpodium betritt, begibt er sich in den Bannkreis des Unerklärlichen, in Erwartung, vom Hauch des Göttlichen gestreift zu werden. Bleibt er aus, ist seine dem Augenblick verpflichtete Arbeit keineswegs sinnentleert oder enttäuschend, sondern einem gut beherrschten Handwerk vergleichbar, einer nach bestem Wissen und Gewissen ausgeführten Arbeitsleistung, die berechtigten Erfolg verzeichnen darf. Der Umgang mit Musik ist dann immer noch erhebend, aber ein normaler Vorgang.

Aus eigenem sängerischen Erleben weiß ich, dass die Momente, in denen man der unverhofften Möglichkeit teilhaftig wird, über sich hinauszuwachsen, um eine andere Ebene zu erreichen als die der Erdenschwere und -gebundenheit, äußerst selten sind und ein kostbares Geschenk bedeuten. Diese Momente des «Abhebens» in eine andere Wahrnehmung, in einen anderen Bewusstseinszustand sind kaum in Worte zu fassen. Sie sind nicht zu rekonstruieren, nicht zu erklären, nicht mit der Ratio oder dem Intellekt: Jede Rückschau in Erlebtes verliert sich in Ahnung und Staunen. Es ist ein Zusammenspiel, eine Bündelung aller dem Menschen innewohnenden intuitiven Kräfte, die durch die Tatsache freigesetzt werden, dass der menschliche Körper, der menschliche Geist zum Instrument werden, gesteuert von den Forderungen der Musik, denen sich der singende Mensch mit all den ihm zu Gebote stehenden seelischen Empfindungen hingibt. Ein Rühren an die Unendlichkeit durch den als unendlich empfundenen Atem: Das ist es, was den singenden Menschen in den besten Momenten seiner sängerischen Arbeit blitzartig überfällt. Der meditative, hypnotische Charakter des so seltenen Geschehens trägt zur Unerklärlichkeit bei. Ich wage die Behauptung, dass etwas Göttliches im Spiel ist: eine Kraft, der man sich nicht widersetzen oder entziehen kann, da sie nicht aus persönlichem Antrieb geboren wird, sondern sich in seltenen Momenten ereignet, zu denen mir nichts anderes einfällt als das Wort Gnade. Religion – das bedeutet: Gottesfurcht, Gottesverehrung. So gesehen ist jede Kunstform und jede Kunstausübung in ihrer wahrhaftigsten, eindringlichsten Präsenz: Religion.

## 6

## *«O Wandern, Wandern, meine Lust»*

### *Plateauwanderung*

Das Reiseleben ging weiter, ich war ständig unterwegs mit unendlicher Sehnsucht nach Hause. Das Haus meiner Eltern hatte ich meiner Haushälterin überlassen, so dass meine Tiere – zwei Hunde und eine wechselnde Anzahl von Katzen lebten mit mir –, mein Haus und mein Garten immer versorgt waren. Das war eine gewisse Beruhigung. Aber ich hasste das Reisen, das Leben aus dem Koffer in all den gemieteten Wohnungen, all den Hotelzimmern. Immer wieder wochenlange, ja monatelange Aufenthalte in New York für Produktionen an der Met, wochenlanges Hotelleben in Mailand, in Rom, Wohnungen in Barcelona und Paris, Reisen nach Norwegen und Schweden – immer singend, immer arbeitend. Trotzdem war es natürlich ein Privileg, sich die Welt singend zu erobern und so viel von ihr kennenlernen zu dürfen.

New York faszinierte mich. Die herrlichen Museen und Galerien, Chinatown, Little Italy, all die Möglichkeiten ethnischer Küche, das genoss ich. Ich genoss auch die Einladungen zu New Yorker Freunden, die Feste – Thanksgiving, Weihnachten, Silvester, alles habe ich dort erlebt, als die Twin Towers noch standen und ich sie besuchte.

Am liebsten aber sang ich in London. Dort in Covent Garden auf der Bühne zu stehen, Konzerte in der Royal Festival Hall oder der Albert Hall zu geben und besonders die Liederabende in der traditionsreichen, akustisch einmaligen Wigmore Hall, das waren überwiegend glückhafte Erlebnisse. Das Londoner Publikum war wissend und wohlerzogen, höflich und wohltuend distanziert, trotz größter Begeisterungsfähigkeit. Ich liebte London als Stadt, hatte auch hier in Chinatown meinen Lieblingschinesen und streifte auf den Spuren Virginia Woolfs durch Bloomsbury. Ich bin ganz einfach anglophil. Dass der Mensch, mit dem ich seit fast vierzig Jahren mein Leben teile, aus England stammt und wir uns in London begegnet sind, empfinde ich als eine ganz besondere Pointe des Schicksals.

Auch Glyndebourne habe ich kennengelernt und dort noch in dem alten Theater, in dem schon mein Vater auf der Bühne gestanden hatte, die Clairon in «Capriccio» von Richard Strauss gesungen. Es war einer der heißesten Sommer, die ich je erlebt habe, umso ausgiebiger fielen die berühmten Pausenpicknicke auf dem Rasen vor dem Opernhaus aus, wo das Publikum sich an *poached salmon* und Champagner gütlich tat, bevor es gut gelaunt zum zweiten Teil zurück ins Theater kam. Wir Sänger saßen inzwischen in den kleinen, stickigen Garderoben und kühlten Gesicht und Nacken mit in Eiswasser getauchten Tüchern. Gerührt stand ich vor dem Baum, der 1934 vom Eröffnungspersonal des Festivals im Glyndebourner Garten gepflanzt worden war. Der Name meines Vaters war auf der Gedenkplakette eingraviert.

## *Wien*

Ab Mitte der Siebzigerjahre sang ich zunehmend fleißig in Wien, zuerst Konzerte, dann auch in der Staatsoper. In einer Neuproduktion von «Così fan tutte» unter der Regie von Otto Schenk war ich als Dorabella besetzt und sprang während der Probenzeit in einer Vorstellung des «Rosenkavaliers» für eine erkrankte Kollegin als Octavian ein. Auch das war eine Produktion von Schenk und der Münchner ganz ähnlich. Zu meinem Erstaunen mischten sich in den Schlussbeifall einige kräftige Buhs für mich. Es war mir nicht ganz klar, warum, denn ich hatte «meinen» Rosenkavalier nicht anders gesungen als sonst. Das gab mir zu denken, nicht so sehr über ein eventuelles Versagen von mir, für das es auch keinerlei Gründe oder Anzeichen gegeben hatte – ich war gut bei Stimme und voller Elan –, als vielmehr über die Wiener Mentalität, die ich in den nächsten fünfzehn Jahren noch gründlich kennenlernen sollte, wenn auch nicht mehr am eigenen Leibe und mit schmerzhaften Buhs.

Ein Fall ist mir noch bestens in Erinnerung: Ein vielversprechender Tenorkollege, der als neuer Fritz Wunderlich gehandelt wurde, sang verschiedene Vorstellungen in Wien. Als er nach einiger Zeit zu einem erneuten Gastspiel in der Staatsoper wieder seine Garderobe betrat, fand er auf seinem Schminktisch Zeitungsausschnitte mit den schlechten Kritiken seines letzten Besuchs. Er nahm sich die Sache so zu Herzen, dass er kurze Zeit später das Singen aufgab und als Lehrer nach Japan entschwand.

Ein Fischer-Dieskau wurde in seiner besten Zeit von der Presse fertiggemacht, als er den Onegin in Wien sang. Er hat die Staatsoper nie wieder betreten. Aber die alten Haudegen, deren Stimmen längst abhandengekommen waren, aus Alters- und sonstigen Gründen, durften sich bis an ihr Lebensende der Gunst des Publikums erfreuen und bis ins hohe Alter Hauptpartien singen, die sie nur noch als Karikaturen ihrer selbst bewältigten. Der Jubel des Publikums war ihnen sicher. In Wien gehen die Opernuhren anders – Wien ist und bleibt der Nabel der Welt. Zumindest glauben das die Wiener.

In der Münchner Everding-Ära gab es eine Zeit, wo Everding nicht besonders viel mit mir anfangen konnte. Auch hatte er mir wohl übelgenommen, dass ich ihm Honeggers «Johanna auf dem Scheiterhaufen» abgesagt hatte mit dem erstaunten Hinweis darauf, dass das doch eine Sprechrolle sei. Eine deutschsprachige «Cenerentola» unter seiner Regie in Hamburg hatte ich dummerweise kurz zuvor schon abgelehnt, und nun war ich also in München etwas kaltgestellt. Ich sang zwar meine Vorstellungen, bekam aber eine Zeit lang keine Premieren oder neuen Partien mehr angeboten. Ich orientierte mich mehr und mehr nach Wien, wo interessante Aufgaben auf mich warteten.

Wien ist eine herrliche Stadt, ich war gern dort. Pünktlich und zuverlässig erschien ich zu allen Proben, um oft mit dem diensthabenden Regieassistenten allein auf der Probebühne zu warten und auch allein zu bleiben, denn sonst dachte niemand daran, zur Probe zu erscheinen. Besonders bei Wiederaufnahmen wurde so verfahren.

Ich wohnte bei Freunden im schönen Döbling, besuchte mit großem Vergnügen die einschlägigen Heurigen im 19. Bezirk, in Pötzleinsdorf oder Heiligenstadt, besuchte alle heiligen Stätten, die Wien in Hülle und Fülle zu bieten hat: Mozarts Wohnhaus in der Domgasse 5, Schuberts Geburts- und Sterbehaus, Beethovens zahlreiche wechselnde Wohnungen, Schuberts Stammlokal in der Singergasse. All das betrat ich mit Ehrfurcht und Schauer. Die Staatsoper betrat ich nur, um

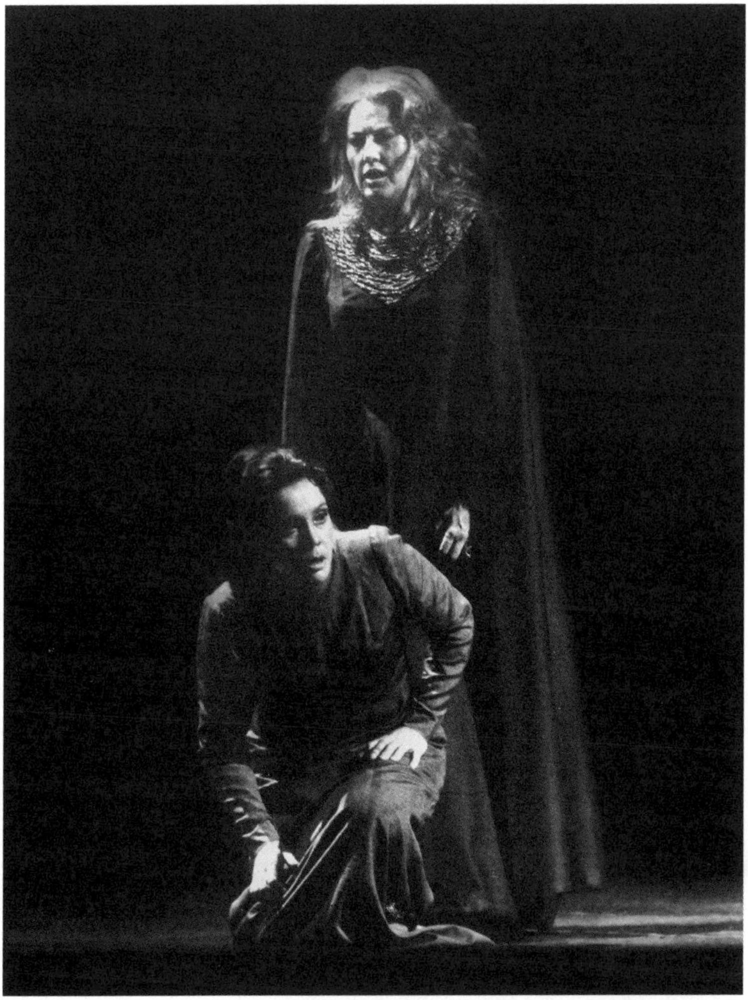

Als Brangäne mit Catarina Ligendza in «Tristan und Isolde», 1980 in Wien

meine Arbeit so gut wie möglich zu tun und das Haus so schnell wie möglich wieder zu verlassen. Den Schmäh und die Widrigkeiten nahm ich nicht zur Kenntnis, oder sie betrafen mich nicht. Einmal war ich nach einer Vorstellung in fröhlicher Kollegenrunde noch beim Heurigen. Am nächsten Morgen wachte ich in einem Schlafwagenabteil auf und hatte keine Ahnung, wie ich dahin gekommen war. Es war aber richtig so – ich hatte wohl erzählt, wohin ich reisen musste, und man war behilflich gewesen. Der Heurige kann üble Folgen haben!

In den anderen Musentempeln der Stadt, dem Musikverein und dem Konzerthaus, sang ich viel und regelmäßig und besonders gern. Ein Liederabend im Brahmssaal war ein ehrenvolles Ereignis. Die Staatsoper verlieh mir irgendwann sogar ihren heiß begehrten Kammersängertitel. Das hat mich damals sehr gefreut und tut es noch heute.

## *Veränderung und Orientierung*

In München hatte Günther Rennert seine Intendanz niedergelegt, er wollte wieder freischaffender Regisseur sein und die Fron eines Theaterbetriebes loswerden. Sein Nachfolger wurde August Everding, der Hansdampf in allen Gassen, der die Münchner Kammerspiele geleitet und sein Produktionsfeld auf Operninszenierungen ausgeweitet hatte. Er verstand sich mit Sawallisch überhaupt nicht. Sein Arbeits- und Inszenierungsstil hatte mit der konzentrierten, phantasievollen und doch werkgetreuen Arbeitsweise Rennerts wenig zu tun.

Bei Rennert war alles ein geistvolles, komödiantisch ausbalanciertes Ausloten des Stückes, ein intellektuelles Abenteuer auf höchster Ebene, auf das man sich mit ihm und unter seiner Führung einließ, um in jeder Beziehung, künstlerisch und menschlich, daraus zu profitieren, weil man dem Wesen namens Oper so nahe kam. Everdings Zugriff war ein gänzlich anderer. Seine Probenarbeit lief eher laut und *al fresco* ab, begleitet von einem Schwarm von Assistenten, Dramaturgen und Hospitanten. Er brauchte Publikum, schon beim Inszenieren, ein temperamentvoller Macher, der sich allzu gern verzettelte und das Bad in der Menge suchte.

Everding belud sich mit tausenderlei Verpflichtungen, war hier Moderator und Entertainer mit Talkrunden im Fernsehen, dort Eröffnungsredner von Festivals und Leiter von Symposien. Er gründete die Garmischer Richard-Strauss-Tage, verhalf dem Prinzregententheater zu glanzvoller Wiedereröffnung und rief die nach ihm benannte Bayerische Theaterakademie ins Leben. Als er der *publicity*-gesättigten Intendanz nach einigen Jahren überdrüssig war, wurde er zum Generalintendanten der Bayerischen Staatstheater gekürt, wäh-

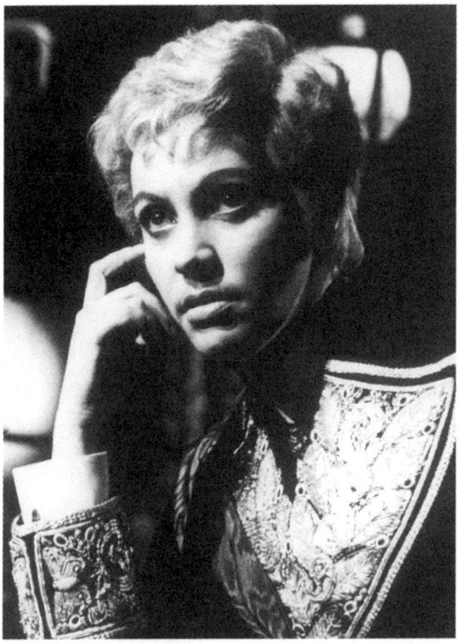

Als Orlofsky in Johann Strauss'
«Fledermaus» in München

rend Sawallisch als GMD und Intendant in Personalunion das Nationaltheater leitete. Everding residierte in einem prunkvollen Raum im Prinzregententheater und kümmerte sich um alle Belange des Münchner Theaterlebens als Koordinator und offizieller Vertreter der bayerischen Theaterlandschaft.

Mein Residenzvertrag blieb in all den wechselvollen Jahren bestehen, und meine künstlerische Heimat war nach wie vor München. Das «Berliner Kindl» war ganz in Bayern angekommen und jahrelang das «Münchner Herzenspoppele». Das Publikum bedachte mich nach langen Abwesenheiten mit Auftrittsapplaus, wenn ich zum Beispiel als Orlofsky die Bühne betrat. Diese Rolle aus der «Fledermaus» wurde eine meiner gefragtesten Reisepartien. Ich sang sie außer in München an der Met, in Berlin, in Wien – kaum ein Silvester, an dem ich nicht irgendwo auf der Bühne stand und anschließend um Mitternacht allein im Hotelzimmer mit mir selber anstieß.

Schon Ende der Sechzigerjahre war meine Ehe im verflixten siebten Jahr gescheitert. Mein Mann konnte und wollte mich auf Reisen nicht begleiten, er war nicht geeignet zum Prinzgemahl und Kofferträger, wie er die Ehemänner berühmter Kolleginnen nannte, die ihr Leben ganz der Umsorgung ihrer berühmten Ehefrauen gewidmet hatten. Ich kannte diese Prinzgemahle alle und bewunderte sie. Ob der Ehemann meiner lieben Anneliese Rothenberger, der Mann der schönen, kettenrauchenden Lisa della Casa, der den Wein vom eigenen Weinberg genießende Mann von Erika Köth oder der ehemännliche Bodyguard von Leonie Rysanek – sie alle fanden nichts dabei, ihren singenden Frauen zur Seite zu stehen.

Ich war noch nicht so berühmt, aber der unaufhaltsame Aufstieg war abzusehen, er bahnte sich an in vielerlei Angeboten. Schon damals war ich viel unterwegs, vor allem mit Konzerten und Liederabenden, während die Opernauftritte überwiegend noch München vorbehalten blieben. Und ich hatte auf einigen Reisen feststellen müssen, dass es auch andere Männer gab auf dieser Welt, die klug und anziehend waren und mir mehr als kollegiale Sympathie entgegenbringen wollten. Und nicht nur das – ich fühlte mich auch zu Frauen hingezogen und musste mehr und mehr erkennen, dass der Gleichklang einer Ehe meinem einsetzenden Freiheitsdrang entgegenstand.

Es war eine schwere, krisenhafte Zeit. Einen Teil der Schuld trug der Beruf, der mich auf Bahnen führte, denen mein Mann nicht folgen wollte. In endlosen Gesprächen versuchten wir, die innere und äußere Entfremdung zu klären. Ihn zu hintergehen, zu belügen war mir nicht möglich. Wir mussten der Wahrheit ins Gesicht sehen – wir hatten uns auseinandergelebt.

Ein neuer Mensch war in mein Leben getreten, ich war rettungslos verliebt. Es kam zur Scheidung, nach der wir Arm in Arm das Gerichtsgebäude verließen und essen gingen – das ist mir unvergesslich. Wir sind Freunde geblieben. Mein Mann verließ München und ging als Oberspielleiter an die Oper nach Helsinki, weit genug weg, um Abstand zu gewinnen. Nach einigen Jahren des Schweigens gab es wieder brieflichen Kontakt und später auch freundschaftlich vertraute Begegnungen. Er hatte eine zu ihm und seinen Bedürfnissen passende Frau gefunden und endlich auch den ersehnten Nachwuchs bekommen, der sich bei uns nicht eingestellt hatte.

Als ich mir am Anfang unserer Ehe ein Kind wünschte, fand er es zu früh und wollte die Zweisamkeit genießen. Als er wollte, war ich so beschäftigt und mit Angeboten überhäuft, dass ich mir die Auszeit einer Schwangerschaft nicht vorstellen konnte. Außerdem war mir inzwischen bewusst, dass ich von ihm kein Kind wollte. Nach der Scheidung lebte ich allein in meinem Münchner Haus und sang mich durch die Welt.

## *Sawallisch & Co.*

Die Ära Sawallisch, die den Everding-Jahren folgte, war anfangs so glücklich und positiv für mich wie die Zeit unter Sawallisch und Rennert. Sawallisch mochte mich, wir hatten viel gemeinsam musiziert, auch für Konzerte hatte er mich immer wieder engagiert. Schon Ende der Sechzigerjahre hatte ich mein erstes «Lied von der Erde» von Mahler unter ihm in Hamburg gesungen. Diese Symphonie für zwei Stimmen, Tenor und Mezzo, war eine gesanglich und interpretatorisch erfüllende Aufgabe, und ich sang sie – wie die «Kindertotenlieder», die «Lieder eines fahrenden Gesellen» und die «Wunderhornlieder» – immer wieder. All diese Werke gehören zum Stammrepertoire des Mezzos, einer Stimmlage, die Mahler mit seinen Kompositionen herrlich bedacht hat.

Ob mit Klavier oder Orchester, Mahler-Lieder sind ein dankbares Feld für die tiefe Frauenstimme. Ich war eine begeisterte Mahler-Sängerin und glücklich über jede Konfrontation mit seinem Schaffen. Die «Kindertotenlieder» sind mir in eindrücklichster Erinnerung mit zwei Dirigenten: einmal mit dem viel zu früh verstorbenen Klaus Tennstedt, mit dem ich sie beim NDR in Hamburg sang, und einmal mit Sergiu Celibidache und den Münchner Philharmonikern, deren Chefdirigent und Gott er war.

Celibidache hatte nicht viel für Sänger übrig. Jeder, der mit ihm arbeiten wollte, musste ihm erst vorsingen, und war er noch so arriviert. Dieses Schicksal blieb mir erspart, warum auch immer. Aber das Konzert selber – es waren drei Abonnementskonzerte in drei Tagen – empfand ich dann als sadistischen Akt: Es waren die langsamsten «Kindertotenlieder», die ich je singen musste. Ich glaube, ich habe nach jedem Wort geatmet. Gott sei Dank merkt man es der Aufnahme kaum an, die erstaunlicherweise bei den Konzerten entstand. «Celi», wie er genannt wurde, hasste Aufnahmen, es gibt nur wenige von ihm. Diese aber ist ein Paradebeispiel seiner unmäßigen, analytischen Hingabe an die Musik.

Im Übrigen hatte ich das Glück, alles, was Mahler für meine Stimmlage geschrieben hat, mit Riccardo Chailly und seinem Radiosinfonieorchester Berlin in der geliebten Jesus-Christus-Kirche in Berlin-Dahlem aufzunehmen, der Konzertkirche, an der ich schon als Schulmädchen ehrfürchtig vorbeigegangen war, weil ich wusste, was da alles entstand. Auch meine allerersten Einspielungen für die «Electrola» hatten dort stattgefunden, ein Querschnitt von Verdis «Macht des Schicksals» zum Beispiel mit Rudolf Schock und Josef Metternich, in dem ich arglos und selbstbewusst das «Rataplan» mit Chor schmetterte, ohne mir klarzumachen, wie schwer es ist.

Jahre später nun also alles von Mahler – einschließlich des selten aufgeführten Stücks «Das klagende Lied». Chailly ist ein perfekter Sängerdirigent, ein phantasievoller Begleiter mit dem Orchester. Das Riesenpensum war mit ihm leicht und zielstrebig erarbeitet. Ich erinnere mich gut, wie er das Orchester auf die Aufnahme einstimmte, als es zum berühmt schweren Rückert-Lied «Um Mitternacht» kam: «Das, meine Damen und Herren, ist der Sängerin wohl kaum mehr als zwei Mal zuzumuten – bitte Konzentration, und keine Fehler!» Und so geschah es. Ich war gut disponiert, sang das Lied zwei Mal, und es war «im Kasten», wie wir sagen. Immer, wenn mir ein junger Sänger das Lied in einem Meisterkurs zum Arbeiten vorlegt, muss ich daran denken.

## *Die Italiener*

Neben den großen, dramatischen Verdi-Partien der Eboli im «Don Carlos» und der Amneris in der «Aida», die ich mir in den Siebzigern erarbeitete und in München und Berlin sang, war das «Requiem» das Stück, das ich von diesem Komponisten am meisten liebte. Unzählige Male habe ich es im Verein mit den großen Verdi-Interpreten meiner Generation gesungen.

Das Verdi-Requiem in seiner Monumentalität ist atemberaubend, ein grandioses Werk, von vielen als Oper betrachtet. Das habe ich allerdings nie so empfunden. Die Religiosität und Strenge des durchkomponierten Messetextes, die sich in spannungsgeladenen Chören, herrlichen Soloszenen und Ensembles verströmende Musik Verdis – das zu singen war jedes Mal ein beglückendes Erlebnis. Und eines, bei dem man sich der großen Unbekannten namens Gott näher fühlte. Das haben die Requiems, Messen und Passionen mancher Komponisten so an sich: Das von Menschen im Namen Gottes Geschaffene, von unfassbarer Schönheit und Gewalt – ich denke vor allem auch an Mozarts «Requiem» und die Bach'schen Passionen –, führt uns auf eine Stufe der Wahrnehmung, wo sich der Begriff «Gott» erahnen lässt. Er zeigt sich in solchen Momenten von seiner besten Seite …

Zuerst probierte ich Verdis gewaltiges Stück in einer Serie von drei Konzerten aus, unter anderem in einer Mehrzweckhalle in Paderborn. Ein junger deutscher Dirigent hatte mich eingeladen, seine Frau sang den Sopranpart. Dann kamen Stuttgart und München, mit Gundula Janowitz als Sopranpartnerin. Ihr verinnerlichtes «Libera me», den atemberaubenden Schluss, habe ich noch heute im Ohr.

Bald danach lud mich Carlo Maria Giulini mit dem Stück nach Wien ein. Das Verdi-Requiem und «Das Lied von der Erde», beide Werke sang ich immer wieder unter seiner Stabführung. Es waren tiefe, beglückende musikalische Erfahrungen mit einem der Größten seiner Zunft. Der letzte Satz jener gesungenen Mahler-Symphonie heißt «Abschied», und er ist in seinem textlichen wie auch in seinem musikalischen Gehalt ein Abgesang schlechthin, eine fast existenzphilosophische Aussage, gepaart mit musikalischer Kühnheit und einem Tiefgang, der unerklärlich bleibt. Es ist ein Abgesang auf die Welt und gleichzeitiger Erdenjubel. Die Frage nach dem Abschied vom «Sein» haben Mahler und Giulini beide schlüssig beantwortet.

Auch Riccardo Muti lud mich zu Verdis «Requiem» ein. Es wurde ein Erlebnis ganz besonderer Art, denn es fand in der Arena von Verona statt. Die Proben in der leeren Arena waren schon skurril genug. Es war so heiß in dem riesigen Steinrund, dass wir alle in Sekundenschnelle wie aus dem Wasser gezogen dastanden, was der attraktiven schwarzen Hochfrisur von Madame Caballé gar nicht gut bekam. Die Metallstühle, auf denen wir sitzen sollten, glühten so, dass wir schnellstens wieder aufsprangen. Kühl war es nur in den unterirdischen Katakomben, wo sich in den ehemaligen Gladiatorenkäfigen unsere Garderoben befanden.

Am Konzertabend glich die Arena dann einem Volksfest. Man hatte sich ausgiebige Brotzeiten mitgebracht, Weinflaschen machten die Runde, man ließ uns hochleben, noch bevor die Musik begann. Ein Feuerwerk aus Wunderkerzen und Feuerzeugen flammte immer wieder auf, zum «Sanctus» wurde geschunkelt, und Montserrats Abendschuh blieb später beim Abgang (der eher einer Flucht glich) im weichen Asphalt der Bühne stecken. Das Publikum erkletterte in seiner Begeisterung die Bühne und bedachte uns mit temperamentvollen Umarmungen. Wir ließen es schweißgebadet über uns ergehen. Es war das fröhlichste Verdi-Requiem, das man sich denken kann. Das Ganze wurde vom italienischen Fernsehen aufgezeichnet, eins der komischsten Dokumente meines Archivs …

Der dritte italienische Dirigent, mit dem ich viel zusammengearbeitet habe, war Claudio Abbado. Unter ihm sang ich das wunderbar magische «Lied der Waldtaube» in Schönbergs «Gurreliedern». Es ist eine grandiose Szene, die alle Stadien einer dramatisch aufgeladenen Handlung, ein berührendes, todtrauriges Geschehen, schildert. Das monumentale Stück mit großer Solistenbesetzung, Riesenchor und Orchester wird selten gespielt, der Aufwand ist jedes Mal enorm. Das erste Mal sang ich es in Zürich unter Gerd Albrecht und dann eben mit Abbado, der es liebte und in Berlin mit den Philharmonikern aufführte. Jessye Norman sang die Tove, die große Sopranpartie – das war meine einzige Begegnung mit der unnahbaren Kollegin.

In vielen, vielen Konzerten mit Mahlers Zweiter und Dritter Symphonie, zu denen auch jeweils ein Altsolo gehört, war Abbado der Dirigent, in Mailand, Berlin und Gott weiß wo. Er stand auch am Pult der legendären «Elektra» in Wien, einer Produktion von Harry Kupfer, in der ich die Partie der Klytämnestra übernahm. Abbado war ein Alleskönner, von Mozart bis Schönberg war ihm alles vertraut und die zeitgenössische Musik ebenso nahe wie Verdi oder Beethoven. Da ich schon viel mit ihm musiziert hatte, freute ich mich, diesen souveränen Musiker bei der schweren Partie an meiner Seite zu wissen. Er erwies sich als perfekter Strauss-Dirigent. Abbado strahlte eine fast unerschütterliche Ruhe und Konzentration aus, er beherrschte sein Klanggebäude, das er mit großer, oft zärtlicher, oft

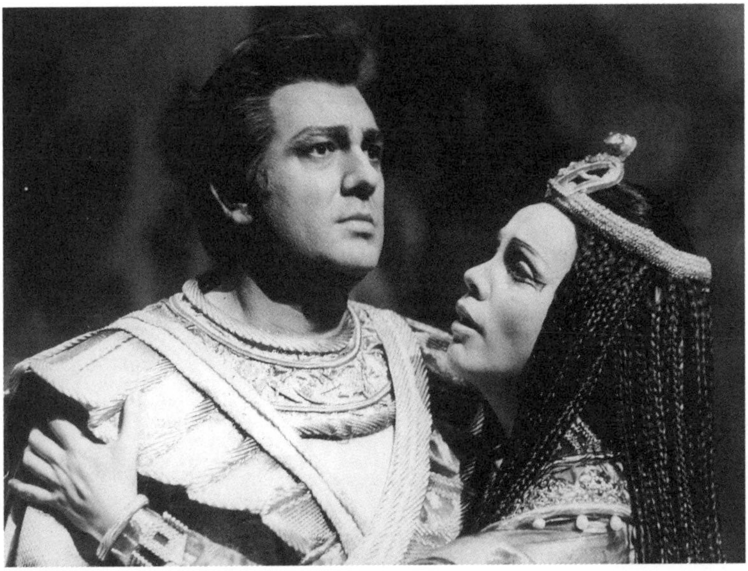

Als Amneris mit Plácido Domingo in «Aida», 1979 in München

kraftvoller Geste erstehen ließ, mit eisernem Willen. Selten ließ er sich Begeisterung oder gar Spontaneität anmerken. Wie viel Herzblut er gelassen hatte, merkte man erst hinterher, wenn Beherrschung und Unerschütterlichkeit von ihm abfielen und er glücklich und erleichtert den Applaus entgegennahm.

## *Im Aufnahmestudio*

Schallplattenaufnahmen entstanden – etwa Brahms' Duette und Quartette im Verein mit Edith Mathis, Peter Schreier und Fischer-Dieskau und mit Sawallisch am Klavier. Er war ein glänzender Pianist. Aufnahmen beim Bayerischen Rundfunk gab es in reicher Zahl, nicht nur mit ihm, sondern auch mit dem von mir geliebten und verehrten Rafael Kubelík, unter dessen Leitung ich so gerne sang. Kubelík war ein großartiger Dirigent und ein liebenswerter, integrer Mensch, ein Grandseigneur. Zwar war er Chefdirigent durch und durch, aber kein Diktator, sondern ein weicher, hingebungsvoller

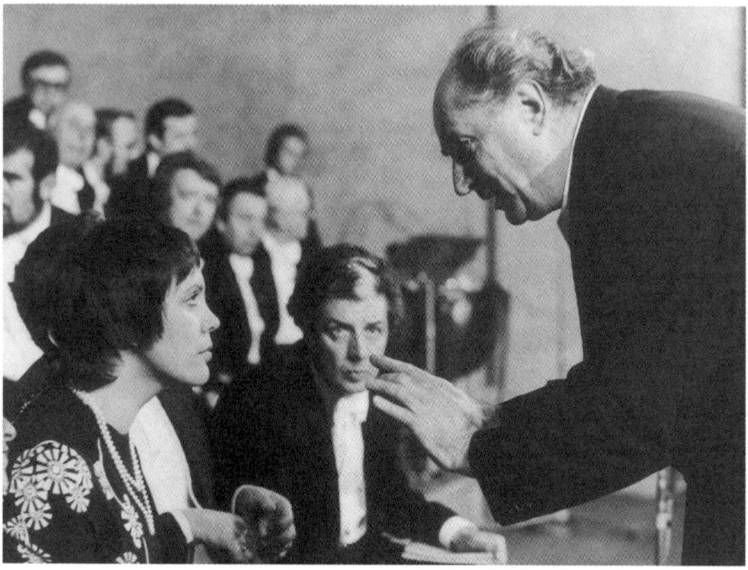

Mit Rafael Kubelík und John Shirley-Quirk bei Beethovens «Missa solemnis»

Musiker, der den Sänger als Mitarbeiter respektierte und sich nicht autoritär über ihn erhob.

Obwohl ich die Arbeit mit Kubelík über alles schätzte und liebte, habe ich ihm doch zwei Mal einen Korb gegeben: Einmal lud er mich ein, in seiner Rundfunkproduktion des «Lohengrin» die Ortrud zu singen – ich sagte ab. Dasselbe geschah mit der Kundry in seinem «Parsifal». Ich fühlte mich den Aufgaben damals noch nicht gewachsen. Er hat es mir in keiner Weise übelgenommen und mich gleich an die Met engagiert, als er Chef dort wurde.

Als ähnlich nobel und menschlich souverän habe ich nur noch Carlo Maria Giulini empfunden, der auf meiner Lieblingsdirigentenliste ganz oben steht. Die Konzerte unter seiner Leitung in Wien, Berlin und London waren jedes Mal Höhepunkte. Als er mich als Azucena für seine Gesamtaufnahme des «Troubadour» einlud, konnte ich mein Glück kaum glauben. Auf der Bühne hätte ich mir die Partie nie zugetraut, ich habe sie – außer bei dieser Aufnahme – nie gesungen. Die Proben waren schon so aufregend, dass ich die Temperatur der Bühne nicht vermisste. Ich arbeitete sowieso liebend gerne im Aufnahmestudio. Das Mikrofon und die Tonmeister betrachtete ich als Freunde und nicht als Manipulatoren.

Die Aufnahmen zum «Troubadour» fanden in Rom statt, in den Räumen und mit dem Orchester der Accademia Nazionale di Santa Cecilia. Giulini probierte und arbeitete so intensiv und ökonomisch, dass die Zeit wie im Fluge verging und ich mir über die Schwere der Partie meistens kaum im Klaren war. Ich bestand die Herausforderung glücklich, was mir ohne Giulini nicht möglich gewesen wäre. Mit von der Partie in der Rolle des Manrico war Plácido Domingo. Ich fragte mich, warum er meistens einen Kopfhörer aufhatte, wenn er vor dem Mikrofon stand. Schnell aber fand ich den Grund heraus: Er hörte sich selber über diesen Kopfhörer singen, verstärkt und mit Hall, was eine enorme akustische Hilfe bedeutete und einem eventuellen Forcieren perfekt entgegenwirkte. Trotzdem sang ich weiter wie bisher, obwohl es verführerisch war, es ihm nachzutun. Mir war der ungedämpfte Kontakt zum Orchester wichtiger als der – verfälschende – Raumklang der Kopfhörer. Zu den vielen, oft praktizierten Tricks bei Platten- und CD-Aufnahmen zählten genauso das Nachsynchronisieren schwerer, exponierter Stellen, wenn man nicht so gut bei Stimme war, und das endlose Zusammenschneiden einzelner Phrasen, wenn man der Perfektion nachjagte.

Meine Arbeitsweise im Aufnahmestudio war eine andere. Meine Freude waren die vielen Liedaufnahmen, die ich machen durfte, allen voran von der «Winterreise», dem Schubert'schen Zyklus, der mich lange Jahre meines sängerischen Weges begleitet hat. Wenn ich ihn singen durfte, hielten sich sogar meine Nerven im Zaum. Ich war ein Leben lang vor fast jedem Auftritt von heftigstem Lampenfieber geschüttelt. Bei der «Winterreise» überwog immer und überall die Vorfreude.

Im Aufnahmestudio war das Lampenfieber schnell bewältigt, denn ich war allein mit dem Begleiter und den Tonmeistern, die mich allmählich gut kannten und denen ich vertraute. Das ging im Laufe der Jahre so weit, dass ich ihnen das Abhören der entstandenen Bänder allein überließ. Ich machte üblicherweise eine Ganzfassung eines Liedes: Das war die spontane, «ungeschönte» Grundfassung, die nur teilweise verwendet wurde. Auf dieser Fassung baute ich eine zweite auf, die dann unter Umständen, und wenn nötig, mit Korrekturen versehen wurde. Oft war's nicht nötig. Manchmal aber gab es natür-

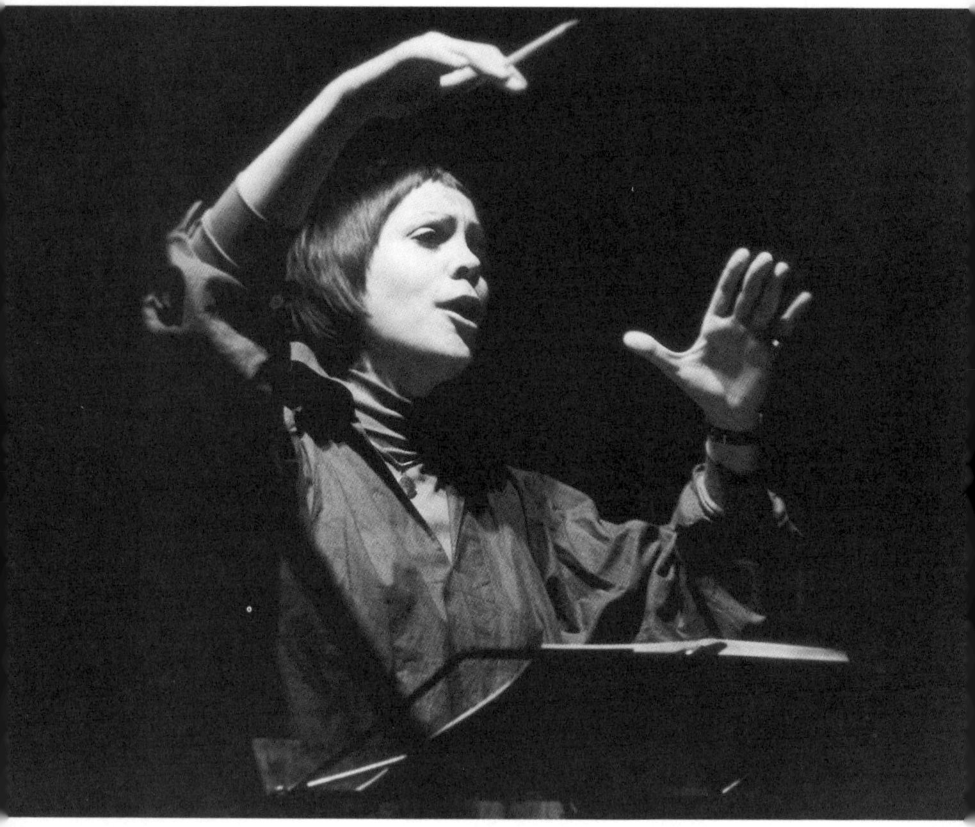

Im Aufnahmestudio

lich mehrere Korrekturen, Wiederholungen von Phrasen und Ausbesserungen. Und oft verlangte auch der Begleiter Korrekturen, weil er etwas in seinem Spiel nicht gelungen fand.

Ich liebte diese konzentrierte Arbeit, die man in einer festgelegten Zeit schaffen musste. Meistens waren es drei Tage, in denen man aber tageszeitlich ungebunden war. Manchmal nahmen wir bis tief in die Nacht auf, und ich konnte stundenlang ohne Ermüdung singen. Dann wieder schafften wir nur eine kurze Strecke – was bei mir seltener vorkam. Ich habe mein Pensum immer erfüllt, oft in weniger Zeit als vorgesehen.

## *Und immer wieder: Lieder*

Die Einspielung der «Winterreise» entstand in London, in den berühmten Abbey Road Studios, wo die Beatles all ihre Aufnahmen gemacht hatten. Ich hoffte, dass es dasselbe Studio war, und betrat es voll Neugier und Ehrfurcht. Aribert Reimann, damals noch als begehrter Begleiter tätig, bevor er sich ganz dem Komponieren widmete, begleitete mich. Wir hatten wenige Worte gebraucht, um «unsere» «Winterreise» zu konzipieren. Wir stimmten in unseren Tempoauffassungen vollkommen überein, und die Freiheiten, die ich mir erlaubte, trug Aribert genauso risikofreudig mit. Ich empfand es als großes Glück und künstlerische Bereicherung, dass ich die drei großen Schubert-Zyklen, «Winterreise», «Schwanengesang» und «Müllerin», mit Aribert Reimann erarbeiten und aufnehmen konnte.

Ein anderes Liederprojekt, das mir sehr ans Herz wuchs und ebenfalls mit Reimann entstand, war ein Abend mit den Zyklen «Dichterliebe» von Robert Schumann und «Das Buch der hängenden Gärten» von Arnold Schönberg. Auch davon gibt es eine Aufnahme. Ich liebte diese Kombination, diesen Spannungsbogen besonders. Aribert gab mir mit auf den Weg: «Sing den Schönberg so wie Puccini und den Schumann so wie Schönberg!» Ein hilfreiches, originelles Wort, das ich immer zu beherzigen versucht habe.

Die «Winterreise» habe ich in vielen Liederabenden mit verschiedenen Begleitern gesungen. Auch an den «Schwanengesang», der ungleich schwerer ist, habe ich mich in Konzerten gewagt. Zu Abenden mit der «Schönen Müllerin», die ich als am schwersten empfand, ist es nicht mehr gekommen.

Den Liedgesang machte ich in den letzten zehn Jahren meines Singens zu meiner Domäne. Damals gab es in jeder kleineren und mittleren deutschen Stadt ein Kammerkonzertabonnement, darunter drei bis vier Liederabende pro Saison. In den Großstädten waren in den Konzertreihen Liederabende sowieso ein fester Bestandteil des kulturellen Angebots; sie fanden in den Konzertsälen und den Opernhäusern statt. Auf den großen Festivals gab es ebenfalls zahlreiche Liederabende. Jahrelang trat ich regelmäßig bei der Schubertiade in Hohenems, Feldkirch und Schwarzenberg auf, ein Mekka für Liebhaber des Liedgesangs ebenso wie die Londoner Wigmore Hall.

Auch in Italien hatte man reges Interesse an Liederabenden. Ich habe in all den wunderschönen Theatern von Cremona bis Neapel gesungen und die Italiener mit den seltsamsten Programmen konfrontiert: Hans Pfitzner und Alban Berg standen oft auf dem Programm; Franz Liszt und Darius Milhaud, viel Hugo Wolf, Grieg und Schönberg bot ich den erstaunten, aber willigen Veranstaltern an. In dieser Zeit waren nicht nur in Italien die Veranstalter bereit, unkonventionelle Programme aufzuführen, und ganz allgemein wurde den Programmvorschlägen der Künstler viel mehr Aufgeschlossenheit entgegengebracht. Natürlich waren Schubert, Schumann, Brahms und Wolf nach wie vor Schwerpunkte meines Liedrepertoires, aber die Kombination mit Unbekannterem, auch Zeitgenössischem war erlaubt, sogar oft erwünscht.

Meine Liederabendtätigkeit war so intensiv, dass ich pro Jahr zwei bis drei neue Programme lernte. Selbstverständlich sang ich sie auswendig und nicht, wie heute üblich, teilweise oder ganz mit dem Klavierauszug auf dem Notenpult vor mir. Ich schrieb mir alle Liedertexte in kleine Oktavhefte. Die allerdings legte ich mir manchmal zur Rechten in den ganz geöffneten Flügel und warf ab und zu einen Blick darauf. Bei den vielen verschiedenen Programmkombinationen war diese kleine Gedächtnisstütze hie und da nötig. Nicht nötig dagegen war das Glas oder die Flasche Wasser, die man in unseren Tagen immer wieder auf den Konzertpodien antrifft. Es wäre mir nicht im Traum eingefallen, während der Arbeit auf der Bühne zu trinken. Heutzutage ist das ein üblicher Vorgang, den ich als störend empfinde.

## *Meine «Winterreise»*

Als ich die «Winterreise» sang – als dritte Frau überhaupt, die sich daran wagte –, war das für das Publikum noch gewöhnungsbedürftig. Vor mir hatten es nur Lotte Lehmann und Christa Ludwig getan, während heute den Schubert'schen Männerzyklus jeder Mezzo singt, und auch Soprane haben ihn für sich entdeckt. Damals aber verging kein Interview ohne die Frage: Warum singt eine Frau die «Winterreise», die doch einer Männerstimme zugedacht ist? Die Eroberung der Männerzyklen – auch der «Schwanengesang» gehörte dazu – war noch Pionierarbeit, und das Publikum musste erst überzeugt werden, dass eine Frau sehr wohl in der Lage ist, sich die Empfindungswelt des Winterreisenden zu erschließen.

Was nun «meine» «Winterreise» betrifft: Wie kann ich sagen, was ihre Wirkung ausmachte? Ein äußerlicher Faktor ist mir bewusst: Die Dramaturgie des Zyklus, die die Übergänge, die Pausen zwischen den Liedern betrifft, hatte ich mir wohl überlegt und erarbeitet. Es muss ein Sog entstehen, ein Nicht-Nachlassen höchster Konzentration, ein Spannungsbogen vom ersten bis zum letzten Lied. Die Pausen, das Timing zwischen den Liedern sind dabei von größter Wichtigkeit. Da kann es kein Durchatmen, keine Entspannung geben, kein gemächliches Wegräumen des einen und Aufbauen des nächsten Liedes; keinen Blickkontakt zwischen Sänger und Begleiter: «Bist du so weit? Wir können weitergehen.»

Ideal wäre es, wenn auch der Begleiter auswendig spielte; ich habe es oft vorgeschlagen, aber keiner hat sich getraut, obwohl die «Winterreise» zum meistgespielten Standardrepertoire jedes Begleiters zählt.

Einige Kultsänger der jetzigen Generation haben sich in Buchform der analytischen Durchdringung der «Winterreise» gewidmet, wobei sie auf musikhistorischen Erkenntnissen aufbauten, die politischen Strömungen zu Schuberts Lebenszeit einbezogen, dazu seine Lebensumstände, seinen Freundeskreis, sein Verhältnis zu Dichtung im Allgemeinen und im Besonderen – in diesem Fall den Textdichter Wilhelm Müller betreffend. All das hat kluge Essays ergeben. Ob es zu einer Vertiefung der sängerischen Aussage führen kann, sei dahingestellt.

Die «Winterreise» ist ein zutiefst emotionaler, verstörender Vorgang, der existentielle Abgründe aufzeigt, aus denen es keinen Ausweg gibt. In Wilhelm Müllers poetischem Œuvre sind die 24 Gedichte der «Winterreise» der Höhepunkt seiner Ausdruckskraft. Für Schubert waren sie Spiegel und Gleichnis einer zutiefst depressiven Grundstimmung, die er 1827, ein Jahr vor seinem Tod, erlebte. Als ihm Müllers Verse in die Hände fielen, war ihm das Komponieren vermutlich ein psychoanalytischer Akt, in dem er gleichsam zum Medium wurde, der ihn befreite und gleichzeitig die Krönung seines Liederschaffens war.

Über die Entstehung der «Winterreise» kann man alles Wissenswerte nachlesen. Was Schubert bewegte, als er sie komponierte, können wir mutmaßen und erahnen, wenn wir versuchen, den Liedzyklus interpretatorisch zu erschließen. In jedem Fall ist er eine individuelle, innere Spurensuche, eine gesungene Innenschau, in der es um Liebesverlust und Todessehnsucht geht, vom ersten Aufbäumen bis zum ratlosen Innehalten. Wer ist der «Leiermann», der im letzten Lied des Zyklus besungen wird? Ich habe es nie gewusst, nie beantworten können. Ich habe mich ausgeliefert.

## *Liebesbrief an F. S.*

*Höchstverehrter, geliebter Franz Schubert!*

*Wenn ich an Sie und Ihre Musik denke, stehe ich vor einer solchen Fülle der Gedanken und Gefühle – dass ich ganz einfach beschlossen habe,* an *Sie zu schreiben, so vermessen das auch scheinen mag! Da uns mehr als zwei Jahrhunderte trennen und ich nicht weiß, ob ich Ihnen in der Ewigkeit begegnen darf, bringe ich zu Papier, was mich durch Sie bewegt, und sende diesen Brief in eine imaginäre Weite. Herz und Seele sind von Ihnen erfüllt, seit ich Sie kennengelernt habe. Das ist schon lange her, denn seit meiner Kindheit begleitet mich Ihre Musik: zuerst Ihre Lieder, gesungen von meinem Vater, der mich zu Ihnen führte, und später dann, immer mehr und mehr, all Ihre «himmlischen Werke» – Kammermusik und Symphonien. Und noch viel später, als ich endlich wagte, Ihre Musik selbst zu musizieren, da war des Staunens kein Ende über diese gewaltige Welt und Weite, die sich im Lied unerschöpflich vor mir auftat. (Ja, das muss ich Ihnen anvertrauen: Sie sind der einzige Komponist, bei dem ich mich noch nie gelangweilt habe. Vier Takte von Ihnen – zum Beispiel die vorm «Doppelgänger» –, und ich lasse alles andere dafür liegen!) Ich frage nicht, was ging in Ihnen vor, als Sie das schufen; ich will nicht wissen, ob Sie zu viel tranken oder ob man Sie «Schwammerl» nannte: In Ihren Briefen und raren Tagebuchblättern zeigen Sie sich so verletzbar und ergriffen von der eigenen Schaffenskraft, dass sich jede Annäherung an den Alltag des F. S. von selbst verbietet.*

*Ich hätte Sie gern einmal Klavier spielen gehört. Ich hätte gern zu Ihrer Begleitung einmal mit Herrn Schober eine «Ecossaise» getanzt, das gebe ich zu … Ich hätte gern dem Haslinger ein druckfeuchtes Schubert-Heft abge-*

*kauft. Als ich neulich in New York vor der originalen Handschrift Ihrer «Winterreise» saß, da stand die Zeit plötzlich still, und es wehte mich etwas an, das sich schwer beschreiben lässt – auch Ihnen nicht … Hätten Sie gedacht, dass jene Seiten, die nicht nur Schaffensrausch, sondern auch Mühe und Ringen zeigen, einmal, wohlverwahrt und nur beziehungsreichen «Auserwählten» zugänglich, in einer Bibliothek in New York landen würden? Und dass man sie nur mit Handschuhen aus weißem Zwirn berühren darf? Hätten Sie gedacht, dass man für ein Blatt Ihrer Notenhandschriften, die zu begehrten Sammlerobjekten gehören, Hunderttausende bezahlen muss? Hätten Sie gedacht, dass die Menschen von heute noch immer hingerissen Ihrer Musik lauschen, und in wieder 200 Jahren wird es – wenn diese Welt weiterbesteht – nicht anders sein? Ich glaube, Sie haben es geahnt. Und an den Himmel reicht nur, wer das Recht dazu hat.*

*Dass meine Arbeit mir erlaubte, mich fast täglich mit Ihnen auseinanderzusetzen, ist eigentlich die größte Genugtuung und Freude, die mir dieser Beruf bereitet hat. Wenn ich Sie sang, dann hoffte ich aus tiefstem Herzen, es Ihnen recht zu machen. Ich denke, Sie waren unendlich tolerant und gütig und nehmen uns hin, die wir heute versuchen, Ihnen und Ihrer Musik gerecht zu werden … Ich hätte Ihnen gern einmal vorgesungen oder zumindest den Herrn Vogl um ein paar «Tipps» gebeten. Aber die gibt's ja wohl gar nicht. Der Vogl war auch nur begeistert und beflügelt durch Sie – Ihr Diener und Werkzeug. Wir nennen das heute: Interpret …*

*Ich muss jetzt schließen, der Brief wird zu lang und führt zu nichts. Lassen Sie mich also ganz einfach meinen Dank abstatten, der umfassender ist, als sich hier und je in Worten sagen lässt.*

*Ich grüße Sie in größter Verehrung und Bewunderung, nein – Liebe.*

Die große Liebe meines Lebens heißt Franz. Franz Schubert, der Komponist. Lange bevor ich mich ihm singend näherte, diesem Größten aller Liedkomponisten, studierte ich seine Kammermusik und die Symphonien. In dieser Klangwelt war ich zu Hause, sie löste, sie befreite mich, sie umgab mich wie ein schützendes Gehäuse. Daran hat sich nichts geändert. Trotzdem wagte ich mich vor lauter Ehrfurcht lange nicht an seine Lieder.

Ich habe Schubert nie als Romantiker begriffen, sondern ihn für mich einen klassischen Expressionisten genannt, oder umgekehrt, einen expressionistischen Klassiker. Seine Ausdruckskraft geht weit über das rein Romantische hinaus, weist Wege in die Moderne und ist in ihrer Emotionalität und intuitiven Auslotung seelischer Vorgänge einmalig. In vier Takten kann eine ganze Welt der Empfindung liegen, eine atemraubende, atmosphärische Dichte. Ich denke an die Einleitungstakte zum «Doppelgänger» im «Schwanengesang».

Der oft geradezu karge, klassische Klaviersatz bei vielen Liedern Schuberts macht es dem Sänger nicht leicht. Er ist nicht eingebettet in den Wohlklang des begleitenden Instruments, sondern schreitet auf sprödem, transparentem Klangteppich. Viele Lieder, zum Beispiel in der «Winterreise», sind von analytischer Schärfe, die Sprache des Klaviers verlangt ein Eindringen in die tiefsten Tiefen, in den Urgrund der individuellen Aussage. Raum und Weite dafür sind da, trotz eines strengen rhythmischen und melodischen Gerüsts. Die intellektuelle Auseinandersetzung mit Schuberts Tonsprache ergibt sich zwangsläufig, auch wenn einen sein Musikantentum überwältigt. Schubert ist nie lieblich, verbindlich oder nur schön, sondern geht immer an die Grenzen des Sagbaren, mit schmerzhafter Wahrhaftigkeit. Das macht seine Musik für mich so herzzerreißend, so unerklärlich.

Immer noch ist Schubert ein Zentrum meiner Beschäftigung mit Musik. Immer noch versinke ich in dem unerklärlichen Urgrund menschlicher Verzweiflung und Todessehnsucht, der in der «Winterreise» zum Klingen gebracht wird. Wenn ich mit jungen Sängern daran arbeite, stellt sich prompt und sicher, wie das Amen in der Kirche, meine Hingerissenheit von diesem Werk ein, das wie kein anderes meinen Weg als Liedersängerin geprägt hat.

Der «Schwanengesang», mit seiner Themenvielfalt und seinen wechselnden Stimmungsbildern, ist verglichen damit leichter zu erobern, auch wenn die stimmliche Herausforderung, gerade für eine Frau, immens ist. Ich habe ihn immer ohne Pause gesungen, so wie die «Winterreise» auch, und mir die sechs Heine-Lieder in der zweiten Hälfte des Zyklus in eine eigene Reihenfolge gebracht, die mir logischer und dramaturgisch schlüssiger erschien als die Version, die Schuberts Verleger Haslinger zusammengestellt hat.

Aber der «Schwanengesang», der seinen fragwürdigen Titel nicht von Schubert, sondern vom Herausgeber erhielt, ist für eine Frau viel weniger geeignet als die «Winterreise». Das hat nicht nur stimmliche Gründe. Die Emotionalität des «Schwanengesangs» ist eindeutig mit der männlichen Mentalität verbunden und viel schwerer nachzuvollziehen als die allgemeingültige Aussage über Verlust und Tod in der «Winterreise». So jedenfalls habe ich es empfunden, auch wenn ich die Herausforderung des «Schwanengesangs» begeistert angenommen habe.

Die «Schöne Müllerin» ist mir wie gesagt am schwersten gefallen. Um die Identifikation mit dem himmelhoch jauchzenden, zu Tode betrübten Müllerburschen musste ich förmlich ringen, so zumindest erscheint es mir beim Hören der Aufnahme, die im Verein mit Aribert Reimann entstanden ist, leider zu spät. Nur wenige Lieder daraus scheinen mir noch gelungen. Dass es zu einer öffentlichen Aufführung dieses Zyklus nicht mehr kam, ist gut so. Er ist der «männlichste» der drei Schubert-Zyklen und bei einem Tenor am besten aufgehoben. Mein idealer wandernder Müllerbursche war Peter Schreier, der mich mit seiner verinnerlichten Deutung einmal in einem Konzert bei der Schubertiade in Feldkirch zu Tränen rührte. Ein seltenes, daher unvergessenes Geschehen.

## *Abschweifung*

In unserer lauten, hektischen, vernetzten und vertechnisierten Zeit ist es inzwischen mutig und tapfer zugleich, der Intimität und der Stille der Liedgestaltung Platz und Raum zu schaffen. Denn beim Liedersingen handelt es sich nicht um einen sensationellen «Event», um die Vermarktung von Kultur – sondern um puren Enthusiasmus um der Sache willen. Lieder sind gestalterische Miniaturen, die von innen her erwachsen müssen, die fast ohne Gestik und Mimik ganz aus der Innenschau entstehen.

Auf dem Liederpodium sind Mimik und Gestik vollkommen sekundär. Natürlich kann man nicht sängerisch arbeiten, ohne ein Gefühl der körperlichen Beteiligung zu vermitteln. Aber man muss sich und seine Intentionen nicht einer zu gestaltenden Rolle, einem fremden Charakter unterordnen, sondern aus dem inneren Geschehen schöpfen, das ausgelöst wird durch die Welten, die sich aus dem Lied erschließen.

Durch die Intimität eines Liederabends muss man als Sänger die Herausforderung annehmen, ganz bei sich selber zu sein. Zum Singen von Liedern ist eine geradezu wagemutige Ehrlichkeit nötig. Zum Singen von Liedern braucht der Sänger eine große Imagination – die Möglichkeit, seine Phantasie ununterbrochen auf Reisen zu schicken und in kürzester Zeit aus der Innenschau eine Welt zu erschaffen, die der Zuhörer fast plastisch miterleben kann.

Das Singen von Liedern ist – wenn es gelingt – die größte künstlerische Befriedigung, die ein Interpret erfahren kann. Und die Vorbereitung auf ein Programm, auf einen Abend geschieht in großer Einsamkeit: Ein Liedersänger ist sein eigener Regisseur und Dramaturg, natürlich unter stärkster Einbeziehung und Beteiligung des Partners am Klavier, des Begleiters. Je individueller und intuitiver der Begleiter mitarbeitet, umso stärkere Impulse und Anregungen kann er vermitteln. Der musikalische Diskurs zwischen Singendem und Begleitendem ist unerschöpflich, und nie wird eine Deutung der nächsten gleichen, solange auch die Phantasie unerschöpflich bleibt.

Die Beschäftigung mit dem Lied sollte für Sänger unerlässlich sein, denn die Bereicherung, die sie hier erfahren, ist ebenso unüberschaubar wie das Feld der Liedliteratur, die es zu entdecken gilt. Der Operngesang profitiert durch die disziplinierte Arbeit am Lied und die sensible Sprachbehandlung, die für das Lied nötig ist, allemal. Bei einem Liederabend werden wir Zeugen einer sehr intimen Zuwendung, eines hochsensiblen Vorgangs, der das Eintauchen in absolute Individualität und das Teilen von Einsamkeit bedeutet. Wenn jeder einzelne Zuhörer sich direkt und persönlich angesprochen fühlt von der Wahrhaftigkeit der Aussage des Interpreten, dann ist das immerwährende Abenteuer, das Experiment «Kunstlied» gelungen.

# 7

# *Übergänge*

## *Eine zu frühe Verpflichtung*

Neben meinen vielfältigen sängerischen Aufgaben, die mich in Atem hielten, hatte mich ein Freund, der Dramaturg war und in München die Opernschule an der Musikhochschule leitete, überredet, dort eine Professur zu übernehmen und eine Gesangsklasse zu leiten. Ich hatte zugesagt und war nun plötzlich verbeamtete Professorin einer Klasse von zwölf Studenten.

Obwohl ich klargemacht hatte, dass ich durch meine vielen Verpflichtungen nicht kontinuierlich anwesend sein konnte, hatte man das bagatellisiert und Lösungen versprochen. Man wollte mich an der Hochschule haben. Ich tat mein Bestes und nahm meine Pflichten als Professorin wahr, so gut ich konnte. Das Unterrichten lag mir, ich tat es gerne, lernte selbst am meisten dabei und war mit Feuereifer bei der Sache.

Das Hochschulleben selber erschien mir fragwürdig – zu viel Frustration und falscher Ehrgeiz waren unter den Hochschullehrern spürbar. Ein jeder schmälerte die Verdienste des anderen; Konkurrenzneid und mehr oder weniger üble Nachrede waren an der Tagesordnung. Ich kümmerte mich nicht darum, tat meine Arbeit und verließ danach das Haus, so schnell ich konnte. Denn das Betreten dieses Gemäuers war mir sowieso unheimlich, weil es Hitlers Münchner Hauptquartier gewesen war, das nun unerklärlicherweise unter Denkmalschutz stand. Der überdimensionierte Bau des Architekten Paul Ludwig Troost diente als Ausbildungsstätte junger Musiker jeder Couleur. Der menschenverachtende Marmorprunk, die überhohen Türen und Räume, die kalte Pracht der Nazizeit umgaben einen übermächtig in diesem Schreckensbau. Ich stellte mir vor, welche SS-Charge wohl in dem Zimmer gehaust hatte, das nun mein Arbeitsraum war.

Bald merkte ich, dass das Arbeitspensum, das sich durch die Hochschulverpflichtung quasi verdoppelt hatte, nicht zu schaffen war. Ich hatte keine freie Minute mehr für mich. Kehrte ich von einer Konzertreise oder einem Gastspiel zurück, fuhr ich oft vom Flughafen direkt in die Hochschule und erst nach dort getaner, stundenlanger Arbeit nach Hause. In den Semesterferien holte ich versäumte Stunden nach und fühlte mich bei alldem sehr unwohl.

Eine Zeitlang teilte ich mir die Professur mit einer Kollegin meines Vertrauens, einer Gesangspädagogin, deren Singen und Technik aus denselben Quellen kamen wie bei mir. Aber auch das war auf die Dauer keine Lösung. Nach acht Jahren warf ich Mitte der Achtziger das Handtuch und bat um Befreiung aus dem Beamtendasein. Auf die Altersversorgung verzichtete ich und war heilfroh, wieder frei zu sein. Ich hatte gelernt, dass ich zur Beamtin nicht taugte und ein Hochschulalltag für mich nicht erstrebenswert war.

Das Unterrichten gab ich jedoch nicht auf, sondern führte es weiter mit Meisterkursen in aller Welt, für die vermehrt Angebote kamen. Bis heute unterrichte ich in einigen deutschsprachigen Opernstudios und werde auch zu Meisterkursen an Hochschulen eingeladen. Dabei arbeite ich nach wie vor mit großer Begeisterung und empfinde keine Anstrengung, sondern selbst nach einem fast pausenlosen Unterrichtstag nur Erfrischung und Belebung. Inzwischen brauche und genieße ich die Begegnung mit den jungen Sängern und freue mich über diese Tätigkeit, die mich weiterhin mit dem Singen, der sängerischen Aktivität und Aussage verbindet.

Über den Sinn oder Unsinn von Meisterkursen ist oft debattiert und laut nachgedacht worden. Was bringt der Meisterkurs, wozu ein Meisterkurs? Diese grundsätzliche Frage stellt sich immer wieder, zumal Meisterkurse überall angeboten werden und aus dem Boden sprießen … Auch ich stelle mich dieser Frage einmal mehr angesichts der von mir geleiteten Kurse. Es ist noch kein Meister vom Himmel gefallen – und nicht jeder ist ein Meister, der sich dafür hält. Ein «Meister» zu werden, zu sein und zu bleiben erfordert lebenslange Auseinandersetzung mit der spezifischen Materie, mit den eigenen Möglichkeiten und dem aufmerksamen, vorsichtigen Versuch der Vervollkommnung: ein Weg, der dem Meisterschüler in den Tagen der Begegnung während eines Kurses aufgezeigt und mit ihm gemeinsam beschritten wird, zur Erbauung und Bereicherung beider – des «Meisters» und des «Schülers». Nur wenn sich diese Voraussetzung erfüllt, wenn also dieser Weg das Ziel ist, dann hat ein Meisterkurs Sinn. Man findet sich zusammen, um eine intensive Zeit des Gebens und des Nehmens zu erleben, der Meister wie der Schüler. Denn vor der Musik sind wir alle gleich. «Musik ist eine heilige Kunst», singt der Komponist in der Oper «Ariadne auf Naxos» von Richard Strauss und Hugo von Hofmannsthal. Um dieser «heiligen Kunst» wissbegierig und aufnahmebereit zu begegnen, versammeln sich Lehrer und Schüler der Sangeskunst. Und – nicht zuletzt bei öffentlichen Kursen – ein aufgeschlossenes, interessiertes, wohlwollendes Publikum, das den Weg und das Ziel miterleben, überprüfen und durch Neugier und Begeisterung beflügeln und bereichern kann.

## *Anbahnungen*

Die Hochschule war ich los, hatte ihr aber eine gravierende Erfahrung zu verdanken, deren Wert mir erst nach und nach klar werden sollte. Es hatte sich nämlich ergeben, dass ich im Rahmen der Opernschule mit den Studenten einen szenischen Abend erarbeiten konnte. Dafür wählte ich die Einakter «Der arme Matrose» von Darius Milhaud und «Ba-ta-clan» von Jacques Offenbach.

Ich ging begeistert an die Arbeit, entwarf das Bühnenbild selber, das in gemeinsamer Anstrengung mit den Studenten der Hochschule gebaut wurde, mit Sperrholz, viel Zeitungspapier, Leim und Farbe. Ich suchte und kaufte die Requisiten zusammen, Studentinnen nähten die Kostüme, wobei wir aus dem Opernfundus unterstützt wurden. Ein paar Stühle, ein altes Sofa, und das Bühnenbild war fertig. Ich fand es ungeheuer originell und war in dem beneidenswert naiven Zustand, die Oper und ihre Umsetzung neu und frisch erfinden zu wollen. Das ist wohl immer so bei einer ersten Inszenierung, wenn man mein Tun an der Hochschule denn schon so nennen wollte.

Wir begannen szenisch zu probieren, die musikalischen Proben liefen parallel. «Der arme Matrose» war ein Dreipersonenstück, eine schaurige Dreiecksgeschichte mit Mord und Totschlag, «Ba-ta-clan» dagegen eine Komödie mit größerem Personal und einem kleinen Chor. Die Studenten folgten meinen Anweisungen sichtlich animiert und vertrauensvoll. Ich hatte mich gut vorbereitet und wusste genau, was ich wollte. Die Proben gingen zügig voran, wir wurden in relativ kurzer Zeit fertig, und das Ganze kam auf die Bühne des Theatersaales im Kolpinghaus, ganz in der Nähe des Münchner Gasteigs, des Konzertzentrums der Stadt.

Leider war mehr Publicity für diese Aufführung gemacht worden, als mir lieb war. Die Premiere war beim Publikum, das natürlich hauptsächlich aus den Eltern und Verwandten der Studenten und aus Fassbaender-Fans bestand, ein voller Erfolg. Aber ein Münchner Kritiker, Bernd Sucher, verriss die Aufführung nach Strich und Faden in einem hämischen Ton. Die beiden Mini-Opern gingen einige Male ausverkauft über die Bühne, und ich verschmerzte die harsche Kritik, die mich sehr getroffen hatte.

Und dann passierte ein Wunder: Ernö Weil, der Intendant eines kleinen deutschen Theaters, hatte die Aufführung gesehen. Sie hatte ihm gefallen, und er fragte an, ob ich an seinem Haus, in Coburg, in der nächsten Spielzeit Rossinis «La Cenerentola» inszenieren wolle. Mein «Ja» kam aus vollem, dankbarem Herzen. Besseres konnte mir gar nicht geschehen. Ich hatte Blut geleckt und wollte das Regieführen vertiefen. Ein höchst befriedigendes zweites Standbein bot sich an – die Chance war da!

Und noch eine Chance ergriff ich beim Schopf. Mein Gefühl sagte mir, dass die Tage meines Octavian gezählt seien. Nach 25 Jahren «Rosenkavalier» in München und in aller Welt fühlte ich, dass die Zeit gekommen war, mich von der Partie zu verabschieden. Diesen Gedanken sprach ich auch mit einem mir befreundeten ehemaligen Agenten und Intendanten, Matthew Epstein, durch. Er gab mir eine glänzende Idee, die ich unverzüglich in die Tat umsetzen wollte.

Todesmutig ging ich zum Betriebsdirektor der Münchner Oper und eröffnete ihm, ich wolle die Rolle des Octavian niederlegen. Er schien nicht sehr enttäuscht darüber. Aber, so hätte ich mir gedacht, sagte ich – wie wäre es, wenn man das Stück nach meiner Abschiedsvorstellung eine Weile ruhen ließe und dann mit vollkommen neuer Besetzung, möglichst Rollendebütanten, wiederaufnähme? Und ich würde gerne die Regie der Wiederaufnahme übernehmen, selbstverständlich getreu nach Schenks Konzept, aber doch frei in der Personenregie … Er erbat sich Bedenkzeit, um mit Sawallisch zu sprechen. Einige Tage später kam die Zusage: «So machen wir's!»

Ich war überglücklich, wusste aber gleichzeitig, dass dieses Heimspiel nicht einfach werden würde. Für die Münchner Festspiele 1988 setzte Sawallisch sämtliche Strauss-Opern an, und ich sang neben all den großen «Strauss-Weibern» – Herodias, Klytämnestra, der Amme und Clairon – meinen letzten Octavian. Es hatte sich herumgesprochen, und Haus und Publikum standen Kopf. Ich gebe zu, dass es kein leichter Abschied war. Aber ein selbstgewählter. Nach all dem Trubel um mich herum war ich sehr still an diesem Abend. Die Tränen der Wehmut überließ ich den anderen. Und die Blumenberge verstaute ich, wie immer, in der Badewanne.

## *Zwischenbemerkung: Mein «Rosenkavalier»*

Immer wieder spüre ich dieses Ziehen in der Magengrube. Oder ist es die Herzgrube? Sind es Hirnströme, die reagieren? Es wird wohl alles zusammen sein. Die ersten Takte des «Rosenkavalier»-Walzers lösen dieses Gefühl regelmäßig in mir aus.

Wellen von Sehnsucht und Weite nehmen mich mit, wenn das Terzett anhebt: «Hab mir's gelobt …» «Anhebt» ist das richtige Wort dafür, mir fällt kein passenderes ein. Und wir, die wir's anhören, *heben ab*: ob auf der Bühne, unmittelbar beteiligt am musikdramatischen Geschehen als Instrument, als Medium der musikalischen Materie, oder vor der Bühne als Zuschauer und Zuhörer, gebannt vom emotionalen Reichtum und Zauber dieser Musik und den zutiefst menschlichen Liebesverwirrungen, die die Seelen der Protagonisten in Aufruhr versetzen, eine ganze lange Oper hindurch.

Eines der schönsten, komödiantischsten Werke des großen Richard Strauss geht mit dem Terzett seinem Ende entgegen, mit einer Musik, die einen weinen und lachen zugleich macht: So wohltuend schmerzlich ergreift sie jeden auf und vor der Bühne, wenn er nur überhaupt ein «Straussianer» ist. Ich bin so einer – eine Straussianerin reinsten Wassers, dankbar dafür, dass ich alles singen durfte, was Strauss für meine Stimmlage, den Mezzosopran, komponiert hat.

Der Octavian ist nicht nur sängerisch eine reizvolle Herausforderung, sondern vor allem auch eine wunderbar vielseitige schauspielerische Aufgabe, die den Einsatz aller Mittel fordert. Eine Rolle, die meine Phantasie beflügelte und lange Jahre unerschöpflich blieb. Immer gab es etwas Neues zu entdecken, in der Gestaltung zu vertiefen, auch die stimmliche Auseinandersetzung mit der Partie hörte nie auf. Immer gab es etwas auszuprobieren, neue Zwischentöne zu wecken, die Phrasierungen, die Riesenbögen des Strauss'schen Melos waren geschmeidiger zu erarbeiten und in der Atemführung zu vervollkommnen.

Solche Partien sind Glücksfälle – sie werden nie zur Routine, sondern wollen immer neu erobert sein, sie wollen, müssen und sollen in Fleisch und Blut übergehen. Das jedenfalls habe ich mit jeder Faser meines singenden Körpers erlebt. Die Rolle und ihr Kostüm, die Szenerie wurden mir zur Heimat – zu einem Bühnenleben, in dem ich mich mit Freud und Leid eines jungen, verliebten, zur Liebe reifenden Menschen auseinandersetzen konnte. Dass es ein «junger Herr aus großem Hause» war, den ich darzustellen hatte, war die reizvolle Verwandlung, die mir oblag. Die Travestie Octavian/Mariandl erledigte ich mit Feuereifer und Hingabe. Der burschikos-elegante Octavian, der in die Rolle des koketten Mariandl schlüpft, um den Ochs von Lerchenau an der Nase herumzuführen, kirre zu machen und am Ende grandios zu düpieren, dieser kleine Opernheld Hofmannsthal-Strauss'scher Couleur schien mir auf den Leib geschrieben zu sein, und seine Tessitura entsprach genau meinen stimmlichen Möglichkeiten. Das Ergebnis meiner Bemühungen um die Rolle war jedenfalls, dass das Publikum allüberall begann mich mit der Partie zu identifizieren und sich die «silberne Rose» über ein Vierteljahrhundert hinweg dankbar und freudig applaudierend von mir überreichen ließ.

Weniger angenehm waren dagegen die Blüten, die die Verehrung für diese spektakuläre Hosenrolle trieb, bei der die einen jungen Mann darstellende Sängerin auf der Bühne der reifenden Marschallin und der jungen Sophie in jugendlich überschwänglicher Liebesneigung verfallen ist und alle Höhen und Tiefen von Verliebtheit und Liebespein durchlebt. Damit nun identifizierten sich einige aus der Schar der Verehrerinnen, die sich wohl zu gern an die Stelle der

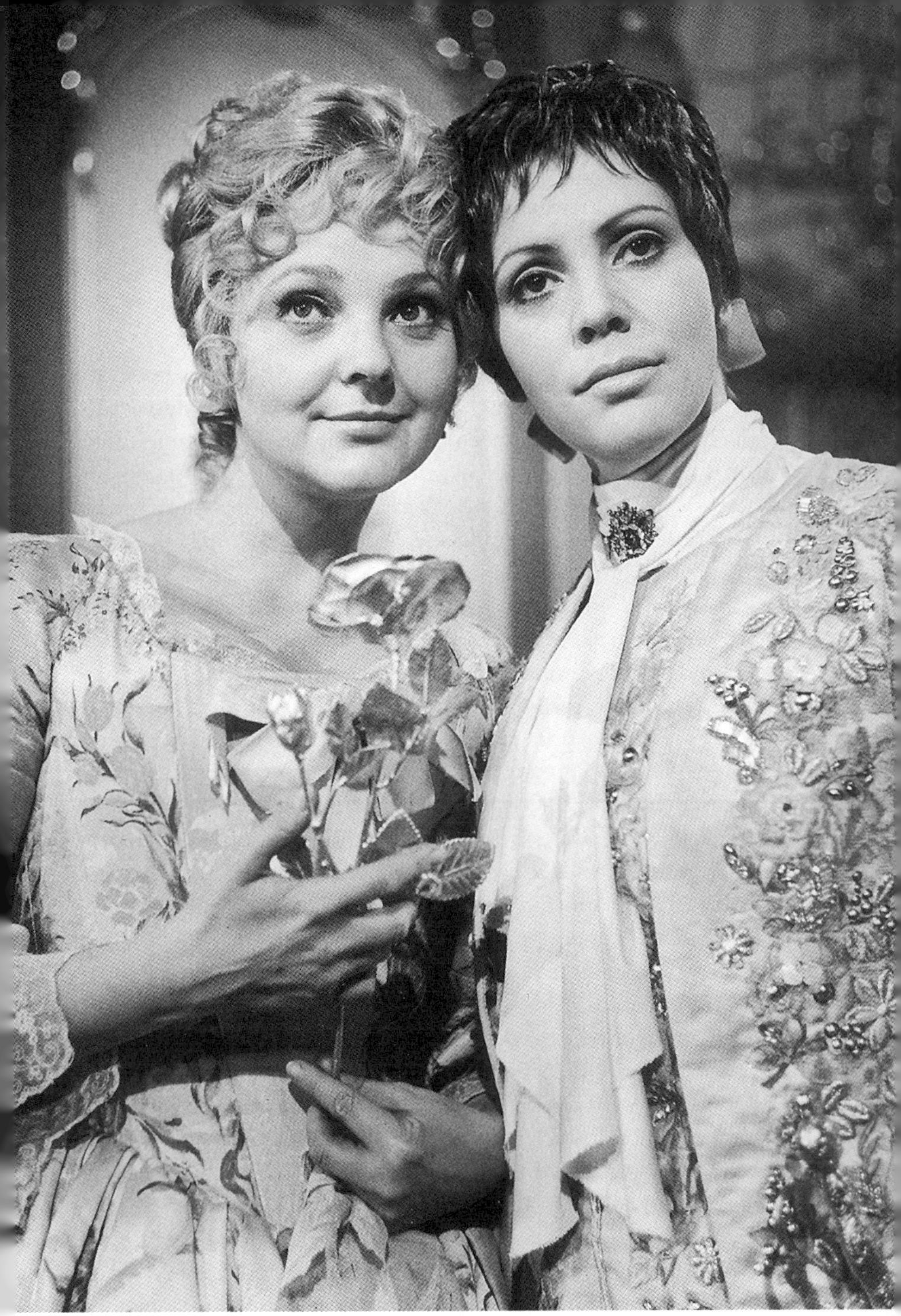

Mit Lucia Popp im Münchner «Rosenkavalier»

Marschallin oder der kleinen Sophie versetzt gesehen hätten. Die Avancen, die Fluten von Briefen, die Einladungen zum Essen, die ich abzuwehren, abzufangen und höflich abzulehnen hatte, waren lästig, komisch und rührend zugleich: ein Zeichen dafür, wie sehr Traum und Wirklichkeit ineinandergreifen. Die Musik, das kongeniale Libretto und die intensive Darstellung gestatteten eine Verklärung der Realität.

Der Verwechslung der Rolle mit meiner Person begegnete ich mit jahrelanger Menschenscheu, mit Rückzug und Flucht in ein abgeschirmtes Dasein. Trotzdem gab es zahlreiche unliebsame Erlebnisse, die sich als groteske Begebenheiten in die Erinnerung eingeschrieben haben: nächtliche Verfolgungsjagden, wenn ich nach der Vorstellung in meinem kleinen Sportwagen nach Hause in den Münchner Vorort fuhr; anonyme Briefe und Liebeserklärungen waren an der Tagesordnung. In meinen vor dem Haus geparkten Wagen wurde eingebrochen und ein Klavierauszug nebst persönlichen Gegenständen entwendet. Jemand durchsuchte meine Mülltonne und schickte mir per Post «Fundstücke» zu. Es gab eine Doppelgängerin, die meine Frisur, meine Kleidung, meinen Schmuck kopierte. Eine Selbstmorddrohung bei «Nichterhörung» war eine erpresserische Belästigung, die sich nur durch die Hilfe eines befreundeten Psychologen und durch Konfrontation lösen ließ. Der androgyne Charme, der meinem Octavian nachgesagt wurde, war auf diese Weise eine Belastung, der ich mich ungewollt, und ohne dass ich es verhindern konnte, ausgesetzt sah. Ein unliebsamer Nebeneffekt einer so sehr geliebten Rolle.

Dann kam die Zeit des Abschieds von der Partie: der Auszug aus dem Schlafzimmer der Marschallin, der Abgang aus dem Faninal'schen Palais, der letzte Besuch im Beisel, der letzte Schluck Wein aus der Karaffe, die die Requisite für die Tischszene mit dem Ochs bereitgestellt hatte. Der Abschied kam, als ich der Marschallin nicht mehr voll jugendlichem Unverstand, voll Ungläubigkeit und Unmut zuhörte: Warum raubt sie uns die Zeit mit Gedanken über die Vergänglichkeit der Schönheit und allen Seins? Manchmal steht sie auf, mitten in der Nacht, und lässt die Uhren alle steh'n? In der Nacht hat man Besseres zu tun! Die Zeit, die ist ein sonderbar Ding, wenn man so hinlebt, ist sie rein gar nichts? Ja, wie lebt man denn dahin? – Sie hat Recht, die Marschallin: «Auf einmal, da spürt man nichts als sie. Sie ist um uns herum, sie ist in uns drinnen» … Es kam die Zeit, wo ich sie besser und besser verstand, die reifende Frau, die kluge Marschallin, die alte Fürstin Resi. Das aber darf Octavian, der junge Spund, der Springinsfeld, nicht! Wenn das «innere Kostüm» nicht mehr passt, wenn man der Marschallin näher kommt in Psyche und Physis, ist es Zeit, Adieu zu sagen und das Feld der jüngeren Generation zu überlassen, die nachdrängt und nicht warten kann, bis ihr die Ehre widerfährt.

## *Regisseure*

In der Oper trat ich allmählich nur noch selten und nur in Produktionen auf, in denen ich mich mit Regie und musikalischer Leitung und den mich umgebenden Kollegen wohlfühlte. Ich war sehr abhängig von einer Arbeitsatmosphäre, in der ich mich rückhaltlos entfalten konnte, und die Führung durch einen phantasievollen, fordernden Regisseur war mir für die Gestaltung meiner Rollen wichtig.

Mit allen bedeutenden Opernregisseuren meiner aktiven Zeit habe ich zusammengearbeitet und von ihnen gelernt. Als Lieblingsregisseur nenne ich, ohne zu zögern, Günther Rennert, über den Sawallisch sehr zutreffend geäußert hat: «Er war niemals eingeengt durch die Vorliebe zu einem besonderen Stil und stets bereit, auch ein künstlerisches Risiko einzugehen.» Da war sie, die Risikofreude, die ich mir in meiner Arbeit, ob Oper oder Lied, aufs Panier geschrieben hatte. Rennert lebte sie vor, setzte sie voraus, gab alles und forderte alles. «In der Gattung Oper suchte er als Regisseur eine neue Wahrheit aufzudecken, die der veränderten Gegenwart entsprach.» Auch das ein wahres Wort von Sawallisch über Günther Rennert. Er war ganz ohne Frage ein genialer Wegbereiter des vielgeschmähten «Regietheaters», wobei in seinen schlüssigen Deutungen der Werke kraftvolles Wagnis und gebändigte Form vollkommen ausgewogen waren. Ein Zertrümmerer war er nicht.

Und dann gab es da noch Götz Friedrich, Jean-Pierre Ponnelle, Harry Kupfer und Otto Schenk, denen ich Unendliches an Rollen-

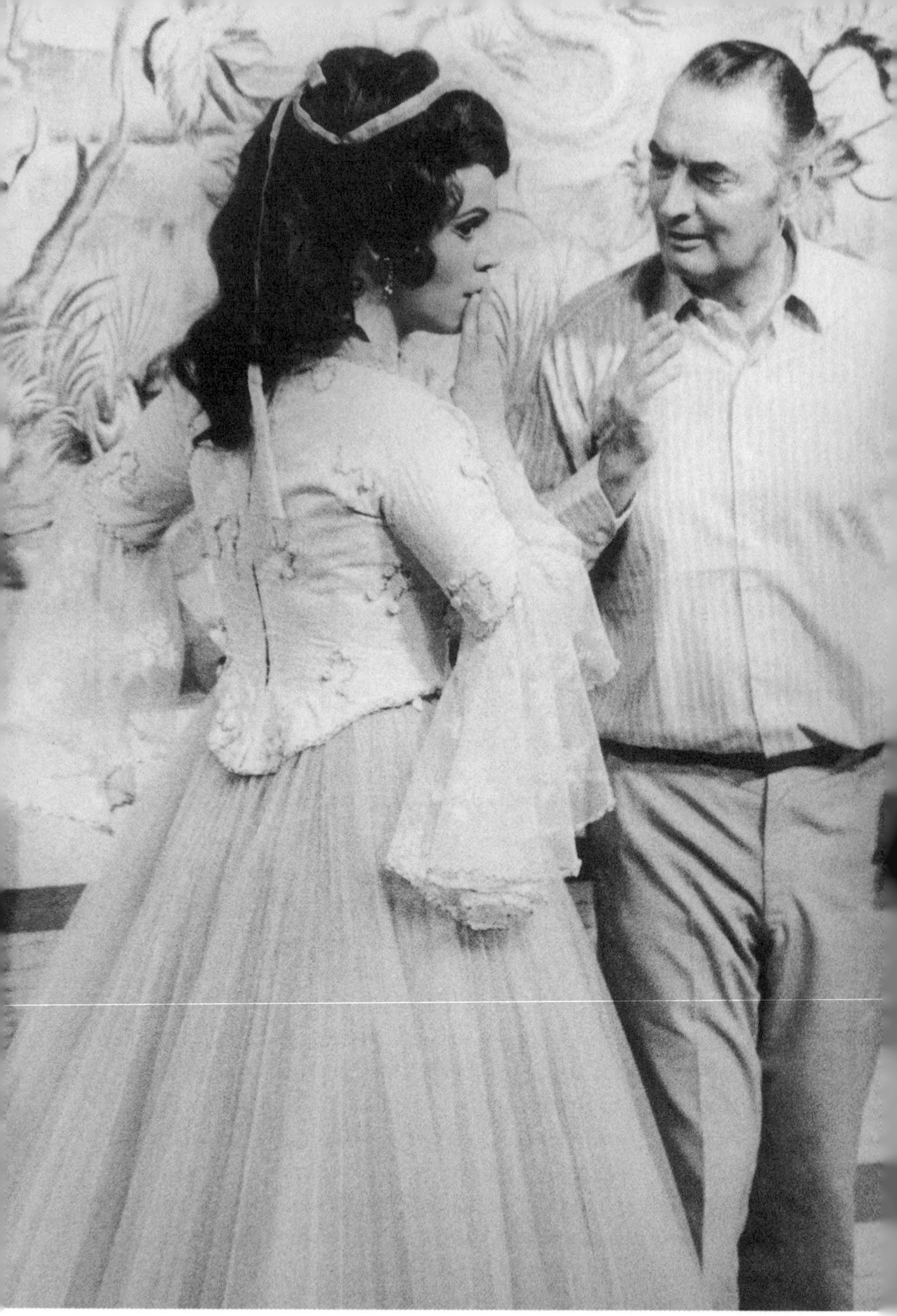

Mit Günther Rennert bei einer Probe zu «Così fan tutte» in Salzburg

durchdringung verdanke. Der junge Schenk war einer der Ersten, die, vom Schauspiel kommend, sich auf die Oper stürzten. Durch eine ernsthafte Textanalyse ließ er uns Sänger viele Dinge vertiefter und vermenschlichter sehen. Er wollte «Menschen wie du und ich» auf der Bühne haben, eine vollkommene Natürlichkeit in Gestus und Aussage, so dass der Zuhörer, der Zuschauer sich mit den Konflikten und dem Geschehen ganz und gar identifizieren konnte. Das ist ihm oft gelungen. Die Glaubhaftigkeit seiner mit leichter Hand und großem Einfühlungsvermögen geschaffenen Rollenbilder war betörend, nicht nur für das Publikum, sondern auch für uns Mitspieler.

Götz Friedrich war der große Konzeptregisseur, der seine großzügigen Gedankenentwürfe akribisch genau, bis in die kleinste Geste kontrolliert, umsetzte und für uns mit Subtext anreicherte. Ein spannender Vorgang war es zu erleben, wie er sein Gedankengebäude auf uns übertrug und uns in seine theatralische Welt einordnete.

Ponnelle war derjenige, der aus der unerbittlichen Forderung nach einer absoluten ästhetischen, künstlerisch überhöhten Bühnensprache die Freiheit der Gestaltung erreichte. Lange blieb mir dieser Vorgang rätselhaft, da ich als «Rennert-Geschöpf» aus einer ganz anderen Schule kam und die Natürlichkeit auf der Bühne für mich als selbstverständlich betrachtete. Das war meine Welt, meine Heimat, nur so fühlte ich mich ganz zu Hause in einer Rolle. Ponnelle verlangte den Weg über die «Unnatürlichkeit» und «Künstlichkeit». Das Ergebnis seiner und unserer Bemühungen war von einer großen formalen Kraft, die dennoch genügend Raum für Emotionen ließ.

Ein anderer mich tief beeindruckender Regisseur war Kurt Horres, der in München Massenets «Werther» inszenierte. Ich war als Charlotte besetzt, die Frau, die zwischen zwei Männern an unerfüllter Liebe verzweifelt. Sie wurde meine Lieblingspartie, was auch an der intensiven Zusammenarbeit mit Horres lag, in den ich mich prompt verliebte, was mir bei meinem Bühnenpartner Plácido Domingo nicht gelingen wollte.

Domingo war verschrien als unermüdlicher Frauenheld, er flirtete mit jedem weiblichen Wesen, das ihm unter die Finger kam. Vor seinen Avancen war keine sicher. Die Rolle des Werther ist eine schwierige, hohe Tenorpartie, die auch einen Domingo ab und zu an seine Grenzen führte. Seine fruchtlosen Bemühungen um mich während

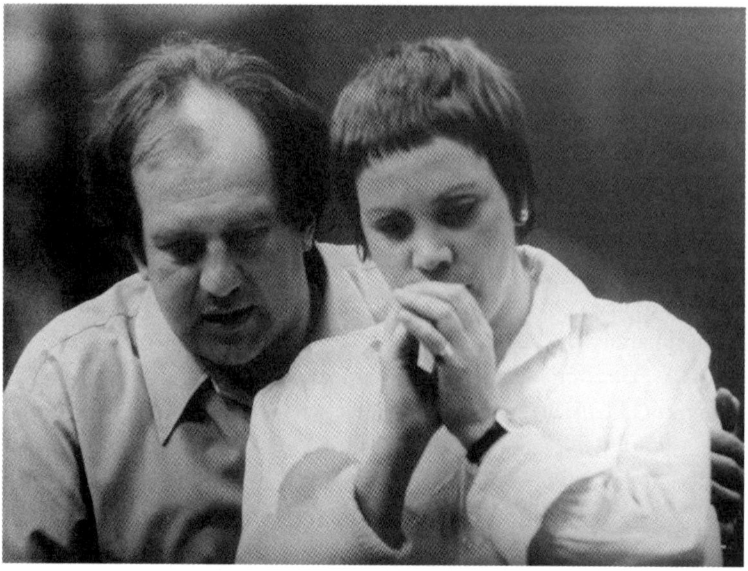

Mit Otto Schenk bei einer Probe zu «Don Carlos», 1978 in München

der Proben müssen für ihn, den in jeder Beziehung Erfolg Gewohnten, ziemlich anstrengend gewesen sein. Zwar ging ich mit ihm essen, fragte ihn nach seinem Leben und Werden aus, hielt ihn bei Laune, aber auf Abstand. Danach fuhr ich ihn schnurstracks in sein Hotel zurück, ließ ihn aussteigen und brauste davon. Gegen die Kussszene in «Werther», die er jedes Mal triumphierend ausnutzte, konnte ich mich auf offener Bühne nicht wehren.

Horres dagegen blieb dezent und nobel, und wir kamen überein, dass er ein treubleibender Ehemann zu sein hatte. Trotzdem freute ich mich auf jede Probe, auf diesen klugen, eloquenten Mann, der mit tausend Assoziationen und Bildern, die er von weit her holte und gleichnishaft verstanden wissen wollte, meine Phantasie und die geliebte Charlotte beflügelte. Dieser «Werther» wurde ein Erfolg und leitete eine Renaissance der Oper ein, die, bisher selten gespielt, nun plötzlich in vielen Spielplänen auftauchte.

Eine meiner letzten großen Rollen führte mich schließlich mit Harry Kupfer zusammen, dem Intendanten der Komischen Oper in Berlin und vielgerühmten, pausenlos inszenierenden Opernregisseur, der eines der künstlerischen Aushängeschilder der DDR war. Harry Kupfer inszenierte 1989 die schon erwähnte «Elektra» in Wien, bei der ich als Klytämnestra besetzt war und Claudio Abbado am Pult stand. Kupfer war ein Probenberserker. Er erklärte kurz und klar den Szenenverlauf und die Befindlichkeit der handelnden Personen, dann warf er uns sich zum Fraß vor – anders kann ich es nicht ausdrücken. Er überließ uns seinem Schicksal. Er tobte durch den Probenraum, schrie und gestikulierte uns anfeuernd und hautnah seine Gedanken und Anweisungen entgegen, umtanzte uns mit jedem Schritt, lobte, verwarf, fuhr uns in die Parade, korrigierte verbal und brachial – es war atemberaubend, suggestiv und sehr anstrengend!

Ob sehr viel hängen blieb, weiß ich nicht mehr. Zu Anfang, bei all dem Übereifer, den Kupfer ausstrahlte, sicher nicht. Allmählich gewöhnte man sich jedoch an diese temperamentvollen Dauerausbrüche. Er war ein Wort und Gedanken speiender Vulkan – und privat ein bescheidener, zurückhaltender Mensch, der kein Wort zu viel sagte. Ich fand die Zusammenarbeit mit ihm sehr spannend und hätte mir eine nächste gewünscht.

Diese «Elektra» wurde dann auch während der Salzburger Festspiele gezeigt. Ich sang die Klytämnestra aber auch in anderen Produktionen, in München und an der Met. In dieser Rolle steht man nur ungefähr 25 Minuten auf der Bühne, aber sie fordert alles! Die Emotionen überschlagen sich. Kupfer trieb mich an die Grenze des Machbaren, des Singbaren, ich war danach wie aus dem Wasser gezogen. Die sängerische Aktion trat bei dieser Rolle zugunsten der schauspielerischen in den Hintergrund. Es war eine große und wichtige Erfahrung, eine künstlerisch gebändigte Selbstentäußerung, die ich Harry Kupfer zu verdanken hatte. Er war für meine Sängermentalität der würdige Nachfolger Rennerts, der sich leider schon von dieser Welt zurückgezogen hatte. Kurz nach seinem Freiheitsantritt nach der Münchner Zeit war er gestorben.

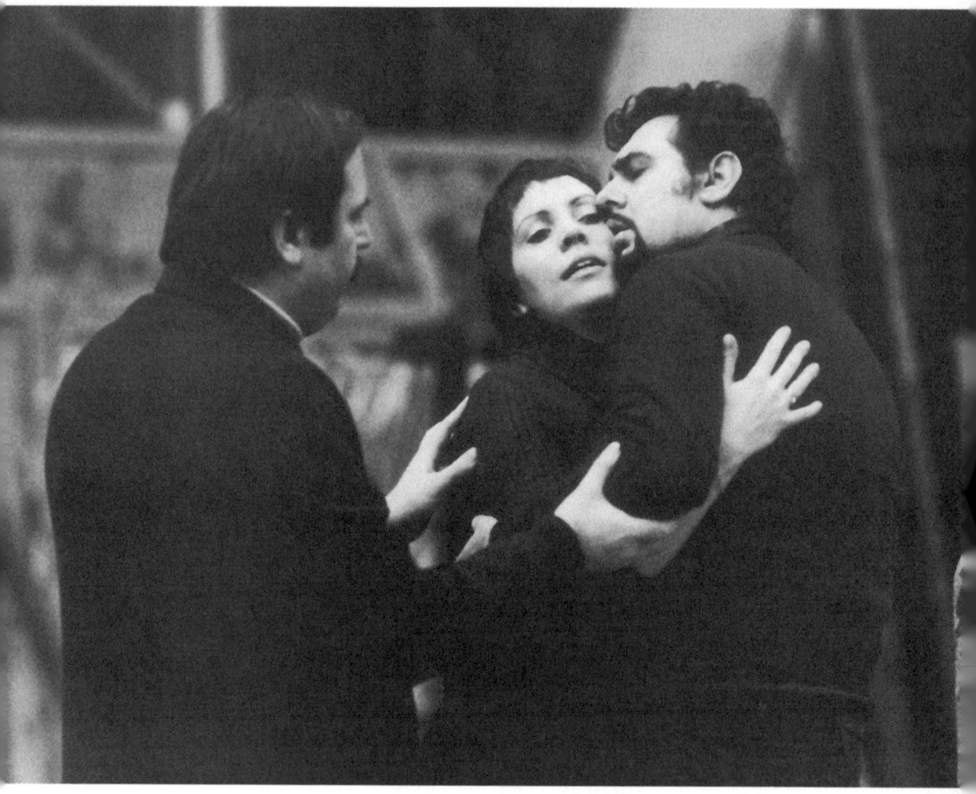

Mit Kurt Horres und Plácido Domingo
bei einer Probe zu Massenets «Werther», 1978 in München

## *Dirigenten*

Auch wenn mir die Spezies Dirigent überwiegend suspekt war in ihrer diktatorischen Überheblichkeit, ihrer skrupellosen Machtausübung, so muss ich doch einiger gedenken, wenngleich aus unterschiedlichsten Gründen. Oft waren sie Teil eines besonderen künstlerischen Erlebnisses, oft machten mich Verhalten und Anspruch sprachlos, oft waren Skurrilität und Umstände bewegend und daher unvergesslich.

Letzteres traf auf meine einzige Begegnung mit Otto Klemperer zu. Ich sang unter seiner Leitung – zusammen mit Edith Mathis, der bezaubernden, aber schwierigen Kollegin, die mit sich und ihrer

Leistung nie zufrieden und darin mir ähnlich war – Mendelssohns «Sommernachtstraum» im Herkulessaal der Münchner Residenz. Das war neben dem Deutschen Museum Münchens wichtigster Konzertsaal, bevor der Gasteig entstand.

In einer Probenpause wurde ich Klemperer vorgestellt. Er saß auf einer Fensterbrüstung des kleinen Raumes vor der Bühne, in dem man sich vor den Auftritten versammelte. Er hatte eine große, weiße Serviette umgelegt und rauchte eine Pfeife, aus der Tabak und Glut auf die Serviette rieselten. Seine wachen Augen hinter der Brille sahen mich prüfend an, und er hielt meine Hand lange in seiner: «Was macht denn Ihr Vater? Ist der geblieben in der Nazizeit?!» «Ja, er ist geblieben …» Ich musste schlucken, da ich auf diese Frage nicht gefasst war. «Komisch, das war doch so ein anständiger Kerl. Na, grüßen Sie schön …» Tochter Lotte nahm ihm Serviette und Pfeife ab, wir gingen auf die Bühne … Am Pult lehnte er sich oft zurück, hörte zu, dirigierte seitenlang gar nicht. «Sehen Sie, meine Herren, es geht auch ohne mich.» Uneitel, knarzig war er, ein großer Dirigent und für mich ein starker Eindruck.

Szenenwechsel, Amerika. Ich sang in Pittsburgh die Brangäne in einer konzertanten Aufführung des zweiten Akts «Tristan». Der Tristan war John Vickers, Isolde die fabelhafte Eileen Farrell. Am Pult des Pittsburgher Sinfonieorchesters stand sein damaliger Chefdirigent, William Steinberg – ein anderer jüdischer Großmeister seiner Zunft, hoch in den Siebzigern, wie mir schien, und äußerst liebenswürdig. Er war klein, rundlich, temperamentvoll, ein Erzmusikant. Die Proben waren das reinste Vergnügen, ich staunte die großen Kollegen an und gab mein Bestes.

Der Brangänenruf ertönte aus der obersten Proszeniumsloge, links von der Bühne. Steinbergs Gesicht leuchtete unten am Pult, er sah zu mir hoch und begleitete den schweren «Ruf» so tempofreundlich, dass er mir mühelos gelang. Es wurde ein schönes, erfüllendes Konzert.

Die Arbeit war getan, es kam zur allgemeinen Verabschiedung. Ich sehe mich noch vor dem kleinen, wehmütig wirkenden Mann stehen: «Bitte, bleiben Sie bei mir. Bleiben Sie hier, gehen Sie nicht zurück, ich liebe Sie …» Er hatte Tränen in den Augen. Das Ganze war so illusorisch, so skurril und sehr rührend, und es geschah ohne jede plumpe Anmache, wie ich sie schon von manchem von Steinbergs siegessicheren Kollegen erlebt hatte. «Ich bin Witwer, ich bin allein, ich brauche Sie …» Natürlich bin ich zurückgeflogen in meine alte Welt, aber nachdenklich und bewegt von dem spontanen Wunsch und Vertrauen des alten Emigranten …

Auch Josef Krips habe ich noch erlebt, den Dirigenten und Altmeister der Wiener Mozart-Pflege, der nach dem Krieg das legendäre Wiener Mozart-Ensemble ins Leben rief. Irmgard Seefried, Anton Dermota, Erich Kunz – alle habe ich in Wien noch kennengelernt und mit ihnen gesungen. Krips war der Dirigent meines ersten internationalen «Rosenkavalier»-Gastspiels, das in London stattfand. Sena Jurinac – mit ihren weißen Haaren und den schwarzen Augen auch privat eine Schönheit – war die Marschallin, Lucia Popp die vertraute Sophie. Den Ochs sang der Hausbass von Covent Garden, Michael Langdon, der als großer Geizkragen verschrien war. Es war wohl eine besondere Auszeichnung, dass er mich, warum auch immer, in ein teures Fischrestaurant einlud.

Die Proben mit Krips waren anregend und lautstark, denn er hatte die Angewohnheit, mit aller Kraft auf den Flügeldeckel zu schlagen und «Bravo» zu schreien, wenn etwas gelungen war. Dann musste man schnellstens in Deckung gehen, denn als starker Zigarrenraucher, der er war, klebten kleine, bräunliche Häufchen getrockneter Spucke in seinen Mundwinkeln, die sich bei seinen häufigen Temperamentsausbrüchen lösten und durch die Gegend flogen … Dieser Londoner «Rosenkavalier» war auch deshalb etwas Außergewöhnliches, weil ich im zweiten Akt bei der berühmten «Rosenüberreichung» die originale silberne Rose überreichen durfte, die bei der Uraufführung verwendet worden war. Sie hatte bis zu diesem erhabenen Moment in einem Safe geruht, in dem sie auch wieder verschwand, als das Londoner Gastspiel beendet war. Ich hatte sie in Händen gehalten und werd's mein Lebtag nicht vergessen.

Ein anderer unvergessener Maestro – der heute im Zeichen der #MeToo-Bewegung kein leichtes Leben hätte – ist Georg Solti, mit dem ich mehr als einmal zu tun hatte. Solti war der vielleicht größte *womanizer* unter seinesgleichen, niemand aus der jüngeren Sängerinnengarde war vor ihm sicher. Meine erste Begegnung mit ihm war die Einspielung des «Rings» in Wien für die «Decca». Danach kam eine Aufnahme von Humperdincks «Hänsel und Gretel», bei der ich den Hänsel sang. Zu der Zeit hatte Sir George nur Augen und Hände für die junge Sängerin des Taumännchens, die denn auch prompt mit weißem Pelz aufmarschierte, dem obligaten Erhörungsgeschenk. Es gab unzählige Besitzerinnen weißer Pelze in Soltis Umfeld.

In Paris, wo ich unter seiner Leitung in der Neunten von Beethoven sang, war ich dann an der Reihe. Zuerst widmete er mir das erste Konzert, indem er mir danach seinen Taktstock überreichte. Es war zum Lachen, denn der Mezzo hat so gut wie nichts zu singen in dieser Symphonie. Eine Einladung zum Essen nahm ich an, man wollte es sich mit dem großen Maestro ja nicht verderben. Er konnte vor Aufregung kaum schlucken, sprach ununterbrochen von sich und seinen Erfolgen und spuckte mir, zwischendurch hastig kauend, Salat entgegen. Nach dem Essen zog er mich tatsächlich vor ein Pelzgeschäft, in dem ein weißes Pelzcape hing. Ekel und Neugier hielten sich bei mir die Waage. Wie würde es weitergehen? Wir gingen ins Kino. Von dem Film hatte ich allerdings gar nichts, denn ich musste mich nur seiner Hände und Annäherungen erwehren, was anstrengend war, aber gelang. Leider wohnten wir im selben Hotel, und nach einer erneuten unangenehmen, verbalen und handgreiflichen Attacke ließ ich ihn einfach stehen und verbarrikadierte mich in meinem Zimmer.

Gott sei Dank hat er verstanden, dass ich das Pelzcape nicht wollte. Er trug es mir nicht nach, sondern tröstete sich mit dem nächsten, willigeren Objekt. Ich sang auch nach wie vor in Covent Garden, dessen Chefdirigent er war. Meine Weigerung hatte keine negativen Folgen, dazu war meine Karriere schon zu weit gediehen. Solti war ein krasser Fall der Machtausnutzung und war nur bei mir an die Falsche geraten.

Viel später, als ich in London Jennie getroffen hatte und mit ihr verbunden war, lud er uns in kleinem Kreis in seine feudale Londoner Wohnung ein und führte uns Anwesenden stolz eine der ersten CDs vor, ein neues Medium, das ihn begeisterte. Da war er locker und fröhlich, charmant in seinem ungarischen Temperament. Die unappetitliche Begegnung in Paris war längst vergessen.

Auch als ich die Waltraute in Wagners «Götterdämmerung» in Bayreuth sang, stand Solti am Pult. Er war ein exzellenter Musiker, und in der einmaligen Bayreuther Akustik wurde die «Götterdämmerung» unter seiner Leitung ein musikalisch spannendes Wagner-Fest. Vom Regisseur Peter Hall bekam ich nur eine Anweisung:

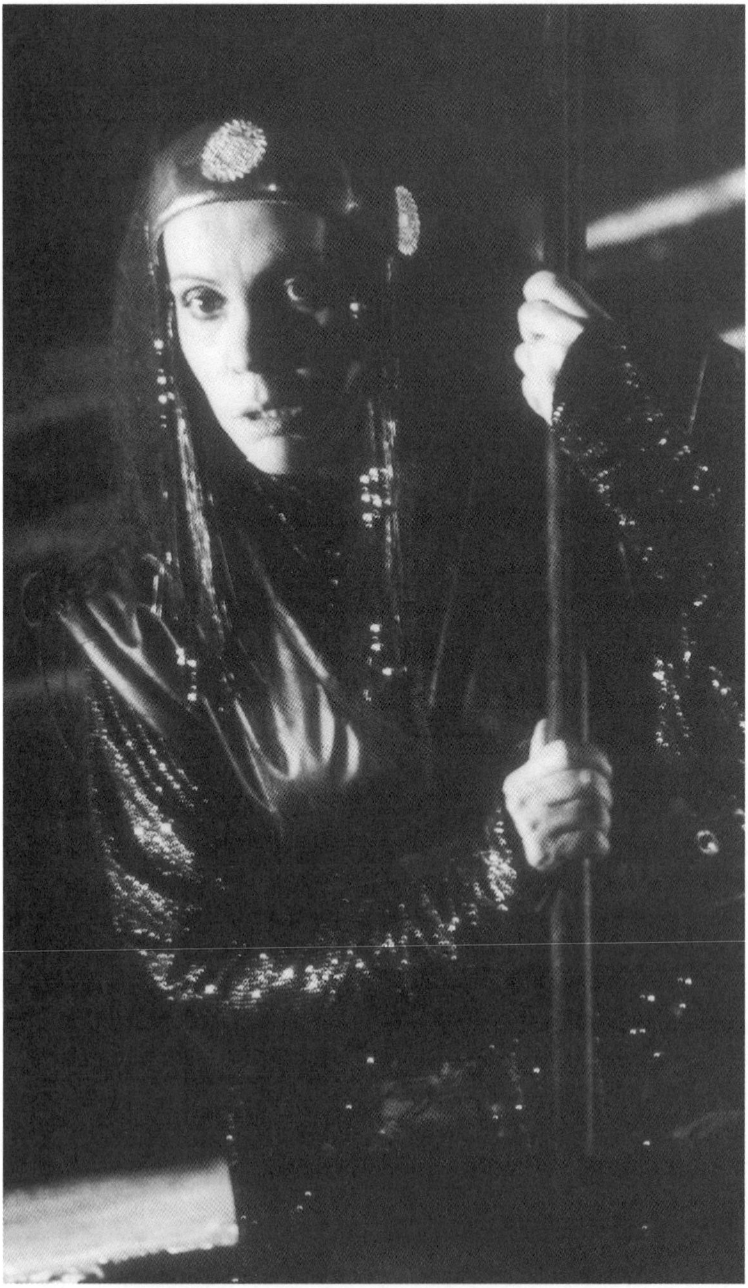

Als Waltraute in der «Götterdämmerung», 1983 bei den Bayreuther Festspielen

«You come in from over there, and you go off here …» Dabei blieb es. Mehr hat er mir nicht gesagt in der gesamten Probenzeit. Hildegard Behrens war die Brünnhilde. Wir blieben uns selbst überlassen.

Dem Bayreuther Rummel, der familiären, eingeschworenen Wagner-Gemeinschaft um Enkel Wolfgang stand ich eher reserviert gegenüber. Die fränkelnde Hemdsärmeligkeit war meine Sache nicht. Ich hielt mich abseits, so gut ich konnte, und wurde kein Mitglied der Wagner-Clique. Dass ich die Einladung, die Fricka in Patrice Chéreaus «Ring» zu singen, nicht annehmen konnte, bedauerte ich allerdings sehr. Doch die Münchner und die Bayreuther Festspiele überschnitten sich so sehr, dass nicht daran zu denken war, von München freizukommen. So blieb die Waltraute unter Solti mein einziger Abstecher auf den Grünen Hügel.

## *Ausflug nach Prag*

Es ist eigenartig, welch subjektive Wahrnehmungen die Erinnerung mir beschert. Es gab Ereignisse, die im Lebensgefüge sicher nicht von besonderer Wichtigkeit waren und die doch in meiner Rückschau als unverrückbare Größe erscheinen. Dazu gehören meine wiederholten Auftritte in Prag, der Stadt, die mir neben London die liebste auf der Welt ist.

Noch während des Prager Frühlings sang ich Liederabende und Konzerte in den traditionsreichen Prager Konzertsälen. Dann kam ein «Carmen»-Gastspiel an der Prager Oper in einer bahnbrechenden Inszenierung des tschechischen Regisseurs Václav Kašlík. Es ist mir auch deshalb unvergesslich, weil mein Don José gut einen Kopf kleiner war als ich und alles um mich herum auf Tschechisch sang, während ich in der Originalsprache Französisch sang. Das seltsame Kauderwelsch tat der Emotionalität des Geschehens keinen Abbruch.

An freien Tagen, zwischen den Auftritten, wandelte ich auf Kafkas Spuren, besuchte sein Grab und alle Stätten, die mit ihm zu tun hatten. Prag wurde mir so vertraut wie eine Heimatstadt. Dieser Eindruck vertiefte sich noch, als ich für die Verfilmung von Massenets Oper «Werther» sechs Wochen in Prag lebte und arbeitete. Jennie war bei mir, und wir hatten eine wunderbare Zeit.

Das alte Prag ist als Filmkulisse ein beliebter Ort, und die Gassen, die ich als verzweifelte Charlotte durcheilte, gejagt von der Sorge um Werther, erkannte und erkenne ich in einigen Filmen wieder, nicht zuletzt in dem berühmten «Amadeus»-Film. Wir drehten auch in der Umgebung von Prag, in einem Schloss weit vor den Toren der Stadt. Nachtaufnahmen entstanden in und vor einer Kirche und dauerten eine Ewigkeit, weil Tausende von Motten und Nachtfaltern, angezogen vom Scheinwerferlicht, die Aufnahmen störten.

Charlottes Tränen in der letzten Szene, die dem sterbenden Werther gelten, waren nicht von der Maske präpariert. Es dauerte sehr lange, bis diese Sequenz im Kasten war. Ich kniete auf dem kalten, steinernen Boden, den schweren Werther im Arm, und meine Knie rebellierten. Allmählich taten sie so weh, dass ich die Tränen nicht mehr unterdrücken konnte: Der Schmerz der Charlotte war echt!

Mein Partner war der Tenor Peter Dvorsky, ein mir lieber Kollege bis auf die Tatsache, dass er stolz von Bärenjagden erzählte, die er in seiner Freizeit unternahm. Peter hatte eine bildschöne Stimme und war ein veritabler Biertrinker. Auch mir schmeckte das echte Pilsner vom Fass besser, als es den maßgeschneiderten engen Kostümen zuträglich war. Leider war also Dauerdisziplin angesagt. Der Rest der Besetzung waren hervorragende tschechische Schauspieler, deren Rollen von Sängern synchronisiert wurden. Der Film wurde in zwei Fassungen gedreht, einmal auf Deutsch und einmal auf Französisch, ein langwieriges, mühsames Unterfangen.

Aber ich genoss die Zeit in Prag, wobei ich im Hotel «Interconti» wohnte, einem großen, modernen Bau an der Brücke, an der Kafkas Elternhaus gestanden hatte. Morgens um 6 Uhr holte mich ein Wagen ab und fuhr mich in die Maske. Die Filmerei dauerte bei Außenaufnahmen bis zum Sonnenuntergang, dann saß die Crew noch in irgendeinem Lokal beim Bier. An freien Tagen, die es hie und da auch gab, bummelten wir durch die herrliche Stadt, über die Karlsbrücke auf die Kleinseite und zum Hradschin. Einmal mieteten wir ein Ruderboot und fuhren auf der Moldau zwischen den Schwänen herum, bis zur Badeanstalt, die Kafka als Jüngling besucht hatte.

Aus dem musikalischen Aufnahmematerial wurde auch eine Gesamtaufnahme auf Platte erstellt, die nur in der französischen Fassung erschien. Der Dirigent war Libor Pešek, ein hochbegabter Tscheche, der kurz darauf Chef des Liverpool Philharmonic Orchestra wurde und auch viel in London dirigierte.

Die Filmregie hatte der tschechische Regisseur Petr Weigl übernommen, ein Film- und Fernsehmann, der auch in Deutschland kein Unbekannter war. Mit ihm habe ich danach noch einmal zusammengearbeitet bei einer Verfilmung der «Winterreise» – ein Projekt, das ihm am Herzen lag. Ich konnte mit seiner filmischen Deutung wenig anfangen und fand das Ergebnis mehr als enttäuschend.

Während ich dies schreibe – im August 2018 –, bekomme ich die Nachricht, dass Petr Weigl gerade gestorben ist. Er war ein feinsinniger Künstler und ein kluger Mensch. Gott hab ihn selig …

## *Anekdoten*

Dass ich kaum Anekdoten liefern kann, bedaure ich zutiefst. Ich kann auch keine Witze erzählen, mir keine Pointen merken. Der Versuch, anekdotisch zu werden, fällt sicher hilflos aus: Sei's drum – ein paar solcher Momente tauchen auf aus dem Nebel der *tempi passati*, der längst vergangenen Zeiten. Sie sind so vergangen, diese Zeiten, wie all das Herzblut und der Atem, die in der Passion des Singens verströmt wurden. «Der Augenblick der theatralischen Wirklichkeit ist unwiederholbar», ist ein Wort von Rennert. Unwiederholbar sind auch die spontanen Momente skurriler Komik und grotesker Situationen, die ich genossen habe, wenn sie passierten. Das Leben auf der Bühne mit den Kollegen ist voll davon. Manchmal nimmt man sie dankbar wahr, weil sie momentweise entspannen, dann wieder lenken sie ab vom Ernst des Geschehens, und manchmal ufern sie aus in wahre Lachkrämpfe, deren man nur schlecht wieder Herr wird. Manche Kollegen waren verschrien als «Lachwurzen», da genügte ein Blick, und man war verloren …

Ganz besonders in Erinnerung sind mir ein paar Situationen geblieben, die ein und dieselbe Kollegin betreffen, eine für ihre magischen Pianissimi in der Höhe gerühmte und berühmte Sängerin, mit der ich oft gemeinsam auf der Bühne stand. Sie war mit großem Humor gesegnet, ja sogar mit Selbstironie und mit einer in sich ruhenden Körperlichkeit, wobei der ausladende Busen und das hochgetürmte schwarze Haar keine unwichtige Rolle spielten. Ich mochte sie sehr, diese echte Primadonna, die sich augenzwinkernd auch so benahm.

Wir sangen zusammen einen Galaabend in Köln – eine mir suspekte Tätigkeit. Sie war darin Expertin, während ich derlei vermied, wo ich konnte, weil die Aneinanderreihung von aus dem Zusammenhang gerissenen Arien und Duetten mir fragwürdig erschien. Wir sangen im Wechsel eine Arie nach der andern. Nach einer solchen kam ich, unzufrieden wie immer, von der Bühne, die Primadonna rauschte strahlend zu ihrem Auftritt. Ich blieb an der Bühne, um ihr zuzuhören. Ihre Szene beendete sie mit einem fragilen, bezaubernden Pianissimo auf dem Spitzenton. Der Applaus brandete auf. Sie kam von der Bühne – weinend. Bestürzt stand ich vor ihr: «Um Gottes willen, was ist denn?» Sie umarmte mich schluchzend: «Ich war so guuuut!»

Wir sangen zusammen in Barcelona, sie ihre erste Isolde, ich die Brangäne. Die Proben mit einem nervösen, aber gut vorbereiteten, freundlichen spanischen Regisseur begannen, wir probten den ersten Akt. Nach ungefähr fünf Tagen aber wurde die Kollegin während der Probe ans Telefon gerufen und kam sorgenvoll zurück: «Mutter Herzanfall, Krankenhaus ...» Ich sah ein verräterisches Funkeln in ihren Augen, nach Tränen sah es allerdings nicht aus. Sie nahm ihre Sachen und verabschiedete sich eilig.

Tag um Tag verging, Tristan, Kurwenal und ich probten eisern weiter, ohne Isolde. Man wusste um die Herzanfälle der Mutter, wenn die Kollegin ihre Rolle noch nicht konnte. Der Regisseur war verzweifelt. Nach endlosen vierzehn Tagen tauchte die Kollegin wieder auf, so textunsicher wie zuvor, aber musikalisch endlich sattelfest. Da Isolde und Brangäne im Stück viel miteinander zu tun haben und Brangäne sich sowieso immer in Isoldes Nähe aufhält, soufflierte ich ununterbrochen ihren Text, wobei ich immer Positionen «Rücken Publikum» suchte, und hätte nach dieser Produktion sehr wohl eine Souffleusenprüfung bestanden.

Die Premiere kam. Isolde trug ein Kleid, luftig und in glänzendem Türkis, das mit unseren Kostümen, den dicken, härenen Gewändern, die wir tragen mussten, stilistisch nicht das Geringste zu tun hatte. Wir beide standen im zweiten Akt nebeneinander an einer goldenen

Wand und sollten erschüttert der Erzählung von König Marke folgen, der seine unerwiderte Liebe zu Isolde in bittere, von Wagner hinreißend komponierte Worte fasst, grandios gesungen und gestaltet an diesem Abend von Matti Salminen. Ein Höhepunkt der Oper, der ungefähr zwanzig Minuten dauert.

Ich merkte, wie meine neben mir an der Wand lehnende Nachbarin sich offensichtlich langweilte, und sah sie verstohlen von der Seite an. Sie rückte vorsichtig näher und flüsterte: «Was singt der da eigentlich?» Nach dieser Frage bebte die Wand von unserem Lachen. Montserrat Caballé war nicht eben tief in Wagners größtes Werk eingedrungen. Sie war eine nicht sehr rollentypische, aber mühelos und herrlich singende Isolde. Ihr Tod in diesen Tagen macht mich traurig. Sie war ein liebenswerter Mensch.

Szenenwechsel, London in den Siebzigern. Margaret Price und ich flogen während der Salzburger Festspiele an zwei spielfreien Tagen in die englische Hauptstadt. Aufnahmen von Mahlers Zweiter Symphonie mit der Dirigentenlegende Leopold Stokowski standen auf dem Programm; sie fanden in einer Konzertkirche statt. Es war ein Regentag, London machte seinem Klischee alle Ehre. Im Vorraum zur Kirche saß ein zierlicher, alter Mann mit geschlossenen Augen. Sein weißes, feines Haar umstand den Kopf wie eine Gloriole. Seine Füße, in Schuhen, die von grauen Gamaschen bedeckt waren, hatte er auf einer Zeitung abgesetzt. Ich musste an Hans Christian Andersens Märchen «Die Galoschen des Glücks» denken – eine seltsame Assoziation. Dieses Männlein strahlte etwas Überirdisches aus. Es war Stokowski.

Ich wurde ihm vorgestellt. Halbblind, wie er offensichtlich war, tastete er mit einer kühlen, trockenen Hand in meinem Gesicht herum: «Fassbaender, Fassbaender» – er lauschte dem Namen innerlich nach – «haben wir nicht schon 1911 zusammengearbeitet?» Ich konnte erwidern: «Nein, Maestro, das war sicher die große Zdenka Mottl-Fassbender, die Sie meinen.» «Kann sein, kann sein …» Stokowski war damals in München junger Assistent von Strauss und Mahler gewesen und Zdenka Mottl-Fassbender eine Heroine der Münchner Oper. Ein unwiederbringlicher Moment, eine wunderbare Verwechslung. 1911 war so nah, Stokowski schon so fern …

Schließlich noch eine Begegnung, die so skurril wie traurig-schön

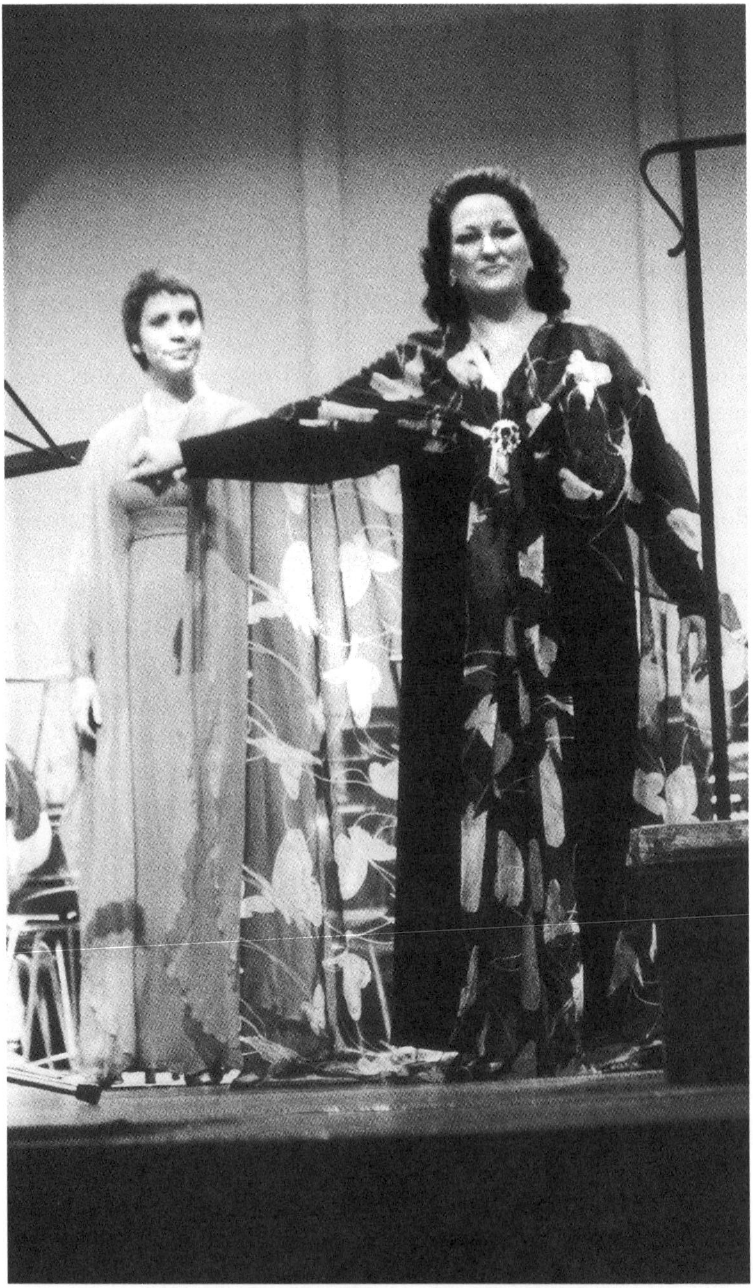

Mit Montserrat Caballé

war. Ich sehe ihn noch vor mir – Oskar Werner, die österreichische Schauspielerlegende, in braunem Trachtenanzug und mit hochrotem Gesicht, etwas aufgedunsen vom dauernden Alkoholkonsum. Er war ein Freund meines Begleiters Erik Werba, liebte Musik und reiste zu meinen Liederabenden. Da saß er dann irgendwo in den hinteren Reihen, gab lauthals seine vom Alkohol beflügelte Meinung von sich und schrie am Schluss: «Brigitterl, sing uns noch was!» Mir war es peinlich, das Publikum störte sich nicht daran, es liebte seinen Oskar, freute sich und sah mich erwartungsvoll an. Und ich sang noch was …

An einem Nachmittag hatte er mir, fächerartig auf dem Boden drapiert, einige seiner Platten ins Hotelzimmer gelegt, Aufnahmen seiner überragenden Rezitationskunst. Nach dem Konzert waren Erik Werba und ich in seinem Zimmer zu Gast, der Wein floss in Strömen. Werba sollte temperamentvoll und bestimmt hinauskomplimentiert werden, doch ich bat ihn zu bleiben. Oskar Werner aber sank auf die Knie und rezitierte, unvergesslich in seinem trunkenen Charme, Goethes «Heidenröslein» – «Sah ein Knab ein Röslein stehn …» –, «Ach, neige dich, du Schmerzensreiche» und dergleichen Herzerweichendes mehr. Endlich brachten wir ihn zur Ruhe.

Am nächsten Morgen, er hatte mich zum Frühstück eingeladen, saß er etwas angeschlagen, aber heiter beim Kaffee. Die Tasse zitterte in seinen Händen. Dann gingen wir spazieren, am Ufer der Donau in Linz. Er nahm ganz einfach meine Hand in seine, sie war warm und sympathisch, ich ließ es geschehen. Er sprach über Musik und Poesie, über seine Götter Goethe und Kleist. Er war der ewige Prinz von Homburg, der nicht erwachsen werden wollte und der den Alkohol brauchte, um sich in seine phantastischen Jugendträume und Höhenflüge zu retten.

Es kamen Anrufe von ihm, ich solle ihn in Liechtenstein besuchen, wo er einsiedlerisch lebte. Er habe ein neues Rezitationsprogramm für mich, er wolle es mir vorlesen … Ich bin nicht gefahren, ich habe ihn allein gelassen in seinem Rausch, der ihm den Tod brachte, nicht lange danach. Er ist einsam gestorben, in einem Hotelzimmer. Ich mochte ihn sehr, diesen wunderbaren Schauspieler, der ein nobler und großherziger Mensch war.

## *Die ständigen Begleiter*

Mahler war in meinen Liederabendprogrammen ebenso häufig vertreten wie Schubert oder Hugo Wolf. Eine Hälfte Schubert, eine Mahler oder Wolf war eine Kombination, die ich liebte und oft sang. Programme mit Liedern von mehr als zwei Komponisten vermied ich tunlichst. Mein großes Vorbild in der Programmgestaltung war Fischer-Dieskau, seine Liederabende waren perfekt in Auswahl und dramaturgischer Klugheit.

Doch das Liebste war mir ein ganzer Schubert-Abend – entweder ein Zyklus oder Lieder, die sich einer Thematik zuordnen ließen –, ein Wolf-Abend, ein ganzes Schumann- oder Brahms-Programm. In Großstädten und bei Festivals waren solche Programme leichter anzubieten als in kleineren und mittleren Städten: Da waren Veranstalter und Publikum häufiger auf bunte Mischprogramme eingestellt. Den Kompromiss, drei oder sogar vier Komponisten zu singen, ging ich nur schweren Herzens ein, meistens versuchte ich, meiner programmatischen Linie treu zu bleiben. Konzentration, Spannung und Herausforderung waren so ungleich größer für mich.

Den meisten Raum in meinen Programmen nahmen mehr und mehr Schuberts Lieder ein. Doch wie gesagt traute ich mich am Anfang meiner sängerischen Laufbahn lange nicht an Schubert heran. Erik Werba, der Begleiter, durch dessen Schule damals fast jeder Liedersänger einmal gegangen war und mit dem ich schon seit einiger Zeit arbeitete, nahm mir schließlich die Scheu und ließ mich Schubert singen. Die erste Schubert-Platte entstand mit ihm, und in vielen Liederabenden war er der bravouröse, sichere Fels in der Brandung. Er konnte mühelos vom Blatt transponieren, eine Fähigkeit, die für einen Begleiter fast unerlässlich ist. Aber nicht alle können es.

Und Werba war stets voller guter Laune, jederzeit zu Späßen aufgelegt, ein herrlicher Typ. «Bravo», rief er lauthals, wenn er zufrieden war, und «Hinaus», wenn jemand den Kopf durch die Tür streckte und eine Probe störte. Er war originell und witzig und wusste alles über Musik und die Liedliteratur, ein wandelndes Musiklexikon. Dass ich irgendwann Lust hatte, auch andere Begleiter kennenzulernen, war ihm gar nicht recht.

Unsere Wege trennten sich allmählich, und ich arbeitete eine

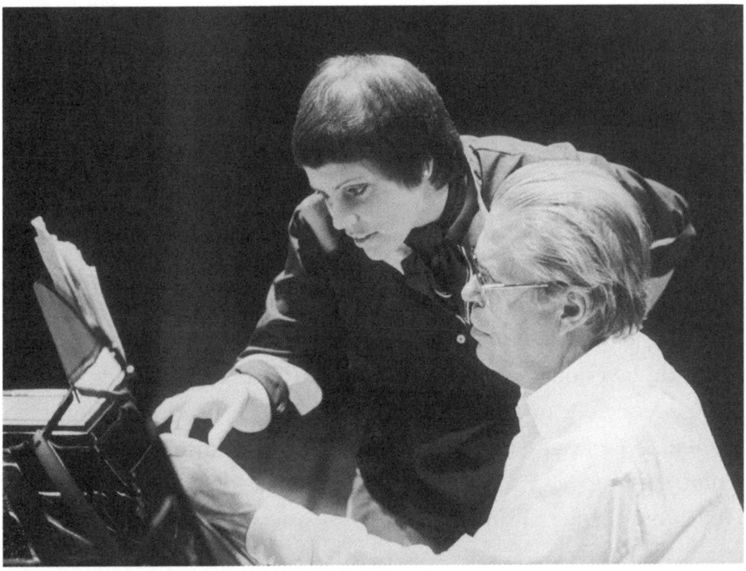

Mit Erik Werba in den späten Sechzigerjahren

lange Wegstrecke mit Irwin Gage zusammen, den Gundula Janowitz mir dringend empfohlen hatte. Sie kannte ihn aus eigener, glorreicher Zusammenarbeit. Irwin war ein phantasievoller, kraftvoller Pianist. Er hatte sich intensiv mit deutscher Lyrik und mit der Liedliteratur beschäftigt, diskutierte gerne und hatte viel zu sagen. Seinen Siamkater liebte er abgöttisch, und er ist eigentlich schuld daran, dass ich mich von da an mit Siamkatzen umgab. Irwin machte mich mit Liedern von Poulenc und Milhaud bekannt, ich sang mit ihm Alban Berg und Hans Pfitzner, und er weckte in mir die Liebe zum Liederkomponisten Franz Liszt, die von da an unvergänglich war.

Liszt zu singen war für mich höchstes Vergnügen, denn der stimmlichen Entfaltung sind bei ihm kaum Grenzen gesetzt. Liszt-Lieder erfordern manchmal ein geradezu opernhaftes Pathos, um der auf weite Strecken virtuosen und gewaltigen Begleitung gerecht zu werden. Die Vielfalt der Liszt'schen Liedwelt zu entdecken gleicht einer Reise durch die Hochblüte der Romantik, mit all ihren himmelhoch jauchzenden, zu Tode betrübten Empfindungen, bis hin zu den ins Zukünftige weisenden Liedern der Spätzeit, die von den zeitgenössischen Kritikern unverstanden abgelehnt wurden. Das freie Sich-Entfalten des musikalischen Gedankens, der rhapsodische Fluss der Melodie, mitreißend in überströmenden Kantilenen, aber immer gebändigt von der handwerklichen Kraft des Könners Franz Liszt: Das ist die grandiose Welt, in die der Sänger sich begibt, wenn er sich auf Liszt einlässt.

Neben frühen Opernversuchen, vielfältigen symphonischen Werken und unzähligen Werken für Klavier widmete sich Liszt sein Leben lang der Komposition von Liedern, die er im Laufe der Jahre immer wieder Revisionen unterzog. Von 82 Liedern liegt etwa die Hälfte in zwei oder drei Versionen vor. Oft handelt es sich nur um die Erweiterung und Erschwerung des Klavierparts, oft aber auch um eine Neufassung der Gesangslinie. Ich habe für mich jeweils diejenige Fassung gewählt, die meiner spontanen Identifikation mit dem Gehalt des Liedes entsprach. Meistens war es die gerafftеste, konzentrierteste Version.

Liszt war nicht nur der vielleicht berühmteste Interpret des 19. Jahrhunderts. Er war zugleich ein universeller, kosmopolitischer Geist, ein nobler, liebenswerter Mensch, ein großzügiger Förderer junger Talente, bewundert und geliebt – eine künstlerische Instanz. Zeitgenossen wie Wagner, Schumann, Berlioz verhalf er, während er in Weimar als Dirigent wirkte, zu Aufführungen, wie er auch Schuberts Werk der Vergessenheit entriss, wo immer er konnte. Unermüdlich komponierend, dirigierend, pianistisch tätig, reisend und schreibend prägte er sein Zeitalter: Kein Geringerer als Heine sprach von der «Lisztomanie». Er war ein wahrer «Hexenmeister», ein Lehrmeister und Wegbereiter, um den die «Neuerer» der Musik sich scharten.

Richard Wagner war sicher derjenige, der Liszt am meisten verdankte: Nicht nur, dass er dessen Tochter Cosima heiratete – Liszt ließ ihm auch jede Hilfe und großzügige Unterstützung angedeihen. Und nicht zuletzt übernahm Wagner Anregungen aus Liszts Kompositionen. Unschwer erkennt man zum Beispiel in Liszts 1847 komponiertem Lied «Über allen Gipfeln ist Ruh'» bereits weihevolle «Parsifal»-Akkorde. Und in dem Lied «Ich möchte hingehn» (1845), das Liszt als sein «jugendliches Testament» bezeichnete und das aus einer unerfüllten, großen ersten Liebe zu Caroline de Saint-Cricq entstand, ist sozusagen wortwörtlich das berühmte «Tristan»-Thema

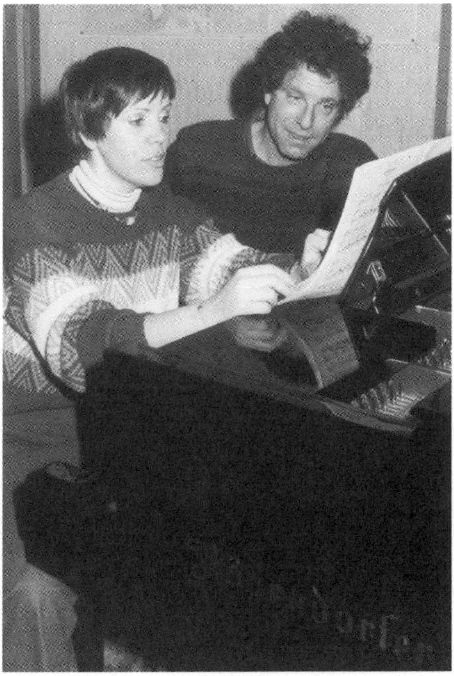

Mit Irwin Gage

vorweggenommen! Der Musikdetektiv wird viele solcher «Anleihen» aufspüren können, die Wagner auch unumwunden zugab: «Sie werden sich wiederhören», schrieb er an Liszt.

Liszt, der umschwärmte Virtuose seiner Zeit, war auch ein großer Liebender. Sein Lied «O lieb, so lang du lieben kannst», das ich ohne Scheu gesungen habe, obwohl es ein «Ohrwurm» sondergleichen ist, könnte sein Lebensmotto gewesen sein, denn er kam dieser Forderung in umfassendem Sinne nach: Er liebte sein Leben, seine Profession. Er liebte die Kunst und gab seinem Publikum mit vollen Händen, Neidern und Unwissenden vergebend. Er war ein Götterliebling, dessen künstlerische Berufung ihm heiliger Ernst und dessen religiöses Bekenntnis – im Alter erhielt Liszt in Rom die «niederen Weihen» und verkehrte im Vatikan – ihm lebenslanges Anliegen war. Das Wort «Inbrunst» scheint mir auf kaum eine musikalische Aussage so gut anwendbar wie auf Liszts Schaffen.

Mit dieser Inbrunst und dem Reichtum Liszts also machte mich Irwin bekannt. Er hatte großartige Programmideen, wir waren viel zusammen auf Reisen und im Aufnahmestudio. Kurzum, wir waren lange Jahre ein musikalisches Paar, und die Arbeit mit ihm war eine große Bereicherung für mich.

Auch hier kam es zu einer Entfremdung, als ich mich anderen Begleitern zuwandte, um neue Anregungen und Ideen zu bekommen. Allmählich kannte man sich zu gut – ich wollte neue musikalische Abenteuer. Eine gewisse Stagnation war eingetreten, und aus unerklärlichen Gründen war Irwin gegen meinen Plan, Schuberts «Winterreise» zu singen. Er intrigierte gegen ein Angebot, den Zyklus in Wien im Goldenen Saal des Musikvereins zu singen. Ich sang die «Winterreise» dann im Konzerthaus mit einem anderen Begleiter. Und so trennten wir uns.

In der Musikhochschule in München hatte ich einen jungen Mann kennengelernt, der in meiner Klasse korrepetierte. Er studierte Orgel, Klavier und Schulmusik und wollte Lehrer werden wie sein Vater. Er schien mir hochbegabt. Eines Tages machte ich die Probe aufs Exempel und lud ihn ein, mich bei einem Liederabend in Regensburg zu begleiten. Wir arbeiteten äußerst harmonisch zusammen, er war hochsensibel und pianistisch exzellent. Der Liederabend wurde ein Erfolg für uns beide – und ein neuer Begleiter war geboren.

Wolfram Rieger war die letzten Jahre meines sängerischen Weges der feinfühlige, rücksichtsvolle Begleiter an meiner Seite. Leicht hatte er es nicht mit mir, ich habe ihm das Leben durch Krisenstimmung und Nervosität schwer gemacht. Er ertrug es mit Lächeln und geradezu asiatischem Gleichmut, ein sanftmütiger, geduldiger Mensch. Manche bedeutende Schlacht haben wir miteinander geschlagen und uns auf den Konzertpodien prächtig verstanden.

Abstecher zu anderen Pianisten, die immer wieder vorkamen, hat er mir nicht übelgenommen. Und es waren wirklich reine, der Liedbegleitung überwiegend unkundige Pianisten, mit denen ich abenteuerliche Ausflüge in der Liedliteratur unternahm.

Dankbar erinnere ich mich an Jean-Yves Thibaudet, mit dem ich in New York dem Publikum ein reines Hugo-Wolf-Programm präsentierte: kein leichtes Unterfangen, auch in unseren Breiten. Wir haben einige schöne Aufnahmen zusammen produziert. Jean-Yves war ein fröhlicher, unkomplizierter Mensch, was für den Umgang mit mir, deren Nerven oft bloßlagen, genau richtig war. Bei jedem Begleiter ist es wohltuend, wenn er seine eigene Nervosität im Griff hat und beruhigend auf den Sänger einwirkt. Bei Thibaudet war das in hohem Maße gegeben. Dazu war er ziemlich exzentrisch, was ich liebte. Zum eleganten Anzug trug er auf dem Podium manchmal feuerrote Socken und war auch sonst eine ungewöhnliche Erscheinung.

Ein anderer Virtuose par excellence war Cyprien Katsaris, er zauberte Orchesterklänge aus jedem Flügel. Im Verein mit Gerard Caussé, dem französischen Bratschisten, musizierten wir Brahms und Fauré, und Cyprien war es auch, der die Klavierfassung von Mahlers «Lied von der Erde» so spielte, dass man das Orchester überhaupt nicht vermisste.

Dann legte mir der Schauspieler Walter Schmidinger, mit dem ich befreundet war, einen Klavier spielenden jungen Mann ans Herz, in den er sterblich verliebt war und den ich als Begleiter ausprobieren und möglichst fördern sollte. Das tat ich gerne, denn der junge Mann – Markus Hinterhäuser hieß er – erwies sich als äußerst sympathisch und lernbegierig. Er war ein experimentierfreudiger, sensibler Begleiter, und wir musizierten häufig zusammen.

Zu unserem ersten Konzert erschien er in einem alten, abgeschabten Frack, der ihm drei Nummern zu groß war. «Der ist noch von Wilhelm Kempff …», flüsterte er auf meine erstaunte Frage. Ich liebte den großen Pianisten Wilhelm Kempff zwar auch sehr und hatte ihn in München in den Sechzigern noch kennengelernt, weil er ein Operngänger war und nach Vorstellungen hinter die Bühne kam, um uns Sängern zu gratulieren. Bei allem Respekt fand ich aber diesen unmodernen Frack ein unpassendes Maskottchen. Markus sah aus wie ein Clown, der sich verirrt hatte. Am nächsten Tag kaufte ich ihm einen anständigen Abendanzug und für den Tag gleich einen mit, denn den konnte er auch gebrauchen. Der alte Frack kam dahin, wo er hingehörte: in die Mottenkiste. Markus Hinterhäuser war einer der uneitelsten Menschen, die mir je begegnet sind.

Erschwerend für unsere Zusammenarbeit war, dass er vor jedem Auftritt ähnlich nervös war wie ich und bleich und angstvoll in der

Herrentoilette verschwand, während ich schon an der Tür zur Bühne parat stand und hoffte, er möge rechtzeitig wieder erscheinen. Ich glaube, seine erste «Winterreise» hat er mit mir gespielt. Ich erlebte ihn als interessanten, hochintelligenten Menschen, überaus eloquent und gebildet. Er hat eine erstaunliche Karriere als Musikmanager gemacht und ist heute Leiter der Salzburger Festspiele. In Salzburg war er schon seinerzeit Stammgast im Café Tomaselli und versammelte dort seine Lobby um sich. Das Understatement, dessen er sich befleißigte, hat ungeahnte Früchte getragen.

Ein großer, wissender Begleiter ist auch Helmut Deutsch. Die musikalischen Erfahrungen, die ich mit ihm machen konnte, waren oft von bestürzender Eindringlichkeit, vor allem, weil man immer das Gefühl hatte, er habe gerade mit Schubert, Schumann oder Brahms telefoniert, die ihm der Weisheit letzten Schluss verkündet hatten. Freiheit und Risiko liebte er – bei mir – nicht besonders. «Schubert schaut mir über die Schulter», so sagte er und blieb sich immer treu. Helmut war ein trinkfester Frauenliebling. Ich fand ihn besonders gut, wenn er männliche Kollegen begleitete.

## *Der Bahnhof*

Die letzte mich bereichernde Erfahrung mit Begleitern machte ich mit Elisabeth Leonskaja, der wunderbaren georgischen Pianistin. Ganz abgesehen davon, dass sie göttlich Klavier spielt, kocht sie auch die beste Borschtschsuppe, die ich je gegessen habe. Für Lisa Leonskaja war das Begleiten genauso abenteuerlich wie für mich die Begegnung mit dieser eigenwilligen, grandiosen Pianistin. Wir nahmen Brahms und Schumann auf, als Letztes «Die schöne Magelone» von Brahms, wobei ich die Sprechtexte von Ludwig Tieck selbst rezitierte.

Lisa Leonskaja begleitete auch den letzten Liederabend meines Lebens im Bahnhof Rolandseck bei Bonn, einem Jugendstilbahnhof, der für Konzerte und Ausstellungen genutzt wurde. Sein Betreiber, Johannes Wasmuth, verwaltete den Nachlass von Hans Arp. Die Kombination von Skulptur, Malerei und Musik war einmalig und verlieh dem Bahnhof ein ganz besonderes Flair. Ich wohnte im Bahnhof gewöhnlich im «Ueckerzimmer» und schlief umgeben von

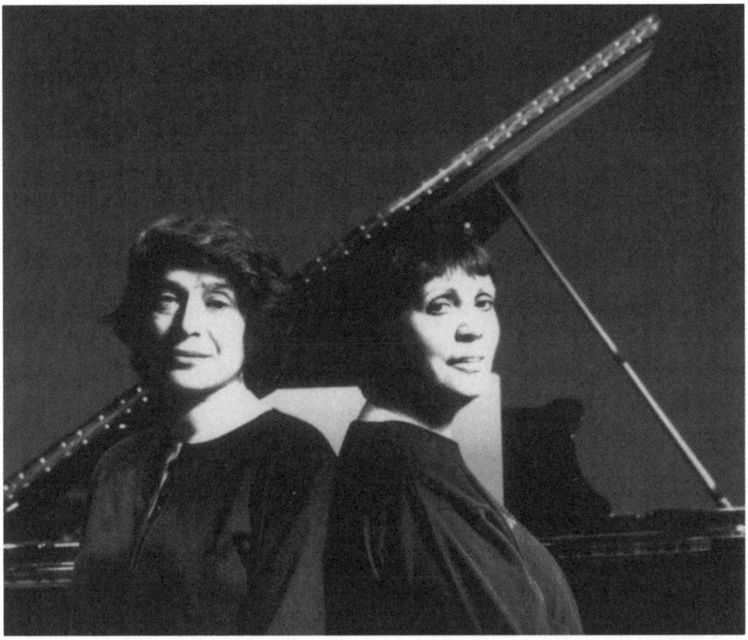

Mit Elisabeth Leonskaja

Ueckers Nagelkunst, die eine ganze Wand zierte. Bei manch exzellentem Glas Rotwein erzählte mir der Kunstsammler Wasmuth aus seinem bewegten Leben und zeigte mir seine Schätze.

Einmal fand ich eine gerahmte Bleistiftzeichnung von Magritte auf meinem Nachttisch – «Deine Gage dieses Jahr», meinte Wasmuth und freute sich über meine Freude. Seine treue Seele Rosalie kochte auf. Wir saßen im ehemaligen kleinen Wartesaal, der jetzt das Wohn- und Empfangszimmer war, und fühlten uns wohl.

Im Bahnhof erlebte ich ein Solokonzert mit dem Geiger Nathan Milstein; er spielte nur Bach an diesem Abend und beeindruckte mich tief. Danach saßen wir mit ihm zusammen, und ich lernte von ihm, dass man Kaffee nur schwarz und nie mit Milch trinken dürfe. Das sei ungeheuer wichtig für die Gesundheit! Er war ein freundlicher, eleganter Plauderer. Die Ernsthaftigkeit, die er auf dem Podium ausstrahlte, verließ ihn auch privat nicht.

Und noch eine unvergessliche Begegnung habe ich Johannes

Wasmuth und dem Bahnhof zu verdanken: Ich lernte dort, in Begleitung von Elisabeth Leonskaja, Swjatoslaw Richter kennen. Ein gemeinsames Mittagessen ist mir in bester Erinnerung. «Slawa» – wie er genannt wurde – erzählte viel von Moskau und seinem Reiseleben. Das Essen genoss er leise lächelnd; Wasmuth hatte uns in ein Feinschmeckerrestaurant geführt. Richter interessierte sich für Liedbegleitung und hatte Fischer-Dieskau einige Male bei Liederabenden begleitet. Lisa erzählte ihm von der Zusammenarbeit mit mir und unserem bevorstehenden Konzert. Das war im Dezember 1994.

Die Konzerte fanden im einstigen Wartesaal für die Erste Klasse statt, eine originelle, traumhafte Atmosphäre. Dieses Mal sang und sprach ich die «Schöne Magelone». Marianne Hoppe war im Publikum und überreichte hinterher Blumen, es war ein erfüllter Abend mit einem glänzenden, dankbaren Publikum.

Mit Marianne Hoppe und Aribert Reimann zusammen hatte ich oft Schönbergs Liederzyklus «Die hängenden Gärten» aufgeführt, wobei die Hoppe die nicht vertonten Texte von Stefan George rezitierte, ein spannendes, schwieriges Programm. Die legendäre Schauspielerin war mir zur Freundin geworden, man sah sich auch privat. Sie war eine kluge, unterhaltsame, kauzige Persönlichkeit, wir mochten uns. Durch sie lernte ich, wenn auch leider nur flüchtig, Thomas Bernhard kennen, mit ihr gab es Lachorgien und verrückte Theatergeschichten.

Dass sie an diesem Abend im Bahnhof Rolandseck erschien und hinterher eine frohe, harmonische Runde noch lange beisammen saß, war ein seltsam abrundendes Erlebnis. «Schöner kann's nicht werden», schoss mir durch den Kopf. Eine Woche später setzte ich den Entschluss, der sich schon seit einiger Zeit anbahnte, in die Tat um: Ich sagte dem Singen Ade …

## *Kollegen*

Sängerkollegen, singenden Menschen, begegnet man gewöhnlich in Ausnahmesituationen. Jede Probe einer wachsenden Inszenierung oder eines Konzerts ist ein konzentrierter Arbeitsprozess, an dem alle beteiligt sind. Da entstehen Sympathien des Miteinanders, gemeinsame Musizierfreude, aber man nimmt auch Unverdaulichkeiten

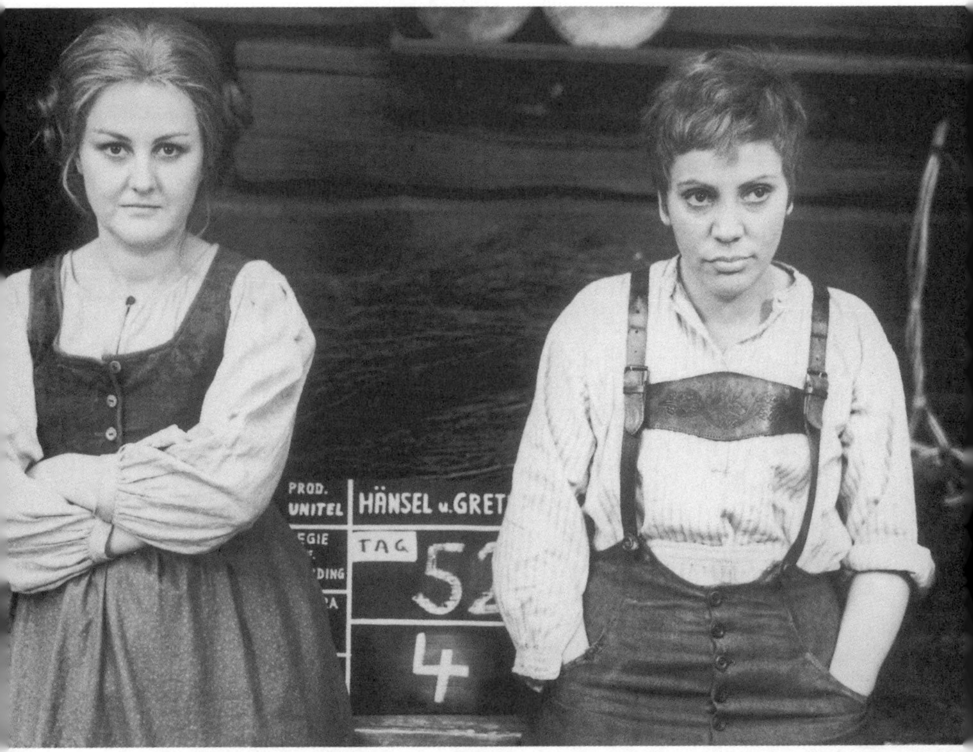


Mit Edita Gruberová, 1979 bei der Filmproduktion von «Hänsel und Gretel»

wahr wie Arroganz und Eitelkeit. Die ganz Großen allerdings waren (fast) immer bescheiden, ganz der Perfektionierung ihrer Arbeit hingegeben, meistens humorvoll und menschlich angenehm.

Den Probenprozess überdauernde Kontakte ergaben sich selten, haltbare Freundschaften noch viel weniger. Man freute sich zwar aufeinander, wenn man sich zu gemeinsamer Arbeit irgendwo auf der Welt wiedertraf, das Private aber blieb weitgehend ausgeklammert. Jeder tauchte nach getaner Arbeit zurück in seinen häuslichen und familiären Alltag, das eine hatte mit dem andern nichts zu tun. Erinnerungsträchtige Zuneigung und Respekt vor der Privatsphäre – so würde ich mein Verhältnis zu vielen meiner Bühnenpartner und -partnerinnen beschreiben. Jetzt, im Alter, hört man voneinander, lässt sich über Dritte grüßen, liest hie und da etwas Einschlägiges

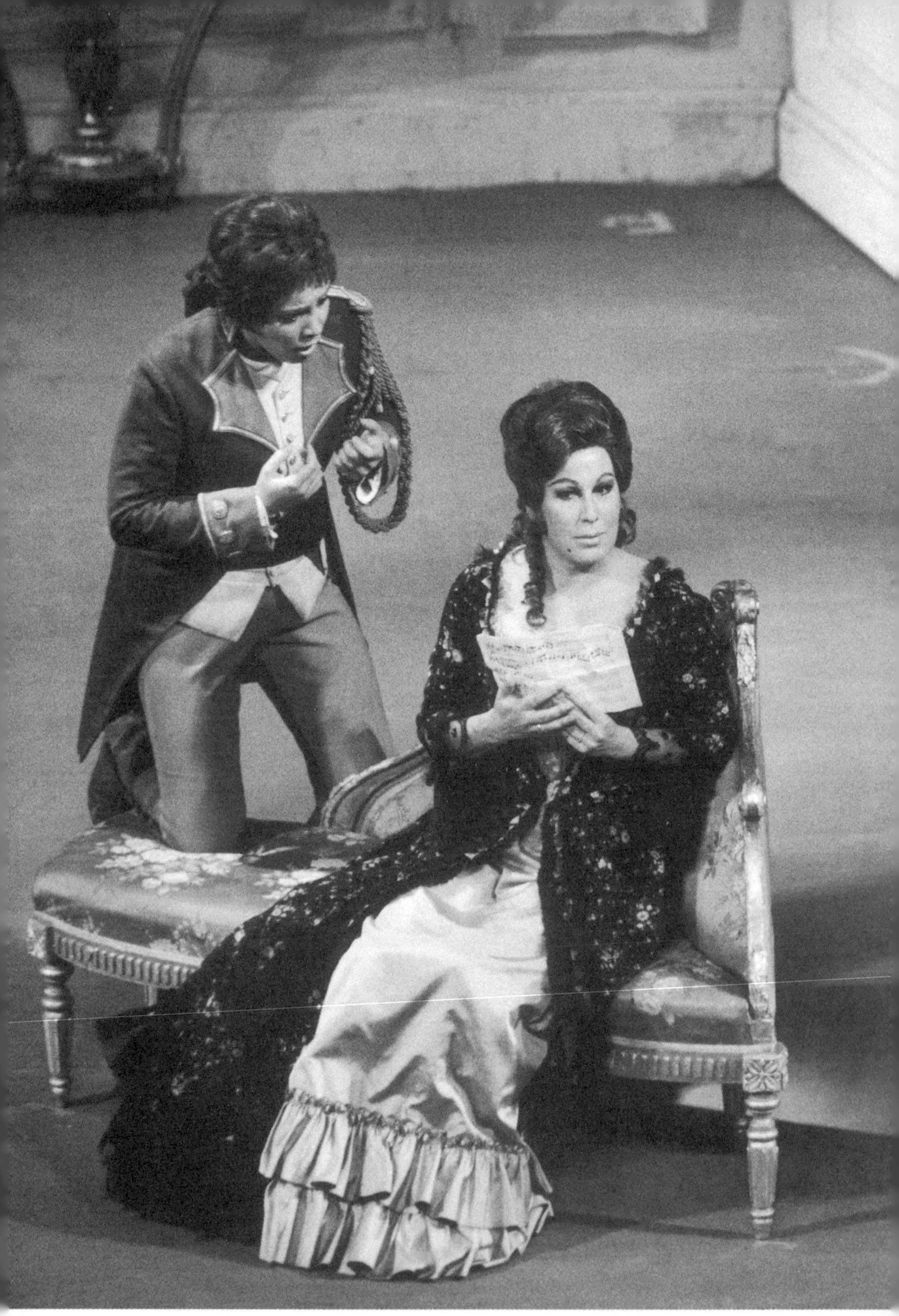

Mit Gundula Janowitz, Mitte der Siebzigerjahre in München in «Figaros Hochzeit»

und schickt sich Weihnachtsgrüße. Das ist genug und geschieht in Sympathie und mit überwiegend guten Erinnerungen.

Drei Kollegenkontakte haben sich für mich über die Jahre erhalten und vertieft. Mit Gundula Janowitz verbindet mich eine herzliche Freundschaft, die von beiden Seiten geschätzt und gepflegt wird. Edita Gruberová, die «Gruberin», ist eine Einzelgängerin und nicht sehr kontaktfreudig. Doch wir haben viele Lachorgien und Depressionen miteinander geteilt. Der Austausch von Lebenszeichen ist selten, aber freundschaftlich. Und Olaf Bär ist ein zauberhafter, feinfühliger und wissender Kollege, dem meine dauernde Zuneigung gilt. Wenn wir uns treffen, hier und da zu gemeinsamer Jurytätigkeit, ist die Freude aneinander groß, und das Gespräch reißt nicht ab.

Aus der mittleren und jüngsten Generation sind es zwei «Fachfallerinnen», zwei Mezzokolleginnen, die mir freundschaftlich verbunden sind und deren Werdegang ich mit Interesse und unter Umständen hilfreich verfolge. Die eine – Michelle Breedt – ist eine renommierte Könnerin mit bestens geschultem, noblem Mezzo, die ich in vielen Partien auf der Opernbühne erlebt habe und deren geradezu makelloser Gesang mich immer beeindruckt. Überdies ist sie eine glänzende Gesangspädagogin geworden. Die andere, Tara Erraught, ist eine junge irische, bereits auf der ganzen Welt gefragte Mezzosopranistin. Sie ist ein zauberhafter Mensch, voller Humor, Lebens- und Sangesfreude und mit bildschöner Stimme. Besonders froh macht mich, dass Tara eine wunderbare Liedersängerin zu werden verspricht; ihr berührendes Timbre und die Klugheit ihrer Interpretation prädestinieren sie für das Lied. Dass sie mir vertraut und sich auch stimmtechnisch von mir beraten lässt, ist eine Freude.

Das ist genau eine Handvoll singender Menschen, deren Gesang mich begeistert und deren Freundschaft mich begleitet. Wenn ich die «Vier letzten Lieder» höre, die Gundula Janowitz so unerreicht mit Karajan aufgenommen hat, dann weiß ich einmal mehr, warum ich bekennende «Straussianerin» bin …

Und dann ist da noch Juliane Banse, die ich seit ihrem siebzehnten Lebensjahr kenne und die einige Jahre an der Münchner Musikhochschule meine Schülerin war. Ihren Weg in eine Weltkarriere habe ich von Anfang an begleitet. Irwin Gage stellte sie mir damals in Zürich vor. Die Abiturientin, die eigentlich Tänzerin werden wollte, wusste nicht genau, wohin der Weg gehen sollte. Als sie mir vorgesungen hatte, riet ich ihr zum Gesangsstudium; es war ein runder, dunkel timbrierter, außergewöhnlich schöner Sopran zu hören, dazu eine hohe Musikalität. Juliane besaß das absolute Gehör, lernte über Nacht die schwersten Stücke, las mühelos vom Blatt und hatte ein beneidenswert sicheres Rhythmusgefühl. Kurz – da wuchs eine außerordentliche Begabung heran.

Mit 21 war sie dann ihrer Mittel schon so sicher, dass ich sie guten Gewissens als Pamina empfehlen konnte. Harry Kupfer, der Regisseur einer neuen «Zauberflöte» in Berlin, ging auf meine Anregung ein, und der Aufstieg auf der Karriereleiter begann. Juliane Banse war überdies durch ihr absolutes Gehör und ihre Lernfreudigkeit schon bald ein dankbares Objekt für zeitgenössische Komponisten. Ich weiß nicht, wie viele Uraufführungen sie im Laufe ihrer Karriere gesungen hat und wie viele moderne Kompositionen ihr gewidmet sind.

Sie hat es auch geschafft, neben ihrem rastlosen Aufstieg in die vorderste Reihe der lyrischen Soprane eine erfolgreiche und ehrgeizige Mutter zu sein – ein Spagat, der selten so prachtvoll gelingt. Mit ihrem Mann, dem Bratscher und Dirigenten Christoph Poppen, hat sie zwei fast erwachsene Söhne. Die kleine Nachzüglerin Nuria ist mein Patenkind.

Und einer Kollegin muss ich noch gedenken, der ich früh begegnet bin, die mich tief beeindruckte und mit der ich zusammenarbeiten durfte, als ich noch blutige Anfängerin war. Irmgard Seefried, die wunderbare Sängerin aus dem Wiener Mozart-Ensemble, die auch eine bedeutende Liedsängerin war, hatte mich in München auf der Bühne gehört, vermutlich ganz früh, in der «Salome», als ich den Pagen sang. Ihr Lebensgefährte war damals der Tenor Gerhard Stolze, den ich als Herodes bewunderte. Seefried lud mich ein, mit ihr, Stolze und einem englischen Bariton auf Konzerttournee durch Dänemark zu gehen. Ich sagte beglückt zu und bekam sogar Urlaub vom Theater. Erik Werba war als Begleiter dabei – es war meine erste Begegnung mit ihm. Das Programm bestand aus den «Liebesliederwalzer»-Quartetten von Brahms und den «Klängen aus Mähren» von Dvořák, herrlichen Duetten für Sopran und Alt.

In bester Erinnerung sind mir die Proben, die total von Seefrieds

Temperament, Witz und Können dominiert wurden. Ich habe damals viel von ihr gelernt über Textausdeutung, Timing, Podiumshaltung, Publikumszuwendung. Für einiges war ich noch zu scheu, aber ich bewunderte die Souveränität und Gelassenheit der Seefried maßlos. Nach den Proben kamen die Konzerte in Kopenhagen und Gott weiß wo, wir tourten durchs Land. Seefried war ein wohlbekannter Star, die Konzerte waren ausverkauft. Hinterher wurde in unserer kleinen Truppe meistens noch im Hotel zusammengesessen, häufig im Zimmer von Seefried und Stolze. Die Hotels waren bescheiden, nicht First Class, manchmal sogar etwas heruntergekommen. Kaum hatten wir das Hotelzimmer betreten, zauberte die Seefried eine Kerze hervor, legte eine hübsche Tischdecke auf und, was mich am meisten erstaunte, eine Bibel auf ihren Nachttisch. Dann saßen wir in angeregten Gesprächen, und die Schäbigkeit des Ambientes war unter Lachen und Diskutieren bald vergessen. Nach einer Weile wurden wir anderen hinauskomplimentiert: Stolze und Seefried wollten unter sich sein. Die Kerze brannte freundlich. Dass sie in der Bibel lasen, konnte ich mir nicht vorstellen. In einer ihrer berühmten Bühnenpartien habe ich Irmgard Seefried leider nie erlebt, aber ihre große Kunst der Interpretation und des pointierten Gesangs habe ich immer bewundert. Ihr warmes, individuelles Timbre ist mir im Ohr geblieben.

# 8

# *Vom Glück der logischen Schritte*

## *Abschied und Neubeginn*

*Kammersängerin*
*Brigitte Fassbaender*

Das neue Jahr beginnt für mich mit einer
grossen, persönlichen Entscheidung:
Nach 33 Jahren im Rampenlicht halte ich
den Zeitpunkt für gekommen, mich einem
neuen Aufgabengebiet zuzuwenden.
Ich habe mich entschlossen, meine sängerische
Tätigkeit zu beenden und der Regiearbeit den
Vorrang zu geben.
Mein Dank gilt all'denen, die meinen Weg
mit Wertschätzung und positiver Anteilnahme
begleitet haben und das vielleicht auch in
Zukunft tun werden.

Ich hoffe auf Ihr Verständnis und brauche
nicht zu betonen, wie sehr mir diese
kurzfristige Absage leid tut.

Brigitte Fassbaender
9. Januar 1995

Dies war das Rundschreiben, das ich Anfang Januar 1995 an Agenten und Veranstalter schickte. Damit wurde ein gutgefüllter Terminkalender hinfällig. Die Reaktionen bewegten sich zwischen Erstaunen und Ungläubigkeit auf beruflicher Seite und Empörung und Gekränktheit bei Verehrern und Fans, die die Absagen zur Kenntnis nehmen mussten. Mein Entschluss stand fest.

Die letzten Jahre meines sängerischen Weges waren überwiegend beschwerlich und qualvoll gewesen. Ich wurde meinen eigenen Ansprüchen nicht mehr gerecht – so wollte ich nicht weitergehen. Schuld daran war das Klimakterium, das mich mit Labilitäten und Depressionen aller Art heimsuchte. Eine Zeitlang versuchte ich mit Hilfe eines Arztes meines Vertrauens eine Hormontherapie und fühlte mich wie ein Versuchskaninchen, um die richtige, hilfreichste Dosis herauszufinden. Es war ein unerfreulicher, mühsamer Vorgang, der die spontan auftretenden Indispositionen zwar erleichterte, aber nicht aus der Welt schaffte.

Es konnte passieren, dass ich am Tag eines Liederabends morgens stockheiser aufwachte. Die Stimme war – wie man so schön sagt – im Keller. Mit vorsichtigen, stundenlangen Übungen versuchte ich, sie in den Griff zu bekommen, um abends auftreten zu können. Oder aber ich war morgens bestens disponiert, die übliche Anspielprobe des Programms lief reibungslos, ich war relaxt und guten Mutes. Nach dem wie immer versuchten Mittagsschlaf aber war ich stimmlos …

Ich hatte in dieser Zeit das Gefühl, meine Technik total umstellen zu müssen, und tat es ohne stabilen Erfolg. Die Nerven reagierten noch geschundener als sonst. Ich war nicht mehr in der Lage, die mir gemäße und erwartete Leistung zu erbringen. Meine Selbstkritik war immer schon sehr ausgeprägt gewesen, zufrieden war ich ohnehin nie. Jetzt aber beobachtete ich seismographisch jeden Ton und konnte nicht mehr frei und souverän arbeiten. Die körperlichen Bedingungen des Klimakteriums machten mir ganz einfach einen Strich durch die Rechnung. Ich stand vor der Entscheidung, entweder unter diesen unerfreulichen Umständen weiterzumachen, ein Abklingen der Beschwerden abzuwarten (was jahrelang dauern konnte) und mehr und mehr in die zweite Reihe zurückzutreten – oder aufzugeben.

Ich hatte mir nie vorstellen können, auf der Bühne alt zu werden, ich sah mich nicht in der Rollenverkörperung alter Frauen. Als ich 1994 in New York an der Met die Klytämnestra sang, war das für mich schon ein unsentimentaler Abschied von der Opernbühne, der mir nicht schwerfiel, da ich sowieso seit Jahren den Schwerpunkt in Konzert und Lied gesetzt hatte. Doch dann ertrug ich die Labilität, die Angst vor der Anforderung nicht länger – ich gab auf.

Von Anfang an hatte ich mir vorgenommen, keinen Abstieg vom erreichten Plateau erleben zu wollen. Die Plateauwanderung war anstrengend genug. Jetzt hatte ich mir mit der Regie ein zweites Standbein erobert, und der Inszenierungstätigkeit wegen hatte ich wochenlange Gesangspausen einlegen müssen. Der ständige Wechsel zwischen dem Auf-der-Bühne-Stehen und dem Agieren davor war immer unbefriedigender geworden und das Singen nicht mehr zwingend notwendig. Außerdem wollte ich als Sängerin in guter Erinnerung bleiben und in vermeintlicher Bestform abtreten. Das ist mir, glaube ich, auch gelungen, denn ich habe aufgehört, bevor das Nachlassen der stimmlichen Kräfte auch dem Publikum und nicht nur mir bewusst wurde.

Und nun passierte etwas, das ich als großen Glücksfall in meinem Leben und zugleich als logische Folge meiner Entwicklung betrachte. Die nächste Inszenierung, die ich zugesagt hatte, sollte Wagners «Tristan» am Staatstheater Braunschweig sein. Ungefähr eine Woche nach meinem für mich schwerwiegenden, aber unwiderruflichen Entschluss rief mich Philippe Auguin, der Braunschweiger Generalmusikdirektor, an, um Besetzungsfragen anzusprechen. Bei der Gelegenheit erwähnte er, dass in Braunschweig die Position der Operndirektion neu zu besetzen sei, ob ich nicht jemanden wüsste. Ich versprach nachzudenken und meinte lachend, ich könnte es ja selbst versuchen, ich sei nun frei. Im gleichen Atemzug wehrte ich ab, denn Auguin ging sofort darauf ein. Nein, nein, das sei ein Witz, ich würde mich melden, wenn mir jemand eingefallen sei …

Auguin ließ nicht locker, wieder rief er an: Er fände die Idee großartig, das wäre genau das Richtige für Braunschweig und für mich – er bitte dringend, die Idee in die Tat umzusetzen. Inzwischen hatte ich mit engstvertrauten Menschen und Beratern meine laxe Bemerkung einer sozusagen rationalen Prüfung unterzogen, und siehe da, jeder der von mir Befragten fand wie Auguin, es sei das Richtige!

Ich traf mich mit Auguin, und er erzählte mir alles über die Braunschweiger Theaterverhältnisse, über Budget, Spielplan und Ensemble eines maroden Betriebes, über Erwartungen und Kommunalpolitik. Als er fertig war, meinte ich nur: «Wenn Sie das alles so offen erzählen, finden Sie nie einen Operndirektor …»

Das Haus lag darnieder – es gab Unmengen zu tun, um wieder einen verlässlichen, erfolgreichen Opernbetrieb auf die Beine zu stellen. Ein nicht unbekannter Dirigent, der immer wieder wegen diverser Machenschaften und Skandälchen umstritten war, hatte versucht, ein Stagionesystem einzuführen, bei dem dieselbe Produktion so lange immer wieder aufgeführt wird, bis sie ganz abgesetzt wird und die nächste Produktion sie ablöst. Natürlich war er auf der ganzen Linie gescheitert. Elfmal «La finta giardiniera» im grauen Monat Februar wollten die Braunschweiger nicht sehen, auch wenn es Mozart war. Das Haus hatte scharenweise Abonnenten verloren, das Ensemble bestand fast nur noch aus Gästen – es hieß, die Karre gewaltig aus dem Dreck ziehen. Der besagte Dirigent hatte längst, unter Hinterlassung nicht unbeträchtlicher finanzieller Defizite, das Weite gesucht und Braunschweig den Rücken gekehrt. Auguin war sein Nachfolger.

Ich bat um Bedenkzeit – und sagte nach Ablauf derselben zu. Kaum hatte ich meinen Antrittsbesuch beim amtierenden Intendanten gemacht, der mich wohlwollend und positiv empfing – er war ein Schauspielmann und erhoffte sich Entlastung –, da wurde er entlassen. Man schob ihm das Desaster der Opernsparte in die Schuhe, was äußerst ungerecht war. In Windeseile wurde ein Führungsgremium etabliert: Die drei Spartenleiter und der Verwaltungsdirektor waren voll verantwortlich für den Betrieb des Hauses. Ich war also plötzlich nicht nur Operndirektorin, sondern Mitintendantin! Es betraf zwei Interimsjahre, denn der neue Intendant war schon designiert, und unser Leitungsteam sollte und musste die Zeit bis zu seinem Antritt überbrücken.

Für mich begann eine Lehrzeit, wie sie intensiver und konzentrierter gar nicht zu denken war. Mein Vertrag sah zwei Inszenierungen in der Spielzeit vor, alle anderen Aktivitäten waren dem Aufbau eines leistungsstarken Ensembles und der Wiedererstarkung des Abonnentenstammes gewidmet. Ich hatte alle Hände, Herz und Kopf voll zu tun und wusste oft nicht, wo ich anfangen sollte. Die Zeiten der Inszenierungen waren die reinste Erholung.

Allein hätte ich das nicht geschafft. Aber ich hatte die Hilfe des mir wichtigsten Menschen meines Lebens. Jennie war Tag und Nacht telefonisch für mich erreichbar und stand mir mit Rat und Tat zur Seite, denn als ehemalige Chefdisponentin der Covent Garden Opera war sie von der Pike auf zu Hause in diesem Metier, das ich mir erst erarbeiten musste. Außerdem hatte ich eine mir bekannte tatkräftige Dramaturgin für das Musiktheater engagiert: Annette Zühlke, von mir «General Nettelbeck» genannt, war eine erstklassige Mitarbeiterin, die kräftig mit anpackte und mir eine unverzichtbare Stütze wurde.

Das Leitungsteam verstand sich, wir zogen am gleichen Strang und arbeiteten Hand in Hand. Die Oper gewann wieder an Leuchtkraft. Es fand normales Repertoiretheater statt, wobei jeden Abend gespielt wurde, im kleinen und im großen Haus. Das Theater lebte, Publikum und Presse waren zufrieden, und der in der kaum vergangenen Zeit angerichtete Kollateralschaden begann zu verblassen.

## *Intendanz*

Die Braunschweiger Zeit ging vorüber wie im Fluge, nach zwei Jahren hatte ich einen Intensivkurs in Theaterleitung hinter mir. Ohne diese Erfahrung hätte ich nie den Schritt gewagt, der nun auf mich zukam, folgerichtig und fast zwangsläufig, wie mir schien.

Der Abschied von Braunschweig fiel nicht besonders schwer. Die Zeit war nicht lang genug gewesen, um wirklich heimisch zu werden in der von einem tiefhängenden Himmel ständig bedrückten mitteldeutschen Tiefebene. Stadt und Menschen waren mir nicht so ans Herz gewachsen, dass Trauer aufgekommen wäre, und General Nettelbeck verließ das Haus mit mir. Einige Ensemblemitglieder wie die Mezzos Petra Lang und Michelle Breedt, der junge Tenor Lothar Odinius oder der Bariton Peter Bording hatten sich in Braunschweig prächtig entwickelt, strebten den nächsten Karriereschritt an und wechselten an größere Häuser. Und so waren zwei wichtige Jahre Vergangenheit …

Die nächste Adresse hieß Innsbruck. Es war eine ausgewachsene Intendanz an einem österreichischen Landestheater, die sich anbahnte, kaum dass ich Braunschweig verlassen hatte.

1991 hatte ich in Innsbruck Alban Bergs «Lulu» inszeniert, in der letzten Spielzeit der Intendanz des Kammerschauspielers Helmut Wlasak. Er war ein kluger, wissender Theaterleiter, der einen interessanten Spielplan bot, mit Ur- und Erstaufführungen. Daneben gab es publikumsfreundliches, traditionelles Theater mit vielen Operetten und wenig Risiko, vor allem was die Regie betraf. Wlasak hatte ein gutes Sängerensemble aufgebaut, das Publikum schätzte ihn, er war nicht nur in Tirol eine Instanz, sondern in der ganzen österreichischen Theaterlandschaft. Nun ging er nach langen Intendantenjahren auf den Ruhestand zu. Er kannte mich als Sängerin, war interessiert an der Regisseurin, die sich da gerade Neuland eroberte, und lud mich für die «Lulu»-Produktion ein. Die Titelpartie sang – mir von Aribert Reimann empfohlen – die blutjunge Christine Schäfer, die frisch von der Berliner Musikhochschule für diese Spezialpartie, ihre Traumrolle, engagiert worden war. Da wir die zweiaktige Fassung der Oper spielten, ohne den von Friedrich Cerha vollendeten dritten Akt, war die Partie der jungen Stimme zumutbar, außerdem brannte Christine dafür. Die Aufführung wurde ein großer Erfolg für sie, und sie hat danach die Lulu noch oft auf der ganzen Welt gesungen. Sie wurde in ihrem Fach ein Star, dessen Leuchten in Innsbruck begann.

Ich hatte das Innsbrucker Haus aus dieser Zeit in guter Erinnerung und war mit einigen Kollegen aus der Produktion in freundschaftlichem Kontakt geblieben. Man hörte voneinander, schrieb sich hie und da ein Fax, rief sich an – man war auf dem Laufenden.

Kaum hatte ich meine Zelte in Braunschweig abgebrochen, rief ein Innsbrucker Kollege an, um mir mitzuteilen, dass Dominique Mentha, der junge, ehrgeizige Nachfolger Wlasaks, nach Wien an die Volksoper berufen sei. Die Intendanz stehe zur Disposition, ich solle mich dringend bewerben! Ich überlegte nicht lange, sondern nahm auch diese Herausforderung an. Einen solchen Bewerbungsprozess hatte ich noch nicht mitgemacht, da er in Braunschweig nicht nötig gewesen war. Die Innsbrucker Intendanz hingegen war offiziell ausgeschrieben, ich musste meine Bewerbungsunterlagen an die Kulturabteilung der Stadt schicken. Also stellte ich einiges Material über mich, meinen Werdegang und meine Inszenierungen zusammen, bekundete mein Interesse an einer Arbeit in Innsbruck – und wartete. Der Kollege vermittelte ein Treffen mit dem kaufmännischen Direktor des Hauses und einem Hofrat, der in der Stadt ein gewichtiges Wort mitzureden hatte. Die Sorge des für die Finanzen Verantwortlichen betraf meine internationale Erfahrung: Wie würde ich – mit dem Etat eines mittleren Hauses konfrontiert – meinen Ansprüchen gerecht werden können?

Man traf sich geheim, in einer Autobahnraststätte, ich kam mir richtig konspirativ vor. Die Herren wollten mich unter die Lupe nehmen und meine Pläne und Perspektiven für den Innsbrucker Theaterbetrieb erfahren. Ich stand Rede und Antwort, es war ein anregendes Gespräch. Den kaufmännischen Direktor konnte ich beruhigen, ich hätte immerhin den maroden Betrieb in Braunschweig hinter mir und sei außerdem ein Spargenie – das hätte ich bewiesen! Frühzeitige Planung in jedem Bereich sei unerlässlich für einen ausgeglichenen Finanzhaushalt. Er schien zufrieden mit meiner Antwort.

Ich war auch diesmal nicht allein mit all den anstehenden Fragen und Entscheidungen. Jennie war an meiner Seite, wir zogen die Sache gemeinsam durch. Ich rechnete mir keine großen Chancen aus, denn ich war doch immerhin schon Ende fünfzig, und auch bei der Besetzung von Intendanzen griff der herrschende Jugendwahn um sich. Aber siehe da, ich erhielt eine Einladung zu einem Hearing. Aus der Fülle der Bewerbungen hatten sich acht Kandidaten herauskristallisiert – ich war dabei! Das Hearing fand in Salzburg in einem Hotel statt. Ich sah ihm gespannt, aber relativ gelassen entgegen, weil ich unvoreingenommen und neugierig ins Rennen ging. Wenn es nicht klappte, konnte ich auf die nächste Chance warten.

Die Findungskommission war riesig, zusammengesetzt aus politischen Vertretern von Stadt und Land, allen voran die Innsbrucker Bürgermeisterin Hilde Zach. Sogar psychologische Fachberater waren anwesend, die jedes Wort, jede Regung, jede Geste deuten sollten. Und ein paar Typen aus der lokalen Künstlerszene. Es wurden einige kompetente Fachfragen gestellt, man hatte sich gut vorbereitet. Ich konnte auf alles ebenso kompetent antworten und hatte ein gutes Gefühl.

Mein Hauptkonkurrent war, wie ich später erfuhr, zu spät erschienen und hatte sich Mut angetrunken, was ihn – zumindest in den Augen der Bürgermeisterin – disqualifizierte. Dass sie auf meiner Seite und mir gewogen war, spürte ich während des Gesprächs. Nach der Veranstaltung ging ich – doch ziemlich ausgelaugt und froh, es hinter mir zu haben – zu meinem Wagen. Die Bürgermeisterin kam mir nachgelaufen und ließ mich wissen: «Positiv! Gut gegangen! Ich melde mich ...»

Kurze Zeit danach bekam ich die offizielle Mitteilung, dass die Wahl auf mich gefallen sei! Die Bürgermeisterin war von der Frauenpower überzeugt und hatte für mich gekämpft, denn einstimmig war das Ergebnis nicht gewesen. Ein SPÖ-Abgeordneter hatte vor der «alternden, konservativen Sängerin, die nach dem innovativen Mentha sicher doch ein Rückschritt» sei, gewarnt, war aber überstimmt worden. Ich habe ihn irgendwann kurz danach in seinem Büro aufgesucht und ihn gefragt, warum er voreingenommen und negativ über mich urteile; er kenne mich und meine Arbeit doch gar nicht. Er wusste nichts Rechtes darauf zu sagen. Kurze Zeit später hat er Innsbruck in Richtung Südamerika verlassen, wo er irgendetwas mit Autos zu tun hatte. Man hat nie wieder von ihm gehört. Der Vertrag wurde in Innsbruck unterschrieben – ich war designierte Intendantin des Tiroler Landestheaters.

Ich hatte ein Jahr Zeit zur Vorbereitung, bekam ein Büro in der schönen Hofburg, die bequem dem Theater gegenüberlag, und konnte dort die notwendigen Verhandlungen mit den alten und zukünftigen Mitarbeitern führen. Annette Zühlke wollte ich wieder mit ins Boot holen, aber sie bekam ein lukrativeres Angebot als Orchesterchefin der Bayerischen Staatsoper. Ich verstand ihre Entscheidung völlig und fand guten Ersatz. Denn der Schauspieldirektor, Klaus Rohrmoser, brachte eine Dramaturgin mit, mit der ich mich auf Anhieb verstand: Es war Sympathie auf den ersten Blick. So wurde Dr. Doris Happl Chefdramaturgin, eine kompetente, loyale Mitarbeiterin und enge Vertraute. Auch Jennie war mit von der Partie, als meine persönliche Referentin und verantwortlich für die

Kommunikation zwischen den Werkstätten und der künstlerischen Leitung.

Ich hatte also bald ein stimmiges, kompetentes Leitungsteam zusammengestellt und auch einige junge, vielversprechende Sängerinnen und Sänger engagiert. Manche der im Innsbrucker Ensemble befindlichen Sänger übernahm ich gerne, einige folgten dem scheidenden Intendanten Mentha nach Wien. Es war eine relativ reibungslose, friedliche Übernahme, eine Seltenheit bei Intendantenwechseln, die meistens mit spürbaren Animositäten und unvorhergesehenen Illoyalitäten vonstattengehen. Mentha war überwiegend in Wien, um sich für seine Aufgabe dort vorzubereiten, und überließ mir das Feld in Innsbruck.

Die Vorbereitungsarbeiten waren schließlich abgeschlossen, der Spielplan stand, es konnte losgehen. Zur Spielzeit 1999/2000 trat ich mein neues Amt an und bezog mein Büro im Theater, während ich die Räume in der Hofburg als Wohnung behielt.

Der Intendantenvertrag sah zwei Inszenierungen von mir pro Spielzeit vor. Die Eröffnungspremiere, Verdis «Otello», vertraute ich einem niederländischen Regisseur an, den ich aus der Braunschweiger Zeit kannte und schätzte. Meinen Einstand als Regisseurin am eigenen Haus gab ich mit «Orpheus in der Unterwelt» von Jacques Offenbach, eine etwas eigenwillige Wahl. Aber ich liebte Offenbach und wollte einen heiteren Beginn. Das gelang.

Die witzige, ungewöhnliche Inszenierung von «Partenope», einer unbekannten Händel-Oper, durch den renommierten englischen Regisseur Nigel Lowery löste zwar einiges Kopfschütteln aus, wurde aber akzeptiert. Danach machte ich mich wieder selbst ans Werk und präsentierte das Musical «Gypsy». In der Hauptrolle der Mama Rose war die bekannte Barbara Daniels zu erleben, die in Innsbruck lebte, verheiratet mit einem Hornisten des Orchesters. Ihr war die Rolle auf den Leib geschrieben, und wir glaubten, dass der Welterfolg dieses Musicals auch in Tirol ankommen würde. Wir hatten uns geirrt, niemand schien das Stück zu kennen. Da der große österreichische Komponist Ernst Krenek damals seinen hundertsten Geburtstag feierte, hatte ich als Schlusslicht der Spielzeit seine berühmteste Oper, «Jonny spielt auf», angesetzt. Aber die wollte niemand hören und sehen.

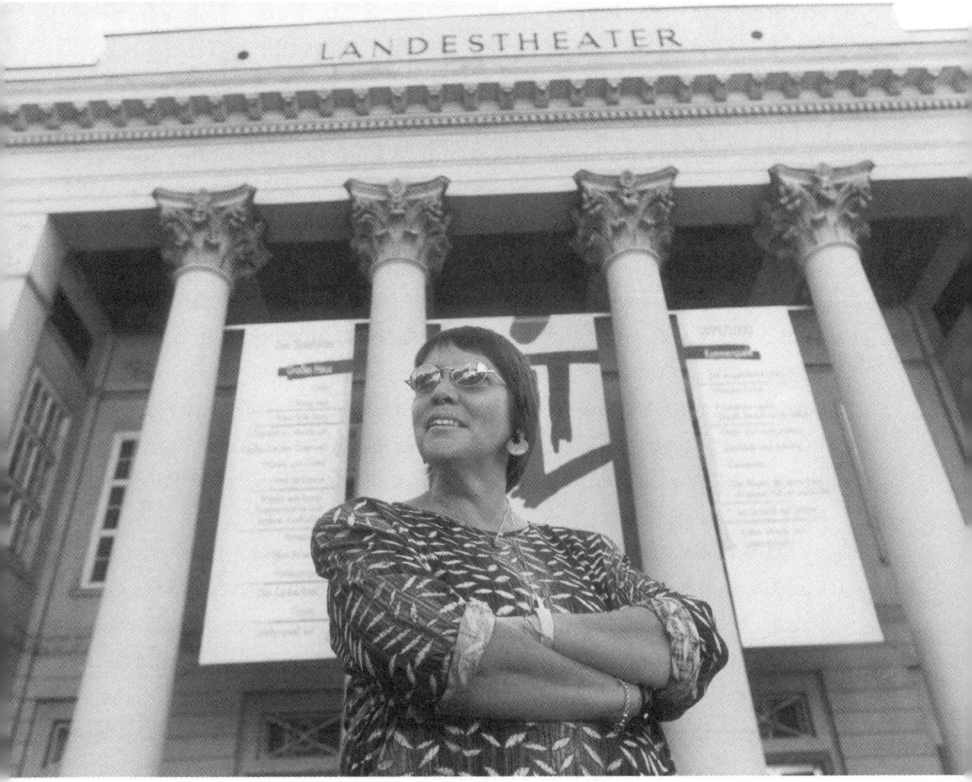


Vor dem Tiroler Landestheater Innsbruck

Jetzt wurde mir klar, dass wir das Publikum mit unserem Angebot überfordert hatten, doch die zweite Spielzeit war natürlich längst geplant und unter Dach und Fach. Meine Hoffnung, dass mein Vorgänger den Boden für das Regietheater und unbekanntere Stücke bereitet hatte, erwies sich als Irrtum. Das Publikum reagierte auf beides wesentlich konservativer als erwartet.

Die zweite Spielzeit begann mit einer Inszenierung von «Un ballo in maschera» durch die rigoros moderne Regisseurin Barbara Beyer und wurde ein Flop, ein totaler Misserfolg. Das darauf folgende Musical «Showboat», durch den Film und sein berühmtes Lied «Ol' man river» weltbekannt, schien in Tirol auch kein Begriff zu sein. Die Politik begann über Etatkürzungen nachzudenken ... Zu Weihnachten setzte das Regieteam die Oper «Hänsel und Gretel» in den Sand. Das war der letzte Tropfen, bevor das Fass überlaufen würde – ich musste eingreifen.

Die nächste Produktion sollte ein unbekanntes, aber in jeder Beziehung bezauberndes Singspiel von Ralph Benatzky sein, wieder mit einem jungen, progressiven Regieteam. Ich verlagerte es kurzerhand ins Kleine Haus und setzte im Großen Haus Benatzkys «Im weißen Rößl» an, das ich spartenübergreifend, zusammen mit dem Schauspieldirektor Klaus Rohrmoser, inszenierte. Das kannte man auch in Tirol. Der erfahrene Berliner Bühnenbildner Martin Rupprecht hatte kurzfristig Zeit für uns, kam, stellte sämtliche Kostüme aus dem Fundus zusammen und erdachte in Windeseile ein köstlich-originelles Bühnenbild. Diese einschneidende Maßnahme brachte den erhofften Erfolg. Das Publikum nahm den Rest der Spielzeit zufrieden auf.

Damit hatte ich Entscheidendes gelernt und wusste nun, dass ich viel Geduld brauchen würde, um den Tirolern die moderne Regiehandschrift eines zeitgemäßen Musiktheaters nahezubringen. Wir mäßigten unseren Ehrgeiz und versuchten, unsere Ziele mit etwas weniger Vehemenz zu erreichen. Doch es war kein einfacher Prozess, den eigenen, künstlerischen Anspruch und zugleich die Erwartungen des Publikums zu befriedigen. Es war ein Balanceakt, ein Lernprozess sondergleichen. Überhaupt musste ich in diesen Innsbrucker Jahren – und es wurden immerhin dreizehn – oft und oft über meinen Schatten springen und Dinge sagen und tun, die mich viel Überwindung kosteten. Trotzdem war es mir zum Beispiel nicht gegeben, im Vorfeld einer Produktion so zu tun, als habe die Welt Besseres noch nicht gesehen. Etwas anzupreisen und zu loben, das die Prüfung noch nicht bestanden hatte, lag mir fern.

Ich konnte mich auch nicht der Presse anbiedern, wollte mir die Kritiker der drei Innsbrucker Zeitungen nicht liebedienernd besonders gewogen machen, sondern wollte faire, objektive Urteile über unsere Arbeit. Der Umgang mit den Damen und Herren der Presse war also höflich und freundlich distanziert – ein Fehlverhalten, dessen Früchte ich schon während der Intendanz und besonders nach Beendigung meiner Tätigkeit in Innsbruck zu spüren bekam. Vor allem die Kritikerin eines Revolverblattes, das viel gelesen wurde, hatte sich auf mich eingeschossen und ließ kaum ein gutes Haar an unseren ständigen Bemühungen um erstklassiges Theater. Ihr Stil war so schlecht, dass ich mir abgewöhnte, ihre hämischen, unqualifizierten Ausbrüche zu lesen. Mein Nachfolger hatte mehr Glück mit ihr. Seine Arbeit wurde von Anfang an über den grünen Klee gelobt …

Allmählich aber bemühte sich die Innsbrucker Kritik (bis auf die besagte Dame) wie erhofft um Fairness und wusste die Arbeit, besonders auch das Sängerniveau des Hauses, durchaus zu schätzen. Es gab sogar hie und da Bestrebungen, über den Tiroler Tellerrand hinauszuschauen und Vergleiche anzustellen, die fast immer zu unseren Gunsten ausfielen. Die überregionale Kritik behandelte das Landestheater unter meiner Leitung mit großem Wohlwollen; die Presse war durchwegs gut und lobend, und das Innsbrucker Haus erarbeitete sich durchaus einen internationalen Stellenwert, was mich sehr freute.

Trotzdem war mir das Wichtigste, in Tirol anerkannt zu werden. Das gelang im Laufe der Jahre auch. Abonnentenzahl und Auslastung steigerten sich, das Publikumsecho war überwiegend positiv. Und was mich an negativen Äußerungen erreichte, war so unter der Gürtellinie, dass man es sowieso nicht ernst nehmen konnte. Solche Briefe wurden jedoch im Laufe der Jahre immer weniger, dafür kamen Anerkennung und Dank, über die ich glücklich war.

Eine Intendanz ist ein Fulltimejob – ich war morgens um halb neun im Büro und verließ das Haus meistens erst nach Ende der Vorstellung. Auch an Wochenenden saß ich oft an meinem Schreibtisch und arbeitete Liegengebliebenes auf, das sich besonders häufte, wenn ich inszenierte. Aber ich hatte eine wunderbare Sekretärin, an die ich vieles delegieren konnte, die mir so manches vom Hals hielt und mich beschützte, wo sie konnte. Wir waren ein eingeschworenes Duo. Sie half mir selbstlos und war für mich da, wann immer ich sie brauchte, auch außerhalb der offiziellen Dienstzeiten. Kurz, meine Anna war ein Schatz, ich konnte – und kann – mich hundertprozentig auf sie verlassen. Wir sind befreundet und auch heute noch in ständigem Kontakt.

In den Innsbrucker Jahren war ich selten zu Hause, nur hier und da ein Wochenende, obwohl dies Zuhause im Nachbarland Bayern lag. Da ich nicht mehr zum Malen in meinem heimischen Atelier kam, entstanden Illustrationen zu eigenen Geschichten und einige «Kinderbücher für Erwachsene». So ganz jugendfrei waren meine Bilder und Texte oft nicht, die ich in einer Innsbrucker Druckerei drucken ließ.

Die Intendanz befand sich – nach einem langwierigen Um- und Anbau, der dem Haus eine Aufstockung und drei neue Probebühnen bescherte und mich vier Jahre lang zur «Bauintendantin» machte – im vierten Stock des Hauses. Vorher waren die Büros im Eingangsbereich gewesen, düster und kühl, jetzt saßen wir in luftiger Höhe mit Baumwipfeln vor den Fenstern. Die Arbeitsbedingungen des Hauses waren durch den Umbau mitarbeiterfreundlich geworden und für viele Abläufe ein großer Gewinn. Der sympathische und rührige Landeshauptmann von Tirol, Herwig Van Staa, und die vielgeliebte Bürgermeisterin Hilde Zach hatten sich mächtig ins Zeug gelegt, um diesen Umbau über die politische Bühne zu bringen. Das Haus ist eines der schönsten und praktischsten, die ich kenne.

Neben meinem Büro residierte der kaufmännische Direktor. Mit der Zeit ergab sich ein humorvoller, freundschaftlicher Kontakt zwischen uns. Er war ein echter Theaterfan, der in jede Premiere ging und auch nach München fuhr, um die dortigen Theater zu besuchen. Er war stolz auf sein Haus und eher ein Ermöglicher als ein Verhinderer, was unsere Zusammenarbeit erleichterte. Der Innsbrucker Etat war schmal bemessen und erlaubte keine großen Sprünge – es war ein Kalkulieren und Rechnen ohne Ende. Wir waren Sparmeister, so dass der kaufmännische Direktor über Verschwendung von Steuergeldern – ein Hauptthema in der Verwaltung des Budgets – bei mir nicht zu klagen hatte. Nach einigen Jahren meiner Intendanz wurde das Landestheater in eine GmbH umgewandelt, so dass mit den Ressourcen noch vorsichtiger und verantwortungsvoller umgegangen wurde. Der kaufmännische Direktor war nicht zu bremsen in seinem Bestreben, Rücklagen anzuhäufen und den Etat nicht zu überziehen. Letzteres kam auch nie vor, wir wirtschafteten akribisch und bedachten jeden Cent.

Mir war das pausenlose Drücken der Verträge, das Feilschen und Handeln zuwider, aber es blieb mir nichts anderes übrig. Wenn ich allerdings daran denke, wie viel an Rücklagen tatsächlich ohne mein

Wissen aufgehäuft wurde, fühle ich mich im Nachhinein ausgenutzt. Wie gerne wäre ich mit Künstlergagen und Produktionskosten großzügiger verfahren! Da tat sich dann doch eine gewaltige Kluft auf zwischen künstlerischer Leitung und kaufmännischer Direktion. Eine Kluft, die im Laufe der Jahre immer spürbarer wurde und am Schluss meiner Zeit in Innsbruck zu großer menschlicher Enttäuschung führte.

Vorläufig aber war das Haus im Aufwind, die Lokalpolitik begann stolz auf die Leistungen des Landestheaters zu sein. Bei der Bürgermeisterin und dem Landeshauptmann fanden wir allzeit Unterstützung und Anerkennung. Sie besuchten fleißig unsere Premieren, und das Theater wurde zum kulturellen Mittelpunkt der Stadt, dessen Aktivitäten Kreise zogen.

Am Anfang der Intendanz hatte ich brav alles absolviert, was an gesellschaftlichen Verpflichtungen auf mich zugekommen war. Ich hielt bei den verschiedensten Veranstaltungen Vorträge, war auf tausend Vernissagen, gab Interviews, schrieb Kolumnen für die Zeitung – die aber nicht provokant und polemisch genug waren, so dass ich diesen Job bald wieder los war. Ich tanzte auf vielen Hochzeiten und fand diese Seite der Intendanz lästig und zeitraubend. Ich wollte gar nicht jeden Tag in der Zeitung genannt sein und als Ehrengast bei unwichtigen Events erscheinen. Also entzog ich mich mehr und mehr und machte mich rar, was mir sicher Kritik eintrug, die aber nicht bis zu mir drang.

In solch einer Position weiß man sowieso nicht, wer es ehrlich mit einem meint und wer nur aus Eigennutz oder Existenzangst um Zuwendung buhlt und «der Chefin» nach dem Munde redet. Ich wusste nie genau, wem ich trauen durfte und wer mir echt und beteiligt entgegenkam. Der Umgang mit Macht und ihren Auswirkungen, in jeder Beziehung, ist ein nicht enden wollender Lernprozess mit oft bitteren Erfahrungen. Ich musste lernen, dass viele Sympathien, die mir entgegengebracht wurden, eigentlich nur der Position galten und nicht dem Menschen. Und immer musste man auf der Hut sein.

Wir hatten ein leistungsstarkes, stimmiges Ensemble von 22 Sängerinnen und Sängern aufgebaut, auf das wir den Spielplan abstimmten, so dass jeder ausreichend zu tun bekam und an die entsprechenden Fachpartien herangeführt wurde. Dazu kamen renommierte

Gäste, wobei ich das Glück hatte, dass bekannte Sänger bereit waren, in Innsbruck, in einem mittelgroßen Haus, neue Partien auszuprobieren, bevor sie sich damit aufs internationale Parkett wagten: Anke Vondung sang hier ihren ersten Octavian, Michelle Breedt ihre erste Brangäne, ehe sie damit in Bayreuth reüssierte. Juliane Banse sang ihre erste Fiordiligi, Tatjana und Arabella bei uns, und so war die Innsbrucker Opernbühne Geburtshelferin bei so einigen vielversprechenden Rollendebuts arrivierter Sänger.

Janina Baechle lud ich für ihre erste Azucena ein, als wir Verdis «Il trovatore» brachten. Und als ich «Die Frau ohne Schatten» von Richard Strauss inszenierte, sang sie prachtvoll ihre erste Amme. Die Weltkarriere ließ nicht auf sich warten, nachdem auch die Staatsoper Wien auf sie aufmerksam geworden war. Die großartige Christiane Libor, die damals längst im hochdramatischen Fach angekommen war, sang in Innsbruck die Agathe im «Freischütz», die Eva in den «Meistersingern» – neben Burkhard Fritz, der seinen ersten Stolzing ausprobierte – und, als sei ihr die Rolle von Janáček in die Kehle geschrieben, eine glänzende, berührende Jenufa. Dass diese Sänger mir alle Freundschaftspreise machten und für eine wesentlich geringere Gage sangen als sonst gewohnt, war ein erfreulicher und wichtiger Nebeneffekt. Neben ihnen haben Irmgard Vilsmair, Lars Woldt, Martin Mitterrutzner und Brenden Gunnell am Landestheater ihre ersten Schritte auf der Bühne getan und sind heute renommierte Sänger auf den Bühnen und Podien der Welt.

Ich gehörte nicht zu den Intendanten, die regieführende Kollegen einluden, um im Gegenzug an deren Haus Regie zu führen, wie es so oft nach dem Prinzip «Eine Hand wäscht die andere» geschieht. Wir waren bemüht, junge, aufstrebende oder bereits erfolgreiche Regieteams einzuladen. Sie kamen und zeigten eine sehr persönliche Handschrift, womit sie uns spannende, unvergessliche Produktionen bescherten, die auch das Publikum zu goutieren wusste. Peer Boysen, in Personalunion Bühnenbildner und Regisseur, zeigte einen unvergessenen Zyklus von Mozarts Da-Ponte-Opern und krönte seine Regiearbeit an unserem Haus mit einem «Idomeneo». Einem hochgelobten englischen Bühnenbildner, der auch als Regisseur reüssierte, David Ultz, gab ich eine Chance, doch er war weniger erfolgreich: Seine originelle Version von Donizettis «Liebestrank» kam nicht an und wurde ausgebuht. Auch das muss man lernen: dass man es niemals allen recht machen kann, und: dass man dem Publikum nicht nachrennen darf.

Mit jeder Produktion geht man ein Risiko ein, eine Garantie für Erfolg gibt es nicht. Die Götter des Theaters sind wankelmütig – und das Publikum ist es auch. Und mehr oder weniger unberechenbar. Wenn man glaubt, es zu kennen und es einschätzen zu können, macht es einem doch immer wieder einen Strich durch die Rechnung. Wenn ich eine Produktion für sehr gelungen hielt und dachte, sie würde ein großer Erfolg, war dem oft nicht so. War ich skeptisch und gar nicht angetan vom Ergebnis wochenlanger Bemühungen, konnte es unversehens ein Riesenerfolg werden. Das Scheitern ist nicht zu umgehen. Aber die Publikumsgunst trägt doch vieles mit, wenn man einmal Vertrauen in das künstlerische Niveau des Hauses erworben hat.

## *Shakespeare und andere Abenteuer*

Die Innsbrucker Jahre standen im Zeichen des größten Theatermachers aller Zeiten, des Engländers, der wie kein anderer die Bühne zum Leben erweckt hat und dessen Stücke nach wie vor der Schmelztiegel aller menschlichen Emotionen, aller Abgründe und Höhenflüge, aller theatralischen Möglichkeiten sind. Keiner hat Liebe und Hass, Grausamkeit, Tod und Sehnsucht besser dargestellt als er, keiner den Menschen in seiner Ungeheuerlichkeit klarer erfasst. Seine herzergreifende Komik, seine Wortgewalt, sein Erfindungsreichtum sind unerschöpflich.

William Shakespeare war unser Theatergott, ihm waren unzählige Projekte gewidmet, die von allen Sparten gleichermaßen erarbeitet wurden. Es entstanden zahlreiche Auftragswerke, die sich entweder auf seine Texte oder auf ihn selbst, seine Zeit, sein Umfeld bezogen. Es war ein spannendes Unterfangen, das das Repertoire bereicherte und junge zeitgenössische Komponisten und Dramatiker einband, die sich mit Feuereifer an die Arbeit machten.

Aribert Reimanns «Lear» – ein schon oft erfolgreich aufgeführtes Werk, ich hatte seinerzeit die Uraufführung in München miterlebt –

spielten wir im Großen Haus, gefolgt von Manfred Trojahns «Was ihr wollt». War der «Lear» noch ein achtbarer Erfolg und gut besucht, so war der Besuch von Trojahns Oper, deren österreichische Erstaufführung wir brachten, zögerlich und unbefriedigend. Wir zogen wieder einmal die Konsequenzen und setzten moderne Stücke, auch die Auftragswerke, nur noch im Kleinen Haus, den Kammerspielen, an, die von Schauspiel und Musiktheater gleichermaßen genutzt wurden. Damit erreichten wir die wirklich Interessierten, die Auslastung konnte sich sehen lassen.

Alles in allem haben wir in meiner Innsbrucker Zeit 51 Werke von und über Shakespeare aufgeführt, Stücke, die sowieso zum angestammten Repertoire von Oper und Schauspiel gehörten, sowie viele neue Kreationen. Dass das Musical «Kiss me, Kate» dabei war, versteht sich von selbst, ist es doch eine gelungene, witzige Adaption von «Der Widerspenstigen Zähmung». Leonard Bernsteins «West Side Story», die mein Vorgänger im Programm hatte, brachten wir als Wiederaufnahme.

Das Musical hat im Publikumsinteresse seit Jahren die Operette abgelöst, sogar in Österreich. Eine Operette pro Spielzeit war dem Publikum mehr als genug. Dazu brachten wir zwei Musicals, eins vom Musiktheater, eins vom Schauspiel erarbeitet – das war die richtige Mischung, die geschätzt wurde. Neben klassischen führten wir auch zeitgenössische Musicals auf. Andrew Lloyd Webbers «Jesus Christ Superstar» oder «Evita» sind überall immer noch und immer wieder Kassenfüller.

Unerwartet und ungeplant kam ich in den Genuss, ein Musical-Libretto verfassen zu müssen. Der Regisseur und Choreograph Pierre Wyss hatte die Idee und den Entwurf für «Lulu – das Musical» geliefert, er wollte den Wedekind'schen Plot benutzen und die Texte ursprünglich auch selbst schreiben. Der Komponist Stephan Kanyar wurde engagiert – doch dann stellte sich heraus, dass Pierre Wyss als Librettist ungeeignet war. Mich aber reizte der Gedanke, ein Libretto zu schreiben, und so sprang ich in die Bresche. Das kam der finanziellen Situation des herausfordernden Projekts einer Musical-Uraufführung sehr entgegen, denn ich machte es umsonst. Der Komponist stimmte zu, und wir begannen.

Für mich war es überwiegend Nachtarbeit. Wir kamen gut voran –

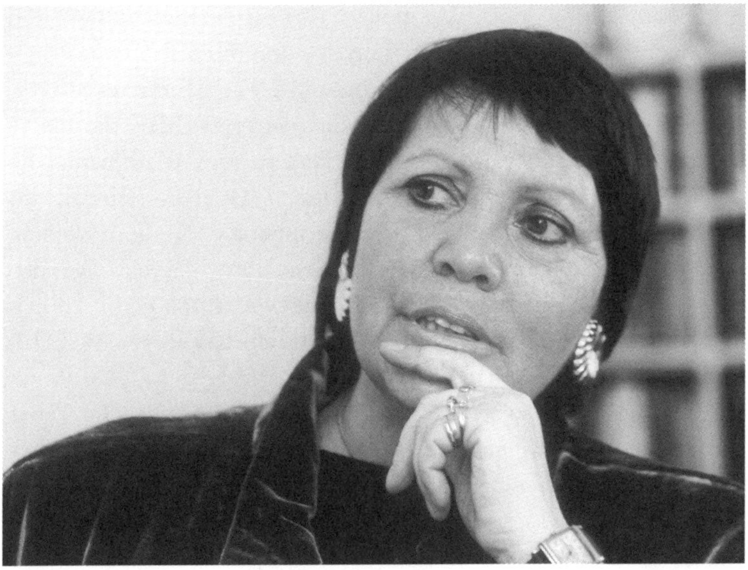

In der Innsbrucker Zeit

das mussten wir auch, denn wir hatten das Uraufführungsdatum im Nacken. Der Klavierauszug, das Orchestermaterial – alles sollte zu einem bestimmten Zeitpunkt fertig sein, damit die Solisten rechtzeitig ihre Rollen vorbereiten konnten. Die Orchesterstimmen mussten ausgeschrieben werden – es ist ein Haufen Arbeit, bis so eine Sache steht. Eine Flut von Mails und Faxen ging zwischen Berlin, wo Kanyar lebt, und Innsbruck hin und her: Mal schickte er eine fertige Musiknummer, die ich unverzüglich textete, mal schickte ich ihm einen Songtext, dessen Länge und Proportionen er mir vorgegeben hatte. Es war ein aufregender, neuer Prozess für mich, dessen Fortschreiten ich kaum abwarten konnte. Wir trafen uns, und Kanyar spielte und sang mir das Entstandene am Klavier vor. Wir änderten, verbesserten, rafften, es war ein intensives *work in progress*, das bis in die Proben hinein andauerte.

Dann war es so weit: «Lulu – das Musical», in der hervorragenden Regie von Pierre Wyss, wurde in Innsbruck aus der Taufe gehoben und erlebte eine erfolgreiche Uraufführung mit vielen ausverkauften Vorstellungen.

Ich hatte Blut geleckt. Wir wollten den Erfolg wiederholen, und so lud ich dasselbe Team Wyss/Kanyar – und mich als Librettistin – wieder ein. Das nächste Musical entstand im Zuge unseres Shakespeare-Schwerpunktes. Jennie hatte die glänzende Idee, die fiktive Biographie des Juden Shylock aus Shakespeares «Kaufmann von Venedig» als Handlung entstehen zu lassen. Es ergab sich mit unglaublicher Selbstverständlichkeit ein stringenter Handlungsverlauf, basierend auf dem Stück, mit chronologisch aufeinander folgenden Stationen von Shylocks Lebensweg. Wir versuchten damit zu klären, warum Shylock und Antonio sich so sehr hassen, wie sie es bei Shakespeare tun.

Auch diese Musical-Uraufführung wurde ein Erfolg. Der Verlag «Felix Bloch Erben» nahm die «Lulu» und «Shylock» in sein Programm auf, wir arbeiteten für beide noch eine Dialogfassung aus. Inzwischen hat «Shylock» schon seine deutsche Erstaufführung erlebt. Zu einer dritten Zusammenarbeit mit Kanyar kam es nicht mehr, aber ich suche nach einem zündenden Stoff …

Meine Zeit in Innsbruck ging zu Ende, nachdem ich meinen Vertrag zum dritten Mal verlängert hatte. All unsere Spielplanideen hatten wir umgesetzt. Es wäre zu Wiederholungen gekommen, und ich fand, dreizehn Jahre seien genug.

Die uns zur Freundin gewordene Hilde Zach, die von allen verehrte und geliebte Bürgermeisterin, hatte ein tapfer und heroisch ertragenes Krebsleiden nicht überstanden und diese Erde Anfang 2011 verlassen müssen. Die Trauer in der Stadt war groß. Ich konnte und durfte ihr einen letzten Dienst erweisen, denn die Familie bat mich, im Dom die offizielle Trauerrede zu halten. Ich tat es – und diese Totenfeier war eines der bewegendsten Ereignisse meiner Innsbrucker Zeit.

Landeshauptmann Herwig Van Staa hatte sein Amt einem Nachfolger übergeben. Auch der war dem Theater wohlgesinnt, ebenso wie die neue Bürgermeisterin, aber meine Zeit war abgelaufen. Ich wollte frei sein und meinen Wirkungskreis, wenn möglich, noch ein wenig über Tirol hinaus ausdehnen. Bis dahin hatte ich nur wenige Gastinszenierungen angenommen. Ich wollte möglichst immer vor Ort sein, da lange Abwesenheiten gefährlich sind: Die Mäuse tanzen gerne auf dem Tisch … Der Gedanke an den Abschied fiel mir trotzdem nicht leicht. Vieles an menschlichen Erlebnissen, an künstlerischen Ereignissen und wichtigen Begegnungen war in den Jahren geschehen, eine entscheidende Phase meines Lebens ging zu Ende.

In der Findungskommission für eine Nachfolge mitzuwirken, hatte ich abgelehnt. Ich war an einigen Besetzungen von Intendanzen österreichischer Häuser beteiligt gewesen – es waren doch mehr oder weniger immer politische Entscheidungen. Über meine eigene Nachfolge sollten andere befinden, damit wollte ich nichts zu tun haben. Für eine objektive Perspektive wäre ich emotional zu beteiligt gewesen.

Ein Jahr vor meinem Weggang war der Nachfolger bestimmt, ein versierter Theatermann mit langjähriger Intendantenerfahrung. Objektiv gesehen war er die richtige Wahl. Er war überaus verbindlich und gut gelaunt und verstand sich auf Anhieb mit dem kaufmännischen Direktor, der ihn mit offenen Armen empfing. Wie es in der Vorbereitungszeit üblich ist, saßen beide oft zusammen. Selbstverständlich hatte man meinem Nachfolger für seine Verhandlungen Räumlichkeiten in der Stadt zur Verfügung gestellt, sie aber tagten im Büro neben mir. Ich hörte sie kumpelhaft lachen, die Schulterklopfatmosphäre war spürbar im ganzen Haus.

Natürlich wurde der Nachfolger, der nun für das Wohl und Wehe von über 400 Mitarbeitern verantwortlich sein würde, hofiert und umworben. Aber das Maß der Liebedienerei auf beiden Seiten überstieg das, was ich mir vorgestellt hatte. Besonders der kaufmännische Direktor hängte sein Mäntelchen gewaltig nach dem Wind. War es für ihn eine große Erleichterung, die Frauenpower loszuwerden und wieder männliche Seilschaften knüpfen zu können? Die Tür zwischen unseren Zimmern blieb bis zu meinem Abschied von nun an geschlossen.

Im Solistenensemble von Oper, Schauspiel und Tanz entpuppten sich plötzlich die Heuchler und Wendehälse, aber auch loyale Mitarbeiter, die mir zeigten, dass mein Weggang sie schmerzte. Und einige waren dabei, deren Verhalten ich mir so nie und nimmer hatte vorstellen können. Es gibt einen rüden, bezeichnenden Ausdruck für derlei Verhalten, ich erspare ihn mir. Aber man kroch gewaltig … Das waren Wermutstropfen, die die Erfahrungen der Intendanz auf bittere Weise abrundeten.

Getreu meinem Wahlspruch «Auf zu neuen Taten» zog ich von dannen. Das Kapitel Innsbruck war beendet.

## *Meine Festivals*

In der Innsbrucker Zeit wurden mir zwei Positionen angetragen, die meine Theaterpflichten nicht tangierten, so dass ich sie guten Gewissens annehmen konnte. Die eine war die künstlerische Leitung des Eppaner Liedsommers, die ich noch heute innehabe, die zweite die Leitung des Richard-Strauss-Festivals in Garmisch-Partenkirchen, die ich bis 2017 übernahm. In Garmisch-Partenkirchen hat Richard Strauss von 1905 bis zu seinem Tod 1949 gelebt, und die Marktgemeinde gedenkt ihres berühmten Einwohners mit den von August Everding ins Leben gerufenen Strauss-Tagen, die sich zu einem international wahrgenommenen Festival ausgeweitet haben.

Als Schwerpunkt des Festivals soll natürlich das Werk von Richard Strauss bedacht werden, was unter meiner Leitung auch geschah. Deshalb kommt das Publikum nach Garmisch – um Strauss in geballter Form zu sich zu nehmen. Die meisten Anreisenden sind Strauss-Kenner, wenn nicht Straussianer, und wollen «ihren» Komponisten hören. In meiner Zeit stand in sämtlichen Konzerten des einwöchigen Festivals, das im Juni stattfindet, Strauss' Werk auf dem Programm, in all seinen Facetten: seine erste Symphonie, die erste Tondichtung, Oper, Chorwerke, Kammermusik, Lieder. Garmisch ist der Ort, an dem viele seiner Werke entstanden, ein authentischer Ort sozusagen, einer der Reize des Festivals.

Ich lud eine große Zahl europäischer Orchester ein, immer unter der Maßgabe, nicht ein übliches Tourneeprogramm zu präsentieren, sondern einen ganzen Abend Strauss zu spielen – ein Unterfangen, das nicht immer leicht zu bewerkstelligen war. Zwar hat jedes Orchester irgendetwas von Strauss im Repertoire, aber ein ganzes Programm zu gestalten, mit zum Teil seltener gespielten Stücken, war schon eine Herausforderung. Einige Orchester waren ganz besonders kooperativ und bedachten unser Festival mit exquisiten Strauss-Konzerten, wie sie so nur in Garmisch zu hören waren. Ich denke da besonders an die hervorragende Weimarer Staatskapelle, die einige Male zu Gast war, und das Münchner Rundfunkorchester unter seinem damaligen Chefdirigenten Ulf Schirmer, das uns auch für die Gesamtaufnahme der selten gespielten Strauss-Oper «Intermezzo» zur Verfügung stand.

Opernaufführungen konnte ich mir nur konzertant leisten, es gab keinerlei Kapazität für szenische Aufführungen. Ich war auf Freundschaftspreise und laufende Produktionen der in Frage kommenden Theater angewiesen. Immerhin war die Wiener Staatsoper mit «Ariadne» und «Capriccio» zu Gast oder das Aalto-Theater aus Essen mit einer «Frau ohne Schatten» und einer «Elektra», unter Leitung des Strauss-Experten Stefan Soltész, den ich noch aus Wien aus seiner Korrepetitorenzeit an der Staatsoper kannte. So manches Stück hatte er mir damals geduldig beigebracht. Besonders an Gottfried von Einems «Kabale und Liebe» erinnere ich mich, eine Wiener Uraufführung. Die Lady Milford war harte Lernarbeit, auch Anja Silja, die die Luise sang, stöhnte ... Diese Fron war Soltész lange los. Er war ein gefragter Dirigent geworden und bescherte uns in Garmisch herrliche Strauss-Abende. Zu guter Letzt kam die Frankfurter Oper noch mit einer fulminanten «Liebe der Danae», einem Stück, das so gut wie nie zu hören ist.

Auch dem Liedschaffen von Richard Strauss räumte ich einen entscheidenden Platz ein, einige der besten Liedersänger unserer Zeit bat ich um reine Strauss-Programme. Strauss hat an die 200 Lieder geschrieben, aber nur ein paar davon werden immer und immer wieder gesungen, während der Löwenanteil unerklärlicherweise auf der Strecke bleibt.

Das Projekt, alle verfügbaren, auch die in Privatbesitz entdeckten Lieder in chronologischer Folge aufzunehmen, unternahmen wir in Garmisch als Geschenk zum Geburtstag des Komponisten, der sich 2014 zum 150. Mal jährte. Ich zahlte das Unternehmen aus eigener Tasche, Jennie erstellte die komplizierte Logistik. Fünfzehn Sänger waren beteiligt, die alle umsonst sangen und nur die Spesen und Reisekosten erstattet bekamen, ebenso wie die fünf renommierten Begleiter. Es war eine abenteuerliche Unternehmung, die fast reibungslos klappte. Keiner sagte ab, keiner wurde krank. Und so ist es eine informative, einmalige Aufnahme geworden, die vom ersten kleinen Weihnachtslied des Sechsjährigen bis zum letzten Lied, «Malven», reicht, das noch nach den «Vier letzten Liedern» entstand und Maria Jeritza gewidmet ist, in deren Nachlass es nach ihrem Tod in Amerika gefunden wurde. Alles ist enthalten, was Strauss für Stimme und Klavier komponiert hat, auch die Melodramen sind dabei, die ich selbst rezitiert habe.

Leider ist das Festival finanziell nicht so ausgestattet, wie es diesem Sohn Bayerns, der einer der größten Komponisten der Welt ist, zustünde. Der bayerische Staat hat diesen in München geborenen Meister in seiner Kulturförderung kaum bedacht, sondern fast die gesamte Finanzierung dem Markt Garmisch-Partenkirchen überlassen, der sich dagegen zu Recht wehrt. Auch die Familie Strauss scheint nicht in der Lage und interessiert zu sein, durch eine großzügige Stiftung das musikalische Erbe ihres Vorfahren am Ort seines Entstehens zu sichern. Und so ist es ein ewiger Kampf um die Finanzen, der lästig und zermürbend ist und einen von der künstlerischen Arbeit abzieht.

Dessen überdrüssig, habe ich 2017, nach neun Jahren Präsenz in Garmisch, die Leitung des Festivals niedergelegt und sie einem Nachfolger überlassen, der vielleicht im Rekrutieren der nötigen Mittel geschickter ist als ich. Er ist Bayer und kennt sich aus im Netzwerken, das immer noch und immer wieder eine männliche Domäne ist. Trotzdem sehe ich mit Genugtuung auf die Garmischer Jahre zurück, denn es ist uns gelungen, so musterhaft zu arbeiten wie unter den gegebenen Umständen möglich. Das Publikum jedenfalls hat es uns mit großem Zuspruch gedankt.

Das andere Festival, das ich übernommen habe, ist mein kleiner, aber feiner Liedsommer im schönen Südtiroler Eppan, einem liebenswerten Ort nahe Bozen. Die traumhafte Natur und die italienische Lebensqualität machen dieses Festival, das ganz dem Lied gewidmet ist, besonders attraktiv. Es ist für mich eine gelungene Mischung aus Arbeit und Genuss.

Die öffentlichen Meisterkurse, die ich jedes Jahr Anfang Juli anbiete, geben dem Publikum die Möglichkeit, sich über die intensive Arbeit zu informieren, die Sänger zu leisten haben, um der subtilen Materie Lied interpretatorisch und sängerisch gerecht zu werden. Zu den Liederabenden lade ich Kollegen ein, die ausgewiesene Liedersänger sind und denen der Erhalt dieser unendlich bereichernden

Kunstform genauso am Herzen liegt wie mir. Auch sie machen mir Freundschaftspreise und verlieben sich in Landschaft und Ambiente, so dass sie wiederkommen wollen. Ich habe in Eppan Peter Schreier, Olaf Bär, Cheryl Studer, Angelika Kirchschlager, Wolfram Rieger, Christoph Prégardien, Malcolm Martineau, Ian Bostridge, Helmut Deutsch, Julius Drake, Daniel Behle und Andrè Schuen begrüßen können, um nur einige zu nennen, die sich in den Dienst der Sache stellen: alle «Stars» ihres Fachs, die jede Gelegenheit beim Schopfe packen, dem Lied die Aufmerksamkeit zu verleihen, die es verdient.

Eppan ist für mich nach wie vor ein Ort der Freude und der Entwicklung. Die Qualität des Liedsommers hat sich herumgesprochen. Auch hier sind die finanziellen Mittel begrenzt, aber das spürbare Wohlwollen der Kulturpolitik und das Engagement der beiden Bürgermeister, des alten und des neuen, das ich im Laufe der Jahre erlebt habe, helfen über so manche Krise hinweg. Man hat sogar den vormals altmodischen und für Konzerte ziemlich ungeeigneten Kultursaal des Ortes in einen Konzertsaal mit perfekter Atmosphäre und Akustik umbauen lassen – eine Tat, die nicht genug gewürdigt werden kann. Das Publikum wächst und weiß die Bemühungen zu schätzen. Hier werde ich es wohl noch ein paar Jahre aushalten …

# 9

# *Menschenreichtum*

## *Ein paar Legenden und ein paar Freunde*

Es gab Begegnungen in meinem Leben, deren Nachhall unauslöschlich ist, die mich begleiten und sich in der Erinnerung bemerkbar machen, auch wenn ich sie nicht abrufe so wie jetzt in dieser Zeit des Schreibens und der Rückschau. Diese Menschen haben die Erde fast alle schon lange verlassen, aber ihr Erscheinen in meinem Leben war so prägend, dass sie sich in mir einen Platz gesichert haben, über alle Zeitläufte hinweg. Ein paar von ihnen möchte ich aus dem Dunkel der Vergangenheit herausheben. Mögen sie stellvertretend sein für viele, die mich maßgeblich beeindruckt haben.

Meine Erinnerung an Joseph Keilberth, den Dirigenten meiner Anfangsjahre, soll den Reigen eröffnen. Keilberth war Generalmusikdirektor der Bayerischen Staatsoper, des damals renommiertesten und größten Opernhauses in Deutschland. Seine verblüffende Ähnlichkeit mit Beethoven, wie wir ihn von späten Porträts kennen, war das Erste, was einem an diesem bulligen, untersetzten und doch feingliedrigen Menschen auffiel. Um Keilberth war eine Aura von Einsamkeit, von Strenge, von Eile. Trotz des Versuches, sich bei Proben entspannt zu geben, trotz seines verschmitzten Lächelns war er meistens unwillig, oft mürrisch. Er entzog sich den theaterüblichen gegenseitigen Sympathiekundgebungen unter Kollegen auf eine scheue, raue Art, die aber nie verletzend wirkte. Er hatte einfach Wichtigeres zu tun. Ich sehe ihn vor mir, umringt von Menschen, den Kopf höflich zuhörend geneigt – sein Blick war leicht spöttisch und distanziert. Für Schmeicheleien und Oberflächlichkeiten war er unzugänglich. Immer aufs Wesentliche bezogen, war er leise und bestimmt bei der Sache. Mit uns Jungen probierte er nicht gern, das überließ er den Kapellmeistern und

Korrepetitoren. Er wollte aus dem Vollen schöpfen und sich nicht aufhalten.

Am Abend, am Pult, während der Vorstellung, strömte er dann so viel Autorität und Kompetenz aus, dass man gar nicht anders konnte, als in seine musikalische Sphäre einzutauchen. Das geschah für uns Anfänger ohne Angst vor seiner Position, ohne «Ducken vor dem Chef» – es war schiere Freude an seinem meisterlichen Musizieren. Man war eingebettet in sein Können und Wohlwollen, das nie menschlicher zum Vorschein kam, als wenn er einen geradezu liebevoll durch die Vorstellung begleitete. Selten habe ich einen magischeren Taktstock erlebt als den von Joseph Keilberth. Er schien zu schweben, schwerelos mit leuchtender Spitze – ein Zauberstab, dem alle willig und bewundernd folgten.

Zufrieden mit sich oder uns war er wohl nie. Leicht griesgrämig ließ er die Ovationen des Publikums über sich ergehen, in sich selbst zurückgezogen – den nächsten musikalischen Wahrheiten schon auf der Spur. Hatte ich meine kleine Aufgabe in der jeweiligen Aufführung beendet – er dirigierte unzählige «Rosenkavaliere», die ich als Dritte adelige Waise oder Annina bestritt, auch «Intermezzo» oder «Figaros Hochzeit», wo ich ein Blumenmädchen sang –, stahl ich mich manchmal in den Orchestergraben, wo ich, in einer Türnische versteckt, Joseph Keilberth, dem ästhetischsten, selbstverständlichsten, gelassensten aller Dirigenten, bei der Arbeit zusah.

Das steht mir so frisch vor Augen, als sei es gestern gewesen. Das Glück, unter der Leitung dieses uneitlen Könners musikalisch «aufgewachsen» zu sein, weiß ich heute, nach so vielen Jahren – und Vergleichen – sehr zu schätzen. Er hat Maßstäbe gesetzt.

In diese frühen Jahre fiel auch die erste Begegnung mit Martha Mödl, mir neben Birgit Nilsson unter den «Hochdramatischen» die Liebste, ganz einfach, weil sie die Bescheidenste, die Uneitelste war in unserem von persönlichen Eitelkeiten und permanenter Nabelschau begleiteten Beruf. Martha Mödl war mit leidenschaftlicher Hingabe Opernsängerin – die Bühne war ihre Lebensluft, ihr totaler Lebensinhalt bis zum Ende eines erfüllten, ausgekosteten Sängerdaseins. Die Intensität ihrer Bühnenpräsenz ist Legende. Doch eine Legende war sie schon zu Lebzeiten, ohne das sein zu wollen oder es zur Kenntnis zu nehmen.

Martha Mödl war schön – in der Arbeit und als Frau: Das klare, großzügig geschnittene Gesicht mit den hohen Backenknochen erinnerte an die Schönheit und Rundheit eines Katzengesichtes. Wahrscheinlich nicht von ungefähr, denn Katzen waren ihre geliebten Lebensgefährten, ihr weißer Kater eine jahrelange «Bezugsperson». Sie hat mir in ihrem rauen fränkischen Dialekt oft von ihm erzählt. Als er starb, fühlte Martha sich sehr einsam.

Als «Katzenmensch» war mir Martha Mödl sehr nah. Wir haben nicht sehr oft gemeinsam auf der Bühne gestanden. Sie war für uns Junge damals in den Sechzigern und Siebzigern ein großartiges Vorbild, und mein Respekt vor ihrer Lebensleistung als Sängerin (und Katzenfreundin) ist riesengroß und liebevoll. Ich bin glücklich zu wissen, dass sie mich mochte und meinen Weg durch den Beruf mit Wohlwollen und Interesse beobachtete, bis zum Ende ihres Lebens. Martha Mödl war eine Künstlerin, die nicht um Liebe warb und darum umso mehr geliebt wurde. Sie war ein wunderbarer Mensch und ist eingegangen in den Olymp der ganz Großen. Ich bin dankbar, ihr begegnet zu sein.

Von den männlichen Kollegen war Hans Hotter Vorbild für zwei Sängergenerationen, ein Urgestein in der Theaterlandschaft des vorigen Jahrhunderts. Er hatte in Uraufführungen von Richard Strauss' Opern auf der Bühne gestanden, war sein Skatpartner gewesen, war im Hause Strauss ein und aus gegangen und war einer der populärsten Sänger seiner Zeit. Meine Erinnerungen an ihn sind sehr persönlicher Art, denn er hat mich im Berlin der Kriegsjahre auf seinen Knien gewiegt. Der «schöne Hannes» – wie meine Mutter ihn mit schwärmerischem Augenaufschlag nannte – war ein gern gesehener und gehörter Besucher im gastlichen Haus des Kammersängers Domgraf-Fassbaender, wenn sich dort eine illustre Kollegenschar der Berliner Staatsoper zu frohen Künstlerfesten versammelte.

Viel, viel später, als ich dann als Kollegin neben ihm auf der Bühne stand, war diese Verbundenheit aus Kindertagen immer spürbar. Aus jovialer Höhe blickte er freundlich auf mich herab. Er war immer zu Späßen aufgelegt und vertrieb sich und uns, den jungen Kollegen, die Zeit vor dem Auftritt zum Beispiel mit «Wettrülpsen»: Hotter war ein Meister in der Kunst des Atemschluckens mit nachfolgendem Ergebnis und konnte mühelos «Bo-ris-Go-du-now» rülpsen, was ich mit einem «Pa-les-tri-na» konterte usw. Als «Bor-ro-meo» in «Pa-les-tri-na» ist er mir unvergesslich; ich stand als Junger Doktor bescheiden neben ihm. Als Schigolch schlurfte er skurril und genialisch durch so manche «Lulu»-Produktion, zuerst war ich als Gymnasiast sein Kumpan, danach bedachte er meine Geschwitz mit seinen Sarkasmen …

Seinen Wotan, *den* Wotan schlechthin, habe ich auch noch erlebt in der Münchner Prinzregententheater-Zeit. Unvergesslich, gewaltig, wie er seinen Speer durch die Luft schwang! Der überragte ihn nur um ein Weniges, wenn er ihn neben sich in den Boden rammte. Seine Lebensleistung, auch als führender Gesangspädagoge, ist immens. Mein Respekt, meine Hochachtung begleiten den «schönen Hannes» bis in die bessere Welt hinein.

Aber der große Fischer-Dieskau war vielleicht der Sänger meiner Zeit, dem meine größte Bewunderung und Hochachtung galt. Sein geistvoller Gesang, dokumentiert auf zahllosen Aufnahmen, wird mich immer wieder, immer neu ergreifen und beglücken. Dem Staunen über einen Frühvollendeten folgte die Bewunderung für einen der bedeutendsten Sänger aller Zeiten.

Er hat den Liedgesang zu dem erhoben, was er seitdem bedeutet: die größte Herausforderung an die Gestaltungskraft des Sängers, weit über puren Schöngesang hinaus. Dietrich Fischer-Dieskaus Liederabende waren Höhepunkte im Konzertleben der letzten fünfzig Jahre, und sie waren vorbildhaft gestaltet in ihrer klugen, durchdachten Dramaturgie. Nachahmer, auch stimmliche, gab und gibt es unzählige – Fischer-Dieskau bleibt unerreicht.

Auch die Eindringlichkeit, mit welcher der Opernsänger seine Rollen gestaltete, sucht ihresgleichen. Die Charakterporträts, die er mit jeder Bühnenfigur erschuf, setzten Maßstäbe. Er erarbeitete jede seiner Rollen mit größter Akribie und Disziplin. War der äußere Rahmen gesetzt und beherrscht, bewegte er sich mit traumwandlerischer Sicherheit und nie versiegender Intuition in einem Rollenbild, das er mit seiner stimmlichen und darstellerischen Kraft zu pulsierendem Leben erweckte. Sein Mandryka, sein «Figaro»-Graf, sein Wozzeck, sein Falstaff, sein Lear – um nur einige Partien aus der Fülle des Gesungenen herauszugreifen – waren erfüllt von tiefer seelischer und geistiger Beteiligung.

Fischer-Dieskau ging als Interpret an die Grenzen des Machbaren; sein Können aber war grenzenlos. Dass ich ihn als Mensch und Künstler, als Sängerkollegen hautnah erlebt habe, betrachte ich als große Bereicherung meines Wertmaßstabes. Was er mir mit seiner Kunst gegeben hat, lässt sich nicht in Worte fassen.

Auch die eindrucksvolle Inge Borkh ist tot. Im Sommer letzten Jahres habe ich sie noch getroffen, als ich während der Bregenzer Festspiele Rossinis «Barbier von Sevilla» inszenierte. Da kam sie vormittags zur Eröffnung der Festspiele und ging abends in die Eröffnungspremiere. Sie saß zwar im Rollstuhl wie schon seit langem, war aber bester Dinge und mit ihren 97 Jahren geistig fit wie eh und je. Es heißt, sie könnte auch 101 gewesen sein und habe über ihr Alter geschwindelt. Sich fünf Jahre jünger zu machen ist ein in Künstlerkreisen erlaubter und viel geübter Brauch …

Inge Borkh war ein Vollblut auf der Bühne. Wie oft ist sie an mir vorbeigefegt bei ihrem ersten Auftritt als Elektra in der Strauss-Oper, in der ich mich hochgedient habe von der Magd zur Klytämnestra. Damals, als erste Magd, kauerte ich in der Gruppe der Mägde in düsterer Kulisse: «Wo bleibt Elektra!», hatte ich zu singen – und da kam sie, die schöne, hochgewachsene Inge Borkh, mit der ihr eigenen Intensität vom ersten Schritt an. Ihre schauspielerische Besessenheit stand der sängerischen in nichts nach. Die Gestaltung der gefährdeten, am Abgrund taumelnden Frauen lag ihr am besten, da sie selbst gefährdet war in ihrer überbordenden Bühnenleidenschaft.

Erst in diesem Jahr starb ein anderes, auch menschliches Vorbild aus der Sängerinnengeneration der Nachkriegsjahre: Hilde Zadek. Sie – die wirklich und tatsächlich 101 wurde – war eine vornehmlich an der Wiener Staatsoper beheimatete Sängerin des großen Faches – eine berühmte Marschallin, eine umwerfende Salome. Ihre jugendlichen und dramatischen Partien verkörperte sie mit großer Eleganz und Sicherheit. Der silberne Strahl ihrer bestens geschulten Stimme kam aus der Kehle einer bildschönen Frau, die allein schon durch ihre Schönheit die Bühne beherrschte.

Nach ihrer Sängerinnenkarriere wurde Hilde Zadek eine gesuchte Gesangslehrerin und unterrichtete bis ins hohe Alter mit Leidenschaft und bei bester Gesundheit. Sie war zur Freundschaft begabt wie kaum ein anderer Mensch, den ich getroffen habe. Ihre großzügige, tolerante, einen umfangende Liebenswürdigkeit und Wärme waren ein Geschenk, das ich über lange Jahre in Empfang nehmen durfte. Man konnte mit Hilde über alles reden, und alles, was mit dem Beruf und dem Theater zu tun hatte, interessierte sie brennend! Ich verehre sie von Herzen und eifere ihr nach – so fit wie sie bis zum Schluss möchte ich sein und bleiben. Wenn es sein muss, bis 101 …

Dass ich «la diva assoluta», die Göttin meiner Studienjahre, die für mich größte Sängerin überhaupt, nur einmal auf der Bühne erlebt habe, ist ein Versäumnis, das ich zutiefst bedauere. Dies eine Mal war schon eines ihrer Abschiedskonzerte, das sie in München gab. Ein Abglanz ihrer Größe war immerhin noch spürbar, auch wenn die Stimme ihrer Herrin nicht mehr gehorchte und die Höhe zerbrochen war. Ein anderes Mal, lange davor, endete als Versuch, es war eine Pilgerfahrt mit Studienkollegen nach Berlin, wo sie Donizettis Lucia singen sollte. Als wir ankamen, hatte sie abgesagt, die göttliche Callas, deren Gesang mich elektrisierte und hinriss. Das war emotionaler Gesang in höchster Vollendung, so schien mir. Über Schlacken und Schwächen der späteren Jahre hörte ich bereitwillig hinweg. Sie schmälerten für mich nicht das Erlebnis «Callas».

Sie als Vorbild zu bezeichnen scheint mir vermessen. Aber in ihrem Gesang war das Brennen, die tausendprozentige Hingabe an Rolle und Musik. Das wollte ich auch. Verbrennen an der jeweiligen Aufgabe. Es gibt Aufnahmen von der Callas, die mich noch heute fassungslos machen, so faszinierend und gewaltig hat diese einmalige Sängerin sich darin verewigt.

Ich habe über Menschen berichtet, deren künstlerische Aussagen mich bewegt und deren Persönlichkeiten mich beeindruckt haben. Über Menschen, die meinen Werdegang maßgeblich beeinflussten und meinen beruflichen Weg begleiteten. Ich muss aber auch die erwähnen, die nicht nur beruflich, sondern darüber hinaus mein Leben mit ihrer Gegenwart erwärmen und bereichern. Und das sind meine Freunde!

Meine besten Freunde heißen Oscar, George und Toby. Uns verbindet eine vertrauensvolle, zärtliche Freundschaft, die auf gegenseitigem Respekt, ja von meiner Seite sogar auf Achtung beruht. Denn diese Freunde sind nicht nur von ganz besonderer Höflichkeit

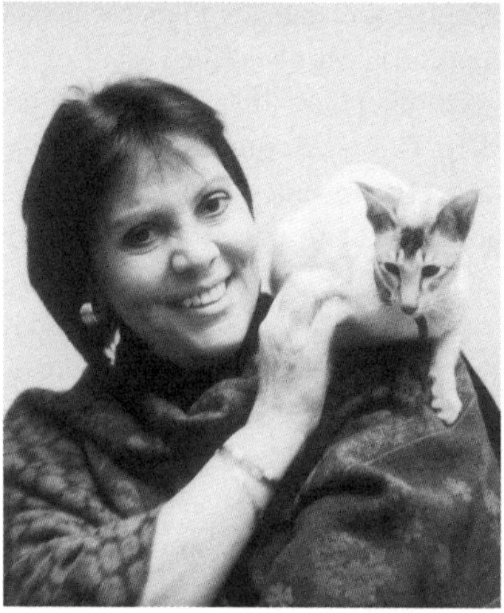

Mit Nanni

und Liebenswürdigkeit, sie sind auch besonders schön und loyal. Insbesondere Oscar, der bei mir eine gewisse Vorrangstellung genießt, ist ein williger Ansprechpartner, der mir vorbehaltlos seine Liebe und sein Zutrauen offeriert. Wenn er morgens aufwacht, meistens im ersten Morgengrauen, kommt er in mein Bett und erwartet sofortige Zuwendung und Gespräch. Ich nenne ihn dann «mein schöner Schatz», womit ich aus dem «Rosenkavalier» zitiere, oder «mein allerbester Alabaster». Es kommt auch vor, dass ich ihn «Mäusetöter» oder «Schnurrhahn» nenne. Meistens aber versichere ich ihm, dass er der Allerschönste ist. Oscar ist ein prachtvoller Siamkater, und George und Toby sind riesige, ausgewachsene norwegische Waldkatzen bzw. -kater mit sanften, bezaubernden Seelen und Manieren.

Meine anderen Freunde heißen Dietrich, Georg, Peter und Billi. Aber das sind Menschen, und daher sind sie auf mich nicht angewiesen. Sie sind wichtige Bezugspersonen, von denen ich weiß, dass wir uns beruflich und privat viel zu sagen haben, dass wir teilnehmen aneinander, ein jeder am Leben des andern, und dass auch hier Vertrauen und Zuneigung wichtige Begleiterscheinungen gegenseitiger Sympathie sind.

Und dann gibt es noch Hunderte von Freunden – ich möchte fast sagen Tausende –, die mich stumm und unaufdringlich, aber unverzichtbar durch mein Leben begleiten: meine Bücher!

Mein erstes Buch kaufte ich vom ersten ersparten Taschengeld. Als ich vierzehn wurde, bekam ich fünfzig Pfennig in der Woche. Ich sparte – und sowie ich genug zusammen hatte, ging ich und kaufte «Literatur für die, die gar nichts mehr hatten», wie es bei Fritz J. Raddatz so schön heißt: ein Buch, auf Zeitungspapier im Zeitungsformat gedruckt, aber schon mit dem Label «RoRoRo» versehen. Es war «Wolfsblut» von Jack London und ist mir leider abhandengekommen. Dann erschien bald die bunte Reihe der RoRoRo-Taschenbücher, deren begeisterte Käuferin ich wurde. Als erstes «richtiges» Buch erstand ich «Der Kampf der Tertia» von Wilhelm Speyer – ich weiß es noch wie heute, es kostete 1,50.

Das nächste Buch war «Jan Himp und die kleine Brise» von Hans Leip. Dann kamen Romane von Cronin und Galsworthy dazu, Hans Falladas «Kleiner Mann, was nun» und nach und nach alles, was mich interessierte und bei Rowohlt erschien, zum für mich erschwinglichen Preis. Von meiner ersten Gage, knapp zwanzig Jahre später, erwarb ich antiquarisch eine Charles-Dickens-Gesamtausgabe, Prachtbände mit herrlichen Illustrationen aus der Zeit.

All diese Bücher habe ich heute noch, es waren die Grundsteine meiner Bibliothek, die über die Jahre zu einer fast unübersehbaren Fülle angewachsen ist. Oft stehe ich etwas ratlos davor – wann soll ich das alles noch schaffen? Vieles ist noch nicht gelesen, manche Bücher lese ich dafür zwei- oder dreimal. Trennen kann ich mich von keinem – und so teile ich das typische Schicksal von eingefleischten Büchernarren.

## *Erlebnisse*

Stefanie Hölscher, meine liebenswürdige, kluge Lektorin, die geholfen hat, viele Bücher aus der Taufe zu heben, die auch mir hilfreich und überaus wohlwollend zur Seite steht und der ich zu größtem Dank verpflichtet bin, hat in einer ersten Version meines «Versuchs» die Höhepunkte auf der Lebensbahn vermisst. Wahrscheinlich hat die Erinnerung vieles glattgeschliffen, eingeordnet und beruhigt.

Kann es sein, dass mein beruflicher Weg, besonders der mit dem Singen beschrittene, für mich ein einziger Höhepunkt war? Tiefpunkte gab es ja auch, besonders im privaten Bereich; einiges davon habe ich anklingen lassen.

Aber wenn ich an meine Sangesreisen in die Länder der Mitternachtssonne denke, nach Finnland zum Beispiel, wo es entweder ab 3 Uhr nachmittags stockdunkel oder 24 Stunden hell ist, wo das Glas Bier Unsummen kostet und trotzdem so viele Betrunkene durch die Stadt torkeln wie nirgends sonst und wo der Konzertsaal des Festivals von Savonlinna tief unter der Erde liegt, ein Höhlengefühl sondergleichen, dann waren auch sie als Erlebnisse ein Höhepunkt.

Oder ich denke an meine verzweifelte Suche nach einem stillen Örtchen, mit verdorbenem Magen auf der Fahrt von Jerusalem in einen israelischen Kibbuz, wo ich abends zu singen hatte: Überall, wo der von mir aufgestörte Fahrer hielt, wurde ich abgewiesen, bis in einem kleinen Kleiderladen der Besitzer, ein Araber, sein Klo, das er als Abstellraum benutzte, von Bergen von Pappschachteln leerräumte und mir überließ. Ich kaufte zwei Blusen. Die habe ich heute noch … Als Höhepunkt kann ich das zwar nicht bezeichnen, aber unvergessen ist es dennoch.

Oder an «Carmen» und «Rosenkavalier» im strahlenden San Francisco, mit der schönen Kiri Te Kanawa als Marschallin, wo allein schon Stadtbild und Hafen mit Blick auf Alcatraz Höhepunkte waren.

New York, mit kulinarischen Höhepunkten in Chinatown und Little Italy, ganz zu schweigen von den in jeder Hinsicht respektgebietenden Ausmaßen der Met. Da kam man sich angesichts des riesigen Zuschauerraumes und auf riesiger Bühne etwas verloren vor.

Der vielgelobte Orlofsky war's, den ich da während eines dreimonatigen Aufenthalts unter anderem zum Besten gab. Der Dialog wurde auf Englisch gegeben, gesungen wurde in der Originalsprache, Deutsch. Warum «mein» Orlofsky so gut ankam? Wie soll ich das erklären. Wahrscheinlich aus denselben Gründen wie der Octavian. Offensichtlich gelang es mir, der man einen androgynen Charme nachsagte, einen jungen Mann glaubhaft darzustellen. Stimmlich ist der Orlofsky keine Herausforderung: Nach dem kurzen, aber eindringlichen Couplet hat er nur noch einige Einwürfe und steht ansonsten als Spielmacher und Entertainer auf der Bühne.

Mein erster «Rosenkavalier» an der Met krankte an einer zwei Köpfe größeren Marschallin, neben der ich mir ziemlich lächerlich vorkam. Das nächste Mal war es dann die große Christa Ludwig, vor der ich vor Respekt in den Boden sank. In Otto Schenks «Ring» in New York sang ich die Fricka und sah aus wie die Indianerin Pocahontas. James Levine stand am Pult und war der ewig gut gelaunte Chef der Met, von dessen Affären mit minderjährigen Buben jeder wusste.

Eine düstere Wohnung, in der ich in jeder freien Minute malte, Spaziergänge mit der mitgereisten Lieblingskatze am Hudson mit vielen Smalltalks über Siamkatzen, die wie Hunde folgen, Weihnachten und Neujahr, wo ich in Schneestürmen auf das Taxi wartete, das einen zur Kollegenparty brachte – drei Monate New York waren mehr als genug. Im «Rosenkavalier» verließ das Publikum in Scharen den Zuschauerraum, nachdem der «Sänger» – so heißt die Partie, und es war Pavarotti – seine Szene im ersten Akt beendet hatte.

Ich verließ New York nach einem Liederabend, in dem ich ein ganzes Hugo-Wolf-Programm riskierte. Am Flügel saß, extravagant mit seinen roten Socken, einer meiner Lieblinge, Jean-Yves Thibaudet. In dem Lied «Fußreise» nach einem Text von Eichendorff änderte ich die Zeile «Grüß dich, Deutschland, aus Herzensgrund» ab in «Grüß dich, Heimat …», in der Annahme, dass ein Großteil des Publikums jüdische Emigranten waren. «Es heißt ‹Deutschland›!», scholl eine Stimme am Ende des Liedes. «Ich weiß», sagte ich. Man kann es eben nicht allen recht machen.

Ein ganz privater Höhepunkt war ein «Rosenkavalier» in Neapel, im Verein mit Ileana Cotrubaş und Gundula Janowitz, am Pult stand Georges Prêtre, der so viel mit der Callas gearbeitet hatte und mir deshalb wie ein Halbgott erschien. Außerdem war er ein hervorragender Dirigent.

An einem freien Vormittag nahm ich mir ein Taxi und bat, mich zur Grabstelle Enrico Carusos zu fahren. Der Taxifahrer wusste nicht, wer Caruso war – immerhin bemühte er sich, es über die Zentrale herauszufinden. Dann kutschierte er mich durch den infernalischen Verkehr in einen Außenbezirk, wo finstere Gestalten am Straßenrand um in Ölfässern brennende Feuer saßen. Wir hielten an einem großen Friedhofsgelände. Ich bat den Fahrer zu warten und fand sogar meinen Weg.

Ich stand vor einem ungepflegten kleinen Mausoleum mit zerbrochenen Scheiben und vergittertem Eingang. Ein schlichter Sarkophag war erkennbar: Enrico Caruso. Ich brach mir einen Efeuzweig und fuhr zurück. Ein Blatt des Zweiges verschloss ich luftdicht. Es ziert, nebst einem Autograph, das ich erworben habe, meinen Schreibtisch …

Und so reiht sich Erlebnis an Erlebnis, ohne dass ich sagen könnte, welches nun das bedeutendste oder das skurrilste war.

## *Was noch gesagt sein muss*

Nach wie vor sind eine exzeptionelle Begabung und harte Arbeit die beste Voraussetzung, als Sänger sein Ziel zu erreichen. Einfache «Tipps» für eine erfolgreiche Karriere, nach denen ich oft gefragt werde, gibt es nicht, zu viele Unwägbarkeiten spielen eine Rolle. Aber die Chance, mit Können und erstklassig entwickeltem Material Aufmerksamkeit zu erregen, wächst mit Fleiß und Beharrlichkeit. Eine Portion Glück, von den richtigen Leuten im richtigen Augenblick gehört zu werden, gehört allerdings auch dazu. Ein risikoreiches Abenteuer ist der Beruf des Singens allemal. Daran hat sich nichts geändert und wird sich nichts ändern.

Geändert hat sich allenfalls die Attitüde der «Stars», die es ebenfalls immer geben wird. Das heißt, es gibt auch solche, die es gar nicht sein wollen und doch sind oder dazu gemacht werden. Die schlüpfen nach einer Vorstellung lieber zur Hintertür hinaus und verzichten darauf, sich nach getaner Arbeit noch einmal im Lichte der Bewunderung ihrer Fans zu sonnen. Die andern, die echten «Stars», können nicht genug bekommen von Verehrung und Akklamation. Und sie haben sich angewöhnt, zu einer Produktion, in der sie für eine Hauptrolle verpflichtet sind, erst kurz vor der Premiere zu erscheinen und nur ein paar Schlussproben mitzumachen, während den Löwenanteil der Probenzeit ein Cover übernimmt. Diese Respektlosigkeit vor Werk, Rolle und Regie hat es zu meiner aktiven Zeit nicht gegeben. Auch die größten Stars waren zur vorgesehenen Zeit anwesend, wie oft sie die Rolle auch gesungen haben mochten. Einen routinierten Alleingang abzuziehen, das gab es nicht. Es ist der Tod des Ensembletheaters und der Achtung vor dem Gesamtkunstwerk Oper, in dem auch der Größte nur ein kleines Rädchen ist.

## *Stille Kompagnons*

In meinem Bauernhaus im Chiemgau gibt es eine riesengroße Tenne, auf der habe ich mir ein Schrankzimmer, genannt «Butze», bauen lassen. Da hängen die Hüllen, die stummen Zeugen meiner singenden Vergangenheit, mit der ich durch dieses Schreiben so heftig konfrontiert werde. Von einigen Abendkleidern, die ich in aller Welt getragen habe, konnte ich mich nicht trennen. Zu viele Erinnerungen verbinden mich mit ihnen. Auch die voyeuristischen Blicke und Regungen, die Lust des Publikums an der Erscheinung, die sich ihm auf dem Podium auslieferte, unmittelbar und hautnah, scheinen noch in ihnen zu wohnen. Viele der Kleider habe ich an Schülerinnen, junge Kolleginnen verschenkt. Aber manche eben sind mir besonders lieb und teuer. An ihnen haften noch die Freude und die Not der immer lampenfiebrigen Arbeit.

Doch am wichtigsten waren wohl: die Schuhe! Dünnsohlig mussten sie sein, um mich den Kontakt zum Bühnenboden spüren zu lassen. Bequem mussten sie sein, damit ich in ihnen in stundenlanger Anspannung stehen konnte. Zum Abendkleid passend und möglichst elegant mussten sie sein, weich und schmiegsam, mit nicht zu hohem Absatz. Selten, dass alles zusammenkam. Am liebsten wäre ich sowieso barfuß gegangen.

Da stehen sie, in Reih und Glied, aber immer nur einen von jedem Paar habe ich aufgehoben. Sie wirken etwas mitgenommen, diese Begleiter eines schweißtreibenden musikalischen Reiselebens, meine Fußkumpane. Etwas abgewetzt und staubig sehen sie aus und stecken voller Erlebnisse auf den Bühnen, die ich mit ihnen betreten habe.

Wenn ich sie stehen sehe, sie ab und an in die Hand nehme, dann gehe ich wieder auf Reisen: Alle Bühnentüren, durch die ich pochenden Herzens mit ihnen gegangen bin, tauchen auf, alle Künstlerzimmer, in denen ich – auf meinen Aufritt harrend, von einem Fuß auf den andern tretend oder nervös herumtigernd und auf die Uhr schauend – gewartet habe. Die Galgenfrist, das erste, zweite, dritte Klingelzeichen, das Klopfen des Inspizienten: «Es ist so weit.» Tief durchatmen – und dann der Gang zur Bühne. Der Augenblick der Wahrheit, wenn der vertraute Platz am Flügel oder vor dem Orchester neben dem Dirigenten eingenommen war und die Erwartungshaltung des Publikums wie eine Welle auf das Podium schwappte. Das alles haben sie mit mir erlebt. Und auch oft das Zittern der Knie, das Gott sei Dank durch das lange Kleid verborgen war, bis es sich legte. Durch ein ganzes Bühnenleben haben sie mich getragen, meine Abendschuhe. Und jetzt ruhen sie sich aus, ganz im Gegensatz zu mir …

## *Eine Art Fazit*

Mein beruflicher Weg als Sängerin war, kurz gefasst, ein ziemlich rasanter, aber solider Aufstieg, der sich wie selbstverständlich vollzog, eine lange, kontinuierliche Plateauwanderung und ein spontaner, aber wohl überlegter, doch schmerzlicher Abschied.

Natürlich gab es Krisen und Enttäuschungen, aber einen nächsten Höhepunkt, eine Entschädigung für innerliche Tiefpunkte gab es fast immer. An einigen verpassten Chancen war ich selber schuld, durch Skrupel und zu wenig Zutrauen zu mir selbst. Auch mit mancher Nachlässigkeit und ab und an schlechter Vorbereitung habe ich mir Sympathien verscherzt. Aber alles in allem habe ich das mir gesteckte Ziel immer erreicht, manchmal mit Hängen und Würgen und mit Glück, aber meistens durch Fleiß und rastloses Arbeiten. Schon immer hat mir Nichtstun ein schlechtes Gewissen verschafft. In den viele Jahre über nur seltenen Ferienzeiten konnte ich schwer loslassen; das ist bis heute so geblieben.

Irgendeine Kreativität habe ich mir immer auferlegt. Das Malen war lange Zeit ein befreiender Vorgang unter Ausschluss der Öffentlichkeit, der mich zur Ruhe und zu mir selber brachte. Oft spielte

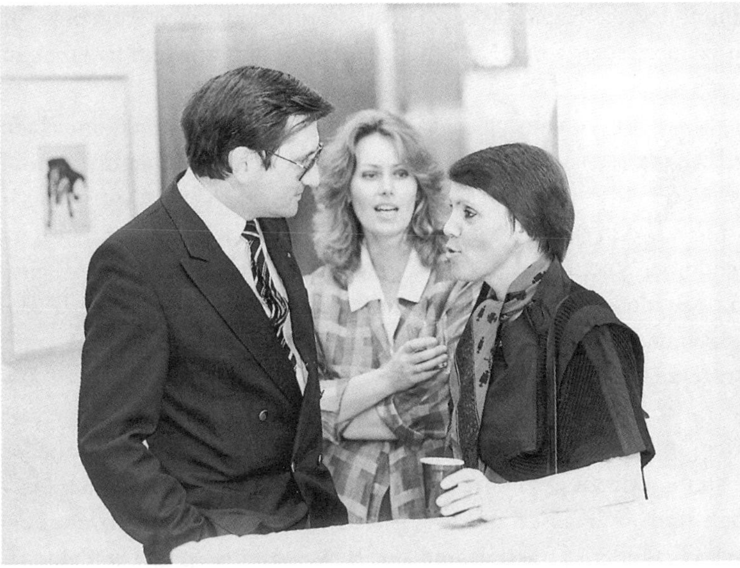

Im Gespräch mit Jennie und Heinz Irrgeher bei einer Ausstellung in Wien

ich mit dem Gedanken, mich ganz in die Malerei zurückzuziehen, wenn mir die Hektik, die Verpflichtungen, die Reisetätigkeit des Sängerlebens über den Kopf zu wachsen drohten.

Ich fing an in kleinen Ausstellungen, die mir angetragen wurden (denn diese zweite Schiene hatte sich herumgesprochen), meine Bilder zu zeigen, immer in Verbindung mit Konzertauftritten am Ausstellungsort. Musik und Malerei gehen nicht selten Hand in Hand, eine solche Doppelbegabung ist nichts Ungewöhnliches. Da ich beim Malen reine Autodidaktin war und bin, hatte ich nichts zu fürchten und war gespannt auf das Echo. Es war liebenswürdig und anerkennend. Verkaufen wollte ich nichts, obwohl Nachfrage herrschte. Jetzt häuft sich eine reichliche Anzahl von Bildern und Zeichnungen bei mir, und ich weiß nicht, wohin damit … Zum Malen kam das Schreiben, dem ich nun besonders mit diesen Memoiren fröne.

Eigentlich habe ich mehrere Leben gelebt, und eines hat sich aus dem anderen ergeben: Aus dem Singen ergab sich die intensive Unterrichtstätigkeit, nach dem Singen kamen die Theaterleitung und das Inszenieren. Und als ich dachte, nach Aufgabe der Intendanz sei nun zumindest das Kapitel Regie beendet, kamen plötzlich Angebote für Inszenierungen von allen Seiten, und an Ruhe war und ist nicht zu denken.

Diese Entwicklung in der letzten Phase meines Lebens empfinde ich als ganz besonderes Geschenk. Ich bin dankbar und ein bisschen stolz, dass ich in meinem Alter, das ja allmählich nicht unerheblich ist, noch und immer wieder gefragt bin. Dass ich als alter Theatergaul noch wiehern darf. Nicht nur, dass ich den physischen Arbeitsprozess, den ein langer Probentag bedeutet, mühelos bewältige – die lange und akribische Vorarbeit, die geistige Arbeit also an einer Inszenierung hält mich fit und frisch in jeder Beziehung.

Es ist mir eine Selbstverständlichkeit, gut vorbereitet, in genauer Kenntnis des Stückes und dessen, was ich damit aussagen will, auf der ersten Probe zu erscheinen. Das verlangt, im Vorfeld das Stück textlich und musikalisch genau zu lernen, zu durchleuchten, die einzelnen Rollencharaktere und die Beweggründe ihres Handelns zu erforschen und mich – so meine Arbeitsweise – in jeden hineinzuversetzen. Ein wesentlicher Teil der Vorbereitung sind auch die Gespräche mit dem Bühnenbildner, um mit ihm die Schauplätze und die Zeit zu bestimmen, in der das Stück spielen soll. Wobei uns von der vom Komponisten gemeinten Zeit über die Entstehungszeit der Oper bis in unsere Tage alles offensteht. Diese Freiheit, überhaupt die Freiheit in der Stückdeutung und die Ungebundenheit der Phantasie in der Auseinandersetzung mit der Materie sind Errungenschaften des vielgeschmähten sogenannten Regietheaters, die nicht zu unterschätzen sind.

Als Regisseurin habe ich mir diese Sichtweise zu eigen gemacht: Ich will ein Stück so klar und verständlich erzählen wie möglich. Ich will mich keinem Trend anpassen und Klischees abbauen, auch die bestimmter Trends. Eine eigene Handschrift ist inzwischen entstanden, hat sich entwickelt und wird mir von Produktion zu Produktion vertrauter. Trotzdem lerne ich natürlich von jeder neuen Aufgabe.

Der Mensch auf der Bühne muss das Zentrum der Aufmerksamkeit sein und bleiben. Das heißt für mich sparsamsten Umgang mit optischen Hilfsmitteln und Ablenkungsmanövern wie Beamer und Film – ein Opernhaus ist kein Kino. Personenregie, das Miteinander,

Füreinander, die Auseinandersetzung des spielenden Menschen mit dem spielenden Menschen auf der Bühne – das steht für mich nach wie vor im Vordergrund. Zwar ist die Körpersprache der Sänger begrenzt, weil die sängerische Aktion diese Grenzen leider auferlegt. Sie zu durchbrechen und dem schauspielerischen Element größtmöglichen Raum zu schaffen ist aber immer mein Ziel.

Dass mir die Komödie entgegenkommt, wundert mich selbst am meisten, doch inzwischen muss ich feststellen, dass es bei mir auch in den dramatischsten Stücken meistens etwas zu lachen gibt. Meine Lieblingskomiker sind übrigens Buster Keaton und Jacques Tati: Von ihrer stillen und doch so eindringlichen, ihrer todernsten Komik kann ich nicht genug bekommen. Und sosehr ich mich danach sehne, dem Drama, der Tragödie gerecht zu werden, so sehr ereilt mich immer wieder die Komödie.

Während ich das hier schreibe, liegen die Regieprojekte der nächsten zwei Jahre vor mir: zwei ernste, geradezu todernste Opern, vier komische, der übliche Prozentsatz. Was – und ob noch etwas – danach kommt, wissen die Theatergötter. Sie waren immer gnädig mit mir, und ich habe nie vergessen, ihnen zu huldigen, weder als Sängerin noch als Regisseurin. So manches inbrünstige Stoßgebet hat sie erreicht. Der Dank für Gelungenes war ihnen gewiss.

Der Dank gilt auch den mich einladenden Intendanten, besonders denen, die mir nach einer gelungenen Arbeit an ihrem Haus ein weiteres Engagement bescheren: Bernd Loebe zum Beispiel, der in Frankfurt eines der erfolgreichsten Opernhäuser Deutschlands leitet. Er kam nach Innsbruck, sah sich einige Regiearbeiten von mir an und lud mich ein, in Frankfurt «Ariadne auf Naxos» von Richard Strauss zu inszenieren. Die Aufführung wurde erstaunlich gut aufgenommen, und das nächste Angebot folgte auf dem Fuße, das heißt, schon bei der Premierenfeier schmiedete Loebe für mich die nächsten Regiepläne. Sie sind alle Wirklichkeit geworden und keine leeren Versprechungen geblieben.

Ebenso geschah es mir im kleinen, aber exzellenten Regensburger Haus. Jens von Neundorff, der dortige Intendant, der vor Jahren bei einer Produktion in Meiningen mein Dramaturg gewesen war, bot mir eine Inszenierung an. Es war ein mir unbekanntes, daher für mich besonders reizvolles Stück von Janáček, «Katja Kabanova», mit stimmiger Besetzung. Auch diese Regiearbeit führte zum nächsten Engagement: Ich inszenierte «Rigoletto» und danach eine «Salome». Jetzt liegt «Lucia di Lammermoor» vor mir, eine Oper, die ich zum ersten Mal inszeniere. Und sollte sich noch eine Gelegenheit in Regensburg ergeben, werde ich um eine Komödie bitten …

Ein dritter Ort, an den ich zurückkehren durfte, ist das Münchner Gärtnerplatztheater, an das mich Josef Köpplinger, der von mir verehrte, selbst regieführende Intendant, ein exzellenter Könner und Theatermacher, einlud. Ich inszenierte zunächst Donizettis «Don Pasquale», dann Rossinis «La Cenerentola». Und nun liegt die dritte Komödie an Köpplingers Haus vor mir, «Der junge Lord» von Hans Werner Henze.

Mit einem Projekt der Zukunft, das gerade in Planung ist und an dessen Verwirklichung ich kaum zu glauben wage, wären die Repertoirekreise auch der Regisseurin ausgeschritten, und ein Wunschtraum ginge in Erfüllung.

## *Zu guter Letzt*

Ein besonderes Erlebnis während der Salzburger Festspiele Mitte der Siebziger waren Konzert und Aufnahme der «Petite Messe solennelle» von Rossini. Ein Stück, das ich damals kennenlernte und seitdem sehr liebe. Die «Petite Messe» ist schwungvoll und melodienselig und ganz besonders dankbar zu singen für den Mezzo.

Die Aufnahmen fanden abseits der Festspiele in der Klosterkirche Baumburg statt, Sawallisch hatte eingeladen. Fischer-Dieskau, Peter Schreier und Kari Löwas waren mit von der Partie, dazu ein Kammerchor und das von Rossini vorgeschriebene «Original-Orchester», nämlich ein Klavier und ein Harmonium. Am Harmonium saß Reinhard Raffalt, der bekannte Journalist, Schriftsteller, Romkenner und studierte Kirchenmusiker. Er ging im Vatikan ein und aus und lebte in Rom. Sawallisch war sichtlich stolz, ihn für sein Rossini-Projekt gewonnen zu haben, und der gewichtige Raffalt spielte das schwierige, pedallastige Instrument mit Vehemenz. Die Aufnahmen und das Konzert verliefen erfolgreich, Sawallisch war zufrieden.

Die Ausflüge zur Baumburg, mit Zwischenstopp im großzügigen, gastlichen Landhaus Sawallisch in Grassau, waren eine willkommene Abwechslung zum von Touristen überlaufenen Salzburg. Einmal mehr verliebte ich mich in die Landschaft des Chiemgaus. Der Chiemsee war mir schon damals vertraut. Mit einer Freundin, die ein kleines Segelboot besaß, ging ich in jeder freien Minute während der Münchner Festspiele segeln. Ein Ausflug zur Fraueninsel mit obligatem Besuch beim Inseltöpfer und Renkengelage im alten Fischergarten gehörte zur sommerlichen Freizeit, die es selten genug gab im dichtgedrängten Festspielgeschehen. Das Chiemgau war mein Sehnsuchtsort, dort zu leben mein Herzenswunsch.

Anfang der Achtziger habe ich ihn mir erfüllt: Nach langem Suchen fand ich ein altes Bauernhaus, das genau meinen Wünschen entsprach, auch weil all meine Bücher in dem weitläufigen Gemäuer aus dem 17. Jahrhundert genügend Platz hatten. Etwas abseits vom See, im Hinterland, in reiner Bauerngegend und umgeben von Kuhställen und Schafweiden, lag das behäbige Haus mit altem Obstgarten in einem Weiler ohne Durchgangsstraße. Erst war es nur Wochenendhaus, ohne Telefon und Fernsehen. Dann, als ich mich vom Nationaltheater verabschiedet und mein Münchner Haus vermietet hatte, zog ich ganz aufs Land, dahin, wo die Welt noch ein bisschen heil geblieben und die Dorfgemeinschaft ein intaktes Gefüge ist. Oft fahre ich an der Baumburg vorbei, grüße sie und denke an die «Petite Messe».

Einige Jahre später nahm ich sie noch einmal auf, diesmal in England, in Cambridge mit seinem berühmten Studentenchor, in vollständig anderer Besetzung. Das Harmonium wurde durch einen zweiten Flügel ersetzt, es spielten die Schwestern Labèque. Auch «England» ist ein Sehnsuchtsort und wird es bleiben. Ich hätte mir sehr gut vorstellen können, in England zu leben. Ein Cottage zu besitzen, möglichst in der malerischen Hügellandschaft von East Sussex, in der Gegend von Rodmill, ist Wunschtraum geblieben. Und jetzt, im Zeichen des unsäglichen Brexit-Geschehens, ist dieser Traum erst recht ausgeträumt.

Allmählich muss ich meine Rückzugsträume zügeln, sie haben mich ein Leben lang begleitet. Sie hatten mit Flucht vor der Verantwortung, vor dem übergroßen Pflichtenkreis zu tun, mit der Angst vor dem nächsten Auftritt, ganz einfach mit dem Gefühl, den Anfor-

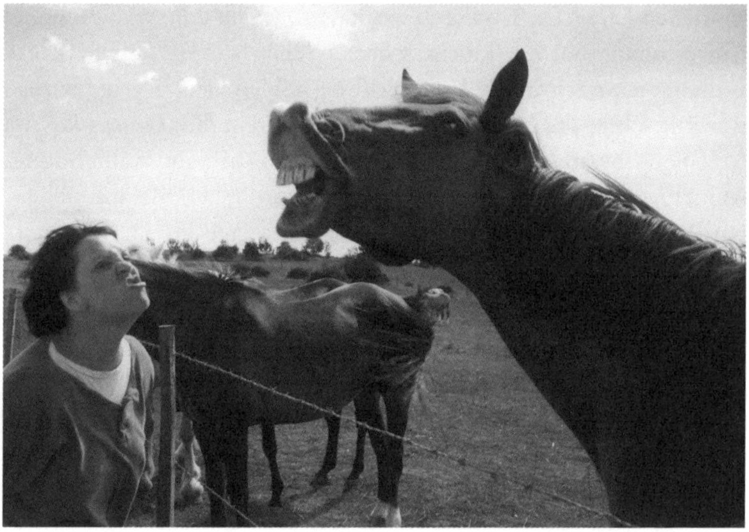

Zwiegespräch auf dem Lande

derungen des Berufslebens nicht gewachsen zu sein. Dass ich mich den Herausforderungen doch immer wieder stellte, erschien mir oft todesmutig. Hatte ich sie bewältigt, war ich erleichtert, manchmal froh oder sogar glücklich.

Aus diesen Diskrepanzen bestand ein Großteil meines Lebens. Wie oft habe ich in meiner Phantasie eine Reisetasche mit dem Nötigsten gepackt, Geld vom Konto abgehoben, bin in den Zug gestiegen und unauffindbar im Nirgendwo verschwunden! Unzählige Male war ich so auf Reisen, die in meiner Vorstellung alle ans Meer führten. Und dann?

Ich bin geblieben und habe meine Pflicht erfüllt. Der Wellentod des Schauspielers Ulrich Wildgruber aber war mir, schaurig und tröstlich, immer gegenwärtig …

Glücklicherweise ist meine Lebenslust im Laufe der Jahre und des Älterwerdens ständig gewachsen, was ich sehr genieße, weil es die meiste Zeit meines Lebens anders war.

Jetzt denke ich mit Wehmut an das Einschwenken in die Zielgerade, das ja längst begonnen hat und unaufhaltsam fortschreitet.

Der Abschied von der schönen Erde wird mir schwerfallen. Da

ich aber an ein «Leben danach» glaube, sehe ich der ganzen Angelegenheit auch mit Interesse entgegen. Vor allem in Vorfreude auf so manche Wiederbegegnung, von der ich fest überzeugt bin.

Die mir Vorausgegangenen sind immer gegenwärtig, mal näher, mal ferner gerückt, sind sie Teil meines Lebens geblieben und schauen mir über die Schulter. Sie sehen wenig mehr als Arbeit. Und wenn es so bleibt für den Rest meiner Erdenzeit, dann weiß ich, wofür ich gelebt habe … Basta – und damit jö', wie meine Mutter zu sagen pflegte. Und meine Großmutter setzte hinzu: «Spaß muss sein bei der Leiche, sonst geht keiner mit.» Und spielen soll man den «Rosenkavalier»-Walzer, was sonst.

# *Seitenwechsel: Ein Theatertagebuch*

Seit ich begonnen habe Regie zu führen, werde ich immer wieder einmal von interessierten Menschen gefragt, wie das denn so sei, das Inszenieren. Wie lange so etwas dauere und wie eine Produktion überhaupt entstehe. Außenstehende können sich nur schwer vorstellen, welch langer, vielschichtiger Arbeitsprozess nötig ist, damit am Premierenabend der Vorhang über einer fertigen Inszenierung aufgeht.

Vor vielen Jahren, genau sind es 28, habe ich ein Theatertagebuch geführt, das die Erarbeitung meiner Inszenierung von Brittens «A Midsummer Night's Dream» vom ersten, vagen Planen bis zur Premiere beschreibt. Es war mir damals ein spontanes Anliegen, ein für mich immer wieder spannendes Geschehen festzuhalten. Außerdem waren es die letzten Jahre meiner sängerischen Tätigkeit, und die Regiearbeit verlangte mir ein Doppelpensum ab. Das Tagebuch gibt daher einen Einblick in mein Leben als Regisseurin *und* als Sängerin, der unmittelbarer ist als meine rückblickenden Erinnerungen. Und am Prozess einer Inszenierung hat sich über all die Jahre nichts geändert. So setze ich das Tagebuch, in einer etwas gekürzten Form, hierher, als Abrundung meiner Lebensbeschreibung. Den «Midsummer Night's Dream», diese von mir sehr geliebte Oper, habe ich inzwischen dreimal inszeniert, und ein viertes Mal liegt vor mir …

## *«A Midsummer Night's Dream»: Man sieht den Wald vor lauter Träumen nicht …*

Benjamin Brittens Oper «A Midsummer Night's Dream» ist die kongeniale Vertonung des wohl berühmtesten aller Shakespeare-Stücke. Britten und sein Librettist, der unvergessene englische Tenor Peter Pears, haben den Stoff des Dramas geschickt gerafft und lassen unter Fortlassung der ersten Szene die Handlung sogleich im Wald von Athen beginnen.

Der mittsommernächtliche Wald ist eine Metapher für das Verworrene, sogar Erschreckende, für Abgründe in uns, in die wir kaum hineinzusehen wagen: verborgene Wünsche, unterdrückte Lüste, Urängste, im Wald durchlebt und eingestanden. In der Weite des Waldes herrscht Einsamkeit – jeder Laut überdeutlich, die Stille laut.

In diesem Wald nun treffen drei Welten aufeinander in schicksalhafter, phantastischer Verstrickung: die märchenhafte Welt der elfischen Fabelwesen, die den Shakespeare'schen Wald beleben, ihn besitzen und beschützen; die Welt der Sterblichen – sie sind auf der Flucht vor der Liebe und haben sie im Gepäck, es wird ihnen bis zum Happy End ziemlich übel mitgespielt; und die Welt der Handwerker, die als Laienschauspielerschar ehrgeizig und enthusiastisch ein Stück proben, das sie zur baldigen Hochzeitsfeier des königlichen Paares Theseus und Hippolyta aufführen dürfen. Sie alle durcheilen die Gefilde des nächtlich Absurden mit den unterschiedlichsten Wünschen, Bedürfnissen und Sehnsüchten. Sie alle stehen in diesem Stück vor den tiefgründigen, schwindelerregenden, verstörenden und liebenswerten Abgründen der Shakespeare'schen Phantasie.

Oberon und Tytania sind die Beherrscher der nächtlich spukhaften Elfenwelt, die Provokateure des Chaos, das über alle hereinbricht. Und Puck, der phantasievolle Tunichtgut, der anarchische Hofnarr dieses Schattenreichs, ist ein Wanderer zwischen den Welten. Wer von den Sterblichen aus dem Reich der Schatten auftaucht, ist verändert: nachdenklich staunend über das Mögliche im Unmöglichen – und vielleicht ein bisschen klüger und toleranter als zuvor?

Die Mittsommernacht, erlebt als Albtraum und Befreiung zugleich, hinterlässt die beflügelnde Sehnsucht nach Harmonie in allen, die der Nacht des Waldes wieder abhandengekommen sind. War nicht Oberons Rache an der eigenwilligen Tytania letztendlich doch süß? Und bitter zugleich, weil, wer sich Pucks Verzauberung anheimgeben musste, sich auch der Lächerlichkeit preisgab. Ich liebe sie alle, die Geschöpfe der Mittsommernacht, die den Traum bevölkern, jenen Traum von der Heillosigkeit der Liebe. Es ist ein weises Stück, ein kluges Stück, voll unbändigem Charme und Witz. Mit dem Farbenreichtum dieser sprachlichen und musikalischen Vorlage phantasievoll und liebevoll zugleich umzugehen, ist für mich als Regisseurin Selbstverständlichkeit, Anliegen und Herausforderung.

## *Tagebuch:*<br>*September 1991 – Oktober 1993*

1.9.1991 – Ich habe nie Tagebuch geführt. Das Festhalten von Alltäglichkeiten hat mich immer gelangweilt. Warum aber nicht den Aufbruch in Neuland schildern, das Immer-auf-dem-Weg-Sein, das Erobern einer neuen Dimension? Die Entstehung einer Inszenierung zu erzählen ist vielleicht der Mühe wert. Ich fange zumindest einmal an, aufhören kann ich immer noch …

Also nehme ich ein Projekt, das in zwei Jahren, 1993, vor mir liegt – den «Midsummer Night's Dream» von Benjamin Britten in Amsterdam. Wie kam es dazu?

Bei Schallplattenaufnahmen zur «Fledermaus» mit André Previn in Wien im November 1990 lernte ich Julian Reynolds kennen, einen blonden, *handsome* Engländer, André Previns Assistenten, der die Klavierproben betreute. Er war auch bei den Proben und Aufnahmen der Dialoge dabei, deren Regie August Everding, der Unermüdliche, übernommen hatte. Ich begann hier und da, Kiri Te Kanawa, die die Rosalinde radebrechte, einen Tipp zu geben und ihr den Sinn des zu sprechenden Satzes zu erklären, wenn Everding dazu keine Zeit fand. Auch mit dem Doktor Falke, etwas sächsisch angehaucht durch Olaf Bär, arbeitete ich unsere Dialogszenen durch und sprach den Orlofsky lebhaft, wie auf der Bühne. (Später verstieg sich die Kritik zu der Bemerkung, ich hätte meinen Dialog wie Marlene Dietrich abgeliefert.)

In London dann, bei der konzertanten Aufführung der «Fledermaus» in der Royal Festival Hall mit nahezu derselben Besetzung, kam Julian Reynolds auf mich zu und meinte, er habe von meinen Regieplänen gehört, ob er mich in Amsterdam, wo er Studienleiter sei, für Brittens «Midsummer Night's Dream» vorschlagen dürfe; man suche noch jemanden für die Regie. Ich sagte natürlich begeistert ja, zumal die Zeit im Frühjahr 1993 noch frei war, und erzählte etwas von meinen Komplexen als regieführende Sängerin, den berechtigten Vorurteilen, die da auf einen zukämen. Aber bald darauf faxte Julian aus Amsterdam, Pierre Audi, der Intendant, wolle mich kennenlernen und mit mir über das Projekt sprechen.

Inzwischen hatte ich von Tom Graham und Diana Mulgan, den englischen Agenten, erfahren, dass für den «Midsummer Night's Dream» eine Tournee durch Holland geplant war, und zwei der Hauptpartien, nämlich Oberon und Puck, seien schon mit englischen Sängern ihrer Agenturen besetzt. Tourneetheater mit jungen Leuten schien angesagt. Eine kleine Enttäuschung schlich sich ein, es roch nach Studententheater. Auch die Schwierigkeit, eine praktikable Konzeption für mehrere Bühnen zu schaffen, war nicht zu unterschätzen. Mein Enthusiasmus bekam einen Dämpfer.

Zum nächstmöglichen Termin flogen Jennie und ich nach Amsterdam und trafen Pierre Audi, den jungen, agilen Chef des ganz modernen, riesigen Amsterdamer Opernhauses. Audi ist libanesischer Abstammung. Er wirkte auf mich, trotz seiner erst 33 Jahre, seltsam altmännerhaft. Sein Gang hatte etwas merkwürdig unsicher Tastendes, seine dunklen, wachen Augen musterten mich kritisch. Während des Gesprächs in seinem Büro, an dem auch der Dramaturg Klaus Bertisch und Julian teilnahmen, fühlte ich mich examiniert und fast wie in einem Verhör.

Ich schlug David Ultz als Bühnenbildner vor, mit dem ich mich bei Franz Schrekers Oper «Der ferne Klang», die ich jetzt im Winter 1991 für Opera North in Leeds inszenieren werde, so gut verstehe und den ich für hochbegabt und originell halte, erntete aber Skepsis. Daraufhin erzählte ich, dass Tobias Hoheisel, ein schon renommierter junger Bühnenbildner, mir geschrieben habe und an einer Zusammenarbeit mit mir interessiert sei; ob ich den frage dürfe. Tobias hatte bereits viel in England gearbeitet, hatte zwei erfolgreiche Produktionen in Glyndebourne hinter sich und war als Schüler Achim Freyers und der Herrmanns, die jetzt so «in» sind, schon ein Begriff.

Sofort wurde mein Vorschlag freudig aufgenommen. Mir fiel ein Stein vom Herzen, die Sache sah positiv aus. Im Übrigen stellte sich heraus, dass Amsterdam verpflichtet ist, mit einem Stück pro Spielzeit zu touren, dass zwei Aufführungen auch in Amsterdam geplant waren, dass eine Profibesetzung zusammenkommen sollte und dass ein anständiges Budget zur Verfügung stand. Wir schnitten Arbeitsbedingungen, die genaue Probenzeit, Premierentermin und Besetzungsfragen an. Dann ging Audi mit uns ins Café «Puccini», was, wie ich später erfuhr, bedeutete, dass er es mit mir wagen wollte.

Ich besorgte mir, sobald ich konnte, einen Klavierauszug der Oper, was gar nicht so einfach war, denn er war vergriffen. In London jedenfalls fand ich keinen, aber in Berlin trieben wir einen auf, sogar mit deutscher Übersetzung. Eine alte Aufnahme mit Britten selbst am Pult war gerade als CD erschienen. Ich hörte und las. Ich mochte die Musik, und erste «Visionen» stellten sich ein. Zweimal hatte ich das Theaterstück auf der Bühne gesehen: einmal in München vor Jahren in den Kammerspielen, wo mich am meisten die Verwendung des Stroboskoplichts begeisterte, das einen Zeitlupeneffekt hervorzauberte und die Sprünge und Kapriolen des dicken, halbnackten Puck begleitete; und einmal in London in einer ganz modernen, aber doch konventionell wirkenden Aufführung der Royal Shakespeare Company, von der mir nur der Oberon im Gedächtnis geblieben ist, weil ich den Schauspieler schon einmal gesehen hatte. Aber ich fühlte mich vollkommen unbelastet und unbefangen dem Stück gegenüber.

Ich wusste, dass Peter Brook einen legendären, revolutionierenden, Maßstäbe setzenden Shakespeare'schen «Midsummer Night's Dream» inszeniert hatte. Das war zwanzig Jahre her, ich würde mich nicht weiter damit befassen, aber natürlich lesen, was dieser große Theatermann zu dem Stück zu sagen hatte. Tobias schickte mir das Programmheft des Frankfurter Opernhauses, wo Thomas Langhoff 1989 Brittens relativ selten aufgeführte Oper gemacht hatte. Das Heft war eine willkommene Anregung, enthielt interessante Beiträge von Langhoff selbst, von Rudolf Alexander Schröder, von Jan Kott, dessen Buch «Shakespeare heute» ich mir kommen ließ. Überhaupt war die intensive Beschäftigung mit Shakespeare der erste Schritt, dem Projekt näherzukommen.

Inzwischen hatte ich Tobias Hoheisel persönlich kennengelernt.

Er war zur selben Zeit in London wie wir und kam in die Wohnung zu einem gemeinsamen Frühstück. Ich mochte ihn auf Anhieb. Er sieht sehr jung aus und hat eine kauzige, skurrile Art sich auszudrücken, seine Formulierungen sind witzig, bisweilen bissig. In London sang mir auch Linda Kitchen vor. Sie war mir als Besetzung für die Tytania empfohlen worden, und die mädchenhafte, zierliche Person mit der frischen, süßen Stimme gefiel mir sehr. Ich konnte sie mir in der Partie der kindhaften, eigenwilligen Feenkönigin gut vorstellen, und ich bat Diana Mulgan, die sie als Agentin vertritt, den Vertrag mit Amsterdam festzumachen. Für den Bottom, den Hauptakteur der Handwerker, schlug ich Franz Hawlata in Amsterdam vor. Dieser junge, vielversprechende Charakterbass, der ein glänzender Komiker auf der Bühne sein kann, wenn man ihn bändigt, scheint mir der geborene Bottom zu sein. So muss der aussehen und sich geben! Ich kannte Hawlata aus der Münchner Musikhochschule, und er war der Magnifico in der ersten Inszenierung meines Lebens, der «Cenerentola» in Coburg.

Im Juli kam Tobias Hoheisel nach Kassel, wo ich eine Woche lang mit Konzerten am Gustav-Mahler-Festival beteiligt war. Wir reden und tasten uns an das Stück heran. Alles bleibt vage. Eigentlich wissen wir vorerst nur, wie wir es *nicht* machen wollen – und voneinander noch sehr wenig. Ich habe den Kopf so voll mit dem vor der Tür stehenden «Fernen Klang», mit der sich gleich anschließenden «Lulu», die ich in Innsbruck inszenieren soll, dass ich keine Zeit habe, mich wirklich schon ernsthaft mit dem «Midsummer Night's Dream» auseinanderzusetzen. Zu allem Überfluss bietet eine Agentur mir auch noch die Regie von «Hänsel und Gretel» in Augsburg an. Ernö Weil meldet sich aus Coburg: «Zauberflöte» zur Spielzeiteröffnung 1993/94! Ich sage beides zu und merke, wie diese fernliegenden Projekte meine Phantasie viel mehr bewegen als das aktuelle, das nach Konkretisierung drängt. Das muss ich abstellen: Weg mit der Zukunft, die Gegenwart ist wichtig. Fünf Opern rauschen durch meinen Kopf, szenische Abläufe und Gedanken überschlagen sich. Die übliche Schlaflosigkeit verstärkt sich. Vor 1 Uhr schlafe ich nicht ein, ab 5 liege ich grübelnd wach.

*

September 1991 – Seit etwa Juni dieses Jahres bemüht sich Julian um ein Konzeptionsgespräch für «Midsummer Night's Dream», wobei er und der Dramaturg Klaus Bertisch ein gewichtiges Wort mitreden möchten. Tobias und ich sind der Meinung, dass es dafür noch viel zu früh ist. Außerdem ist es mir vorläufig unmöglich, einen Termin für so etwas zu finden, und Tobias ist vollauf mit einer Shakespeare-Produktion in Stratford beschäftigt. Viel gescheiter wäre es, zuerst all die in Frage kommenden Theater in Holland anzusehen, in denen der «Midsummer Night's Dream» touren soll, bevor man anfängt, sich ernsthaft den Kopf zu zerbrechen. Es ist mir sehr wichtig, Atmosphäre und Bühnenverhältnisse zu kennen.

Wir vereinbaren ein Treffen mit Rundreise für ein Wochenende im September, in der Zeit, in der ich in Paris bin für die Neuproduktion der «Lulu» am Théâtre du Châtelet, wo ich noch einmal die Geschwitz singen will. In Paris angekommen, entnehme ich jedoch dem Probenplan, dass ausgerechnet das angedachte Wochenende mit «Lulu»-Proben verplant ist. Hans Hotter, der mensch- und fleischgewordene, unübertreffliche Schigolch, hat es angesichts der Tatsache, dass er 84 Jahre alt und dies seine neunzehnte Inszenierung von «Lulu» ist, vorgezogen, erst im letzten Augenblick zu den Proben zu erscheinen. Und da soll natürlich jede Minute genutzt werden, ihn in seine Szenen einzuweisen, obwohl wir anderen seit Wochen mit seinem Cover probiert haben. Beherzt frage ich Adolf Dresen, den detailfreudigen, knarzigen Regisseur, der ohne jedes Zeitgefühl stundenlang an einem Dialogsatz feilen kann, ob er mich für den Sonnabend nicht freigeben könne, am Sonntag sei ich wieder zur Verfügung. Man geht darauf ein, das Amsterdamer Wochenendunternehmen ist gerettet!

Drei Tage vor der geplanten Reise passiert ein grässlicher Bühnenunfall: John del Carlo, der den Athleten singt, stürzt, bei einem schnellen Abgang über den schwarz lackierten, spiegelglatten Boden rutschend, auf eine nicht fixierte Leiter zu, gerät mit dem rechten Bein zwischen die Sprossen und kracht samt Leiter vom Bühnenpodest herunter. Seine Schreie lassen einem für einen Augenblick den Atem stocken, dann umringt alles den schweren Mann, der vor Schmerzen stöhnt. Er kann sich aus der Leiter nicht befreien, das tun die herbeigerufenen Sanitäter. Etwas später kommen zwei Ärzte:

Beinbruch, Fleischwunde, das Blut gerinnt auf dem Bühnenboden. Für diesen Nachmittag ist die Probe beendet, *but the show must go on.* Ab Montag wird ein neuer Athlet dabei sein, denn im Theater ist niemand unersetzlich. Gott sei Dank gibt es keine Konsequenzen für den Probenplan des Wochenendes, und wir können sogar schon Freitagabend mit der letzten Maschine nach Amsterdam fliegen.

★

15.9.1991 – Julian hat uns ein Zimmer in einem Hotel nahe der Oper besorgt. Es liegt wunderschön in einer alten Gracht. Beim Bühnenpförtner nimmt Julian uns dann in Empfang und setzt uns in die Vorstellung von «Mazeppa». Diese unbekannte Tschaikowsky-Oper ist von einem vielversprechenden Engländer, Richard Jones, inszeniert worden, der an der Regiebörse als Newcomer hoch gehandelt wird. Mich beeindrucken zwei russische Sänger: ein Bariton, Sergei Leiferkus, der die Titelrolle singt, und ein wunderbarer Tenor, Vitali Taraschenko. So etwas Frisches, Umwerfendes habe ich seit Jahren nicht gehört, ein Timbre wie Samt und Seide, ein kerniges, männliches Material.

Die Inszenierung finde ich kunstgewerblich. Zu viele ornamentale Details des Bühnenbildes stören mich. Die Beleuchtung ist farbig, meistens gelb und stört mich auch. Doch die Musik ist herrlich, zwar laufen die Szenen etwas zusammenhanglos ab, aber ich bin froh, dieses Stück schwelgerischsten Tschaikowskys kennengelernt zu haben.

Hinterher legt Julian Wert darauf, dass ich den musikalischen Chef des Hauses, Hartmut Haenchen, einen sympathischen jungen Mann, der hervorragend dirigiert hat, begrüße. Und dann sind wir nach einem «Schlafbier» endlich im Hotel. Die Nacht ist kurz, besonders weil eine schlaue Mücke uns traktiert, der nicht beizukommen ist. Zerstochen und immer noch müde stehen wir auf, als der Wecker um 7 Uhr rasselt.

Beim Frühstück treffen wir Tobias, den wir am Abend vermisst haben. Er wusste nichts von «Mazeppa» und saß nach seiner Ankunft aus Berlin alleine im Hotel. Meine Laune bessert sich beim Anblick des holländischen Frühstücksbuffets. Auch Tobias trägt mit kauzigen

Bemerkungen zur Stimmungshebung bei, und um halb 9 stehen wir vergnügt wie verabredet am VW-Bus vor der Oper. Wir sind die Ersten, ein junger Mann begrüßt uns. Er fährt als Vertreter der Dramaturgie mit, denn Klaus Bertisch ist krank. Er heißt Peter de Caluwe und ist mir sehr sympathisch: bescheiden und klug, neugierig und höflich – die Mischung mag ich. Dann kommt ein müde aussehender Julian angestürmt mit dem Technischen Direktor, der uns kutschieren soll.

Es geht auf die Autobahn, die flache holländische Landschaft gleitet vorbei, Windmühlen, Kühe. Tobias findet es etwas sehr flach und langweilig. Die erste Station ist Eindhoven, wo uns ein hässlicher, ganz moderner Theaterbau empfängt. Vor dem Haus liegt ein großer Kinderspielplatz, ein sogenannter *adventure playground*. Palisadenzäune, Baumhäuser, Rutschbahnen – alles aus Holz – erregen meine Aufmerksamkeit. Ich weise Tobias darauf hin, und wir stehen in der warmen Morgensonne minutenlang versunken davor.

Man ruft uns. Der technische Leiter zeigt uns stolz die Bühne und den Zuschauerraum. Die Proportionen sind ziemlich riesig, ein Mehrzweckbau, die Bühne eines Breitbandkinos, mit schlechter Akustik. Dasselbe, etwas kleiner, erwartet uns in s'Hertogenbosch. Jedes Mal fahren wir etwa eine Stunde und halten uns eine halbe Stunde im Theater auf. Nach s'Hertogenbosch geht es nach Rotterdam, hier ist ein hässlicher, grauer, stimmungsloser Zuschauerraum der Haupteindruck. Aber die Bühnenproportionen sind gut, und die Akustik ist vielversprechend. Nach dem strahlenden Sonnenlicht des zu warmen Herbsttages komme ich mir in den dunklen, stillen Bühnenhäusern wie ein blinder Maulwurf vor und taste mich durch Vorhänge und Versatzstücke. Während Tobias und die anderen sich mit der Bühnentechnik befassen, sitze ich still im Zuschauerraum und tanke Atmosphäre.

In Den Haag sollen die Schlussproben und die Premiere stattfinden. Wir werden im Haus des berühmten niederländischen Tanztheaters spielen, wieder ein grauer, großer, moderner Kasten mit allen bühnen- und beleuchtungstechnischen Möglichkeiten. Gegen 16 Uhr sind wir zurück in Amsterdam, wo wir den rekonvaleszierenden Klaus Bertisch abholen und in einem Kaffeehaus den Tag Revue passieren lassen. Die Besichtigung der alten, traditionsreichen Amsterdamer «Showburg» kann erst am Abend stattfinden. Während der «Midsummer Night's Dream» dort zweimal aufgeführt werden soll, wird er an allen anderen Orten je einmal gespielt, weil das Publikumsinteresse voraussichtlich nur für eine Vorstellung reicht ... Die Häuser von Utrecht und Groningen wird sich Tobias ein andermal allein ansehen, das war heute nicht zu schaffen. Die Stimmung ist gelöst und heiter, die Fahrt verging unter anregenden Gesprächen, und nun wird sortiert.

Die Dramaturgie braucht ein «Logo», ein einprägsames Motiv für die Ankündigung des «Midsummer Night's Dream», der für Holland eine Erstaufführung sein wird. Ich schlage einen Fuß vor, auf dessen großer Zehe sich ein Nachtfalter niedergelassen hat, und ernte erstaunte Blicke. Aber mein spontaner Einfall gefällt mir. Der marmorne Fuß eines griechischen Jünglings zum Beispiel! Immerhin spielt das Stück bei Shakespeare im alten Griechenland. Und im «Midsummer Night's Dream» wird viel gelaufen: Lysander und Hermia fliehen aus Athen, Helena verfolgt Demetrius und dieser wiederum Lysander und Hermia, Puck eilt für Oberon um die Welt. Eine gewisse Atemlosigkeit – auch der Gefühle – scheint mir ein Merkmal dieses Stückes. Der Nachtfalter, dieses große, taumelnde, schön gezeichnete Wesen, soll das Nächtliche, Zauberische, Unwirkliche der Welt Tytanias und Oberons symbolisieren. Peter de Caluwe findet den Einfall gar nicht schlecht. Ich gebe einen gewissen Fußfetischismus zu, und die Blödeleien darüber wollen nicht enden. Ich bin gespannt, was sich Tobias, den das Logo als Bühnenbildner ja vornehmlich angeht, einfallen lässt.

Wir gehen angeregt auseinander, um uns schnell im Hotel zu erfrischen, dann ist die Besichtigung der «Showburg» anberaumt. Das nun ist ein ganz konventionelles Opernhaus voll Plüsch und Gold und hat genau die Größe, die für den intimen «Midsummer Night's Dream» angebracht ist. Ein Bühnenbild zu erfinden, das hier und in die modernen Schuppen hineinpasst, wird nicht einfach sein.

Anschließend gehen wir in das von Julian so hoch gelobte Feinschmeckerlokal, ein Insidertipp und wahrlich ein Hochgenuss! Das ist Haute Cuisine, wie ich sie mir vorstelle. So etwas habe ich in fünf Wochen Paris nicht gefunden, und so habe ich überhaupt nur sehr selten in meinem Leben gegessen. Willi, der Koch, der schnauzbärtig und weißschürzig sein Menü erklärt, ist ein Künstler. Das Essen vergeht mit viel Wein und «Midsummer Night's Dream»-Phantasien; jeder trägt zum Brainstorming bei. Wir lachen viel, und Julian ist nicht zu bremsen, redet wie ein Wasserfall und wirkt zufrieden und beschwingt. All unsere ernsthafteren Gedanken zum Stück und zur Ausstattung, die natürlich auch in das Gespräch einfließen, begrüßt er freudig. Er kennt die Oper in- und auswendig, ist Feuer und Flamme, und seine Begeisterung ist ein bisschen anstrengend. Es wird spät, morgen um 10 muss ich schon wieder in Paris auf der Bühne stehen. Wir leeren die Gläser. Ein wichtiger, ereignisreicher, informativer Tag ist zu Ende. Ein großer Schritt voran ist getan.

⋆

25.9.1991 – Von «Lulu»-Proben ausgelaugt, lege ich die CD vom «Midsummer Night's Dream» auf. Wir hören intensiv den Anfang, für den ich etwas Bestimmtes mit dem Öffnen des Vorhangs vorhabe. Die schürfenden, rauen Glissandi der Streicher möchte ich in ein Sich-Heben des Eisernen Vorhangs in Zeitlupentempo umsetzen, hinter dem dann in diffusem Dunkel die Bühne erscheint. J. übersetzt mir den geliebten Shakespeare bis zur Handwerkerszene, und wir diskutieren heftig. Als ich Flute als Wellensittichzüchter und Vogelfutterexperten charakterisiere, streikt J., und wir schalten aus.

⋆

27.–29.9.1991 – Tobias kommt zur «Lulu»-Premiere, die wässrig und spannungslos vorbeigeht. Es passieren viele kleine Pannen. Das alte Theatergesetz erfüllt sich: Die Generalprobe war zu gut und hat alles vorweggenommen. Meine Garderobe ist voller Blumen, und wieder einmal habe ich Ensemblegeist in Form von Geschenken versäumt; ich habe nur für Pat Wise, die ihre erste Lulu singt, etwas besorgt, während sich auf meinem Tisch die kleinen Aufmerksamkeiten und die liebenswürdigen Briefchen und Postkarten der Kollegen häufen. Ich teile Rosen fürs Knopfloch aus, bedenke auch Inspizient und Souffleur – sie haben in dieser Produktion alle Hände voll zu tun!

Mit Tobias verabreden wir ein Treffen am Sonntag, wenn ich aus

Frankfurt zurück bin, wo ich für Rüdiger Volhard, den dortigen Staranwalt und langjährigen Freund, zum sechzigsten Geburtstag mit seinem Akkompagnement die «Winterreise» zum Besten geben soll. Eine kuriose Idee. Ich hasse solche privaten Auftritte, zumal wenn sie vor 300 Leuten stattfinden … Darunter in diesem Fall zum Beispiel Marcel Reich-Ranicki, Joachim Kaiser, diverse Banker, Schriftsteller *en masse* etc. etc. Ich lerne Siegfried Unseld und seine Frau Ulla Berkéwicz kennen, ein merkwürdiges Paar, das einen äußerst zwiespältigen Eindruck bei mir hinterlässt. Welchen Eindruck die «Winterreise» hinterlassen hat, ist nicht auszumachen. Die angenehmste Begegnung des Abends ist der bekannte Schreiber und Zeichner F. K. Waechter mit seiner Partnerin, die eine Cousine Rüdigers ist. Lole und Karl sind originelle, sensible, bescheidene Leute, mit denen ich anständig reden kann. Je länger der anstrengende Abend dauert, desto lustiger und aufgeschlossener werden die menschlichen Begegnungen. R. hat in seiner weitverzweigten Verwandtschaft ein paar wirklich interessante Typen, mit denen ich mich bestens unterhalte. Auch seine Kinder sind reizend, und seine Mutter, eine immer noch schöne 85-jährige Dame, mochte ich ja schon immer. Ich treffe Christiane Drewanz, Frau des Darmstädter Generalmusikdirektors, sie spricht wahrhaftig und angerührt von der «Winterreise». Zu gerne hätte ich ein Wort mit Marcel Reich-Ranicki gewechselt, der als großer Musikliebhaber gilt. Aber er sitzt heftig diskutierend da, umringt von jungen Damen, und würdigt mich keines Blickes. Als R. mich endlich vorstellen will, ist er schon gegangen.

Am nächsten Morgen fliege ich nach Paris zurück, fühle mich zerschlagen und ausgelaugt und versuche, den Tag über zu relaxen. Wir treffen uns mit Tobias und der begabten, sympathischen Kostümbildnerin B. Walter zum Abendessen in der Gare du Lyon, einer imposanten Bahnhofskonstruktion der Jahrhundertwende, deren Wartesaal zum pompösen Lokal umgebaut wurde, das nun eine Touristenattraktion ist. Wir zahlen wie üblich ein Vermögen für ein mittelmäßiges französisches Essen. Immerhin sprechen wir angeregt über den «Midsummer Night's Dream», und Tobias ist einverstanden mit meiner Idee, das Chaos zu zeigen, das Tytania und Oberon durch ihr Zerwürfnis anrichten. Der Bühnenboden soll zerklüftet sein, mit

Brettern, Sand und Steinen, aufgewühlt und verwüstet vom Streit der Naturgewalten. Die Liebespaare fügen sich dem Chaos ein, während die Handwerker die heile Welt und Normalität verkörpern. Sie räumen auf, schaffen sich ihre geordnete Spielfläche, ihre eigene Welt, die dann aber durch Bottoms Ausflug in die Verzauberung, die seinen wahren Charakter offenbart – das Dummdreiste, das Begeisterungsfähige, das Triebhafte –, empfindlich gestört wird. So meine Intention, die bei Tobias auf Gegenliebe stößt.

Immerhin sind wir jetzt so weit, dass er Skizzen machen kann. Wir beschwören ihn zum wiederholten Male, sich ein Faxgerät anzuschaffen, weil dann die Kommunikation so viel einfacher wäre, besonders was spontane Einfälle anlangt. Er könnte Zeichnungen übermitteln, Kostümskizzen, und ich könnte sofort reagieren. Er zögert immer noch. Wir werden ihn schon überreden. Alles in allem ein produktiver Abend – wir sind den Dingen auf der Spur.

*

2./3.10.1991 – Zwischen den «Lulu»-Vorstellungen endlich einmal zwei Tage zu Hause. Das Wetter ist herrlich, ich liege den ganzen Tag im Garten und tanke frische Luft, die in Paris so rar ist. Die Katzen spielen mit den Enten der Nachbarin, den schönen braunen Schneckenfressern, die gar keine Scheu vor den Siamesen haben. Katzenkind Lulu, die kleine Pariser Neuerwerbung, sieht zum ersten Mal in ihrem Leben Natur und stürzt sich begeistert in jedes Abenteuer, misstrauisch und eifersüchtig beobachtet von den großen Alten.

Am Nachmittag stöbere ich all meine Griechenlandbücher und Kunstgeschichten durch, um einen Marmorfuß für mein Logo zu finden, leider vergeblich. Die Fotos sind veraltet und geben in der Fotokopie nichts her. Die Zeit rennt mir davon, der eigene Haushalt ist mir entfremdet, er entgleitet bei so langen Abwesenheiten dem Überblick.

*

4.10.1991 – Schlecht gelaunt und traurig geht es am strahlenden Morgen wieder zum Flughafen. Abends ist Vorstellung in Paris. Die

Taxifahrt vom Charles de Gaulle zur Wohnung auf der Île Saint-Louis macht mir dieses Weltenbummlerdasein wieder so richtig klar: eben noch in der Idylle des Chiemgau, das ich so liebe und das mir zur Heimat geworden ist, und jetzt wieder das Appartement in der Großstadt, das zum Hinterhof hinaus geht, ewig schattig und kühl, und die Wärme der Tage nicht ahnen lässt. Die Autos verpesten die Luft. Touristenströme ergießen sich durch die Boulevards, Paris erstrahlt in herbstlicher Schönheit. Die «Lulu»-Vorstellungen sind ein sensationeller Erfolg, das Publikum tobt, und wir sind immer ausverkauft. Noch vier Mal, dann ist auch diese Zeit vorbei. Ich kann das Ende kaum abwarten, habe aber noch den Liederabend in der Salle Gaveau vor mir. Die restliche Zeit ist mit viel Lernen und vielen Aktivitäten ausgefüllt, das hilft die Wartezeit bis zur Heimreise verkürzen.

★

9.11.1991 – Ich rufe Tobias in Berlin an, und wir vereinbaren, dass er Ende des Monats zu einem Arbeitsgespräch nach München kommt. Es ist Zeit, sich wieder Gedanken zu machen, obwohl ich angefüllt bin mit dem «Fernen Klang», die Proben dafür beginnen am 1. Dezember. Auch um «Hänsel und Gretel» muss ich mich kümmern. Ein Treffen mit der Bühnenbildnerin in Augsburg steht für nächste Woche an.

In der Nacht fällt der erste Schnee. Ich liege schlaflos mit Kopfschmerzen da und denke, warum im «Midsummer Night's Dream» im Chaos der Naturgewalten nicht auch einmal Schnee fallen könnte, mitten in der Mittsommernacht – ein Puck'scher Streich, ein eisiges Elfengeschehen.

Die kurzen Schlafphasen sind von Theaterträumen beherrscht: «Rosenkavalier» konzertant mit Carlos Kleiber am Pult. Ich springe – ursprünglich wohl nicht vorgesehen – als Octavian ein und tanze mit Sophie und Marschallin am Arm, himmlisch erleichtert und schwebend, den Mittelgang des Konzertsaals entlang. Ein schönes Traumgefühl, tanzend zu singen. Dann ein Albtraum, natürlich mit Sawallisch am Pult. Auch dieser Dirigent geistert oft durch meine Theaterträume. Ich singe die Fricka im «Rheingold», habe den Mund voller

Blumen und gurgele unverständlichen, falschen Text. Gottlob Frick, der große alte Basskollege, der schon so lange verstummt ist, singt plötzlich als Fafner meine Fricka-Phrasen, um mir zu helfen. Sawallischs Blicke sind eisig. Der Schnee der Nacht fällt in meine Träume, der vom vergangenen Jahr und der, der immer wieder mal mein Herz beschwert …

⋆

16.11.1991 – Ich schreibe ein Fax nach Amsterdam, an den Chefdramaturgen Klaus Bertisch, und schicke mein Logo, den Fuß mit dem Nachtfalter, das nun doch im Experiment mit der Fotokopiermaschine entstanden ist. J. hatte ein Buch mit Schmetterlingsabbildungen gefunden. Wir suchten die schönsten Anflugposen heraus, fotokopierten, schnitten aus. Ich kletterte auf einen Stuhl, legte unter Verrenkungen meinen rechten Fuß auf die grell leuchtende Fotoscheibe der Kopiermaschine und versuchte, den großen Zeh abgespreizt zu lassen. Wir probierten verschiedene Haltungen aus, bis ein laufender Fuß entstand, und kopierten den anfliegenden Falter dazu: Das Ergebnis war befriedigend. Das also faxe ich an Bertisch. Ich bin gespannt, ob und wie er reagiert. Wenn Tobias kommt, werde ich ihm meine Eigenmächtigkeit gestehen müssen. Als Poster könnte sich mein Logo bestimmt gut eignen.

⋆

28.11.1991 – Wir holen Tobias vom Flughafen ab, er sieht zart und blass aus. Die Fahrt über Land nach Hause verläuft still. Zu Hause verziehen wir uns ins Atelier, trinken dort Tee und plaudern uns warm. Dann zeichnet Tobias hauchzarte kleine Architekturskizzen, mit denen er die durch Brainstorming erarbeiteten Begriffe zusammenfasst. Wir sind uns darüber im Klaren, dass der Tourneeaspekt der schwierigste Punkt des Unternehmens ist.

Tobias hat zwar die Grundrisse aller neun Spielorte vorliegen, allein die Tatsache, dass der kleinste Bühnenausschnitt neun und der größte zwanzig Meter breit ist, stellt ungeahnte Anforderungen an die technische Bewältigung des Projekts. Eine konventionelle Bühnenmaschinerie in einem gut eingerichteten Opernhaus besteht aus einem Zugstangen-System im sogenannten Schnürboden – dem «Himmel» über der Bühne also –, verschiedenen Versenkungen und einer Drehbühne. Keine dieser Möglichkeiten steht uns zur Verfügung, weil keine dieser technischen Voraussetzungen in allen zu bespielenden Häusern erfüllt ist. Wir müssen eben unsere eigene Bühnentechnik erfinden! Das heißt, wir sind beschränkt auf eine architektonische Skulptur, die auf einer leeren Fläche installiert werden kann.

Wir einigen uns vorläufig auf ein Spielgerüst mit Schrägen, Treppen und Falltüren, veränderbaren Vorhängen, Ecken, Nischen und Kanten. Der Abenteuerspielplatz vor dem Theater in Eindhoven hat die Idee gegeben, die wir nun mit Fotos von alten amerikanischen Bergwerken untermauern und ausbauen. Ein Rundhorizont soll das Gerüst umgeben, durch dessen Schlitze diverse Auftritte möglich sind. Das Ganze soll ein wenig an eine sehr altmodische Achterbahn erinnern. Ich bestehe auf meinem Chaosgedanken, der leicht hinzuzufügen ist. Das Spielgerüst aus Holz bietet viele Möglichkeiten, Tobias wird nun erst einmal ein Modell anfertigen.

Abends faxen wir – eigentlich spaßeshalber und um Tobias von den Segnungen dieses großartigen Kommunikationsmittels zu überzeugen – nach Amsterdam. Und erhalten post- respektive faxwendend Antwort von Julian, der sogleich ein nächstes Treffen fixieren will! Auch kündigt er seinen Besuch in Leeds an, wo er mich bei der Probenarbeit beobachten will. Na, so weit kommt's noch! «Vorinszenieren» soll das wohl heißen. J. verfasst auf Englisch eine geschickte, leicht ironische, aber bestimmte Antwort und bietet ein Treffen in Antwerpen an, wo ich am 23. Januar einen Liederabend habe. Die ganze Amsterdamer Crew will dann Tobias' Modell begutachten, und ich muss mir über Schreker und Berg hinweg mal ein paar Gedanken über Britten machen … Die Ironie wird auch verstanden, und Julian nimmt Abstand von einem Probenbesuch. Aber zur Premiere wollen sie alle nach Leeds kommen. Tobias ist sichtlich beeindruckt von der Faxerei, hoffentlich legt er sich nun bald ein Gerät zu.

Am nächsten Morgen hören wir uns, nach gewaltigem Bauernfrühstück, gemeinsam die Aufnahme vom «Midsummer Night's

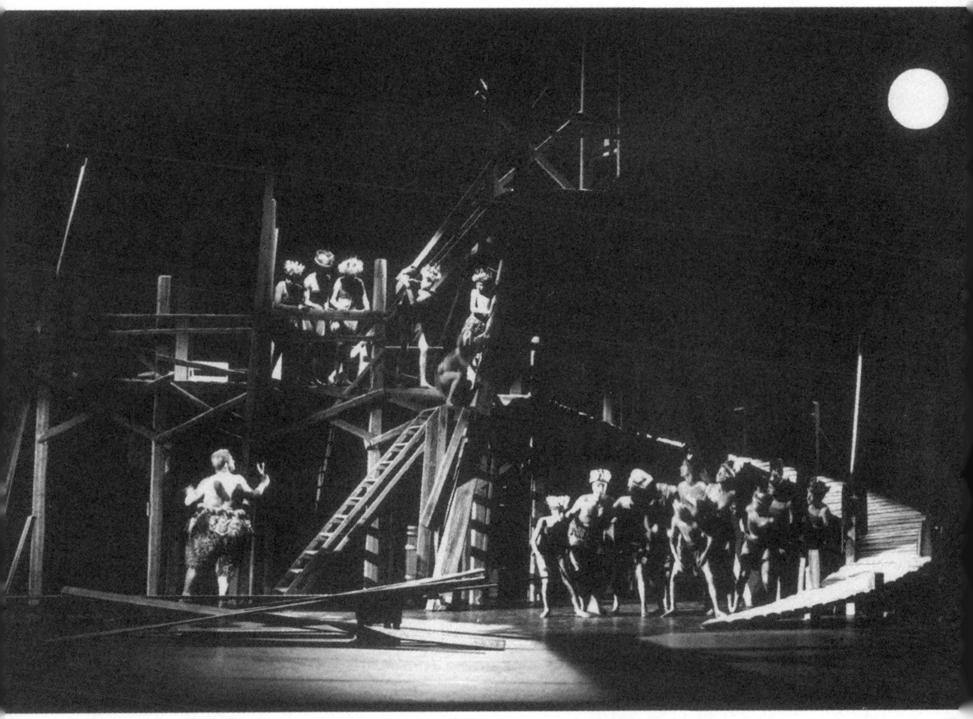

Szene aus dem Amsterdamer «Midsummer Night's Dream»

Dream» an, die Britten seinerzeit selbst dirigiert hat. Den Puck stelle ich mir ganz anders vor, als er auf dieser Platte erscheint – nicht so pathetisch-kokett rezitierend, viel farbiger, natürlicher und zupackender. Die Zeit vergeht schnell.

Tobias' Flugzeug geht um 15 Uhr. Pünktlicher Aufbruch, J. bringt ihn nach Riem zum Flughafen. Ein gutes Arbeitstreffen ist zu Ende.

*

15.1.1992 – Ich habe viel nachzutragen, das neue Jahr ist längst angebrochen. Der «Ferne Klang» nahm in der letzten Zeit all meine Kraft und Konzentration in Anspruch, so dass ich nicht zum Schreiben oder Nachdenken über «Midsummer Night's Dream» kam. Trotzdem machte sich dieses Projekt immer wieder mehr oder weniger penetrant bemerkbar. Tobias schickte einen langen, mit Bleistift geschriebenen Brief nach Leeds, wo ich mitten in den Schreker-Schlussproben kaum Sinn dafür hatte. Aber natürlich wollten seine ersten Vorschläge – Polaroid-Fotos waren dabei – angesehen und durchdacht sein. Die Fotos zeigten ein zartes Holzgerüst. Die Kombination von altmodischer Achterbahn und Förderwerk schien getroffen, jedenfalls assoziierte man das sofort. Vor einem blauen Rundhorizont erhob sich die Holzskulptur mit Leitern, Rutschbahn, Rampe, Turm und Tür, mit Aufgängen, Schrägen und Plattformen. Das Ganze soll den chaotischen Charakter haben, der mir vorschwebt. Mit ein paar Handgriffen kann es verändert und vereinfacht werden. Der Übergang zur Schlussszene ist noch etwas problematisch, wird aber zu lösen sein. Die Grundidee scheint stimmig.

Zur gleichen Zeit mit Tobias' Brief traf ein Fax aus Amsterdam ein: Das «Komitee» wünschte das Treffen in Antwerpen zu fixieren! Ich rief Tobias an, der verschreckt reagierte, Ausflüchte machte und offensichtlich keine Lust hatte, das Treffen wahrzunehmen. Wer konnte es ihm verdenken. Das teilte er auch Amsterdam mit, von wo man mich sofort mit neuen Daten für Anfang Februar bombardierte. Alle kamen für mich wegen der «Lulu»-Proben in Innsbruck nicht in Frage. Ich rief wieder Tobias an und machte ihm die Sache klar: Wenn wir dieses Treffen hinausschöben, würden wir nie Ruhe vor dem Eifer der Amsterdamer finden. Er sah das ein und wollte versuchen, es doch möglich zu machen. Ich meinte, wir hätten genug in der Hand: das erste Modell, Skizzen, einige grundsätzliche Ideen, den Vorschlag, nur eine Pause zu machen und die in die Mitte des zweiten Aktes zu verlegen ... Das sollte doch reichen, um den Amsterdamern zu zeigen, dass sie es nicht mit Idioten zu tun haben.

Pierre Audi und Klaus Bertisch kamen tatsächlich zur gestrigen Premiere des «Fernen Klangs» angehetzt. Sie verpassten allerdings den ersten Akt, was ich sehr bedauerte, da er mir wichtig war. Es war ein Erfolg mit viel Bravo und herzlicher Publikumsakklamation. Während der Vorstellung herrschte zum Teil atemlose Spannung. Als ich im «schwarzen Team» auf die Bühne kam, applaudierten die Solisten und trampelte der Chor. Es war für uns alle ein intensiver Abend. Pierre Audi sagte nichts und meinte nur, es habe ihm musikalisch besser gefallen als die Wiener Aufführung. Das ist nun das

Dümmste, was man sagen kann, denn bei allem Respekt vor der Leistung des Opernorchesters von Leeds: Die Philharmoniker sind sie bei Gott nicht, und Paul Daniel, der hochtalentierte, aber total überforderte, weil zu viel auf einmal machende Dirigent, schien mir matt und relativ schwunglos. *So what?!* Audi hatte hier in Leeds voriges Jahr einen ziemlichen Reinfall mit seiner Inszenierung von Verdis «Gerusalemme». Das erklärt wohl sein Verhalten, das ich nur albern fand. Bertisch zeigte sich sehr angetan oder tat zumindest so, fand herzliche Worte. Immerhin sollten sie nun wissen, dass sie nicht die Katze im Sack gekauft haben, denn das war ja der Grund ihres Kommens.

Alles in allem muss ich gestehen, dass ich der Amsterdamer Zeit mit gemischten Gefühlen entgegensehe und nicht übel Lust habe, das Ganze hinzuwerfen. Ich fürchte das Mitreden und die starke Einmischung des «Komitees». Ich glaube, ich bin nicht der Typ, der sich überwachen lässt. Das Brainstorming geht nur J. und Tobias etwas an. Das werde ich den Herren wohl sehr bald unmissverständlich klarmachen müssen oder dankend verzichten.

*

23.1.1992 – Ich singe meine «Winterreise» in einem Antwerpener Riesensaal, mystisch dunkel, aber, Gott sei Dank, ganz voll. Markus Hinterhäuser, mein Begleiter an diesem Abend, ist in Hochform und begleitet sensibel, wach und atmosphärisch ungeheuer dicht. Wir schwingen ein in diese andere Ebene, die sich so selten öffnet und die ich mir so oft hart erkämpfen muss über all die stimmlichen Barrieren hinweg, die ich in dieser schweren Zeit des Klimakteriums fühle. Aber ich finde mehr und mehr in meine Form, und es wird eine sehr gute «Winterreise». Das Publikum geht wunderbar mit, kein Laut, kein Husten, Spannung von Anfang bis Ende. Ganz am Schluss wieder das meditative Gefühl hinter der Stirn: Das «dritte, innere Auge» entsteht. Stimmlich gelingt alles, ich kann ganz «loslassen». Endlos lange Pause nach dem «Leiermann», dann großer ergriffener Jubel, *standing ovation.* Ich bin sehr glücklich und umarme Markus auf der Bühne, das habe ich noch nie getan. Aber er war diesmal großartig.

Tobias ist schon um 16 Uhr gelandet und ins Konzert gegangen. Jetzt kommt er, sagt Schönes und ist sehr berührt. Ich freue mich, ihn zu sehen. Der Antwerpener Agent, den wir besonders sympathisch finden, meint, er wäre ja ziemlich abgebrüht und abgestumpft von all dem Absitzen von Konzerten, aber das sei seine aufregendste «Winterreise» gewesen. Er ist ganz still und schaut nur und sagt: «so hoffnungslos und voll Bitterkeit». Ich fühle, dass meine «Winterreise» ruhiger geworden ist und das pure Drama und der wilde Trotz sich verändert haben. Für mich ist die «Winterreise» das Lohnendste, was ich als Sängerin noch machen kann.

Wir gehen zu viert in die Hotelbar, und ich trinke ein paar alkoholfreie Bier. Wir blödeln mit Markus, der wieder von seinen Salzburger Plänen spricht, einem modernen Musikfestival während der Festspiele 1993. Die Stimmung ist angeregt und heiter. Markus macht noch einen nächtlichen Bummel durch Antwerpen, während wir zu Tobias aufs Zimmer gehen und das Modell ansehen, das er schon aufgebaut hat. Es sieht sehr fragil und poetisch aus, dieses grüne Holzgerüst vor dem blauen, geschlitzten Rundhorizont. Und vorn hängt groß der kugelförmige Mond ... Wir sitzen eine Weile davor; ich stelle mir verschiedene Bewegungsabläufe vor, wir besprechen den Wechsel zur letzten Szene am Hof von Athen und gehen dann schlafen, gewappnet fürs «Komitee».

★

24.1.1992 – Das trifft um 10 Uhr pünktlich ein. Vorher gibt's noch Ärger, weil das kleine Konferenzzimmer, das wir im Hotel bestellt haben, als wir es zur gegebenen Zeit betreten wollen, von anderen Leuten besetzt ist, die sich nun an unseren Croissants und dem Kaffee gütlich tun. Von der Rezeption erhalten wir ein anderes Zimmer. Tobias baut schnell das Modell auf dem verhängten Fernseher auf. Wir bestellen neuen Kaffee und Sandwiches, und schon geht die Tür auf und Klaus, Julian und Peter erscheinen. Julian hält sich erstaunlich zurück, er ist mit dem Pausenvorschlag im zweiten Akt sofort einverstanden. Klaus Bertisch übergibt uns eine Klarsichtfolie mit Fotokopien von diversen Artikeln aus diversen Programmheften, von denen wir die Hälfte schon kennen. Ansonsten hat er nichts oder nur sehr wenig zu sagen und findet das Modell «hübsch». Peter ist der netteste, stellt gute Fragen zum Konzept und erläutert, wie er die Public-Relations-Seite des Projekts angehen will, die ja sein Ressort ist. Tobias hält einen kleinen Vortrag, wie wir uns das Ganze so denken und was wir bis jetzt ausgesponnen haben. Die Herren scheinen zufrieden, fragen natürlich, wann Audi das Modell sehen könne. Wir gehen aber gar nicht darauf ein, und jeder verlässt um 13 Uhr das Hotel, die Herren in Richtung Bahnhof, wir zum Flughafen.

Es war genau so, wie ich es mir gedacht hatte: höchst überflüssig und übereifrig, milde ausgedrückt. Jetzt werde ich viel Zeit vergehen lassen, bis ich in Sachen «Midsummer Night's Dream» wieder etwas verlauten lasse.

*

Ende März 1992 – waren wir bei Tobias in Berlin. Ich hatte dort Proben für ein Konzert in der Philharmonie, und eines Abends gingen wir in die Richard-Wagner-Straße, wo Tobias in einer schönen Altbauwohnung lebt, die er sich sehr originell ausgestattet hat. Ein Sängerkollege war ebenfalls geladen, so kam es nicht zu Gesprächen über «Midsummer Night's Dream». Tobias ist angefüllt mit seinem neuen Projekt in Wien, wo er mit Peymann eine Handke-Uraufführung am Burgtheater macht. Das ist natürlich jetzt vordringlich. Und mich hält die Aussicht, in Covent Garden ab 1994/95 den «Ring» zu inszenieren, so gefangen, dass ich den Kopf im Augenblick für nichts anderes frei habe. Nicholas Payne hat mir das so *en passant* nach der Premiere des «Fernen Klangs» angeboten, natürlich war ich wie vom Donner gerührt! Und die «Zauberflöte» will auch konkreter werden.

*

1.4.1992 – Privat ein schwerer, trauriger Tag. Ein Tod ereignet sich, der mir sehr nahegeht, und doch habe ich zum ersten Mal seit Wochen wieder die innere Ruhe, die diversen Projekte der kommenden Jahre konzentriert zu durchdenken. Die Nähe des Todes, das Elend des Sterbens ließ keinen Raum dafür. Nun, da alles überstanden und erlöst ist, melden sich die Lebensgeister zurück.

Bertisch schickt aus Amsterdam noch ein Konvolut von Fotokopien, Auszüge aus Büchern und Programmheften über Britten und Shakespeare und «Midsummer Night's Dream» in Frankfurt, Köln, Darmstadt und was weiß ich wo. Teils auf Englisch, teils auf Deutsch, Flugzeuglektüre. Auch schlägt er ein erneutes Arbeitstreffen vor, an dem er teilnehmen will. Ich lasse da aber erst wieder jemanden teilnehmen, wenn ich genau weiß, was ich will und wie ich das Stück aufbaue und durchziehe. Das kann ich vor einem Arbeitsmodell herausfinden, das ich mir demnächst von Tobias erbitte. Das große Modell geht nach Amsterdam zur endgültigen Begutachtung und in die Werkstätten. Vor dieser Bühnenskulptur, die als Idee und Spielfläche sehr verwendbar ist, muss ich den Handlungsablauf entwickeln. Ich hoffe, es bis zum Sommer und vor allem in den Ferien angehen zu können.

*

Mai 1992 – Nächsten Monat steht wieder ein Treffen in Amsterdam bevor: Fragen der endgültigen Besetzung und Probendispositionen sollen erörtert werden. Tobias war inzwischen zur Modellabgabe dort. Ich merke, wie die Gedanken anfangen, immer intensiver um den Stoff zu kreisen. Einzelne Szenen nehmen Gestalt an, und ich denke, dass das erarbeitete Bühnenbild mir sehr viele Möglichkeiten gibt, weit weg von der üblichen Waldromantik, weit weg von der Elfenwelt voll Flitter und Plastikflügelchen. Ich muss Tobias schreiben. Seine Premiere in Wien muss inzwischen vorbei sein.

*

23.6.1992 – Morgen fliegen wir also nach Amsterdam. Ich habe mein Regiebuch eingepackt, auf dem Flug werde ich darin blättern und nachdenken. Mal sehen, was Amsterdam zu besprechen hat. Danach geht es nach London, wo ich Haitink, den Generalmusikdirektor von Covent Garden, diesmal zusammen mit dem Bühnenbildner treffen soll. Die «Ring»-Entscheidung bahnt sich an. Dabei ist mir alles so fern gerückt. Seit Wochen bin ich wieder äußerst intensiv Sängerin und absolviere alle Konzerte ohne Krisenstimmung und mit Erfolg. Ich muss mich zwingen, wieder in die vor mir liegenden Regieprojekte einzutauchen. Ununterbrochen lese ich über Shakespeare und Wagner. Der Sommer wird angefüllt sein damit.

*

24.6.1992 – Ich lerne den Chef des Betriebsbüros kennen, der uns einen detaillierten Proben- und Anwesenheitsplan vorlegt und reichlich viele Urlaubsbitten einiger Mitwirkender. Es zeigt sich, dass die erste Probenwoche quasi hinfällig ist: Ich habe außer Bottom und Tytania niemanden von der Besetzung zur Verfügung, weil alle in Audis Wiederaufnahme von Monteverdis «Ritorno d'Ulisse» beschäftigt sind. Deshalb kann ich nicht chronologisch proben. Allerdings habe ich die Möglichkeit, in diesen solistenlosen Tagen den Kinderchor gründlich vorzubereiten. Das muss ich nutzen – nichts schlimmer als zum Dirigenten starrende, hilflose Kindergesichter. Ich werde sie drillen. Sie müssen verstehen, was sie singen, und ihre Funktionen begreifen. Dabei bin ich mir darüber im Klaren, dass die Arbeit mit dem Kinderchor, der im «Midsummer Night's Dream» eine wichtige und tragende Aufgabe zu erfüllen hat, eine der schwierigsten Anforderungen der Produktion sein wird. Ich kenne keine andere Oper mit solch einem ausgewachsenen Kinderchor. Und die vier Soloelfen Cobweb, Peaseblossom, Moth und Mustardseed sind richtige kleine Partien mit Solosätzen und mehreren Szenen. Sie sind mit neun- bis zehnjährigen Amsterdamer Schulkindern besetzt: Das wird nicht leicht!

Nach einem Treffen mit Jan Mostard, dem Oberspielleiter, bin ich über die gedrängte, zusammenschmelzende Probenzeit sehr deprimiert. J. macht mir Mut und hält mir vor, dass ich doch eine schnelle, zeitsparende Arbeiterin sei. Es muss zu schaffen sein! Zu Hause arbeitet sie einen beeindruckenden Probenplan aus. Das Stück lässt sich sehr gut in drei Personengruppen einteilen, mit denen man getrennt voneinander probieren kann: die beiden Liebespaare, die Handwerker und Puck, Oberon und Tytania in ihrer Elfenwelt. Einer fehlt sowieso immer, irgendwie muss ich mich durchlavieren. Wir faxen den Plan nach Amsterdam, wie erbeten.

Bis jetzt noch keine Reaktion, obwohl der Minheer Mostard über die Präzision der Probeneinteilung sehr dankbar sein könnte. Ein merkwürdiges Haus!

*

Mitte Juli 1992 – Ich singe ein Konzert in Broomhill bei einem kleinen Festival, das der Tenor Kim Begley, mein Fritz in Schrekers «Fernem Klang», ins Leben gerufen hat. In einem Theatersaal der Jahrhundertwende, der eher wie eine Synagoge wirkt, finden sommerliche Kammermusiken, Liederabende und Opernaufführungen statt. Anreise und Umstände sind beschwerlich und das Hotel viel zu weit vom Tatort entfernt. Ich bin schlecht gelaunt und nervös, singe zum ersten Mal ein neu zusammengestelltes Programm mit zum Teil auch neuen Sachen: Kurt Weill, Milhaud etc. Kim ist reizend, und sein Charme überstrahlt die etwas versnobte, dilettantische Atmosphäre, die das Ganze hat. Es wird dann doch noch ein guter Abend. Und siehe da, Tobias ist aus Glyndebourne angereist.

Bei der lauten Tischgesellschaft hinterher finden wir Gelegenheit zu ratschen. Sir George und Lady Mary Christie, die Besitzer der Glyndebourne Festival Opera – beide stark angeheitert, sie mit dem üblichen unordentlichen Haarwust, der immer wie eine verrutschte Perücke wirkt, er mit hochroten Backen und Augen –, prosten uns zu und mischen sich lautstark ein. Tobias hat ein neues Angebot von Peymann. Das freut mich für ihn. Peter Jonas, der neue Intendant in München, hat ihn eingeladen, 1994 die Münchner Festspielpremiere von «Tannhäuser» auszustatten. Er ist angefüllt mit Plänen, stolz und skeptisch zugleich. Er wirkt leicht überfordert und sieht ein bisschen elend aus.

Wir sprechen kurz darüber, dass der «Midsummer Night's Dream» nun eine Koproduktion mit Tel Aviv werden soll, und sind beide erstaunt und erfreut, finden aber, dass man doch das Gelingen der Produktion erst abwarten sollte. Na, mir soll's jedenfalls recht sein. Tobias verspricht, sich bis zur Bauprobe im September ein paar Gedanken über die Kostüme zu machen. Ich werde das Gleiche tun. Am nächsten Morgen im Zug nach Brereton, wo mittags mein Meisterkurs beginnt, schreibe ich ihm einen aufmunternden Brief mit ein paar

Ideen. Ich finde es toll, dass er so mächtig im Kommen ist, das wertet unsere Produktion sicher auf. Ich bin ja der Newcomer, die Lernende, die sich im neuen Metier beweisen muss, immer wieder. Das wird vorläufig so bleiben und bedeutet für mich: warten auf Chancen und zugreifen und wieder und wieder der Erwartungsdruck.

⋆

August 1992 – Seit zwei Wochen faulenze ich in meinem paradiesischen Garten am geliebten Gardasee, «der Welt abhandengekommen». Aber: Am 10. September ist Bauprobe in Amsterdam. Das Modell vom «Midsummer Night's Dream» steht, vorsichtig ausgepackt und wieder zusammengeleimt, mahnend auf dem Klavier. Berge von Noten und Büchern, Arbeitspapiere liegen herum. «Hänsel und Gretel» für Augsburg ist in großen Zügen angelegt und durchgearbeitet, Endspurt kann im Oktober direkt vor Probenbeginn sein.

Die «Ring»-Situation ist geklärt: Die finanziellen und theaterpolitischen Umstände in London lassen eine Realisierung des Projekts für die nächsten Jahre nicht zu. Ich kann nicht umhin, mir einzugestehen, dass ich erleichtert bin. Im Grunde war's vermessen, es hätte mich eine ungeheure Kraft gekostet und einer scharfen internationalen Häme ausgesetzt, dessen bin ich sicher. So ist es besser, und all die Beschäftigung mit Wagner ist ja keine vertane Zeit, sondern eine faszinierende Begegnung mit einer Welt, die mir bis dato ziemlich fremd geblieben war. Wer weiß, ob ich das alles nicht doch noch irgendwann mal gebrauchen kann. Vorläufig aber: Adieu, Nietzsches Wagner-Essays und all die anderen bedeutenden Schriften über dieses Riesenwerk.

Trotz Ferien also soll der «Midsummer Night's Dream» endgültige Gestalt annehmen, Gedanken wollen konkretisiert sein. Ich ackere zur Einstimmung wieder einmal Klaus Bertischs «Gesammelte Werke» durch. Am besten gefällt mir das, was im Frankfurter Programmheft von 1989 an Informationen über historische Quellen und altenglische Sommersonnwend-Mythen zusammengetragen ist. Informativ und anregend ist es in jedem Fall. Zu wissen, dass Oberons Blume ein *pansy*, ein Stiefmütterchen, ist, ist lustig …

Ich bin einigermaßen ausgeruht und kann die Phantasie auf Reisen schicken, während ich in dieser Traumgegend das herrliche Klima und die italienische Küche genieße.

★

14.8.1992 – Heute Abend haben wir die ersten drei Szenen vor dem Modell auf der Terrasse abgehört und durchgearbeitet. Die Nachtfalter fliegen pausenlos die Lampe an, die Grillen singen lauter als die Elfen. Die Nacht ist windstill, wir trinken Pfefferminztee und sind erstaunt, wie friedlich wir bleiben. Keine Auseinandersetzung, kein Anheben der Lautstärke. Wir tasten uns recht harmonisch in dieses geniale Stück hinein, das durch Brittens Musik kongenial und äußerst farbig untermauert wird. Ich muss es nun lernen, quasi Satz für Satz, Wort für Wort, Takt für Takt …

Das Modell ist hilfreich, das Bühnenbild bietet wie erwartet unendliche Möglichkeiten. Die ersten Auftritte und Abgänge sind fixiert. Vieles ergibt sich von selbst, fügt sich logisch und plausibel ins Bild. Ob wir so weitermachen können? Es wäre zu schön, um wahr zu sein. Es macht mich geradezu unsicher, dass es so leicht geht. Abwarten!

★

15.8.1992 – Wir hören abends wieder in den «Midsummer Night's Dream» hinein, die beiden langen Szenen der Liebespaare und die zwei Handwerkerszenen. Wir sind müde von einem langen Spaziergang und ein bisschen lustlos heute. Ich entdecke Längen. Die Themen wiederholen und wiederholen sich. Es plätschert zart und gemäßigt dahin, manches ist wunderschön, manches dann wieder stereotyp. Vorläufig sehe ich das Ganze tatsächlich total komödienhaft, verspielt und von großer Heiterkeit. J. entdeckt umso mehr Ernsthaftes und beharrt auf Tiefgang durch Shakespeare'sche Doppelbödigkeit. Ich bleibe noch zu sehr an der Oberfläche. Die ersten Differenzen also, die aber in Gähnen untergehen.

★

17./18.8.1992 – Wieder zwei Abende mit «Britten» verbracht. Es bleibt dabei: Das Stück ist nicht so schwer, wie ich dachte. Es steht in den Grundzügen. Ein unendlich wichtiger Faktor sind nun die Kostüme; da muss etwas sehr Originelles, Aussagekräftiges gefunden werden. Tobias müsste bald konkrete Vorschläge machen. Heute kam ein Feriengruß von ihm aus Frankreich. Eine Postkarte an ihn liegt geschrieben da, ich stecke sie aber erst in Deutschland ein. Der italienischen Post ist nicht zu trauen – oft dauert es wochenlang, bis etwas ankommt.

*

19.8.1992 – Wieder ein Arbeitsabend. J. ertappt mich beim Klischeedenken. Immer wieder steht mir die jahrelange Bühnenpraxis im Weg mit all ihren konventionellen Ausdrucksvarianten, mit denen man sich durch manchen Abend mogelt. Ich hätte mir eben doch mal eine Arbeit mit einem Schauspielregisseur gewünscht, besonders am Anfang, wo ich es ja eigentlich nur mit geschickten Dekorateuren und Arrangeuren zu tun hatte. Bis dann endlich Rennert kam, und Horres und Friedrich und Ponnelle und Kupfer. Auch von Otto Schenk in seiner besten Zeit als Opernregisseur habe ich profitiert. Der nächste wichtige Schritt wäre Peter Stein oder jemand von ähnlichem Kaliber gewesen. Ich war als Schauspielerin immer dann gut, wenn der Konflikt der zu erspielenden Rolle mich tief betraf, mir eine Identifikationsmöglichkeit bot, wenn ich mit bloßgelegten Nerven empfinden konnte und mich darüber selbst vergaß und wenn ein Regisseur mir den Weg wies und die Phantasie anheizte.

Aber wie lange dauert es, bis man lernt, Eitelkeiten abzulegen oder eben «Bühnenwirksamkeiten» zu vermeiden, die man sich im Laufe der Jahre erarbeitet hat und von denen man weiß, dass sie ankommen. Selbstdarstellung und Eitelkeiten auf der Bühne sind mir immer verhasster. Ich werde sie auch als Regisseurin nicht zulassen.

*

20.8.1992 – Die Handwerkerszenen sind darum so besonders schwierig, weil sie eigentlich, zumindest die erste, ziemlich langweilig sind, das Publikum aber immer schon von vornherein etwas Lustiges erwartet. Die Handwerker sind ganz normale, dümmliche Typen, müssen aber natürlich urig und kostümlich sehr prägnant sein. Jedenfalls scheinen die Szenen vorerst, wenn man nicht kalauern und grob werden will, am delikatesten und am schwierigsten zu erarbeiten. Ich muss mir Biographien zu den einzelnen Rollen erfinden, so wie Flute für mich eben ein Wellensittichzüchter und Vogelfutterexperte ist, der in seiner Freizeit das «Blatt für den Vogelfreund» liest und Bruthäuschen baut. Und Snout, Snug und Starveling, The Moon, The Wall, The Lion? Jeder braucht einen Background, der ihn geprägt hat.

Die Ferien gehen zu Ende, das Stück habe ich im Kopf, der innere Film beginnt zu laufen. Ich sehe der Sache etwas gelassener entgegen.

*

Donnerstag, 10.9.1992 – Bauprobe in Amsterdam bzw. s'Hertogenbosch. Das heißt aufstehen um halb 5 Uhr morgens, weil die Maschine um 7 Uhr geht und der Weg zum neuen Flughafen von uns ziemlich weit ist. Der neue Flughafen ist eine Katastrophe, jedenfalls für Vielflieger und Selbstparker. Und immer ist etwas kaputt. Die Laufbänder funktionieren nie. Man läuft und läuft durch hässliche, aluminiumverschalte Gänge ohne Tageslicht. Eine deprimierende Leichtbauweise, die luftig sein soll, aber nur billig wirkt, uninspiriert und kleinkariert. Man kommt nicht aus den Kinderkrankheiten heraus. Ich trauere dem guten alten Riem nach.

Recht verschlafen steigen wir in den Bus – der übliche Transport auf diesem supermodernen Flughafen – zur KLM-Maschine. Die Fahrt ist endlos, die Maschine parkt am äußersten Ende des Geländes. Panzerwagen und bewaffneter Bundesgrenzschutz sind postiert. Es ist ein Flug von Tel Aviv nach Amsterdam, wir sind nur Zusteiger. Man mustert uns missbilligend, als wir das morgendlich kühle Flugzeug besteigen. Dann noch ein ziemlich verspäteter Abflug, das Münchner Maß ist mal wieder voll. Ich habe den Reisebetrieb schon wieder satt, obwohl die neue Saison noch kaum begonnen hat.

Tobias geht es von Wien aus nicht anders, auch er muss früh aus

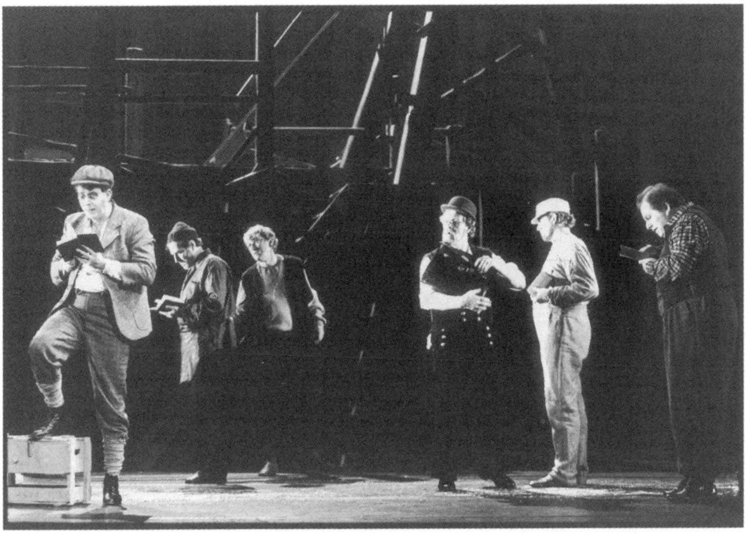

Szene mit Bottom und den anderen Handwerkern

den Federn. Er erwartet uns bei der Ankunft in Amsterdam mit Ed, dem netten Technischen Direktor, dessen Unterschrift auf den diversen Faxen immer so aussieht, als hätte ihn jemand beim Schreiben in die Seite geboxt. Wir mieten ein Auto und fahren eineinhalb Stunden durch die flache Windmühlenlandschaft, durch dichten Verkehr und Staus nach s'Hertogenbosch. Auf der Fahrt gibt Tobias seine neuesten Erfahrungen mit Peymann, dem Burgtheater und Wien zum Besten. Er klingt sehr ernüchtert, aber das wird sich ändern, wenn's ein Erfolg wird.

Ed kann das Theater nicht finden, doch J. lotst ihn mit ihrem erstaunlichen Gedächtnis und Orientierungssinn quer durch das hübsche Städtchen zur Kathedrale, in deren Schatten das Theater liegt. Dabei war sie erst einmal hier, kennt sich aber besser aus als der Einheimische. Wir kommen durch das dunkle Plüschfoyer, an das sogar ich mich erinnere, in den Zuschauerraum – und prallen zurück: Es wimmelt von Leuten. Mindestens drei Reihen sind besetzt, eine Videokamera surrt. Es ist mal wieder eine Gemeinschaftsveranstaltung. Mit Klaus, Peter, Pierre und Julian haben wir gerechnet, aber das? Tobias ist verstört und bittet, doch die Leute zu entfernen. Man klärt uns auf: Die gehören alle zur Produktion! Werkstätten- und Beleuchtungsteam, Kostümabteilung, der Oberspielleiter, Inspizienten, alle sind da. (Nur der Regieassistent fehlt, er soll aber gut und begabt sein, wird mir einmal mehr versichert!)

Auf der Bühne steht recht schmalbrüstig und unscheinbar, aus Metall und Styropor zusammengebaut, unser Gerüst, unsere «Skulptur». Der erste Eindruck ist enttäuschend, und Tobias wird noch schmaler und stiller als ohnehin schon, im Angesicht der vielen Menschen. Die Winkel, die Proportionen stimmen nicht, aber das lässt sich ändern. Es wird auch umgehend bewerkstelligt. Außerdem lassen wir ein Segment ansetzen und die Rampe verlängern, so dass der Anstieg zum Turm großzügiger und präsenter wirkt. Vorn steht auf einem Stuhl das große Modell, leuchtet grün und sieht sehr schön aus. So wird die Bühne im Original dann hoffentlich auch aussehen. Und als Tobias um ein paar Beleuchtungseffekte bittet, tut sie es jetzt schon.

Wir besprechen den Wandel des Rundhorizonts zur letzten Szene. Dann sitze ich im Zuschauerraum und tanke mal wieder Atmosphäre. Mr. Offer, der kleine, rührige Intendant aus Tel Aviv, ist mit seinem Technischen Direktor auch da und begrüßt uns. Wir sprechen über die Abwicklung der Koproduktion. Mit Jan, dem hilfsbereiten Oberspielleiter, kläre ich die Wohnungsfrage für die Probenzeit. Wir können ein Appartement ansehen, wenn wir am 7. Oktober zum Vorsingen der Soloelfen wieder in Amsterdam sind.

Julians Idee, den Kinderchor durch zierliche Sängerinnen, Absolventinnen des Konservatoriums, zu verstärken, finde ich gut. Das gibt musikalische Sicherheit. Er hat mit der auch anwesenden Tonmeisterin dreißig Momente aus der Partitur erarbeitet, wo er seine Stereo-Lautsprecherwirkungen anwenden will. Nun, wir werden sehen. Wir brauchen nicht länger als eineinhalb Stunden, und die Bauprobe ist gelaufen.

Die Crew, die wie üblich aus Klaus Bertisch, Peter, Julian und uns besteht, zieht sich in ein Straßencafé zu Gesprächen und Imbiss zurück. Es ist laut und sonnig. Der Tel Aviver Intendant verabschiedet sich, nachdem ein paar Besetzungsfragen geklärt sind. Tobias geht noch einmal ins Theater hinüber, um verschiedene Werkstattdetails zu besprechen. Pierre Audi hatte sich schon morgens sehr bald zurückgezogen. Wir sitzen in der Sonne, warten auf Tobias, und Julian hält einen Vortrag über alte Hammerklaviere und -flügel der Schubert- und Beethoven-Zeit. Er ist Experte – und wir sind es auch bald.

Ed fährt uns zurück zum Amsterdamer Flughafen Schiphol. Wir haben noch viel Zeit bis zum Abflug und gehen in die Lounge. Ich kann nicht widerstehen und trinke eine Diät-Coke mit einem großen Schuss Wodka, mit dem Ergebnis, dass ich sofort beschwipst bin, denn außer einem Salatblatt und einer hauchdünnen Scheibe Putenfleisch habe ich nichts im Magen. J. verträgt die Coke mit Schuss viel besser, und so gibt es ein recht produktives Kostümgespräch. Tobias will am kommenden Wochenende intensiv an den Kostümen arbeiten, dann noch einmal zu uns kommen und uns seine Skizzen zeigen. Wir fassen den 26./27. September ins Auge. Da ist zwar auch Virginia Kerr, die die Hauptpartie im «Fernen Klang» gesungen hat und zur Freundin geworden ist, angesagt, und wir müssen zur «Zauberflöten»-Premiere nach Augsburg, wo Peter Baumgart, der neue Intendant, die Spielzeit und seine Ära eröffnet. Aber das lässt sich alles vereinen. Beschwingt treten wir nach einem äußerst produktiven Tag die Heimreise an.

*

29.9.1992 – Es ist tatsächlich dabei geblieben, Tobias war am Wochenende da, um seine Figurinen zu präsentieren. Er kam aus Berlin, wo er vierzehn Tage «Urlaub vom Burgtheater» gemacht hatte. Sonnabend, den 26.9., früh fanden wir eine Nachricht von ihm auf dem Anrufbeantworter, er sei noch auf dem Flughafen in Berlin, denn die vorgesehene Maschine sei wegen Nebel in München annulliert, er warte auf die nächste. Die erste Bekanntschaft mit dem Nebelloch Erding! Den Großflughafen München in diese moorige Einöde zu setzen ist schon ein gehöriger Schildbürgerstreich.

Wir stehen im morgendlichen, samstäglichen Garten, die Birnen fallen vom Baum, die Enten trinken aus der Regentonne, die Katzen aalen sich in der Sonne; von Nebel hier weit und breit keine Spur. Nun, die verspätete Ankunft gibt mir Zeit, erst noch gemütlich mit J. und Virginia zu frühstücken. Dann nehme ich den kleinen Fiat und starte mit offenem Verdeck, um Tobias abzuholen.

Natürlich gerate ich in einen riesigen Stau. Mich würde das nicht weiter stören, ich höre Musik und genieße die strahlende Sonne, wenn ich nicht wegen Tobias wie auf Kohlen säße. Mit einer halben Stunde Verspätung rase ich schließlich an. Kein Tobias zu sehen. Wir treffen uns an einer Telefonbox, wo wir beide gegenseitige Notanrufe loslassen wollten. Die Rückfahrt geht etwas schneller, und um 15 Uhr sind wir zu Hause. Nach dem Mittagessen im Garten wird Siesta gehalten. Ich habe Tobias im Atelier einquartiert, er muss zwar den Kopf einziehen, aber sein Lager unter der Balkenschräge ist sehr gemütlich.

Gegen Spätnachmittag, als die Sonne weggeht, steigen wir hinauf in mein «Spielzimmer», wie ich das Atelier nenne, und Tobias packt vorsichtig und scheu seine großformatigen Kostümzeichnungen aus. Wir sind auf Anhieb begeistert von der Sorgfalt und Schönheit, mit der die Blätter gezeichnet sind. Ich finde seine Vorschläge wunderschön. Wir sprechen über Details wie Schmuck, Accessoires, Hüte, Schuhe. Nur Hermia will mir nicht ganz zusagen, die stelle ich mir anders vor. J. meint, meine Vorstellung sei falsch, ich solle das Stück besser lesen: ein üblicher Seitenhieb, der meine Ambition und Stückkenntnis beflügeln soll. Alle anderen Figurinen finde ich absolut richtig und phantasievoll. Oberons Kopfschmuck bleibt abzuwarten, aber die Grundideen für ihn, Tytania und die Elfen sind sehr gut. Viel Körperschminke wird es geben. Die armen Kollegen!

Wir begießen die gelungene Kostümsitzung mit einer guten Flasche Rotwein, sitzen träge am Kamin und gehen früh zu Bett.

⋆

Am Sonntag, den 27.9.1992, schlafen alle lang aus. Wieder strahlt die Sonne, wir frühstücken im Garten und genießen den warmen Herbsttag in Liegestühlen. Tobias zeigt Bilder von seinem Cottage in Glyndebourne und interessante Dias seiner Bühnenbilder für den «Maskenball» in Antwerpen. Nach dem Tee heißt es aufbrechen. Er muss mit der Abendmaschine nach Wien, und wir wollen zur «Zauberflöten»-Premiere nach Augsburg.

⋆

8.10.1992 – Gestern sollte das Vorsingen der Kinder für die Elfen in Amsterdam stattfinden. Ich war am 5. Oktober mit Schallplattenaufnahmen in Montreal fertig geworden, und wir flogen über Paris zurück. Es war ein spontaner Entschluss, in den Tierläden hinterm Châtelet nachzuschauen, ob wir Ersatz für die Siamesin Lulu finden würden. Ich bin untröstlich über den Verlust dieser hochintelligenten, unsäglich liebevollen Katze, die ein Zauberwesen war. Sie ist auf ziemlich rätselhafte Weise mitten am hellen, lichten Vormittag, an einem der letzten Ferientage am Gardasee, spurlos verschwunden. Unsere Vermutung: Raubtier Fuchs! Eine Fähe mit Jungen trieb sich in der Gegend herum.

Also um 9 Uhr früh in Paris, die Geschäfte machten gerade auf. Die Suche war natürlich ergebnislos. Nichts als zu junge oder zu alte, triefäugige Jammergestalten von Katzenkindern in den meist dreckigen Käfigen. Auch zwei depressive Siamesen kommen altersmäßig nicht in Frage. Mir blutet das Herz, ich möchte alles, was da kreucht und fleucht, aufkaufen, auch die Zwerghühner und Riesengänse, die Stallhasen und nackten Truthähne, die in viel zu engen Käfigen mit eingezogenen Köpfen den Straßenrand vor den Geschäften säumen. Wo bleibt der Tierschutzverein? Diese Läden müssten alle dichtgemacht und ihre Besitzer wegen Tierquälerei in die am anderen Ufer der Seine gelegene Bastille geworfen werden.

Der Tag ist grau und verhangen, es regnet leicht. Die Stimmung ist auf dem Nullpunkt. Nach sechsstündigem Nachtflug von Montreal und dem Zeitsprung sind wir übermüdet. Mit der Metro geht es zurück zum Flughafen Charles de Gaulle. Wir rufen Amsterdam an, um unser Kommen zu bestätigen und die Bestellung eines Hotelzimmers zu erbitten. Doch Klaus B. ist in Urlaub, jeder sonst in der Mittagspause. Der Mensch am Telefon weiß von nichts, verspricht aber, sich zu kümmern. Wir warten auf den Abflug der 16-Uhr-Maschine nach Amsterdam. Kaum im Flugzeug, bringt uns die Stewardess eine Telexnachricht, wir möchten bei der Ankunft sofort De Nederlandse Opera kontakten. Mir schwant Böses. Wir landen, telefonieren, das Vorsingen ist abgesagt! Todmüde und genervt warten wir zwei Stunden auf den Abflug der nächsten Maschine nach München. Unsere Koffer werden angeblich umgeladen, Zeit genug ist ja. Um halb 10 landen wir endlich in München – nicht so unser

Gepäck. Endlose Verhandlungen am KLM-Schalter führen zu nichts. Wir suchen unseren Wagen im unübersichtlichen Parkhausirrgarten und sind endlich, nach 36 Stunden auf den Beinen, gegen Mitternacht zu Hause. Und da liegt dann auch das Fax, in dem Julian uns mitteilt, dass das Vorsingen leider nicht stattfinden kann, weil der Kinderchor noch nicht präpariert sei und er, Julian, zu Dirigierverpflichtungen nach St. Petersburg müsse. Es lebe Amsterdam! Das einzig Positive dieses Tages ist die Tatsache, dass wir nichts auspacken müssen.

★

12.10.1992 – Amsterdam bombardiert uns mit Anrufen, die um Fixierung eines Datums für die sogenannte *presentation* bitten. Da soll ich vor versammelter Mannschaft, was wohl die halbe Belegschaft des Opernhauses sein wird, mit Tobias am Modell stehend, mein Konzept erklären! Ja, was soll denn das? Ich bin sehr für Konzeptionsgespräche am ersten Probentag, wenn das engste Team, also mitwirkende Sänger, Chor, Inspizienten und Assistenten, versammelt ist, und habe das als Sängerin immer sehr geschätzt, wenn der Regisseur anhand des Modells und der Figurinen vorher ein wenig seine Absichten erklärte. Aber ein Vortrag vor Publikum, lange bevor es ernst wird und wo alles noch in der Schwebe und im Wandel begriffen ist, das scheint mir denn doch etwas viel verlangt. Es wird uns aber wohl nichts anderes übrig bleiben, in Amsterdam besteht man darauf. Tobias und ich müssen in den sauren Apfel beißen. Am 18. Dezember soll das Ganze stattfinden. Eigentlich kein schlechtes Datum: Wir könnten am Abend in Brüssel eine Aufführung der berühmten «Zauberflöte» von den beiden Herrmanns sehen. Juliane Banse singt die Pamina, und wir wollten sowieso zu einer Vorstellung.

★

Ende November/Anfang Dezember 1992 – Faxe gehen hin und her, die *presentation* betreffend: Jeder Tag bringt ein neues Detail, übermittelt von Ed, dem Technischen Direktor.

Julian ruft an wegen der Elfen: Er fürchtet, die Knabenstimmen seien zu leise. Dann muss man sie eben mit einem *portable microphone* verstärken. Er wollte doch sowieso einen Raumklang erzielen. Den Plan, sie durch Mädchenstimmen aufzuwerten, hat er fallenlassen. Mir auch recht. Tobias ist dieser Tage in Amsterdam, um seine Kostümentwürfe abzugeben. Ein Telefonat mit ihm erbringt, dass die Premiere an der Burg ein großer Erfolg war, er aber von Peymann und seiner Arbeitsweise endgültig genug hat: Nie wieder! Warten wir's ab.

Auch meine «Hänsel und Gretel»-Premiere in Augsburg ist inzwischen vorbei. Die Schlussphase war unerfreulich und anstrengend, nichts wollte technisch klappen, das Haus schien total überfordert. Wir waren am Rande unserer Nervenkraft. Doch ich bemühte mich um Fatalismus und Geduld ... Bei der Premiere klappte dann alles zur relativen Zufriedenheit, die Sänger gaben ihr Bestes. Beim Schlussvorhang erst großer Jubel. Aber als wir «Schwarzen» zum zweiten Mal erschienen, massive Buhs. Ich war mehr erstaunt und erheitert als betroffen. Besser so als Gleichgültigkeit! Und dass ich anecken würde, weil ich kräftig mit Klischees aufgeräumt habe, war mir klar. Viele Beweise der Zustimmung erreichten mich von Bekannten und Unbekannten, aber auch Unverständnis und Gehässigkeit. Mein Gott, ist das ein Beruf! Ich glaube, ein Regisseur ist noch viel «einsamer» als ein Sänger. Man kann wirklich niemandem mehr trauen, nur seinem eigenen Geschmack. Die Ignoranz der meisten Menschen, gepaart mit Unverstand, ist schwer zu verkraften. Ich habe so viel an menschlichen und künstlerischen Einsichten gewonnen in den letzten sechs Wochen wie sonst nicht in Jahren. Es gab die üblichen kleinen und großen Krisen zwischendurch, den Zweifel, die Bestätigung und am Ende wieder das vertraute Gefühl: viel Lärm um Nichts.

Jetzt also schnellstens Abstand von Humperdincks Meisterwerk, dessen Text so zwiespältig und dessen Musik so wahrhaftig zu Herzen gehend ist. Ich habe bis jetzt keine Presse gelesen, kein weiteres Echo gehört. Was immer auch sei, es darf mich nicht tangieren, wenn ich weitermachen will. Das Regieführen ist erbarmungsloser Kritik ausgesetzt, viel mehr als das Singen. Jetzt muss ich umlernen, einstecken lernen! Als Sängerin habe ich viel Gutes erfahren – mit der Regisseurin geht man besonders unsanft um, weil man nicht glauben will, dass eine Sängerin fähig ist, ein intelligentes Konzept zu erstellen.

Weiter, weiter! Auftauchen aus dem schwarzen Loch, in das ich nach all der Anspannung gefallen bin, und eintauchen ins nächste Projekt! Der «Midsummer Night's Dream» muss endgültige Gestalt annehmen, zumindest eine, die am 18. Dezember präsentiert werden kann.

⋆

18. Dezember 1992, Tag der Präsentation – Gestern Abend war in Augsburg eine Vorstellung von «Hänsel und Gretel». Ich war dabei, weil Janet Walker die erste Hexe ihres Lebens sang. Dafür hatte ich noch einmal gründlich mit ihr probiert.

Das heißt um 5 Uhr aufstehen und von Augsburg zum Flughafen fahren. In Amsterdam warten wir auf Tobias' Ankunft, er kommt aus London angeflogen. In der Oper verschwindet Tobias in die Kostümabteilung. Wir haben einen Termin im Betriebsbüro, wo wir mit Mostard die endgültige Probenterminierung durchgehen. Die *presentation* ist für 14 Uhr angesetzt. Erst werden Julian und ich aber noch zu einem ausführlichen Interview gebeten, das vor einer Videokamera stattfindet. Es ist für ein *education*-Programm und Public-Relations-Zwecke gedacht. Und wir bekommen für unsere Produktion sogar eine eigene Ausgabe der Hauszeitschrift! Der Interviewer ist clever, stellt gute Fragen, nicht die üblichen Banalitäten. Die Leiterin des *education*-Programms, eine lustige Person namens Els, stellt sich als wissende, hochinteressante Dame heraus, eine Professorin an der Amsterdamer Universität. Wir kommen in ein gutes Gespräch, und sie zeigt sich besonders erfreut, dass eine Frau den «Midsummer Night's Dream» inszeniert. Sie fragt mich, ob ich das Gefühl habe, als regieführende Frau eine spezifische Arbeits- und Sichtweise zu haben. Ich kann das nach meinen bisherigen Erfahrungen, die allerdings noch nicht sehr zahlreich sind, bestätigen, will aber mit definitiven Statements noch warten. So verplaudern wir eine gute Weile, teils intensiv aufs Stück bezogen, teils generell über Regie und Emanzipation.

Dann erholen J. und ich uns etwas in der Kantine bei Salat ohne Dressing und lauwarmem Kaffee, beobachtet von Klaus Bertisch, der uns immer auf den Fersen zu sein scheint. Ich weiß inzwischen, dass der Eindruck täuscht, trotzdem kommt es mir so vor. Der Zeitpunkt der *presentation* rückt näher. Ich bin ziemlich nervös und formuliere zum wiederholten Male die Sätze, mit denen ich beginnen will. Das Weitere wird sich finden.

Endlich ist es so weit. Wir werden in den Keller geführt, wo in einem großen Studioraum die Menge unserer harrt. Circa sechzig Leute sind versammelt, sitzen aufgereiht wie in einer Schulklasse, Audi, Bertisch, Peter in der ersten Reihe. Auch ein paar Buben des Kinderchores mit ihren Vätern sind dabei. Die erweisen sich hinterher als besonders interessiert. Endlich lerne ich David Prins, den Regieassistenten, kennen, der einen reizenden Eindruck macht. Ich begrüße die Anwesenden, sehe viele aufmerksame Gesichter und einige gelangweilte, abkommandierte. Dann erkläre ich ein bisschen, was und wie wir es uns denken, und Tobias tut dasselbe. Das Modell steht beleuchtet neben uns, die Figurinen werden herumgezeigt. Das Ganze dauert etwa eine halbe Stunde, also kurz und schmerzlos. Hinterher ein paar persönliche Kontakte, Gespräche. Die Kinder umlagern das Modell, und einer fragt: «No trees?», womit er den Nagel auf den Kopf trifft. «Nein», sage ich, «no trees!» «Oh, a tree house», meint er strahlend und hat wieder das richtige Wort gefunden. Alles ist gut gegangen.

Auf nach Brüssel. Dort bleibt im alten, ehrwürdigen Hotel «Metropole» gerade noch Zeit zum Umziehen, dann sitzen wir in der berühmten Herrmann'schen «Zauberflöte». Es ist eine Vorstellung auf stimmlich sehr hohem Niveau. Mir sind alle ein bisschen zu schwul auf der Bühne. Papageno stolziert herum wie ein Pfau ohne Rad, Tamino, Monostatos, alle stelzen und tönen, das aber sehr schön. Juliane singt wunderschön ihre Pamina und bringt als Einzige ehrliche menschliche Töne über die Rampe. Die Inszenierung, Bilder, die aus tausend kleinen Symbolen und bewegten Szenen bestehen, ist brillant: magische Zeichen in magischem Licht magisch bewegt. Mir allerdings ist es, alles in allem, zu intellektuell verspielt.

Wir gehen zu den Solisten, ich treffe Alexander Oliver, der mein Puck sein wird, auch Ursel Herrmann, die viel sympathischer wirkt

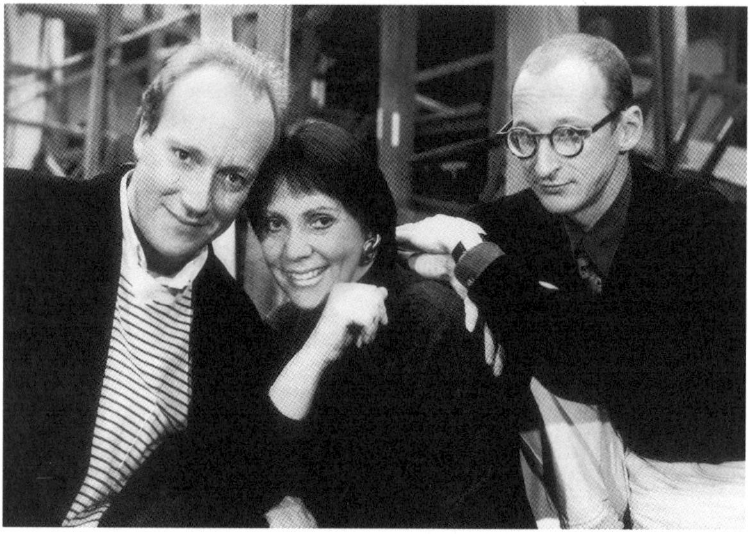

Mit Julian Reynolds und Tobias Hoheisel

als in dem Fernsehfeature neulich. Im Hotel sitzen wir noch eine Weile mit Juliane zusammen, die müde aussieht. Sie hat morgen wieder Nachmittagsvorstellung. Für mich fängt ein Meisterkurs in Dublin an. Es wird spät. Ich bin kaputt wie lange nicht, als wir nach diesem vollgepackten Tag endlich ins Bett fallen.

*

Immer noch im Dezember 1992 – Das Personal des «Midsummer Night's Dream» fängt an, meine Nächte zu beleben, das heißt wieder Schlaflosigkeit und endlose Gedankenketten, die sich verwirren und verirren. Ich lese die wörtliche Übersetzung, die es als Reclam-Heft gibt, daneben steht der englische Originaltext. Ich merke, dass ich den besser verstehe als den deutschen Text, dass seine Melodie mir vieles klarer macht als die unpoetische Alltagssprache der Übersetzung. Und die von Britten weggelassenen Szenen erhellen die Charaktere um einiges mehr.

Helena rührt mich am meisten, mit ihr habe ich die größte Sympathie. Was für ein Schicksal, so ungeliebt dem Geliebten nachzuhasten, den sie auf die Fährte der Rivalin weist, ihm nahe sein zu wollen um jeden Preis! Wobei ich ihr vielzitiertes und -analysiertes Anerbieten, sich wie sein «Spaniel» behandeln lassen zu wollen, gar nicht so sehr als Erniedrigung empfinde, sondern als Versuch launischer Koketterie, kindlicher Attitüde und höchsten, hingebungsvollen Zärtlichkeitsverlangens.

Die beiden Männer, Demetrius und Lysander, sind dagegen ziemlich eindimensional und uninteressant, wehleidig oder polternd, je nach Bedarf. Alle Personen des Stückes reden unermüdlich über die Liebe und aneinander vorbei. Sie reden, aber sie erleben sie nicht. Sie flattern durch den Wald bis zur jeweiligen willkommenen Erschöpfung, wobei der Schlaf sie aus der aktuellen Problematik befreit und der Traum ihnen doch nur Leid beschert. Wie sie sich gegenseitig in ihren Beteuerungen überbieten! Ob sie damit ihre Enttäuschung übertünchen?

Jedenfalls stelle ich immer mehr fest, dass das kein Stück für graue Theorie ist. Am Schreibtisch ist ihm schlecht beizukommen – und bei der Eindeutigkeit des Bühnenbildes gibt's auch da nicht viel zu tüfteln. Shakespeare ist der große, gewaltige, phantastische Praktiker. Der Facettenreichtum seiner Sprache, seine umfassende Liebe zum theatralischen Objekt, sein Humor und sein herzzerreißendes Mitleid mit den auf der Bühne Verlorenen: Dem allem ist nur an Ort und Stelle beizukommen, am lebendigen Subjekt, am lebendigen Tatort. Shakespeare – der Sinnlichste von allen, der das Wesen der Liebe, was die Umsetzung für die Bühne betrifft, verstand und durchdrang wie nach ihm wohl nur Mozart. Die beiden möchte ich im Himmel treffen (und dann noch Schubert und Caruso).

*

10.1.1993 – Wir haben in Frankfurt die Neuinszenierung des «Rosenkavaliers» von Ruth Berghaus gesehen. Sie interessiert mich sehr, weil ich das Stück 1994 inszenieren soll. Es ist meine erste konkrete Begegnung mit dieser großen Regisseurin. Und wo ihr nichts einfällt, lässt sie tanzen … Ich habe den Rosenkavalier, diese Leib- und Magenpartie meines Lebens, im Blut – und natürlich eine sehr einseitige Sicht der Dinge durch das jahrelange Agieren in einer wunderschönen, aber doch konventionellen Inszenierung. Nun also der totale Bruch mit all dem Überkommenen, der ehrliche Versuch, auch beim «Rosenkavalier» mit aller Tradition zu brechen. Das geht im ersten Akt sehr gut, hält bis in die Mitte des zweiten und stimmt dann einfach nicht mehr. Dieser Realkomödie ist mit Krankenbahren und Transfusionen, mit all den skurrilen, vermeintlich komischen und doch schon so abgegriffenen Metaphern des modernen Theaters nicht beizukommen. Im dritten Akt gelingt der Berghaus die totale Entzauberung, wenn Sophie und Octavian beim Traumduett zum Schluss gelangweilt in einer Wohnküche sitzen. Auf dem Tisch vor ihnen liegt ein Revolver. Da sitzen sie und betrachten ihre Fingernägel. Aufgezeigt wird die Desillusionierung, die Isolation der Menschen, die sich nichts bedeuten und sich nichts zu sagen haben. Die ihre Rollenspiele absolvieren und in starrer Form verharren bis in alle Ewigkeit. Ruth Berghaus gelingt das, und ich fand es hochinteressant. Die Bilder bleiben, regen zum Nachdenken und Diskutieren an. Ob es tatsächlich das Lebensgefühl trifft, das Hofmannsthal und Strauss vergegenwärtigen wollten, wage ich jedoch zu bezweifeln. Und darum ist der «Rosenkavalier» eben eines der Stücke, die mit unserer Zeit nichts oder nur wenig zu tun haben, die sich nicht transportieren lassen in unsere unromantische, unterkühlte Alltagswelt. So ist diese Aufführung: unromantisch und unterkühlt, und nur das Klischee vom hereinwehenden Herbstlaub soll wohl einen Moment von Wehmut schaffen, die sich dann aber gar nicht einstellt, weil man sich übers Klischee wundert. Mein Fazit: Gescheiter Versuch, aber gescheitert auf höchster Ebene.

Trotzdem, ich bewundere den spürbaren Mut zum Risiko. Es war die Reise wert.

*

16.1.1993 – Die Woche ist verstrichen und war so vollgepackt mit anderen, akuten Verpflichtungen, dass wir schließlich nur einen Nachmittag zur Arbeit am «Midsummer Night's Dream» kamen. *A shame!*

Seit Tagen sitze ich über den Schnittbändern für die drei nächsten Lieder-CDs, die alle demnächst erscheinen sollen, und merke Korrekturen an. Erfreulicherweise gibt es wenig. Die Stimme klingt frisch und jung, die so unterschiedlichen musikalischen Welten, Schubert, Schumann, Brahms und Wolf, sind lebendig erfasst. Ich bin froh darüber und mag besonders die Wolf-Platte. Dieser junge Franzose, Jean-Yves Thibaudet, ist tatsächlich ein hochbegabter Begleiter. Ich freue mich auf unsere ersten gemeinsamen Auftritte, die im Frühjahr stattfinden werden. Darum soll auch die im Oktober aufgenommene CD jetzt so schnell erscheinen. Diese Marketingüberlegungen sind mir zwar fremd, aber ich finde es gut, dass mal keine jahrelange Pause ist zwischen Aufnahme und Veröffentlichung. Die Zeit läuft mir davon. Ich möchte mich um nichts anderes mehr kümmern müssen als um das aktuelle Regieprojekt!

★

26.1.1993 – Intensiver Arbeitsnachmittag. Wir konzentrieren uns auf die Bottom-Szene mit Tytania und den vier Soloelfen. Die Reaktionen der Elfen auf Tytanias Begehren, Bottom dienstbar zu sein, sind wichtig. Im Übrigen möchte ich die handgreifliche Erotik, die von Shakespeare gemeint und für Tytania so reizvoll ist, richtig ausspielen lassen. Bottom ist nicht nur das Kuscheltier, das man zwischen den Ohren krault. Er ist die handgreifliche Erfüllung sexueller Träume.

Wir beschließen, den Klavierauszug auf die Reise mitzunehmen, die morgen beginnt. Vielleicht kommen wir unterwegs zum Weiterarbeiten. Fazit des heutigen Tages: Wir fürchten plötzlich, zu normal zu sein, zu einfach und selbstverständlich in den Aktionen, weil wir die Bühne nicht auf den Kopf stellen. Das muss man aber heute wohl tun, um interessant zu sein. Oder ist die Tendenz rückläufig? Will man wieder verständliches Theater, glaubhafte Situationen auf der Bühne sehen, das Stück nicht nur als total subjektive Auslegung des Regisseurs? Ich glaube, wir sind an einem Punkt angekommen, wo es mit dem Regietheater in seiner extremsten Form nicht mehr recht weitergeht. Wenn man Namen hört wie Herrmann, Berghaus, Wilson oder Sellars, weiß man in etwa schon, was auf einen zukommt: fast identische Bilderwelten und Abläufe, egal, ob es sich um Mozart, Verdi oder Strauss, um Romantik, Verismo oder Moderne handelt.

Wenn ich Erfolg haben will als Regisseurin, sollte ich mich «anpassen», dem Trend folgen. Ich will aber versuchen, einen eigenen Weg zu finden und zu gehen.

*

27.1.–5.2.1993 – Diese Reise kommt mir unendlich lang vor, und anstrengend ist sie obendrein. In zehn Tagen fliegen wir neun Mal. Sie beginnt in Paris mit dem Liederabend im Musée d'Orsay. Ich bin sehr unzufrieden mit der Zusammenstellung des Programms, das vom Veranstalter gewünscht war und genau die Art von Programm ist, die ich versuche *nicht* zu singen: eine bunte Mischung von Brahms, Wolf, Fauré im ersten Teil, im zweiten dann – Mahlers «Rückert-» und «Kindertotenlieder». Aber dem Publikum gefällt der Abend, und während der «Kindertotenlieder» herrscht absolute Stille. Zumindest bin ich nun davon überzeugt, dass man die auch mit Klavierbegleitung machen kann. Besonders wenn sie so schön gespielt werden wie von Wolfram Rieger heute Abend. Er ist mir inzwischen von allen Begleitern der liebste, und ich bin stolz darauf, ihn entdeckt zu haben und fördern zu können.

Danach laden die Goethe-Instituts-Menschen zum Essen ein. Es ist nicht zu umgehen, und eine schlaflose Nacht in dem winzigen Hotelzimmer über den Dächern von Paris ist die Folge. Im Übrigen ist Paris regnerisch mild und faszinierend wie immer.

Weiterflug nach Teneriffa. Beim Festival der Kanarischen Inseln steht zweimal Mahlers «Lied von der Erde» auf dem Programm. Vor dem Abflug kaufen wir im Flughafenshop einen CD-Walkman, denn wir wollen ja arbeiten und weiterhören, weiterlernen. Teneriffa ist traumhaft schön, grün und saftig. Zwanzig Grad Wärme, weicher Regen und strahlende Sonne im Wechsel. Schillernd bunte Papageien kreischen durch den Hotelgarten.

Der junge spanische Dirigent Viktor Pablo Perez hat ein vielversprechendes Orchester aufgebaut, und es kommt zu schönem, erfülltem Musizieren. Tatsächlich schaffen wir es auch, an einem probenfreien Nachmittag am «Midsummer Night's Dream» zu arbeiten, nachdem wir den CD-Player in Gang gebracht und die kleinen Lautsprecher angeschlossen haben. Ich habe meinen üblichen Reisemagen, Beschwerden vom zu fetten, schweren spanischen Essen. Mein Interesse an der Zusatzarbeit ist gering. Ich habe genug mit dem «Lied von der Erde» zu tun, aber J. spielt wieder und wieder die Elfenszenen, denn damit beginne ich in drei Wochen! Die Zeit schmilzt zusammen, sie ist bis dahin voll ausgebucht.

Gran Canaria geht ebenso freundlich vorbei wie Teneriffa. Über Amsterdam fliegen wir nach Leeds. Lord Harewood wird siebzig, und Patricia, seine schöne, witzige Frau, hat ein Überraschungskonzert geplant, an dem ich teilnehmen soll. Wir wohnen bei Linda und Nicholas Payne. Linda hat das Konzert und die Proben arrangiert und die Solisten angeheuert. Seit Wochen steht sie deswegen unter Stress. Unzählige Telefonate sind zwischen ihr und J. hin- und hergegangen. Wir probieren im Opernhaus von Leeds, denn der Lord darf ja nichts ahnen, das Konzert aber wird in Harewood House stattfinden. Ich bin richtig gerührt, als ich das Opernhaus wiedersehe, die dichte, harmonische Zeit des «Fernen Klanges» rückt ganz nahe. Mit von der Partie sind Joan Rogers, Tony Rolfe Johnson und Alan Opie, dessen Neffe in Teneriffa im Orchester so vorzüglich die Oboe blies. Wie klein ist die Welt … Wolfram Rieger kommt aus München angeflogen, er begleitet uns Solisten bei unseren Soloauftritten und – im Verein mit der lustigen Imogen Cooper, der renommierten britischen Pianistin – bei Brahms' «Liebesliederwalzern».

Das Konzert am Abend klappt tatsächlich sehr gut: Wie oft bei so spontanen Sachen sind alle sehr konzentriert und motiviert. Eine gewisse Heiterkeit hilft über Unsicherheiten hinweg. Lord Harewood hat wirklich nichts gewusst! Er wird mit verbundenen Augen in seinen Konzertsaal geführt, wo etwa sechzig geladene Gäste mucksmäuschenstill auf seinen Eintritt und den Anfang des Konzerts warten. Lady Patricia nimmt ihm die Augenbinde genau in dem Moment ab, als Alan mit Tonios Prolog aus «Bajazzo» die kleine Bühne betritt. Freude und Staunen sind groß. Die Stimmung ist bestens. Jeder hält eine kleine Geburtstagsansprache, ich meine auf Deutsch, denn Lord Harewood spricht es ausgezeichnet. Im Publikum mache ich ein paar liebe Gesichter vom Leedser Opernchor aus, und hinterher wird erst einmal kräftig umarmt und begrüßt.

Im kleinen Kreis geht es zu einer erlesenen Tafel. Lord Harewood ist mein Tischherr, und wir unterhalten uns prächtig. Ich verehre diesen hochgebildeten Mann, der ein Doktor Allwissend in Sachen Musik ist und dessen voluminöser Opernführer der beste ist, den ich kenne. Er sagt sich zur Premiere des «Midsummer Night's Dream» an. Das wäre natürlich eine Freude und Ehre für mich. Der Abend wird spät, an Schlaf ist wieder einmal nicht zu denken. Beim Nach-Hause-Kommen reden wir noch eine Weile angeregt mit Linda, Nicholas und Wolfram, bis weit nach Mitternacht.

★

6.2.1993 – Endlich geht auch diese Reise zu Ende, und wir landen pünktlich und mit allem Gepäck in München. Vorgestern, beim Flug von Amsterdam nach Leeds, war wieder ein Koffer auf der Strecke geblieben, ausgerechnet der mit der Abendkleidung. Amsterdam scheint ein neuralgischer Punkt zu sein. Es ist das vierte Mal in dieser Saison, dass dort Gepäck von uns verloren ging.

Zu Hause erwartet uns ein Berg von Post und Faxen. Vieles nimmt auf mein Fernsehporträt Bezug, das Ende Januar vom ZDF ausgestrahlt worden ist und das allgemein als gelungen bezeichnet wird. Ein paar Briefe sind dabei, über die ich mich besonders freue – ein ganz spontaner von Nikolaus Harnoncourt und einer von Anneliese Rothenberger. Von ihr hatte ich lange nichts gehört. Sie schreibt ganz rührend. Ich muss, so schnell ich kann, reagieren. Sie war eine wunderbare Kollegin und mir, der so viel Jüngeren, sie Bewundernden, immer eine hilfreiche, kluge Ratgeberin, von der ich so manches aus der Branche gelernt habe. Ihr Witz, ihre Diplomatie, ihre Disziplin, gepaart mit großem Können, haben mich nachhaltig beeindruckt.

Also, das Porträt hat mir bisher nur positives Echo und Gutes gebracht, sogar gute Kritiken hat die Fernsehsendung eingeheimst. Hoffentlich freut sich Ev Paulmann, die Produzentin, auch darüber. Es war ihre letzte Arbeit als Musikredakteurin. Sie ist die Treppe raufgefallen beim ZDF und jetzt ein ganz hohes Tier.

Tobias schickt eine Kostümskizze des Bottom als Esel, sehr zart, sehr ästhetisch, kein ganzer Eselskopf, was ich gut finde. Damit wird jeder Kuscheltier-Walt-Disney-Gag vermieden. Nur Ohren, Mähne und merkwürdigerweise eine Augenbinde hat Tobias gezeichnet.

«Mit Blindheit geschlagen» beim Eintaumeln in die Elfenwelt, soll das wohl heißen. Es gefällt mir. Ich rufe Tobias gleich an, und wir fixieren ein Treffen während der kommenden Schallplattenaufnahmen, die ab übermorgen in Berlin stattfinden. Der Tag vergeht mit Beantworten der wichtigsten Faxe und versuchter Entspannung, die natürlich in der Kürze der Zeit nicht gelingen will. Diesmal sind wir wirklich nur zum Umpacken da.

*

Sonntag, 7.2.1993 – Fahrt nach Berlin. Gott sei Dank brauche ich auf diese Reise keine Abendkleider mitzunehmen, nur leichte Arbeitskleidung, denn ich stehe ja den ganzen Tag im Schallplattenstudio. Außerdem fahren wir mit dem Wagen, müssen nichts schleppen und nicht auf jedes Stück zu viel achten. Um 11 Uhr starten wir mit Winnie, der Reisekatze. Sie soll mal wieder Solistin sein, was sie so sehr genießt und hier zu Hause im Verein mit den anderen Rabauken vermisst. Sie sitzt die ganze Fahrt über laut schnurrend und erzählend auf meinem Schoß. Eine glückliche Katze.

Wir unterbrechen in Coburg, wo wir den Bühnenbildner für die «Zauberflöte» im Herbst treffen. Es hat ein paar Missverständnisse und Einmischungen in der Anfangsphase gegeben. So wollen wir wieder miteinander ins Reine kommen und Verunsicherungen abbauen. Er hat fleißig gearbeitet und legt uns eine Menge Entwürfe vor, die auf meinen Anregungen basieren und farblich durchaus dem entsprechen, was ich mir vorstelle. Wir vereinbaren die Bauprobe für den 24. Februar, wo wir auf der Fahrt nach Amsterdam, dann mit Gepäck für sechs Wochen und zwei Katzen, wieder vorbeikommen wollen. Bald sind wir wieder auf der Autobahn und landen gegen Abend in Berlin. Ich melde mich bei Tobias, und wir machen aus, uns am Mittwochabend nach den Aufnahmen zu sehen.

*

Mittwoch, 10.2.1993 – Seit Montag also nehme ich Brahms' «Schöne Magelone» für die «Teldec» auf, mit Elisabeth Leonskaja, der wunderbaren Pianistin, die als Liedbegleiterin natürlich wenig Erfahrung hat, aber mit Leib und Seele und all ihrem georgischen Weltschmerz bei der Sache ist. Lisa ist eine seltsame Erscheinung. Überaus scheu, hypersensibel, kann sie plötzlich wie ein Backfisch loskichern. Wir haben beide mächtigen Respekt voreinander. Manchmal zu viel, scheint mir. Ich traue mich kaum, ihr etwas zu sagen über meine Tempomodifizierungen oder Klangvorstellungen. Ich bin sehr vorsichtig, denn ich weiß, wie sie mit der für sie fremden Materie Lied ringt. Trotzdem kommen wir zu schönen Ergebnissen. Ich bin bestens bei Stimme und halte ein Pensum von fünf, sechs Stunden Singen ohne Ermüdung durch. Das macht mich glücklich, geduldig und ausgeglichen.

Leider erfährt die gute Stimmung einen Dämpfer, als wir aus England die Hiobsbotschaft über die schwere Erkrankung von J.s Bruder bekommen. Ähnliches hatten wir befürchtet. Und nun bestätigen sich alle Sorgen. Wieder das Damoklesschwert Krebs, das zum zweiten Mal die engste Familie betrifft. J. ist dementsprechend verstört und in sich gekehrt, aber alles muss weitergehen wie geplant. Im Augenblick ist nichts anderes zu tun.

Das Treffen mit Tobias findet statt. Wir sind heute Abend in seiner schönen Wohnung, die zum Verkauf steht, weil er ganz nach England übersiedeln will und ein Haus in London gekauft hat, der Glückliche. Er ist erkältet, rotnasig, verschnupft. Wir sitzen in seinem blauen Wohnzimmer. Die Katze Winnie ist mitgekommen und inspiziert neugierig und gut gelaunt die Wohnung. Nebenan der Arbeitsraum strahlt peinliche Ordnung aus. Überall sind wunderschöne Stillleben entstanden, wohlbeleuchtet und gekonnt arrangiert. Mir gefallen am besten die alten Kostümteile, die teils gerahmt an den Wänden hängen, teils unter der hohen Stuckdecke zu schweben scheinen. Eine seidene Weste aus dem 18. Jahrhundert, auf dem Flohmarkt erstanden, ist mein Liebling. In der Diele vor pompejanisch rot gestrichener Wand steht eine herrliche Empire-Kommode, die meinen Blick immer wieder fesselt.

Wir trinken Wein und reden über Details von «Midsummer Night's Dream», die Requisiten und szenische Abläufe betreffen. Tobias richtet einen kleinen Imbiss her. Im Laufe des Abends stößt noch eine Freundin von ihm zu uns, auch eine Bühnen- und Kostümbildnerin, die Assistentin von Professor Rupprecht an der TU ist. An den erinnere ich mich gut. Er zeigte damals Interesse, mit mir in Innsbruck die «Lulu» zu machen, er war zauberhaft, kam mit Plänen und Ideen und ließ dann nie mehr von sich hören …

Fast alle ausstehenden Fragen zum «Midsummer Night's Dream» sind jetzt geklärt. Am 25. Februar um 16 Uhr wird meine erste Probe anfangen. Ein Schmetterling flattert durch meinen Magen, und ich muss tief durchatmen, wenn ich daran denke. Aber das kenne ich ja nun schon, dieses dem Lampenfieber ähnliche Gefühl. Nur ist es irgendwie freudig getönt, gepaart mit der Lust am Abenteuer. Eine Herausforderung annehmen, sie möglichst bewältigen, das ist eine spannende Triebfeder. Natürlich auch beim Singen, aber auf ganz andere Weise, denn da bin ich so total allein mit meinen Ängsten, während beim Inszenieren Ansprechpartner und vielfältige Lösungen vorhanden sind.

Wir entschließen uns spontan, nach Beendigung der Aufnahmen nicht gleich nach Hause zu fahren, sondern einen Umweg über Frankfurt zu machen und in den «Midsummer Night's Dream» zu gehen. Thomas Langhoffs Produktion von 1989 hat Wiederaufnahmepremiere: eine willkommene Gelegenheit, die Oper einmal auf der Bühne zu sehen. Ich bin mir inzwischen in meiner inneren Vorstellung vom Ablauf des Stücks sehr sicher und glaube nicht, dass ich mich verunsichern lassen werde. Man kann immer nur dazulernen, und ein so guter Regisseur wie Langhoff wird sicher eine großartige Personenregie vorführen.

*

13.2.1993 – Am gestrigen Tag bin ich mit den Aufnahmen fertig geworden; der Reservetag wird nicht benötigt, und wir starten mittags in Richtung Frankfurt. Die Aufführung, die wir dann zu sehen bekommen, ist äußerst anregend, wir folgen aufmerksam und gespannt. Unsere Ideen erfahren ihre Bestätigung. Vieles, nein, alles wird bei uns zwar ganz anders sein, aber es liegt auf derselben Linie. Hier ist alles auf den äußerst vitalen, ausdrucksstarken Puck, gespielt von Miroslav Nemec, abgestimmt, dadurch geraten Tytania und Oberon ein wenig ins Hintertreffen. Glänzend geführt und aufgebaut sind die Handwerkerszenen. Der Höhepunkt ist das Finale, wo alles stimmig, witzig und doch gebrochen abläuft. Das Publikum geht wohlgelaunt und dankbar mit. Es ist eine ausgezeichnete Aufführung mit durchschnittlichem Sängerniveau. Herausragend nur ein polnischer Bariton, Andrzej Dobber, dem ich vor einigen Jahren den ersten Preis der Stiftung gab, die ich im Namen meines Vaters an der Münchner Musikhochschule mit dem Geld des mir verliehenen Frankfurter Musikpreises eingerichtet habe. Der Mann macht Karriere: Ab nächster Spielzeit ist er in Wien engagiert, man muss ihn im Auge behalten. Auch der Sänger des Flute ist reizend und zeigt schöne stimmliche Mittel. Sonst herrscht absolutes Mittelmaß. Ich glaube, meine Besetzung ist rollentypischer.

Auf der Heimfahrt diskutieren wir heftig, denn das in der Oper an sich schwache Finale muss konsequent überdacht und überarbeitet werden, nachdem wir es nun so gut gesehen haben. Morgens um halb 4 landen wir am Chiemsee, J. ist heute 1050 Kilometer gefahren. Winnie hat wieder prachtvoll auf meinem Schoß geschlafen. Die Begrüßung mit den anderen Katzen verläuft erstaunlich friedlich. Um 5 sind wir schließlich im Bett. Ich wundere mich manchmal, wie wir das alles durchhalten, denn die eineinhalb Tage, die wir jetzt zu Hause sind, sind vollgestopft mit Terminen. Die restliche Arbeit am «Midsummer Night's Dream» schieben wir auf – während der langen Autofahrt nach Amsterdam werden wir viel Zeit haben, und die ersten Probentage sollen auch gemäßigt anrollen. Da können wir das letzte Drittel der Oper, das auf noch recht tönernen Füßen steht, in den Griff kriegen.

*

14.2.1993 – Der Rest des Sonntags wird einigermaßen verbummelt. Ein paar Telefonate, Posterledigungen. Ich sage mich bei Elisabeth Rennert an, der es nicht gut geht. Die Witwe Günther Rennerts ist mir in den letzten Jahren zur liebevoll teilnehmenden Freundin geworden. Meine Regiearbeit interessiert sie sehr, sie steht mir mit Rat und Tat zur Seite und macht mir Mut mit unverwüstlichem Humor. Ich freue mich über jede Begegnung mit ihr. Morgen, im Anschluss an ein Treffen mit Juliane Banse, die ein neues Liederprogramm vorbereitet, an dem wir in der Hochschule zusammen arbeiten wollen, werde ich Elisabeth besuchen.

*

15.2.1993 – Ich habe Tobias ausführlich von Frankfurt berichtet und ihm dringend angeraten, sich die Vorstellung anzusehen. Sonst lässt der vollgepackte Tag keine Zeit für gründlichere Beschäftigung mit dem «Midsummer Night's Dream». Das Finale liegt mir schwer im Magen. Abends hat J. plötzlich die Idee, Tytania ganz zum Schluss einen jungen Eselsmann zu bescheren, einen bildschönen Bottom sozusagen, den sie sich erschafft, um nicht als Einzige leer auszugehen. Denn in unserer Deutung ist ja Oberon immer noch mit dem indischen Knaben beschäftigt … Der Gedanke ist überraschend. Ich muss ihn zu Ende denken. Das wäre ein Bruch, ein *not happy end*, das bei Shakespeare nicht vorgesehen ist. Und es wäre zeitgemäß, denn Happy Ends sind unmodern …

*

16.–18.2.1993 – Wieder in Paris, wieder die «Kindertotenlieder», diesmal mit Orchester, anschließend Beethovens Neunte. Seltsame Kombination, von Radio France ausgewählt. Wir sind im Théâtre des Champs Elysées mit ungewöhnlich intensiver Probenzeit. Nach der Generalprobe entschließt sich der verantwortliche Radiomensch, den Bass auszuwechseln, der ihm stimmlich nicht ausreichend scheint. Es ist wahr, er forciert. Die noch junge Stimme ist schon schwer angeschlagen, aber das hätte man eigentlich früher wissen müssen. Man fragt mich um Rat. Ich finde einen so kurzfristigen Wechsel unangebracht und würde dem Kollegen nach einem Ruhetag eine Chance geben. Auch der Dirigent, ein sportiver Tscheche, Chef der Prager Philharmonie, ist meiner Meinung. Aber Radio France entscheidet anders. Robert L., der Riesenbass mit den Riesenfüßen und den Geldzählerdaumen, wird aus London eingeflogen. Seine schwarze, nasale Bassstimme soll die schwere Phrase «Oh Freunde, nicht diese Töne» angemessen präsentieren. Am Konzertabend geschieht dann das, was kommen musste: Bob versingt die

Phrase total, kiekst entsetzlich auf dem höchsten Ton, und ich merke, wie er am liebsten in der Erde versinken möchte. Für eine Übertragung wird das nicht zu gebrauchen sein. Ironie des Schicksals, Künstlerpech. Betretene Gesichter bei Radio France.

⋆

19.2.1993 – Aus Hamburg kommt Cord Garben, mit dem ich am Wochenende in Stuttgart die Korrekturen für die Kurt-Weill-Platte aufnehmen soll. Zwei Anläufe dazu haben wir schon unternommen. Sie scheiterten jedes Mal am Zeitdruck, an mangelhafter Vorbereitung, an stilistischer Unsicherheit, an der unbequemen Stimmlage. Jetzt habe ich mir einige der Sachen transponieren lassen. Für dieses «Zwischenreich» der Musik, diese bitterernsten, ironisch gewürzten, intelligenten musikalischen Psychogramme aus den Dreißigerjahren, braucht es eine ganz besondere stimmliche Einstellung, die für eine reine «Klassikerin» wie mich schwer zu treffen ist. Hoffentlich gelingt nun dieser Versuch, denn die Plattenfirma wartet dringend auf das Material; die Platte sollte längst auf dem Markt sein.

⋆

20.2.1993 – Wir fahren nach Stuttgart und nehmen dort beim Süddeutschen Rundfunk im Studio der Villa Berg unsere restlichen Kurt-Weill-Lieder auf. Nach anfänglichen atmosphärischen und stimmlichen Schwierigkeiten – ich fühle mich müde und zerschlagen, und die Luftröhre schmerzt – schaffe ich das Pensum bis zum Abend. Alle sechs Lieder sind im Kasten.

⋆

22.2.1993 – Großer Packtag. Ich sitze vor den offenen Schränken und Koffern und überlege, was ich alles brauchen werde. Obwohl ich Kofferpacken nun wirklich gewöhnt bin, ist es jedes Mal ein überaus lästiger, ja geradezu belastender Vorgang, der mich missmutig und hilflos macht. Sechs Wochen sind eine lange Zeit. Ich muss für viele Gelegenheiten gerüstet sein. Hauptsächlich packe ich leichtes, bequemes Zeug ein, denn das stundenlange Herumspringen auf der Probebühne, das auf mich zukommt, ist schweißtreibend. Ich fühle mich da am wohlsten in Jeans, weiten T-Shirts und meinen alten Turnschuhen. Also rein damit in den gefräßigen Koffer. Ich packe auch ein paar Malsachen ein; vielleicht komme ich dazu, wenn mal ein Nachmittag frei bleibt. Bücher, Schreibzeug, meinen Teebecher. Wenigstens die persönlichen Kleinigkeiten will ich um mich haben, wenn ich wochenlang in geborgten Existenzen leben muss. Wie wird das Appartement sein, das die Amsterdamer Oper für uns gemietet hat? Es gab einige Schwierigkeiten, etwas zu finden, wo Katzen erlaubt sind. Aber Winnie und Nanna kommen mit, ich will nicht so lange von ihnen getrennt sein.

★

23.2.1993 – Ich ziehe mich für einen Abschiedsvormittag ins Atelier zurück. Endlich kann ich mir in Ruhe den wunderschönen Bildband übers Bauhaus ansehen, den uns J.s Bruder Michael zu Weihnachten geschickt hat. Wie gut er schenken kann! Alles, was von ihm kam im Lauf der Jahre, war liebevoll überlegt und obendrein noch nützlich oder einfach schön. Es rührt mich sehr, in diesem Band zu blättern und zu wissen, was Michael jetzt durchmachen muss. Die Nachrichten aus England sind hoffnungslos. Die Ärzte geben ihm noch ein Jahr. Die Hilflosigkeit vor solchen Geschehnissen macht stumpf und fatalistisch, die Schutzmechanismen arbeiten.

Am Mittag fahren wir ab im vollgestopften Wagen. Ich habe Nanna und Winnie auf dem Schoß. Winnie fällt Gott sei Dank sofort in ihren Reisetiefschlaf, während die Kleine unruhig den Wagen inspiziert, bis auch sie endlich zur Ruhe kommt. Prachtviecher.

Am Spätnachmittag Besprechung in Coburg mit dem Bühnenbildner am Modell für die «Zauberflöte» für die morgige Bauprobe. Anschließend Vorstellung der «Lustigen Weiber von Windsor». Diese nur mehr sehr selten gespielte Oper von Otto Nicolai rollt in einer derben, geradlinig sauberen Aufführung ab. Franz Hawlata, unser Bottom, singt den Falstaff. Es ist gut zu hören und zu sehen, dass er stimmlich in Form ist. Seine Bühnenpräsenz überzeugt. Nach vielem Gehampel und Chargieren bringt er zum Schluss sogar noch ein paar ernsthafte menschliche Töne über die Rampe. Von den übrigen Sängern sind die, die ich in der «Zauberflöte» haben werde, äußerst erfreulich.

*

24.2.1993 – Bauprobe um 9 Uhr 30. Sie geht schnellstens vorbei, da außer ein paar Zugstangen und schlechten Projektionen noch nichts zu sehen ist. Kurz danach sind wir auf der Autobahn. Die Fahrt nach Amsterdam verläuft reibungslos, glatter und schneller als erwartet. Punkt 18 Uhr stehen wir vor der Tür des Appartements in der Prinsengracht, das sich als unterste Etage eines alten Grachtenhauses entpuppt. Es ist wunderschön gelegen und gemütlich eingerichtet. Die Katzen toben nach der langen Fahrt erlöst durch die Wohnung, nehmen alles in Besitz und scheinen sich wohl zu fühlen. Tobias kommt noch mit einer Flasche Wein vorbei. Wir sitzen bis Mitternacht, ich gleichermaßen gespannt und erschöpft. Lampenfieber vor dem ersten Probentag.

*

25.2.1993 – Zum Brunch erwarten wir Klaus Bertisch und Julian. J. geht morgens einkaufen und richtet ein leckeres Mahl auf dem großen Tisch im Küchen-Ess-Raum her, den man, aus der kleinen Diele kommend, als Erstes betritt. Dahinter zieht sich die Wohnung wie ein langer, breiter Schlauch bis zur Rückfront des Hauses, das von einem klitzekleinen, mit hohem Holzzaun umgebenen Gärtchen begrenzt wird. Es ist warm und hell, und die Holländer wandern an den gardinenlosen Fenstern vorbei, schauen aber fast nie herein. Man fühlt sich überhaupt nicht gestört durch diese Offenherzigkeit.

Klaus bringt einen Busch schönster Tulpen mit, Julian kommt spät und atemlos angehetzt. Um 14 Uhr hat er Probe. Er schlingt Essen und Kaffee hastig hinunter und stürzt wieder davon. Ich arbeite noch eine Stunde an der Szene, die ich an diesem ersten Probennachmittag stellen will. Ein Taxi bringt uns zum Amsterdamer Filmgelände, wo die Oper das Studio 3 als Probenraum angemietet hat. Es liegt weit draußen in einer öden Vorstadtgegend. Wir fahren am Amsterdamer Gefängnis und an ungepflegten Schrebergärten vorbei, verfallene Wohnwagen säumen die Einfahrtsstraße. Alles wirkt menschenleer, verwahrlost und düster.

An Ort und Stelle begehen Tobias und ich den «Tatort». Es wimmelt wieder von Leuten. Am Bühnenbild wird noch gearbeitet, und ich sehe mit Schrecken, dass die Treppenleiter, die bei meinem Arbeitsmodell auf der Vorderseite war, hier an der linken Seite angebracht ist. Ich mache Tobias darauf aufmerksam. Er behauptet, es sie nie anders geplant gewesen, ich behaupte das Gegenteil. Das erste Missverständnis steht im Raum. Nach einigem Hin und Her einigen wir uns darauf, die Treppe parallel zur Rampe anzubringen. So kann ich all meine geplanten Gänge einhalten, aber die Sache ist nicht allzu offensichtlich als Begehungsarchitektur zu erkennen. Denn das ist der Punkt, der Tobias stört. Überhaupt wirkt er leicht verunsichert, skeptisch und reagiert defensiv auf jede Frage.

Durch den Treppenumbau verliere ich Zeit und kann erst eine halbe Stunde später anfangen, der Kinderchor, die Solisten müssen warten. Kein guter Beginn. Der Magen flattert, ich bin nervös. David, mein Assistent, ist ein bärenhafter, freundlicher Typ, was mich etwas beruhigt. Auch J. baut Nervositäten ab und macht mich auf Fehlreaktionen und Ungeschicklichkeiten im Englischen aufmerksam, die mir unterlaufen. Es ist ein schwieriger Einstieg. Als es dann endlich richtig losgeht, erweisen sich die Elfenkinder als musikalisch äußerst sicher und gut studiert. Sie sind lustig und interessiert, arbeiten konzentriert mit und bewegen sich nicht ungeschickt. David übersetzt meine kleine Begrüßungsansprache, die ich teils auf Englisch, teils auf Deutsch halte, ins Holländische. Ein junger Countertenor und zwei junge Sängerinnen sind dem Elfenchor beigegeben, was äußerst hilfreich ist. Sie vermitteln musikalische Stabilität und sind auch schauspielerisch begabt. Den Kindern können sie auch deshalb helfen, weil sie meine Anregungen und Wünsche sofort umsetzen. Die eine Sängerin, Joanne, ist besonders eifrig und spricht außerdem gut Deutsch, was den Kontakt mit den Kindern sehr erleichtert. Ich versuche, immer wieder einige aufgeschnappte holländische Wörter – z. B. «Brummfietse» – anzuwenden. Das lockert auf und bringt alle zum Lachen. Was für ein schönes Wort für Moped!

Da alle Elfen doppelt besetzt sind, arbeite ich mit zwei Gruppen von je sechzehn Kindern. Wir schaffen die Anfangsszene bis zum Auftritt des Puck. Ich erkläre den Kindern, wie sie mit der Dekoration verschmelzen müssen: Während sie zuerst den Kopf in die Arme vergraben, sollen sie ihn, wenn sie später auf der Bühne das Licht spüren, bei einem bestimmten musikalischen Thema heben und in den dunklen Zuschauerraum starren, wie aufgestört aus ihrer Elfenatmosphäre, die Blicke des Publikums körperlich spürend. Sandy (Alexander) Oliver, unser Puck, wartet geduldig, liegt in seinem Turmnest hoch oben in der Dekoration und probiert Stellungen aus. Sein Aufwachen und die ersten Worte «How now, spirits» lassen sich vielversprechend an.

Als ich merke, dass ich müde werde und an einen toten Punkt komme, ist die Probe auch schon aus. Ich fühle mich elend. Der Hals, die Luftröhre tun weh, eine Erkältung kündigt sich an. Wie gut, dass ich das als Regisseurin nicht so tragisch nehmen muss.

*

26.2.1993 – Vor dem heutigen Probenbeginn treffe ich mich mit David und erkläre ihm, was ich mit dem Stück vorhabe. Dazu war bis jetzt noch gar keine Zeit, und als Assistent muss er schließlich wissen, was auf ihn zukommt. Wir haben das Stück in fünfzehn Szenen eingeteilt, und ich gehe mit ihm durch, was in jeder Szene passieren soll und was für Requisiten und Kostümteile wir für die Proben brauchen werden. Für die Techniker und Inspizienten erstellen wir einen knappen Handlungsablauf.

Zur Nachmittagsprobe kommt Tobias. Wir drapieren die Holzteile, Bretter und Klötze auf der Spielfläche, die am Anfang das Chaos symbolisieren, das im Verlauf des Stückes geordnet wird. Die leuchtend grüne Holzdekoration, das abenteuerliche Baumhaus, das die Kinder gestern auch sofort spielerisch tobend in Besitz genommen haben, hat seine Tücken. Gut, dass sie alle Jeans tragen – fast jeder hat sich schon einen Splitter eingezogen. Es ist klar, dass sie mit dem Holz in Körperkontakt kommen werden, wenn wir das Gerüst so temperamentvoll bespielen. Im Ernstfall sind sie zudem fast nackt. Es darf keine Verletzungen geben, alle Gefahrenquellen müssen abgehobelt, abgeschliffen und behandelt werden.

Wieder vergeht der Nachmittag mit den Kindern konzentriert und lautstark. Wir stellen die ganze Bottom-Tytania-Szene. Linda Kitchen ist ideal für die kindhafte Elfenkönigin, die ich mir vorstelle; sie ist so klein wie ihre Kinderelfen. Hawlata hat keine Schwierigkeiten, sie die lange Rampe hinaufzutragen und weiter auf seinen Schultern ins «Liebesnest» im Turm des Gerüsts. Auch die Stimme ist schön. Linda wird entzückend sein, sie singt die Tytania zum ersten Mal. Hawlata ist zwar musikalisch noch recht unsicher, aber wir können sehen, dass er als Bottom genau richtig besetzt ist. Ein paar überzeugende Eselsmomente sind schon dabei. Im Übrigen kann ich mich um die Solisten erst kümmern, wenn alle Elfenszenen durchgestellt sind.

Die Kinder sind eifrig bei der Sache und setzen schnell um, was ich von ihnen verlange. Aber ich darf nicht unterschätzen, wie lange es manchmal dauert, bis sie gewisse szenische Aktionen im Griff haben. In der achten Szene, die wir heute proben, müssen die Soloelfen zwischen die Pfosten des Turmes eine Hängematte spannen, in der Tytania Bottom, den Esel, verführen wird. Es gibt wenig Musik dafür, der Ablauf muss schnell gehen. Doch die großmaschige Matte verheddert sich, die Karabinerhaken klemmen – ich merke, wie die Kinder nervös werden. Sie reagieren sensibel, sind ehrgeizig und wollen ihre Sache sofort so gut wie möglich machen. Wenn das nicht gelingt, ist es ihnen peinlich, ihre Gesten werden steif und unbeholfen. Wieder und wieder lasse ich die Hängematte entwirren. Geduldig machen sie jeden Handgriff nach – es will und will nicht klappen. Fast bin ich so weit, die Szene zu ändern und auf den Hängematteneffekt zu verzichten, da löst sich plötzlich das Problem: Sie haben kapiert, die Sache sitzt! Die Kinder strahlen und schaukeln wie wild in der Hängematte, um sich zu vergewissern, dass sie für Bottom und Tytania auch sicher gespannt ist. Und der neunjährige Wouter meint mit hochroten Backen: «Theaterspielen ist gar nicht so leicht, wie ich dachte!»

*

27.2.1993 – Meine Erkältung blüht. Ohne Gammaglobulin-Spritzen wäre es sicher eine dicke Grippe geworden. Ich huste, habe Gliederschmerzen und stopfe mich mit Aspirin und Vitaminen voll. Nach der Probe gehen wir abends in die Generalprobe von Monteverdis «Ritorno d'Ulisse», der berühmt gewordenen Inszenierung des Hausherrn Pierre Audi, die Wiederaufnahme hat. Es ist wirklich eine faszinierende Aufführung. Alles stimmt. Ein großartiges, kraftvolles Bühnenbild, ganz einfache, aber herrliche Kostüme und eine intensive, spannende Personenführung. Jeder gibt sein Bestes. Die stark symbolisierende, stilisierte Inszenierung nutzt die Riesenbühne des Amsterdamer Hauses, die bis zum Zuschauerraum vorgezogen ist, geschickt und harmonisch aus. Zu Recht ist die Generalprobe ein großer Erfolg mit Ovationen für die Mitwirkenden. Dieser Pierre scheint tatsächlich ein hochbegabter Mann zu sein, und der *lighting designer* Jean Kalman ist es auch. Kein Wunder, er hat für Peter Brook gearbeitet, wie wir dem Programmheft entnehmen.

★

28.2.1993 – Endlich Sonntag, als Ausruhtag herbeigesehnt. Trotzdem intensive Vorbereitung der nächsten Szenen. Morgen sind nochmal die Kinder dran. Ab Dienstag habe ich alle Solisten, die bisher in «Ulisse» eingespannt waren, zur Verfügung und kann chronologisch vorgehen. Vom Nachmittag bis in den tiefen Abend hinein arbeiten wir an den Szenen für übermorgen. Drei Proben mit den Liebespaaren sind angesetzt, von 10 bis 22 Uhr werde ich Helena und Demetrius, Hermia und Lysander verarzten. Jetzt, wo ich die Originaldekoration mit ihren Dimensionen täglich vor Augen habe, ist alles leichter vorstellbar, und viele Aktionen ergeben sich zwingend. Doch die Vielschichtigkeit und oft obszöne Doppeldeutigkeit des Textes bleibt schwer fasslich. Das alles den Engländern – denn das sind die meisten von der Besetzung – auf Englisch zu erklären ist keine einfache Aufgabe. J. unterzieht mich strengen Prüfungen: Ich darf mich auf keinen Fall durch Unkenntnis oder Missverständnisse blamieren.

Heute sind wir ein großes Stück vorangekommen. Knappe Charakterisierungen der Paare sind entstanden. Hermia ist eine kleine harte Nuss, die mit ihren Minderwertigkeitskomplexen kämpft und aus Eitelkeit immer unbequeme Schuhe mit viel zu hohen Absätzen trägt. Ihre Liebe zu Lysander ist echt, dafür nimmt sie viel in Kauf. Alternativen wie gehängt werden oder ins Kloster müssen sind schließlich auch keine erfreulichen Aussichten. Demetrius übertüncht sein schlechtes Gewissen Helena gegenüber – denn er hat ihr schöne Augen gemacht, bevor er sich Hermia zuwandte – mit lautstarkem, polterndem Gebaren, mimt den starken Mann und weist die verzweifelte Helena rüde von sich. Die nun ist eine echte Masochistin: Je mehr Demetrius sie kränkt, desto eifriger verfolgt sie ihn. Ja, sie verrät sogar die Flucht der Freundin Hermia in der verqueren Annahme, Demetrius würde sich ihr wenigstens aus Dankbarkeit zuwenden. Sie leidet, ist erschöpft und gedemütigt von unerwiderter Liebe. Mir tut sie furchtbar leid. Von allen Vieren ist sie mir die Liebste, weil sie von Shakespeare charakterlich am ausgeprägtesten geschildert wird. Lysander ist der schwärmerische, romantische Jüngling, so verliebt in Hermia, dass er ihre Schwächen nicht bemerkt, ein hilfsbereiter, weicher stürmisch Liebender, der sich von ihr um den Finger wickeln lässt. Dies sind erste Ansätze, die vier ein wenig zu individualisieren. Denn so pauschal «in Liebesnot» ist nichts Rechtes mit ihnen anzufangen.

★

1.3.1993, Montag – Ich beginne mit Bottom und Tytania, wir arbeiten gründlich an ihrer großen Szene. Mitten im Agieren und Korrigieren sehe ich Pierre Audi am Bühnenrand sitzen, aufgetaucht aus dem Nichts. Ich hatte sein Hereinkommen in der Rage des Gefechts gar nicht bemerkt. Die Begrüßung ist eilig, herzlich, verstohlen. Irgendwann ist er wieder verschwunden, eine seltsame Erscheinung. Auch Bertisch beehrt uns und sitzt freundlich lächelnd herum.

Die Kinder kommen im Laufe des Nachmittags hinzu. Ich ändere den ganzen Anfang. Die sechste Szene, der Auftritt mit Tytanias Arie und dem Wiegenlied, gefällt mir noch überhaupt nicht, da muss ich mir etwas einfallen lassen.

Bis spät in die Nacht hinein arbeiten wir an den Szenen der Liebespaare, die für morgen angesetzt sind.

★

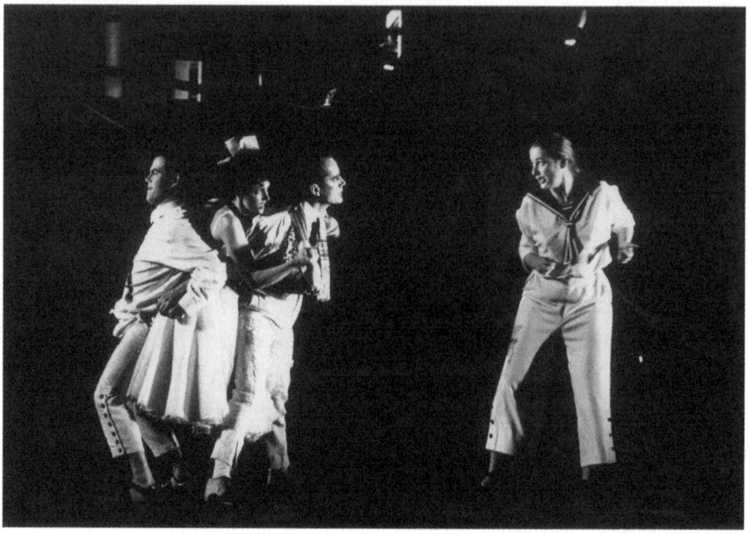

Szene mit Gerald Finley als Demetrius, Verona James als Hermia, Christopher Gillett als Lysander und Annegeer Stumphius als Helena

2.3.1993 – Drei Proben, quasi ohne Pause, sind heute zu bewältigen. Ich stehe früh auf und höre noch einmal das zu erarbeitende Pensum auf der CD an. Um 10 Uhr begrüße ich die «Paare», lerne die Solisten kennen. Ich erkläre kurz, was ich mir vorstelle, und fange gleich an, sie herumzuscheuchen. Ich bin nervös, fühle mich aber einigermaßen sicher und vorbereitet. Nach anfänglicher Scheu tauen wir alle auf und arbeiten aufeinander zu.

Verona James, die kleine drahtige Person mit dem starken walisischen Akzent, den ich nur mühsam verstehe, ist typenmäßig genau richtig für die verhuschte Hermia, wie ich mir sie vorstelle. Die Stimme klingt zwar etwas spröde, und ihre schauspielerischen Mittel scheinen mir begrenzt, aber ich habe das Gefühl, dass ich gut mit ihr arbeiten kann. Sie legt eine verklemmte, respektvolle Reaktion gegenüber der älteren, bekannten Mezzokollegin an den Tag – das wird sich hoffentlich bald legen.

Schon beim zweiten Durchlauf der Szene spüre ich Bereitschaft und Entwicklung, vor allem bei Chris Gillett, dem Lysander. Das ist ein schneller, intelligenter Kerl mit nervöser Haut. Sein Gesicht zeigt fleckige Röte; die kleinen Augen sind wach und witzig. Sein trockener Humor kommt bald zum Durchbruch. Schauspielerisch gefällt er mir sehr.

Das zweite Liebespaar, Helena und Demetrius, könnte nicht besser besetzt sein: Annegeer Stumphius, eine athletische, blonde Holländerin, besticht sofort durch eine ausgeprägte Körpersprache und eine enthusiastische, herzliche Ausstrahlung. Wir kennen uns flüchtig aus München. Sie war dort im Opernstudio und wurde dann ins Ensemble der Staatsoper übernommen, wo sie seitdem auf die große Chance wartet: eine begabte Person, die mir auf Anhieb gefällt. Bei ihrem ersten Auftritt lasse ich sie eine Leiter hinaufhasten, um den fliehenden Demetrius zu erreichen, der sich im ersten Stockwerk des Gerüsts verbarrikadiert hat. Sie hängt am Geländer und zappelt mit ihren langen Beinen, wie eine traurige Heuschrecke. Gut, dass wir für sie einen Hosenrock vorgesehen haben. Darin kann sie sich frei bewegen und ihre akrobatischen Einlagen ungezwungen ausführen. Die machen Annegeer sichtlich Spaß, während Demetrius – prachtvoll gesungen vom hübschen Gerry Finley – ein unwilliges Gesicht zieht, als sie ihm beim zweiten Fluchtversuch mit Vehemenz auf den Rücken springen muss. Das Abschütteln der lästigen Helena, der kleine Ringkampf auf dem Boden, gelingt überzeugend. Annegeers Eifer ist ansteckend. Wir lachen viel und geraten ins Schwitzen.

Der schöne Michael Chance, der den Oberon singt, taucht auf und wartet geduldig auf seinen szenischen Einsatz. So geht es angespannt durch den Tag mit viel heißem Tee und zu viel Kohlehydraten. Die Nerven flattern. Am Abend kommen noch die Kinder dazu. Ich bin zu müde, um sie zu drillen, und will das am Freitag nachholen. Ich müsste mich auch mehr um Puck kümmern. Aber der mimosenhafte Sandy Oliver macht sowieso alles von alleine, probiert sich und seine Wirkungen aus, stellt tausend Versionen zur Diskussion und rückt sich erklärend und argumentierend geschickt in den Mittelpunkt, wenn er an der Reihe ist. Die Zeit wird kommen, wo ich ihm mehr Aufmerksamkeit widmen kann. Vorläufig lasse ich ihn alleine wursteln und beobachte seine Stärken und Schwächen …

Abends beim Nach-Hause-Kommen bin ich zu erschöpft, um mich für morgen vorzubereiten. Ich stopfe mir irgendetwas Leckeres, von J. schnell Zubereitetes in den Magen und falle ins Bett. Morgen sind zum ersten Mal die Handwerker dran.

*

3.3.1993 – Die Handwerker sind entzückend, und bis auf Thompson und Hawlata sind sie alle Holländer. Man hört, dass die holländischen Kollegen im eigenen Land – oder zumindest an diesem Haus – nicht sehr geschätzt sind. Für «Ulisse» und meine Produktion trifft das zu, es sind hier überwiegend Engländer tätig. Aber wenigstens die kleinen Charakterrollen, die sogenannten Comprimarii, hat man Holländern anvertraut.

Als Typen sind sie vollkommen stimmig und passen genau zu ihren Rollen, gestandene Kerle mit sensiblen Gesichtern. Es stellt sich schnell heraus, dass ihnen Deutsch als Probensprache lieber ist als Englisch. Das ist für diese schweren Szenen und die subtilen Erklärungen, die ich geben muss, eine große Erleichterung. Adrian Thompson, der Flute, ist scheu mit dem Deutschen, aber er versteht es besser, als er es spricht. Im Übrigen ist er ein Traum: ein untersetzter, dicklich muskulöser Körper mit einem freundlichen Kindergesicht, liebenswürdig und stimmlich ausgezeichnet. Er wirkt so weich und federnd wie die merkwürdigen Gesundheitsschuhe, die wir von jetzt an täglich bei ihm sehen werden. («Den braucht man nicht zu inszenieren, den muss man lassen, wie er ist!», hätte Günther Rennert über so jemanden gesagt.)

Die Probe geht gut. Nachmittags kommt ein Videoteam mit Klaus Bertisch. Es gibt wieder zu viele Zuschauer, ich werde plötzlich nervös und unsicher. Beim zweiten Durchgang der Szene ist es dann besser. Die Ideen wachsen. Da ist das Fernsehen natürlich weg.

In der Pause befragt man mich vor der Videokamera: Für das *education*-Programm soll ich kurz die Funktion eines Regisseurs umreißen. Wie kann man das in zwei Worten schildern? Für die gesamte Probenzeit hat der Regisseur die volle Verantwortung für die Produktion und das letzte Wort in jeder Entscheidung. Er wird rund um die Uhr mit tausend Fragen und wichtigen oder unwichtigen Problemen konfrontiert. Nicht nur, dass hinter der Stirn pausenlos der Film des Geschehens auf der Bühne abläuft und die kreative Phantasie nicht einen Moment zur Ruhe kommt – der Regisseur ist auch die Anlaufstelle für sämtliche Beteiligte an der Produktion, die von ihm Klärendes, Aufmunterndes, Ordnendes, Verständnisvolles, kurzum alles erwarten.

Die Sänger schütten ihr Herz aus – in der angespannten Probenzeit sind sie sehr oft von Angst und Zweifel geplagt: Machen sie zu viel, zu wenig aus der Partie? Wird das Kostüm ihnen stehen, wird es bequem sein? Wochenlang von zu Hause fort, nagt das Heimweh an ihnen – ein verlängertes Wochenende wär eine feine Sache! Kann man nicht die Montagsprobe ändern oder sogar ausfallen lassen? «Frau M. hat sich krank gemeldet», lässt das Betriebsbüro wissen, eine sofortige Umstellung des Probenplans für die kommenden Tage ist die Folge. Der Requisiteur will wissen, ob die in Auftrag gegebene Blume in Farbe und Form den Vorstellungen von Bühnenbildner und Regisseur entspricht. Ein Rucksack und drei Taschen müssen noch ausgesucht werden, und er weiß nicht, ob er die bestellte Hängematte bis Ende der Woche bekommt … Die Technik muss angewiesen werden, endlich die Stufenbreite der Leitern zu korrigieren, die Sänger beschweren sich. Die Tontechnik fragt an, wann wir die Soundeffekte für die Vogelstimmen und das Windesrauschen abhören können. Der Assistent will wissen, wie viel Statisterie benötigt wird, und aus der Schneiderei kommt die Meldung, die Herrenkostüme seien zur Ansicht bereit. In der Maskenbildnerei wartet man auf die Entscheidung wegen Bottoms Eselsmähne, man wolle mit dem Knüpfen beginnen, und der Möbler möchte noch wissen, ob alle Stühle für die Schlussszene mit dem gleichen Stoff bezogen sein müssen. Das alles kann sich in der Pause abspielen, wenn ich nicht vor der Videokamera sitzen und die Pflichten eines Regisseurs erklären muss …

⋆

4.3.1993 – Das erste Mal, dass ich mit meiner Tagesleistung zufrieden bin. Nachdem wir morgens – wie immer unausgeschlafen und mit Vitamincocktails aufgeputscht – die sauschwere neunte Szene, das große Streitquartett der Liebespaare, durchgearbeitet und den Text zu entschlüsseln versucht haben, ergeben sich bei der Probe die Stellungen wieder ziemlich reibungslos und logisch. Es gelingt uns sogar schon ab und zu, ins Detail zu gehen. Nach der Pause geraten alle ins Schwitzen, was immer ein gutes Zeichen ist, sind bester Laune und arbeiten überzeugt mit. Beim Erklären der Situation bin ich so nervös, dass ich manchmal den Faden verliere. Ich bin froh, dass die Kollegen mich nicht festnageln und mir sicher manchen Schnitzer durchgehen lassen. Umso mehr bemühen sie sich, ihre Phantasie zu mobilisieren und die Choreographie mit dem verlangten Ausdruck zu füllen.

Nach der Probe bin ich wie aus dem Wasser gezogen, aber glücklich, diesen Vormittag mit J.s Hilfe mit Anstand überstanden zu haben. Nach kurzem Wegtauchen in einen halbstündigen Mittagsschlaf, der mir aus Erschöpfung möglich ist, geht es weiter mit dem Kinderchor. Ich bastele wieder an der ersten und der sechsten Szene herum. David, mein Assistent, hält eine Ansprache, in der ich um Geduld bitte und die Arbeit mit der eines Malers vergleiche, der an seinem Gemälde etwas ändern oder sogar verwerfen muss, bis er langsam zu dem Ergebnis kommt, das er sich vorstellt. Die Kinder scheinen das Gleichnis zu begreifen. Schließlich kommen sie ja auch aus dem Lande Rembrandts, dem Land der großen Maler. Sie arbeiten wunderbar mit. Ich liebe sie. Zu einigen entsteht schon ein persönlicher Kontakt. Der Bonboneimer, der auf dem Regiepult steht und von Anfang an großen Anklang gefunden hat, wird kräftig frequentiert, leider auch von mir.

*

5.3.1993 – Vormittags die beiden Handwerkerszenen. Vieles ist vergessen, weil es vor ein paar Tagen so schnell ging, doch David hat alles mitgeschrieben. Wir rekonstruieren oder erfinden neu. Zwischen Hawlata und Adrian Thompson entwickelt sich eine reizend zu beobachtende Freundschaft. Hawlata bewundert Adrian maßlos, er schaut ihm vieles ab, wird subtiler und lernt von ihm.

Der Hund für die letzte Szene kommt sich vorstellen: ein Terriermischling namens Wilson. Nachmittags wieder die *kinderen*, die in ihren Probenmützen aus dem Fundus so grotesk und witzig aussehen, dass ich sie am liebsten so lassen würde. Aber das ist ja immer so: Probenkostüme sind oft stimmiger und inspirierender als das, was dann im Endeffekt auf der Bühne erscheinen wird.

Konzentrierte Arbeit mit den erwachsenen Elfen: Oberon, Tytania, Puck. Zuerst proben wir Oberons Arie «Welcome wanderer». Ich nehme alle großen Operngesten weg und versuche, ganz verinnerlicht auf den Text einzugehen. Ich will eine starke, fast erotische Beziehung von Puck zu Oberon, eine unerfüllte Sehnsucht, aus der viel von Pucks teuflischem Schabernack erwächst: kleine Rachefeldzüge einer verletzten Seele. Sandy kommt das sehr entgegen.

Michael-Oberons seltsam steife, ausdruckslose Hände beleben sich allmählich. Sandy schiebt seinen Glatzkopf in Oberons Hand, genießt die Berührung. Die magische Blume, die Puck für seinen Herrn gefunden hat und in atemloser Eile bringt, wird für beide zum Vehikel geheimer Wünsche. Das machen beide körperlich wunderbar klar. Sie sind einverstanden mit dem Weg durch diese Arie und können es mühelos spielen.

Dann machen wir uns an Tytanias Aufwachszene, und es passiert, dass Sandy – hinter der Leiter postiert – Tytania durch die Sprossen einen Schubs gibt, als sie heruntersteigt. Sie fällt in Oberons Arme, der sie verdutzt auffängt. David Prins lacht, dass ihm die Tränen herunterlaufen. Sandys spontane Geste, als Probenwitz gemeint, gefällt mir so, dass ich sie behalten möchte. Wir diskutieren ernsthaft und probieren wieder und wieder, wie es sich dezenter ausführen ließe. Schließlich lassen wir es weg …

Eine Vertreterin der Öffentlichkeitsarbeit kommt und bespricht mit J. die zu erwartenden Interviews. Die BBC hat sich angemeldet, Fernseh- und Zeitungsinterviews sollen ebenfalls stattfinden. Alles lästig, aber «Klappern» gehört zum Handwerk. Ich werde das wieder brav und im Interesse der Sache über mich ergehen lassen.

*

Sonntag, 7.3.1993 – Ich bin zu müde zum längeren Schreiben. Täglich neun Stunden intensivster Probenarbeit machen sich bemerkbar. Gestern großartiger Vormittag, Durchlauf des ersten Aktes. Viele Komplimente, sozusagen volles Haus. Alles klappt reibungslos. Die Auftritte und Abgänge sind harmonisch und proportioniert. Viele

Details sind schon da, alles kündigt sich an. Als Bottom Tytania auf seinen Schultern in wahrhaft schwindelnde Höhe ins Liebesnest trägt, herrscht atemlose Stille.

Rührend die Liebespaare, die echte Charaktere bekommen haben. Im Team ist eine gute, positive Stimmung. J. fährt danach zum Flughafen und fliegt nach London, ich gehe alleine nach Haus und schlafe wie ein Ratz in den Spätnachmittag hinein. Danach bügeln und fernsehen. Erster längerer Ausflug der Katzen. Winnie treibt sich auf Nachbardächern herum, die Kleine bleibt kläglich miauend im Garten sitzen.

Den heutigen Sonntag habe ich halb verbummelt. In eineinhalb Stunden zum Anne-Frank-Haus gelaufen, dort wartete aber eine so lange Menschenschlange am Einlass, dass ich wieder umkehrte. Zu Hause etwas gearbeitet. Um 10 Uhr abends J. traurig und deprimiert aus London zurück.

⋆

Montag, 8.3.1993 – Wir stellen das Finale der Handwerker, das tragikomische Spiel von Pyramus und Thisbe, eine der berühmtesten Szenen der Lustspielliteratur und darum so schwer zu realisieren, weil die Publikumserwartungen so immens sind.

Es dauert eine Weile, bis das Bretterpodium über den Fässern fertig gebaut ist. Das lässt uns Zeit, uns um den recht verängstigten Hund Wilson zu kümmern, der in dieser Szene an der Reihe ist. Alle Anwesenden schäkern mit ihm, aber er ist so schüchtern und so stur, dass er nicht einmal die kleine Treppe zur Spielfläche hinaufgehen kann. Meister Moon zerrt an ihm herum, bis das arme Tier sich vor Angst hinter dem Podium verkriecht. Im Verlauf der Probe lacht man herzlich über Adrians Flute. Wenn der so lustig bleibt, wär's wunderbar.

Nachmittags gehen wir noch die elfte Szene an, in der Puck die Liebespaare in einen Zauberschlaf versenkt und in die rechte Zusammengehörigkeit bringt. Von dem Platz, wo sie zusammensinken, müssen sie zu einer kleinen Schräge am Bühnenrand gebracht werden. Ursprünglich sollten das die Elfen machen, aber die vier Sänger zu tragen ist für die Kinder zu schwer. Also haben wir Statisterie angefordert. Es erscheinen zwei skurrile schwule alte Tänzer, die die Gunst der Stunde nutzen und mit jedem Schritt und jeder Geste den sterbenden Schwan durchleben. Vimper und Merritt, wie die beiden heißen, sind von unermüdlicher Freundlichkeit und Tragebereitschaft. Sie schleppen die Liebespaare hin und her, bis wir einen sicheren und magischen Ablauf der Szene erreicht haben, bis ich ihnen das übertrieben tänzerische Getue und Huschen ein wenig ausgetrieben habe. In ihren dicken Trainingshosen und malerischen Stirnbändern schwitzen sie gehörig, drehen aber immer wieder mal zur allgemeinen Erbauung eine ihrer grotesken Pirouetten.

Klaus Bertisch, der bei uns vorbeigeschaut hat, fände es zwar besser, wenn die Solisten, von Puck geführt, selbst auf die Schräge tippeln würden. Aber ich belasse es bei meiner Lösung. Sandy stimmt mir bei. Es bleibt bei Vimper und Merritt. Die beiden werden uns von nun an viel Freude bereiten.

*

9.3.1993 – Keine besonderen Vorkommnisse, ordentlicher Probentag, Pensum geschafft. Etwas uninspiriert. Das Stück der Handwerker läuft durch, mit Hippolyta, Theseus und den Liebespaaren. Wir lachen Tränen. Beim zweiten Mal gähnende Stille. Nichts ist mehr komisch. Dann Essengehen mit Tobias. Er klagt über Indifferenz und Sturheit in den Werkstätten.

Aus lauter Lufthunger machen wir einen Abendspaziergang durch die Gracht. Meine voyeuristische Neugier wird befriedigt durch Einblicke in all die hellen, anheimelnden Fenster. Dahinter hohe Räume mit Balkendecken, schönen Lampen, überwiegend geschmackvoll eingerichtet. Seltsam, wie man sich an diese Einsehbarkeit gewöhnt. Sind die Vorhänge zugezogen, ist es so, als hätte jemand etwas zu verbergen.

*

Mittwoch, 10.3.1993 – Ein Tag, der von morgens bis abends durchgeht ohne Pause. Ich stelle das Finale, das mir aber gar nicht gefällt. Da muss mir noch etwas Entscheidendes einfallen. Von der Entscheidung eines Eselsmannes für Tytania sind wir längst abgekommen, es bleibt gar keine Zeit, ihn plausibel auftreten zu lassen. Die Harmonie zwischen Tytania und Oberon ist am Ende – auch musikalisch – so groß, dass diese Verstörung nicht mehr dazu passt. Ich bin nicht traurig darüber. Diese verkleckernde Schlussszene ist der Schwachpunkt der Oper, obwohl ich die Musik als sehr suggestiv empfinde. Auch bei Linda Kitchen und Michael Chance merke ich Unsicherheit. Sie fühlen sich nicht wohl bei ihrem Abschiedsgang die Rampe hinauf.

Der hektische Tag klingt vor dem Fernseher aus, aber ich bin viel zu müde, um zu folgen. Ich bin deprimiert und verunsichert, der «Arbeitseros» blüht nicht so wie sonst. Das hält J. mir vor. Ich bin traurig darüber, kann es aber nicht erzwingen.

*

Donnerstag, 11.3.1993 – Durchlauf des zweiten Aktes, der viel schwerer ist als der erste. Weil die Konzentration nach der Pause sowieso gewöhnlich absinkt, müsste es zu einer großen Steigerung kommen. Das ist mit den langen lyrischen Szenen kaum zu erreichen. Jedenfalls macht der nun endlich chronologische Ablauf klar, wie viel noch getan werden muss. Wir haben wieder viel Publikum. Das Spiel der Handwerker am Schluss läuft grob und unpräzise ab, trotzdem wird gelacht. Ich weiß, wo ich einhaken muss und wo die Schwachpunkte liegen. Dafür sind diese frühen Durchläufe ausgezeichnet.

Seit meiner ersten Inszenierung arbeite ich nach dieser Methode: Ich stelle das Stück in groben Zügen durch und komme innerhalb von zwei Wochen zum ersten gründlichen Durchlauf. Dabei kann ich dann feststellen, ob das, was ich im Kopf erarbeitet habe, auf der Bühne standhält. Bis jetzt bewährt sich diese Arbeitsweise erstaunlich gut. Die Sänger wissen, was auf sie zukommt, bekommen einen Überblick über die Ökonomie ihrer Partien; ich habe Zeit, über Schwachstellen nachzudenken; und die Phantasie jedes Mitwirkenden hat Zeit und Spielraum, sich zu entwickeln. Die Sänger sind dankbar für diesen Ablauf – eine manchmal einsetzende zu große Sicherheit wird schnell wieder abgebaut, Leerlauf ist selten eine Gefahr. Ich weiß, dass dieses Vorgehen den heutigen Tendenzen des genialischen Regietheaters zuwiderläuft. Die «Jungen» wie Audi oder die zum Musiktheater abdriftenden Schauspielregisseure arbeiten auf gänzlich andere Weise. Da wird stundenlang geredet, intellektualisiert, sich an die Materie herangetastet. Da wird das Konzept in wochenlanger Probenzeit Schritt für Schritt entwickelt und wieder verworfen. Es kann passieren, dass bei der Generalprobe noch niemand weiß, was im Finale geschehen soll ... Das ist für mich unvorstellbar. Ich muss wissen, wo's langgeht – so schnell wie möglich. Dann kommt die Versenkung ins Detail. Alles andere langweilt mich.

Abends sind wir mit Julian, Peter und Tobias in dem tollen Restaurant, auf das wir uns schon so gefreut haben. Ich trinke zu viel und fühle mich dadurch sehr relaxt. Das Essen ist herrlich. Von Peter de Caluwe höre ich Zustimmendes, und wie positiv im Haus über unsere Produktion gesprochen würde. Das richtet mich ein bisschen auf. Obwohl es spät wird, analysieren wir zu Hause noch Szene für Szene. Ich nehme mir vor, gleich morgen Tytanias Aufwachszene entscheidend zu ändern, sie hat zu wenig Atmosphäre.

Seit Tagen ist an Schlaf nicht zu denken. Nanna, die kleine Edelkatze, ist zum ersten Mal rollig und schreit zum Gotterbarmen durch die Nacht. Manchmal kommt sie, kuschelt sich in meinen Arm und schläft vor Erschöpfung eine halbe Stunde ein. Wenn mir das endlich auch gelingen will, ist sie schon wieder auf und davon und hält uns wach mit ihren gurrenden, kreischenden Rufen nach dem ersehnten Katervieh.

⋆

Freitag, 12.3.1993 – Aufgewacht mit grässlichem Hangover. Am liebsten würde ich die Probe absagen. Dann geht sie aber viel besser als erwartet. Ich habe Puck, Oberon und Tytania vormittags allein zur Verfügung, wir arbeiten intensiv und ohne Druck an den Soloszenen. Ich merke, wie Michael Chance Zutrauen gewinnt. Er ist konzentriert bei der Sache, er fängt an, mich ernst zu nehmen. Vor ihm fühle ich mich immer noch ein bisschen unsicher, besser gesagt habe ich den meisten Respekt vor ihm. Er ist groß, gutgewachsen, hochintelligent, ein schöner Mann! Nach seinem Oxfordstudium war er ein hohes Tier in der reichen Finanzwelt Londons und kam relativ spät zum Singen. Für meine Ohren hat er die schönste Countertenorstimme, die es im Augenblick gibt, viel größer und männlicher als die Stimme des zur Zeit umjubelten Jochen Kowalski. Zudem ist sie robust – er schont sich stimmlich nie bei den Proben und zeigt keine Spur von Empfindlichkeiten, was bei dieser doch unnatürlichen Stimmlage die Regel ist.

Ein unvergesslicher Moment ist sein erster Auftritt im Beisein aller 32 Kinder, die meisten davon sind im albernsten Alter und waren sicher noch nie mit einem Countertenor konfrontiert: Als er anfängt zu singen, kommt ein großes Staunen in die Gesichter, und ein paar Münder klappen auf. Aber es wird weder gelacht noch gekichert. Blendender Einstand für Michael!

Wir haben einen neuen Hund erbeten. Der ängstliche Wilson erwies sich als völlig bühnenuntauglich. Drei kreuzfidele, temperamentvolle Terriermischlinge werden also von dem Hundefängertypen angeschleppt, der Tiere für die Oper beschafft. Stolz erzählt er immer wieder, dass er sogar einen Bären habe und ein Kamel! Der Bär hat in «La Bohème» mitgemacht und war die Attraktion des zweiten Aktes. Wir entscheiden uns für den hässlichsten und pfiffigsten der drei Hunde, aber er reagiert bei seinem Auftritt in der Moon-Szene genauso verschreckt und unglücklich wie sein Vorgänger. Schuld ist also eindeutig der Sänger, der ihn mit sich zieht. Er ist so verkrampft und in Panik, stampft so auf den Boden und fuchtelt mit seinen Requisiten, dass er den kleinen Hund ganz verrückt macht. Zudem verpatzt er jeden Auftritt und bemüht sich krampfhaft um Komik. Es will ihm nichts gelingen, ein Timing ist nicht vorhanden. Da ist eine harte Nuss zu knacken.

Die Probe endet um 14 Uhr. In der Oper ist ein Schminktermin für die Kinder angesetzt, wo den Eltern der Vorgang des Körperschminkens vorgeführt wird. Die Verwandlung der lustigen Amsterdamer Buben in geheimnisvolle Naturwesen gelingt verblüffend. Der Schminkmeister sprayt gelbe, grüne und blaue Farbe vorsichtig auf die bleichen Bubenkörper. Eindrucksvolle, undefinierbare Gestalten entstehen. Das Weiß der Augen leuchtet aus den dunklen Gesichtern. Ich kann mir jetzt die Anfangsszene sehr gut vorstellen, wie sie zurückstarren, wenn sie die Blicke des Publi-

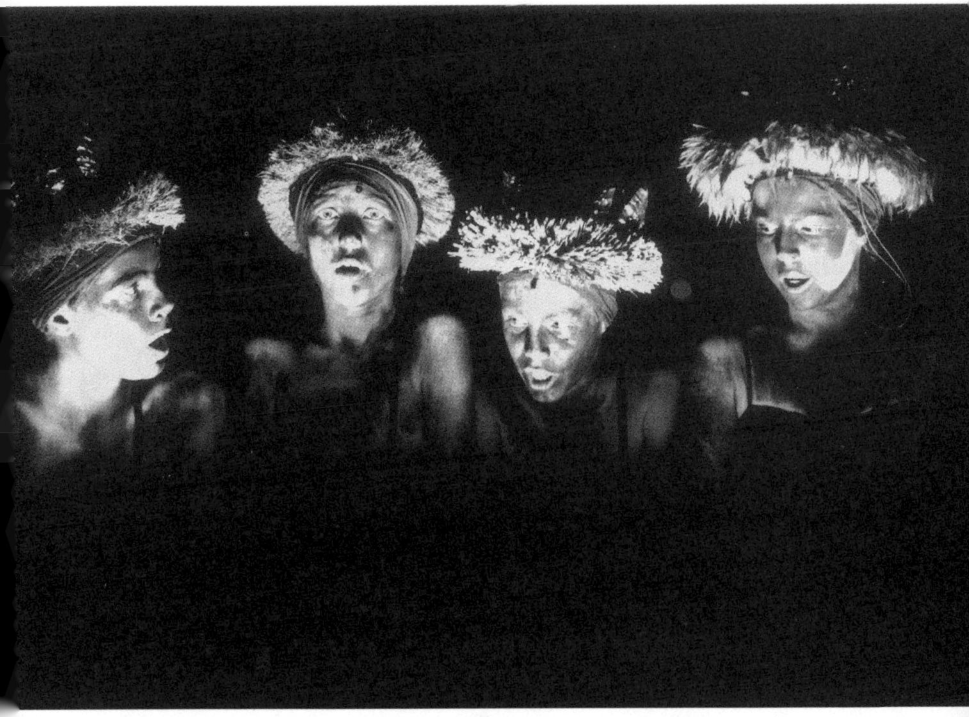

Die vier Soloelfen

kums auf sich spüren, wie sie sich aus der Dekoration, mit der sie verschmolzen waren, lösen und wie erwachend das Spiel beginnen. Der magische Eindruck, der mir vorschwebt, müsste zu erreichen sein.

*

Samstag, 13.3.1993 – Keine besonderen Vorkommnisse. Relaxter Vormittag. Zwei Jungs für den indischen Knaben stellen sich vor. Wir arbeiten das Anfangsduett durch: Der Streit zwischen Oberon und Tytania um den indischen Knaben erreicht seinen Höhepunkt. Dem einen Jungen muss ich die Ballettschritte abgewöhnen, dem anderen die affenartigen Bewegungen. Der Vierzehnjährige – ein Indonesier – spricht mit tiefer Männerstimme und hat eine äußerst exzentrische Zopffrisur. Die werden wir ihm natürlich lassen. Beide sind anstellig und aufmerksam bei der Sache.

Sandy überrede ich, endlich an einem Fuß einen kräftigen Stiefel zu tragen, während der andere barfuß bleibt. Das hat Tobias sich für Puck ausgedacht, um das Teuflische, Bocksfüßige aufzuzeigen. Für Sandy ist es besonders geeignet, um ihn von seinen allzu vielen tänzerischen Posen abzubringen, die er sich zugelegt hat. Bis jetzt hat er den Stiefel verweigert, heute probiert er ihn an und ist über diese Farbe, die er seinem noch sehr tastenden, suchenden Puck hinzufügen kann, sehr erfreut.

Die Arbeit mit Sandy ist eine faszinierende Angelegenheit. Obwohl in Schauspielinszenierungen vom «Midsummer Night's Dream» ein ältlicher, dicklicher Puck nichts Ungewöhnliches mehr ist, ist das für die Oper eine neue Sichtweise. Britten war besessen von *boys* und hat diese Partie für einen pubertären Knaben konzipiert … Sandy ist meiner Schätzung nach Mitte Fünfzig, die Stimme nicht mehr die frischeste. Vor zwanzig Jahren soll er nach einer Schlankheitskur ein sehr guter Nemorino in Donizettis «Liebestrank» gewesen sein. Tempi passati … Seit Jahren ist er weltbekannt als Charaktertenor. Der Puck aber ist eine reine Sprechrolle – und das macht Sandy zu schaffen. Zumal er, der gewöhnt ist, komischer Mittelpunkt des Ensembles zu sein, denn er ist witzig und geistreich, in Adrian Thompson einen ernstzunehmenden Konkurrenten bekommen hat. Dessen naive, natürliche Komik ist schwer zu überbieten, sein kindliches Lächeln unschlagbar. Sandy bemüht sich nach Kräften – ohne rechten Erfolg. Er ist eine viel zu noble, großzügige Persönlichkeit, um Adrian die Rivalität fühlen zu lassen, aber man merkt ihm manchmal an, dass er «leidet» – das Urbild des traurigen Clowns. Nur wenn ich meine Aufmerksamkeit ganz auf ihn konzentriere, blüht er auf. Er hat sich ein paar großartige, leise und eindringliche Momente erarbeitet. Sein Puck kann etwas sehr Originelles werden.

★

14.3.1993 – Wir fahren nach Oldenburg, wo ich nächstes Jahr den «Rosenkavalier» inszenieren soll, treffen uns mit Stephan Mettin, dem künftigen dortigen Intendanten, und schauen das schöne alte

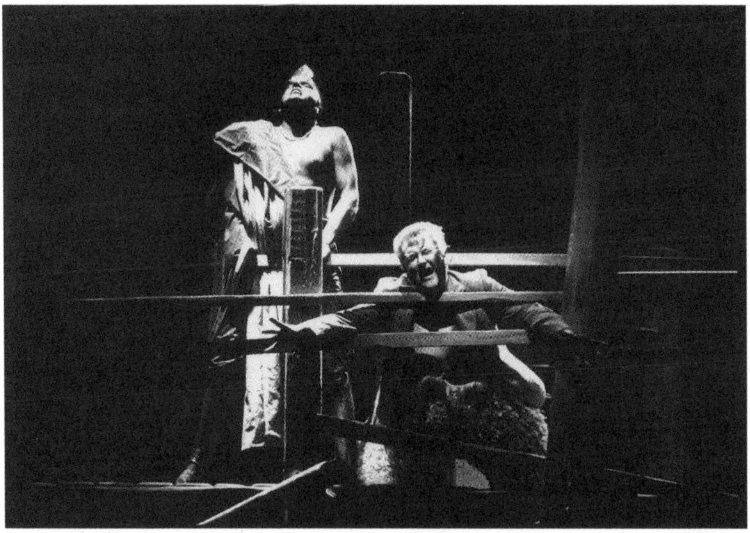

Szene mit Michael Chance als Oberon und Alexander (Sandy) Oliver als Puck

Opernhaus an. Mettin und der Bühnenbildner Tobias Dinslage sind pünktlich wie wir. Dinslage habe ich seinerzeit in Innsbruck kennengelernt. Er ist verheiratet mit Christine Schäfer, die in meiner Inszenierung dort eine glänzende Lulu war. Während Mettin noch eine Besprechung hat, sitzen wir in frühlingshafter Wärme auf einer Parkbank, beobachten Boulespieler und reden über den «Rosenkavalier». Das hübsche Hoftheater liegt anachronistisch und isoliert, allerdings mit einem scheußlichen modernen Anbau versehen, mitten im Städtchen. Alles klein und intim. Hier muss der «Rosenkavalier» zum richtigen Kammerspiel werden.

Zurück in Amsterdam finden wir nachgeschickte Post vor. Ein Brief von Harry Kupfer ist dabei. Er hat das Fernsehporträt von mir gesehen und sich über seine Erwähnung gefreut. Wie reizend, mich das wissen zu lassen. Dass er unbedingt wieder etwas mit mir machen wolle und auch an der Regisseurin B. F. interessiert sei, schreibt er. Gott gebe, dass es wahr wäre.

*

Montag, 15.3.1993 – Mettin ruft an. Er hat noch lange mit Tobias Dinslage gesprochen und meint, man sollte es mit ihm wagen. Ich bin froh darüber. Denn eine frische, unvorbelastete Phantasie, wie ich sie von Tobias D. erwarte, ist für das Stück absolut wesentlich. Bessere Referenzen als dieser Tobias kann man nicht haben: Schüler und Assistent der Herrmanns, Bühnenbildassistenz bei Peter Stein in Salzburg und Cardiff. Eigentlich müsste da ein großes Potential an Wissen, Wollen und hoffentlich auch Können vorhanden sein. Mal sehen, was kommt.

★

16.3.1993 – Keine besonderen Vorkommisse, auch gestern nicht. Probenalltag mit Stimmungstiefs. Aber alle arbeiten nach wie vor motiviert und hilfreich mit, doch ich habe ständig Angst, dass meine Arbeitsweise nicht interessant genug ist. An Minderwertigkeitskomplexen kommt eben keiner vorbei. Außerdem habe ich vor all diesen *high class* Engländern wie Michael Chance und Chris Gillett anhaltende Hemmungen mit meinem Englisch. Und über Shakespeare mit ihnen zu sprechen ist geradezu Aberwitz.

Die meiste Sorge macht mir der freundliche, aber unbegabte Lieuwe Visser, der den Starveling spielt. Er hat nach wie vor überhaupt kein Timing und bemüht sich krampfhaft, komisch zu sein, natürlich mit gegenteiligem Erfolg. Immer wieder versuche ich vorsichtig und geduldig, auf ihn einzuwirken und ihm klarzumachen, dass wenige kleine Gesten und ein leeres Gesicht genügen, um den missmutigen Starveling und den unwilligen Moon zu charakterisieren. Er nickt zustimmend. Aber alles bleibt beim Alten.

★

17.3.1993 – J. fliegt nach Hause, um nach dem Rechten zu sehen und im Büro zu arbeiten. Ich probe vormittags alle Handwerkerszenen gründlich durch. Sie laufen sicher und sogar ziemlich witzig ab. Zum ersten Mal habe ich das Gefühl, dass auch Visser allmählich anfängt zu kapieren, wo es langgeht. Ich habe ihm gesagt, er muss den Moon wie eine Gebrauchsanweisung runtersingen, als ob er mit einer lästigen Pflicht schnell fertig werden will. Das scheint er zu verstehen. Er denkt sich jedes Mal neue Faxen aus, die er dann präsentiert, und wenn ich ihn zurechtweise, macht er ein betretenes Gesicht wie ein kleiner Junge. Die Kollegen mögen ihn, er ist beliebt. Ich weiß nicht recht, ob er wirklich so unbegabt ist, wie er tut, oder mich ab und zu auf den Arm nimmt. Jedenfalls sind, Gott sei Dank, Fortschritte zu bemerken. Er war heute weniger verzappelt, sein Moon war in Panik wie immer, aber ich habe doch Hoffnung, dass es noch werden kann.

Ganz im Gegensatz zu ihm machen mir die zwei Heins, die Darsteller von Snug und Snout, große Freude. Hein-Snug, der Löwe, hat eine schöne, warme Bassstimme und eine echte blondgelockte Löwenmähne. Er ist rührend, tumb und tapsig, man hat richtig Mitleid mit ihm, obwohl er die arme Thisbe gewaltig röhrend verfolgt. Hein-Snout hat chronischen Stockschnupfen und oft den Daumen in der Nase. Das baue ich szenisch aus, was er sich verschmitzt und verständnisvoll gefallen lässt. Sein Humor ist so trocken, dass es staubt. Das kommt seiner Wall zugute, die er mit so viel sensibler Komik ausstattet, dass man nicht weiß, ob man lachen darf oder nicht. Sein Timing ist perfekt. Den Senior der Handwerker, den Meister Quince, verkörpert Jan Alofs. Dieser liebenswürdige Kollege sitzt oft still und beobachtend an der Seite, auch wenn er noch gar nicht dran ist. Er amüsiert sich sichtlich und ist in seiner wohlwollenden und herzlichen Art ein ruhender Pol – nicht nur im Stück, und nicht nur für die Handwerker! Er hat eine unnachahmliche Art, seinen Hut vom Kopf zu ziehen: eine verschnörkelte Arabeske, die er mit höchster Grandezza ausführt. Ohne seine Melone habe ich ihn nie gesehen – er scheint mit ihr verwachsen. Ein kauziger Typ und als Quince ideal.

Die Nachmittagsprobe lasse ich ausfallen, worüber alle froh sind. Überprobieren hat keinen Sinn. Dann ein Interview mit einem grässlichen, schmuddeligen, sich wichtig nehmenden Amerikaner für die BBC. Er ist so hektisch und zittrig, dass ich den Eindruck habe, er stehe unter Drogen. In seinem klapperigen Jeep nimmt er mich in die Prinsengracht mit, verfährt sich und karrt wild durch die Gegend. Ich bin froh, als ich endlich aus seinem schmutzigen Auto aussteigen kann. Dieses Interview-Blaba geht mir ziemlich auf die

Nerven. Seine Fragen waren unoriginell, banal, ich habe den üblichen Quatsch heruntergerattert.

⋆

Donnerstag, 18.3.1993 – Ruhiger Vormittag mit den Liebespaaren. Sehr froh bin ich über die Entwicklung, die Veronas Hermia nimmt. Sie hat sich total verändert und mich verstanden, zeichnet genau den Charakter, den ich mir vorstelle: launisch kokett, starken Stimmungen unterworfen, in ihrer Verzweiflung in der großen Streitszene geradezu mitleiderregend. Meine Sympathien haben sich eigentlich von Helena zu Hermia verlagert. Die ist mir inzwischen viel näher in ihrer Verlassenheit. Helena genießt ja ihr Leid, und ein gewisser Enthusiasmus verlässt sie nie. Annegeer Stumphius spielt das mit großem Witz und körperlichem Einsatz. Stimmlich sind die Frauen vorläufig eher blass, Tenor und Bariton, Chris und Gerry, dagegen ausgezeichnet. Chris ist ja sowieso mein Liebling.

Abends die Kinder. Der kleine Alexander hat Geburtstag, wir singen «Happy Birthday». Er sitzt mit knallrotem Kopf auf der Erde. Später bietet er besonders gute Süßigkeiten an. Das sei so üblich, wenn man Geburtstag hat.

Ich stelle das Finale neu. Ich will erreichen, dass wir aufhören, wie wir anfingen: Die Bühne dunkelt ein, die Elfenwelt verschwimmt ins Undefinierbare. Sandy stürzt bei seinem Besenabgang hart auf die Erde, das scheint seine Spezialität zu sein. In «Ulisse» ist er schon zweimal gefallen und zog sich Prellungen zu, die er stolz herzeigt. Hoffentlich bleibt es bei uns bei diesem einen Mal. Alles starrt auf den weichen, dicken Mann, der plötzlich auf der Erde liegt. Es geht glimpflich ab, er hat sich nichts getan. Aber es ärgert ihn sehr, dass einige Kinder lachen.

Abends kommt J. zurück aus München, mit viel Post und Zeitungen, wobei vieles noch auf das Fernsehporträt Bezug nimmt.

⋆

19.3.1993 – Vormittags Durchlauf des ersten Akts. Die Handwerkerszenen sind besonders gut. Sachlich, sauber, witzig, wie erwünscht und erhofft. Allmählich bekommt es die Stimmung und Natürlichkeit, die ich anstrebe. Auch Visser spurt, wird sparsamer und fängt an, seine verkrampften, relativ unbegabten Bemühungen beiseitezulassen.

Dann das von allen offensichtlich sehr erwartete gemeinsame Essengehen zum Chinesen. Der kocht auch lecker auf, nur dauert alles zu lange, und wir müssen die Nachmittagsprobe später anfangen lassen. Die Stimmung ist prächtig, die Männer lassen das Bier in Strömen fließen, alle verstehen sich und sind anscheinend äußerst zufrieden. Eine gelungene Einladung. Danach verläuft der zweite Teil der Probe sehr erfreulich, ja geradezu spannend. Kein Nachlassen der Atmosphäre. Im Gegenteil, alle steigen voll ein. Sogar das Handwerkerstück am Schluss bringt uns mal wieder zum Lachen. Der tote Punkt scheint überwunden. Hawlata findet allmählich ins Timing für den Pyramus, obwohl der noch lange nicht so gut sitzt wie sein Esel.

Die Amsterdamerfahrung scheint mir für Franz Hawlata äußerst wichtig zu sein. Dieser junge Sänger, mit einer prachtvollen Bassstimme und großem Spieltalent begabt, hätte das Zeug zu einer internationalen Karriere. Leider steht er sich selbst ein wenig im Weg dabei. Dass er hier ziemlich unvorbereitet zu den Proben erschien, war ihm sehr peinlich, als er merkte, welch hohes Niveau ihn umgab. Er hat mächtig aufgeholt, ist aber immer noch nicht hundertprozentig sicher. Seine Partie ist lang und schwer – er hat sie offensichtlich unterschätzt. In jeder freien Minute hockt er in der Kantine, was für mich sehr suspekt ist. Da wird geraucht, getrunken – und gemeckert. «Kantinenmentalität» ist die Mentalität der Unzufriedenen, der Gerüchtemacher. Ich habe mich immer ferngehalten aus dieser Atmosphäre – und hoffe, Franz lernt das auch noch.

Wir besuchen Anna B., die Aufnahmeleiterin von «Philips», von der Julian behauptet, sie sei schuld an meiner Verpflichtung hier. Anna scheint hochgradig neurotisch, haust in einer düsteren Wohnung, bewirtet uns zwischen hörbarer Atemnot und eingestandener Krebsangst mit gutem französischen Rotwein und erzählt eindringlich von St. Petersburg, wo sie anscheinend als Schutzengel der Kirow-Oper fungiert. Sie spielt uns eine Aufnahme mit russischen Chören von Rachmaninow vor, die atemberaubend sind. Musik zum Eintauchen in andere Sphären, mir bis dato völlig unbekannt.

Süchtig machend. Nach Mitternacht verabschieden wir uns. Ich mag Anna, apart und leicht exzentrisch, eine Außenseiterin.

*

20.3.1993 – Wieder Durchlauf des ganzen Stückes. Eltern, Kinder und Reporter sowie der übliche Beobachtertross sind versammelt. Ich bleibe ganz ruhig, unterbreche nicht. Der erste Teil wirkt zäh und braucht eine längere Anlaufzeit. Nach der Pause halte ich eine kleine Rede über die Schwierigkeit des Stückes: Weil der zweite Teil eigentlich keine Steigerung mehr bietet, muss die Spannung ständig auf der Höhe gehalten werden. Das gelingt dann auch außerordentlich gut, und es wird eine schöne, runde Probe. Es ist die letzte in diesem Filmstudio, das wir nun verlassen, um in Den Haag auf die Bühne zu gehen. Es war eine gute Zeit. Ich bedanke mich bei allen. Noch während wir plaudern und resümierend herumstehen, fangen die Bühnenarbeiter mit dem Abbau der Dekoration an. Draußen werden die Lastwagen mit unseren grünen Holzteilen gefüttert. Montag ist Aufbau in Den Haag.

Ich lerne Alec Treuhaft kennen, den wichtigen Mann im Hintergrund, der als Besetzungschef die Geschicke der Amsterdamer Oper nachhaltig mitbestimmt. Ich hatte mir einen älteren, grauen Managertypen vorgestellt, aber Alec ist jung und agil. Er scheint sehr angetan von der Probe und macht große Komplimente. Überhaupt breitet sich ein gutes Gefühl über die Produktion aus. Das macht mich froh, aber ich bleibe skeptisch. Es kann und wird noch viel passieren … Ich hasse Vorschusslorbeeren. Andererseits, wenn etwas jetzt schon so dicht und harmonisch wirkt wie in diesen Proben ohne Kostüm, Maske und Beleuchtung, nur in der Halle des Studios mit dem grässlichen Neonlicht, kann es doch eigentlich mit den theatermagischen, illusionistischen Zutaten der Gesamtausstattung nur gewinnen. Oder werden diese von der menschlichen Substanz, die jetzt erarbeitet ist, etwas wegnehmen? Das ist das große Fragezeichen, mit dem wir in die nächsten zwei Wochen gehen, die der Endspurt sind. In einigen Tagen wissen wir mehr.

Jetzt heißt es wieder einmal Abschied nehmen von einer gerade installierten Häuslichkeit. In der anheimelnden Grachtenwohnung war es angenehm, und wir haben die Ruhe genossen. Im Gärtchen blühen die Forsythien, und die Magnolie ist kurz vor dem Aufplatzen. Das kann nun Jürgen Flimm, der Regisseur der nächsten Produktion, genießen, der nach uns hier wohnen wird, während wir unsere Koffer packen und am Montag ins Hotel in Den Haag ziehen.

★

21.3.1993 – Frühlingsanfang. Total ruhiger Sonntag. Schreibtischarbeit, Fernsehen, abends langer Grachtenspaziergang.

★

22.3.1993 – Übersiedlung nach Den Haag. Seit Tagen habe ich starke Rückenschmerzen, was beim Bücken und Packen besonders störend ist. Ich bin ganz verschoben, kann mich kaum aufrichten. Die Beine scheinen wie falsch eingeschraubt.

Wir fahren endlos durch das nach Amsterdam hässlich und schlampig wirkende Den Haag. Das Dans Theater und das Hotel daneben liegen in einer heruntergekommenen Gegend. Man gibt uns ein kleines, muffiges Zimmer – unmöglich, da mit zwei Katzen vierzehn Tage zu hausen! Der junge, hilfsbereite Hotelmanager verhilft uns, nachdem er meine Niedergeschlagenheit merkt, zu einer sogenannten Suite. Da haben wir wenigstens eine Doppeltür, geeignet gegen Winnies lautes Greinen, wenn wir morgens weggehen. Es sind zwei Zimmer mit Kochnische. Der Tauchsieder bleibt im Koffer, und die Katzen haben wieder ein bisschen Auslauf. Die Stimmung hebt sich.

★

23.3.1993 – Erster Probenvormittag im Dans Theater. Ein schlecht gelaunter, mürrischer Tobias sitzt diskutierend mit dem Technischen Direktor im Zuschauerraum. Es gibt ein paar Pannen, die leider auf sein Konto gehen. David hatte von Anfang an darauf hingewiesen, dass Tobias wohl ein Bodentuch einplanen müsse, da die Bodenbeschaffenheit in all den zu bespielenden Häusern sehr unterschiedlich ist. Das wurde versäumt, nun haben wir den Salat. Der hässliche, helle Parkettboden schadet der Akustik und der Beleuchtung, jeder Schritt knallt grob durch die Gegend. Das grüne Gerüst sieht mickrig und verloren aus. Im Rundhorizont sind außerdem noch keine Schlitze für die Auftritte, und die rückwärtige Leiter, über die die Solisten seit drei Wochen klagen, ist noch nicht geändert. Alles wirkt improvisiert und unbewältigt. Keine Seitenabdeckungen sind da, kein Regietisch. Ich bin einigermaßen schockiert. Die Atmosphäre ist frostig. Meine Ungehaltenheit über all diese Schlampereien kann ich nicht verbergen – warum sollte ich auch? Tobias reagiert defensiv. Bald ist er verschwunden.

Für die Auslage des Bodentuches muss die gesamte Dekoration wieder abgebaut werden, was Stunden in Anspruch nehmen wird. Dadurch kommen wir mit den Beleuchtungsproben in Verzug, die heute Nachmittag beginnen sollten. Damit alles noch Nötige zu schaffen ist, muss ich, so wird in einer Besprechung vereinbart, am Donnerstag auf eine Bühnenprobe verzichten. Ich bin enttäuscht von dieser Entwicklung. Da ist von Seiten der Technik wohl einiges schiefgelaufen. Ich hätte nicht gedacht, dass so etwas an solch einem renommierten Haus möglich ist. Auch Tobias scheint von der Situation vollkommen überrannt. Jedenfalls hätte ich mit diesen Zuständen wirklich nicht gerechnet. Ich versuche, die Solisten meine Verstimmung nicht merken zu lassen. Im Übrigen ist dieser Schritt von der Intimität der Probebühne in die Originaldimensionen der Bühne immer verstörend und desillusionierend.

Die Sänger arbeiten zuverlässig. Viel ist nicht los an Stimmung heute, aber das war auch nicht zu erwarten. Ich höre etwas früher auf, abends ist «Ulisse», und Michael, Jaco, Sandy und Hein, die nach Amsterdam zurückmüssen, sind froh, wenn sie vor der Vorstellung noch etwas Ruhe haben.

Spätnachmittags gehen wir nochmal hinüber ins Theater, und siehe da, das Bodentuch ist schon gelegt, man hat nur teilweise abbauen müssen. Chris Ellis, der *lighting designer*, ist eifrig an der Arbeit. Man spielt am Lichtcomputer, wir sitzen im Zuschauerraum und staunen über die unübersehbaren Möglichkeiten der noch dazu lautlos funktionierenden Beleuchtungsanlage. Das wird spannend werden.

★

24.3.1993 – Wieder ein ziemlich missgelaunter Tobias. Aber er steht auf der Bühne und kümmert sich darum, dass etwas geschieht. Man ist beim Abschleifen des Gerüsts, damit endlich die Splittergefahr beseitigt wird. Ganz kann das wohl nicht gelingen.

Die Umgebung der Bühne gleicht einer Müllhalde. Ich finde es dreckiger als gewöhnlich. Aber J. meint, ich habe einen Tick und keiner würde mich ernst nehmen in meinem ständigen Bemühen um Sauberkeit. Dabei empfinde ich Ekel und Scham, wenn ich sehe, durch welchen Dreck man waten muss, um auf die Bühne zu kommen. Abfall, Büchsen, Papier, Zigarettenkippen, verdreckte Klos. Ein äußerst ungepflegtes Haus, dieses berühmte Nederlands Dans Theater. Wenigstens wird für die Nachmittagsprobe die Bühne gefegt und nass gewischt. Sonst klappt technisch nicht viel. Der rote Vorhang, der in der Schlussszene aus dem blauen Rundhorizont wächst und diesen nach vorn verlängernd abschließt, lässt sich viel zu langsam ziehen und ist viel zu laut. Der kleine Vorhang, der die improvisierte Bühne der Handwerker, das Podest auf Fässern, abschließt, hängt viel zu fest zwischen zwei Pfosten. Oberon und Tytania sind nicht fähig, ihn herunterzuheben, um die in einer Umarmung versunkenen Liebespaare zu bedecken. Eine andere Lösung muss gefunden werden.

Endlose Diskussionen gibt es über die Treppe aus dem Orchestergraben, über die Puck hinunter- und heraufklettert. Ich ordne an, dass zwei bis drei Leitern und Treppen, die auf Lager sind, gebracht und ausprobiert werden. Die bequemste und praktischste wird genommen: Basta, Ende der Diskussion! Zu diesem Zeitpunkt hat Tobias die Probe längst verlassen, obwohl das alles in sein Ressort fällt – ein merkwürdiges Verhalten, auf das wir uns keinen Reim machen können. Was ist los mit ihm? Ich habe das Gefühl, er ist in seiner übergroßen Sensibilität und Empfindlichkeit den Dingen oft nicht gewachsen. Er stellt die höchsten Ansprüche und ist bitter enttäuscht, wenn sie nicht erfüllt werden können. Anstatt mit den Gegebenheiten zu rechnen, zieht er sich in sich selbst zurück und leidet. Ich muss ihn noch besser kennenlernen, um ihm helfen zu können, denn er tut mir leid in seiner Einsamkeit.

In der Pause nehme ich zusammen mit Michael Chance die Vogelstimmen auf, die ich beim Auftritt Flutes einblenden will. Michael kann ein zauberhaftes schnalzendes, trillerndes Geräusch aus den Mundwinkeln produzieren, ich ganz leise, ganz hoch und sehr traurig pfeifen. Das kombiniert ergibt genau den Klang, den ich mir für die einsame Tannenmeise vorstelle, der Flute lauscht. Unter viel Gelächter entsteht also dieser Soundeffekt und hört sich über Lautsprecher sehr akzeptabel an. Die Abendprobe verläuft ruhig. Die Kinder sind nach wie vor mit unermüdlichem Enthusiasmus dabei. Ich unterbreche einige Male. Kleine Schlaglichter in den einzelnen Szenen kann ich immer noch anbringen. Das Finale ist ein bisschen gehetzt, wie üblich. Punkt 10 sind wir fertig.

Sonnabend ist meine letzte Bühnenprobe mit Klavier. Bei den Orchesterproben muss ich dem Dirigenten das Feld überlassen. Sonnabend will ich nach einer Soloprobe für Theseus und Hippolyta, die mir ein wenig stiefmütterlich behandelt vorkommen, mit dem Finale anfangen. Das läuft mir noch zu zufällig ab, zu *al fresco*. Da kann und muss ich noch mehr ordnend eingreifen.

*

25.3.1993 – Erste Beleuchtungsprobe und ein Endlosinterview für die führende holländische Tageszeitung. Der Interviewer ist sachlich gut informiert und geht den Dingen auf den Grund. Ich bin gespannt, was für einen Artikel er daraus machen wird.

Tobias hat gebeten, dass wir erst um 15 Uhr zur Probe kommen, er wolle einige Dinge allein ausprobieren. Mit einigem Befremden haben wir akzeptiert. Aber David ist auf dem Posten und wird berichten. Er erweist sich wirklich als ein Schatz, kompetent, fleißig, sachlich, loyal. Ich arbeite gern und immer lieber mit ihm zusammen und werde ihn empfehlen, wann und wo ich kann.

Morgens arbeiten J. und ich alle Szenen durch, versehen sie mit unseren Beleuchtungswünschen und -vorschlägen. Im Zuschauerraum nehmen das Computerbord und die Bedienungsapparaturen der Hausanlage die gesamte Regiereihe ein. Ich setze mich in die Reihe davor und lasse die diversen Herren erst einmal wursteln. David und Frank, der Inspizient, tragen die Beleuchtungsziffern bei den jeweiligen Stichworten und Szenenwechseln ein. Es dauert endlos, weil es zu einer Detailbeleuchtung kommt, wobei man sozusagen die Nasenspitze Oberons oder die Gürtelschnalle Pucks hervorheben kann. Das alles ist mit den Computeranlagen und der das Spielgerüst umgebenden runden Scheinwerferstraße möglich, unter Umständen sogar in Sekundenschnelle. Ebenso schnell und lautlos wechseln die Farben. Discoeffekte am laufenden Band zu erzeugen scheint das Leichteste von der Welt zu sein. Mit all diesen Möglichkeiten aber souverän und geschmackvoll zu verfahren das Schwerste. Jedenfalls geht man nicht von einer Grundatmosphäre aus und leuchtet dann Details aus, sondern umgekehrt. Das ist mir nicht vertraut. Die lähmende, zeitraubende Diskussion um jedes *purple* oder jedes Streifchen Grün führt zu gähnender Langeweile bei allen Beteiligten, außer Tobias und Chris, dem *lighting designer*, dessen Arbeit ich mir ganz anders vorgestellt hatte nach der positiven Erfahrung, die ich mit Paul Watson beim «Fernen Klang» machen durfte. Der stellte ein eigenes Konzept vor, hatte Stimmungen und Übergänge vorbereitet, und die Sache stand. Nichts davon hier. Chris arbeitet hauptsächlich nur auf Anweisung. Er wartet auf meine, die selten kommt, weil ich mich nicht kompetent genug fühle, und auf Tobias', der pikiert und nervös bei jeder kleinsten Störung verbal um sich schlägt und in der Defensive verschwindet. Ein unangenehmer, langwieriger Tag. Wie soll das weitergehen? Wir haben über dreißig Lichtwechsel für die ersten zehn Minuten des Stückes erarbeitet. 25 davon erscheinen mir überflüssig. Aber ich schweige …

Hier in Den Haag benutzen wir kräftig die Hausanlage und ununterbrochen die «Verfolger», obwohl ich Verfolgereffekte eigentlich gar nicht mag. Wird das in all den anderen Theatern der Tour im gleichen Ausmaß möglich sein? Ich zweifle sehr daran, und meine Zweifel werden von David und J. voll geteilt. Tobias scheint es egal zu sein, was nach der Premiere mit der Aufführung geschieht. Um 11 Uhr nachts sind wir total genervt und erledigt. Von dem Farbrausch im Dunkel und den Versuchen mit Pucks Stroboskoplicht ist mir richtig übel. Ich hasse diese Proben, wenn sie durch Nichtkommunikation der Beteiligten so verkompliziert werden.

Als Lichtstatisten fungieren rührend geduldig, aber ziemlich schwerfällig Merritt und Vimper, die Ex-Tänzer. Besonders Merritt kann es nicht lassen, Sprünge, Pirouetten und tänzerische Einlagen zu servieren. Sein exaltiertes Lachen und seine komische Eleganz beleben die Szene. Ich finde, man sollte ihm den Spaß lassen, aber Tobias ist dadurch maßlos gestört. Dauernde Zurufe und Zurechtweisungen leiten die beiden in prägnante Stellungen der Solisten. Sie verharren da, bis das Licht um sie herum eingerichtet ist. Ein schwerer Job, zu dem man viel Geduld braucht. Ich möchte mich bei ihnen besonders bedanken und werde sie am Schluss mit Champagner bedenken.

★

26.3.1993 – Zweiter Beleuchtungstag, der wie der vorige ist. Keine Veränderung der Stimmung, gähnende Langeweile. Die Konzentration lässt schnell nach, die Nervosität wächst. Wir kommen nur langsam voran: Nicht einmal mit dem ersten Akt werden wir fertig und sind im Beleuchtungsschlüsseleintrag schon bei Nummer 100 …

★

Samstag, 27.3.1993 – Ich mache einen Durchlauf mit allen Solisten und Kinderchor. Die Sänger begrüßen mich fröhlich und enthusiastisch. Wir haben uns immerhin zwei Tage nicht gesehen. Ich spüre Freude und so etwas wie ein Heimatgefühl, ich weiß, dass ich immer noch auch auf diese Seite der Bühne gehöre. Geduldig und willig tastet sich die Besetzung durch das überwiegende Dunkel, denn alles, was an Beleuchtung in den letzten zwei Tagen erarbeitet wurde, klappt nicht, weil die *cues*, die Nummern, zu spät angesagt werden. Der erste Akt läuft chaotisch ab. Ich bin sehr aufgebracht und kann es nicht immer verbergen. Dieser Technik so ausgeliefert zu sein nach all der präzisen Menschenarbeit macht mich traurig und aggressiv. J. versucht, mich mit den üblichen gezischten Sottisen zur Ruhe zu bringen. Klaus Bertisch sitzt vor uns und kriegt natürlich alles mit. Mir egal. Ich lasse mich eben auch mal aus der Ruhe bringen, wobei ich mich sowieso schon, jedes Maß übersteigend, zusammennehme.

Im zweiten Akt bringen spontan versuchte Beleuchtungseffekte schöne Wirkungen zustande. Ich ändere einiges am Finale und nehme mir Zeit für Theseus und Hippolyta. Diese beiden Sänger haben große Rollen in «Ulisse» und waren bis jetzt selten zur Verfügung. Jaco ist ein bulliger Glatzkopf, was ich für den Soldaten Theseus passend finde. Tobias teilt meine Meinung ganz und gar nicht, sieht nur die X-Beine und den dicken Bauch und bedauert die verschnittene Uniform, die nicht mehr verändert werden kann. Dafür ist Hippolytas Kleid umso schöner. Rachel Ann Morgan ist eine Spezialistin für walisische Harfenmusik des 15. Jahrhunderts, sie harft und singt in aller Welt die Lieder ihrer Heimat. Und so sieht sie auch aus. Sie lebt mit einem reichen Amsterdamer in einem reichen Stadthaus in der reichsten Gracht, ist aber eine überaus bescheidene, freundliche Person. Ihre Hippolyta strahlt mütterliche Milde aus. Die Harfe lassen wir weg. Dafür lasse ich die kurze, bei Britten kaum wahrzunehmende Szene der beiden in einer leidenschaftlichen Umarmung beginnen, was ihnen Spaß macht. Punkt 6 ist Schluss. Das pünktliche Aufhören ist selbstverständlich, aber noch keine Probe in all den Wochen hat pünktlich angefangen. Zehn bis zwanzig Minuten Verspätung sind die Regel.

Heute beginnt die Sommerzeit. Das heißt früh aufstehen morgen, denn man holt mich zu einer Fernseh-Liveshow in Hilversum ab.

⋆

28.3.1993 – Das Fernsehstudio in Hilversum ist ein winziger, verkramter Raum in einer alten Villa. Alles wirkt schäbig und improvisiert. Das Interview läuft ab wie erwartet und geplant, da ich auf die Fragen vorbereitet bin. Han Reiziker ist ein enthusiastisches altes Männchen, das nur Bruchteile dessen übersetzt, was ich sage, aber liebenswürdig strahlend seit fünf Jahren diese Sonntagslivesendung moderiert, die einen interessanten Überblick über das aktuelle Kulturleben Hollands bietet. Sofort nach Sendeschluss bringt man mich zurück nach Den Haag. Die Beleuchtungsprobe ist inzwischen weitergegangen, die Atmosphäre genauso quälend wie bisher. Es dauert endlos, bis die Scheinwerfereinstellungen gefunden und im Computer gespeichert sind. So geht es zäh durch den Sonntag. Irgendwann schalte ich innerlich ab und ziehe mich für eine halbe Stunde ins Hotel zurück. Ein bisschen Geduld und Ruhe tanken bei den Katzen.

Tobias kommt und bittet mich um eine Aussprache. Er ist todunglücklich über unsere Spannungen und möchte sie aus dem Weg räumen. Wir sprechen uns aus, versichern uns unserer gegenseitigen Sympathie. Ich möchte ihn am liebsten in die Arme nehmen und trösten – wie ein zerknirschter kleiner Junge sitzt er da. Die Luft ist jedenfalls gereinigt, das tut gut.

★

29.3.1993 – Heute zwei Orchesterproben, eine mit den Kindern, eine mit den Solisten. Ich kann mich um keinerlei szenische Dinge kümmern, sondern bin voll in die Beleuchtung eingespannt. Die Sänger brauchen mich nicht, sie sind konzentriert auf den musikalischen Ablauf des schwierigen Stückes, das rhythmisch seine Tücken hat. Bis jetzt sind sie nur die Klavierbegleitung gewöhnt und werden nun plötzlich mit Brittens farbiger, vielschichtiger Orchestersprache konfrontiert. Vieles, woran man sich beim Klavier orientieren konnte, geht unter. Die Kinder sind natürlich nicht gewöhnt, auf ein Orchester zu hören oder auf einen Dirigenten zu achten. Julian wiederholt geduldig ihre Stellen, bis sie mit den neuen Gegebenheiten einigermaßen vertraut sind.

Schwierigkeiten tauchen jetzt in jedem Bereich auf. Das ist fast immer so im Endstadium einer Inszenierung. Man ist verzweifelt und glaubt, nie vorher so schlechte Erfahrungen gemacht zu haben. Aber irgendetwas an dieser Amsterdamer Crew stört mich ganz besonders. Ich weiß nicht genau, was es ist, werde der Sache aber noch auf den Grund gehen. Vielleicht liegt es daran, dass die Theaterwelt mehr und mehr ihren technischen Einrichtungen ausgeliefert ist. Und hier, in dieser Produktion, habe ich das Gefühl, dass der technische Ehrgeiz mit der Bewältigung in keiner Weise Schritt hält.

Für diese Aufführung wurde, unter dem Tourneeaspekt und ganz nach Julians Wünschen, eine riesige Tonanlage angefertigt. Sie hat Tausende von Gulden gekostet und wurde im Zuschauerraum in der letzten Reihe installiert. Das bedeutet, dass mindestens 24 Plätze unverkäuflich sind. Drei Tontechniker und ein Korrepetitor sitzen ständig hinter diesem «Sarg», von Blaulicht beleuchtet, mit Kopfhörern bewaffnet. Von Julian ist ein ehrgeiziges «Hörbild» geplant, um die Elfenwelt von der Welt der Sterblichen zu trennen: eine interessante

Idee, von mir auch befürwortet, da ich weiß, wie wirkungsvoll Toneffekte auf der Bühne sein können. Ich habe es oft erlebt in großen Musicalaufführungen in London und New York.

Puck und die Soloelfen sind mit kleinen, tragbaren Mikrofonen ausgestattet, die im Ernstfall unter den Perückenansatz geklebt werden sollen. Der Verstärker sitzt in der Hose … Seit Tagen hören wir die grauenhaftesten und übelsten Geräusche aus den Lautsprechern, die überall im Zuschauerraum verteilt sind. Manchmal dröhnt Pucks Stimme so übersteuert, dass sogar die Tontechniker erschrocken von ihren Sitzen auffahren; dann wieder sieht man nur die Lippenbewegungen der Kinder. Julian, am Pult, lächelt begeistert, er hört nichts über den Orchesterfluten. Es ist eine Katastrophe. Ich stelle ein Ultimatum: Wenn der Apparat bis zur Hauptprobe nicht bewältigt wird und die Einstellungen nicht reibungslos klappen, verzichte ich auf die grandiosen Soundeffekte.

*

30.3.1993 – Ich gerate allmählich in Panik. Das Licht gefällt mir nach wie vor nicht: Der erste Akt stimmt hinten und vorne nicht. Viel zu viele Stimmungswechsel, alles ist zu bunt. Ich sehe die Sänger nicht, sie tasten sich im Halbdunkel und von Seitenscheinwerfern geblendet durch die Gegend, und ich erkenne weder Mimik noch Gestik. Sie fühlen das auch und reagieren verunsichert. Nach der Probe kommt es zum Eklat, nachdem auch Peter und Julian sehr enttäuscht reagieren. Versammlung des technischen Teams. Ich sage höflich, aber bestimmt meine Meinung und bitte um Hilfe und Abhilfe. Tobias reagiert heftig und verlässt das Haus. Aber ich muss mich durchsetzen.

Auch die Kostüme, die langsam auftauchen, entsprechen in manchen Details nicht meinen Erwartungen. Ich bekomme sie sehr spät zu sehen und kann es nicht ändern, dass ich jetzt erst moniere. Üblicherweise ist der Regisseur schon bei den Anproben dabei, hier wurde ich nie dazu gebeten. Schlechte Stimmung.

J. fliegt nach London. Tobias kümmert sich in Amsterdam um Kostümänderungen.

*

31.3.1993 – Beleuchtungsprobe allein. Plötzlich läuft für ein paar Stunden alles gut und harmonisch. Ich spüre Rückhalt von allen, David ist hilfreich und ausgleichend. Wir kommen gut voran im zweiten Akt. Bei der nachmittäglichen Orchesterprobe wird weiter beleuchtet. Der erste Akt klappt wieder überhaupt nicht, totales Durcheinander von *cues* und Timing, und immer noch ist alles zu dunkel und spielen zu viele Farben ineinander. Ich äußere meine Unzufriedenheit mit der Situation. Bertisch und Tobias reagieren erstaunt, während alle anderen zustimmen. Wir erbitten extra Beleuchtungszeit für morgen und bekommen sie auch. Die Solisten wirken matt, die Stimmung fängt an empfindlich zu sinken, und sogar die Kinder scheinen erschöpft zu sein. Kein Wunder – sie absolvieren die Probenarbeit neben der Schule und fahren jetzt täglich drei Stunden mit dem Bus zwischen Den Haag und Amsterdam hin und her. Trotzdem sind sie von gleichbleibender Munterkeit und Aufmerksamkeit. Die Eltern, die oft als Begleitpersonen dabei sind, sitzen gelassen im Zuschauerraum und lächeln mir freundlich zu. Ihnen gefällt der Einsatz ihrer Sprösslinge.

Ich bitte die Sänger, ihre Stimmen zu schonen und zu sparen. Chris Gillett hat Halsschmerzen, alle sehen müde aus, agieren aber, wenn sie auf der Bühne stehen, mit vollem Einsatz. Das rührt mich, und ich schäme mich für dieses Beleuchtungsdurcheinander. Wir haben es bei dieser Besetzung ja nicht mit Idioten zu tun. Unsere Unsicherheit wird sich übertragen – das darf nicht geschehen!

Später Lagebesprechung im Foyer vor der Kantine. Tobias ist schon gegangen. David und der Computerfachmann Andy, der Jüngste der Crew, der in den Pausen von Kuchen lebt und seine Mutter anruft, wollen bis tief in die Nacht hinein noch einmal sämtliche Computereinstellungen abrufen. J. kommt spät aus London zurück und trifft Julian und Tobias in der Hotelbar bei den üblichen unzähligen Bieren an. Ich geselle mich eine Weile dazu, ohne Bier. Tobias ist Gott sei Dank wieder guter Laune, Julian in Hochstimmung. Aufgewühlt von seiner Arbeit mit dem Orchester, schwimmt er auf seligen Wolken. Wie schön, dass wenigstens ihm dieser Enthusiasmus bleibt. Ich kann mich davon leider nicht anstecken lassen.

⋆

1.4.1993 – Hauptprobentag. Wir fangen im Morgengrauen mit der Beleuchtung an, beenden den zweiten Akt und nehmen Korrekturen am ersten vor. Jetzt sind fast alle Farben raus, und immer noch empfinde ich es als zu kitschig, zu geschleckt und niedlich. Bei der Hauptprobe laufen *cues* und Timing besser, aber als Gesamteindruck ist es bei weitem nicht das, was ich mir vorgenommen und vorgestellt habe. Die Solisten müssen gegen zu viel «Oberfläche» anspielen, so empfinde ich es jedenfalls. Manche Szenen sind sehr gelungen. Es gibt schöne, eindringliche Momente.

Ich mache die Runde durch die Garderoben und versuche, nur Positives auszustrahlen. Ich höre Lachen und Singen. Der schöne Michael und Sandy stehen gemeinsam unter der Dusche, was Sandy sehr genießt, und schrubben sich. Auch sie sind von oben bis unten farbig geschminkt, nicht nur die Kinder.

Es ist eine Wohltat nach all der technischen Misere, den Kollegen, den Menschen zu begegnen, die friedlich und aufgeräumt der Dinge harren, die da kommen werden. Sie fühlen sich wohl in ihren Aufgaben. Die Stimmung im Garderobentrakt ist bestens. Leider muss ich zurück auf die Bühne, wo eine Versammlung der technischen Mannschaft stattfindet: Es ist meine letzte Chance, Kritik anzumerken und Versäumnisse auszumerzen. Wie erwartet sind die Toneffekte nach wie vor unbrauchbar – werden also endgültig gestrichen. Übrig bleiben lediglich eine kurze Verstärkung des Elfenchores hinter der Bühne und die Vogelstimmen von Fassbaender/Chance … Geradezu lachhaft. Ein Kassettenrekorder und zwei Lautsprecher hätten gereicht.

⋆

2.4.1993 – Generalprobentag. Ich bin früh im Theater, wo die nächste Enttäuschung auf mich wartet: Seit einem Jahr habe ich angekündigt, dass ich das Chaos der Natur mit einem Schneefall beim Auftritt von Oberon und Tytania zeigen möchte. Seit zwei Wochen wurde mir täglich versprochen, das Problem – das keines ist, denn «Schnee» ist heutzutage ein selbstverständlicher Effekt – könnte bühnen- und beleuchtungstechnisch gelöst werden. Bis jetzt war davon nichts zu merken, nur ein wenig beleuchtetes Konfetti rieselte kläglich zur Erde. Jetzt eröffnet Ed, der Technische Direktor, mir kleinlaut, dass das nicht anders werden würde. Damit ist die Sache gestorben. Das ärgert mich maßlos.

Wir beleuchten bis 4 Uhr nachmittags, ändern Kleinigkeiten, nehmen endgültig alle Farben raus, checken die *cues*. Das dauert und dauert. Dann fahren wir mit der Straßenbahn nach Scheveningen an den Strand. Tobias schließt sich an, er ist ruhig und scheint sich gefangen zu haben. Wir laufen muschelsammelnd am Meer entlang – seit Wochen die erste frische Luft. Imbiss im Strandcafé. Hässliche Betonklötze verschandeln die Landschaft. Graugrüne Lethargie des Meeres, so wie meine Stimmung.

Um 19 Uhr öffentliche Generalprobe. Sie läuft zäh und langweilig ab, aber das Publikum lacht und klatscht. Hinterher wenig Kritik für die Solisten. Sandy, Oberon, Hawlata, Helena und Demetrius waren sehr gut, alle anderen reduziert. In der Hotelbar bei analysierenden Gesprächen mit J. einige Longdrinks. So unsicher und deprimiert wie hier war ich in diesem Spätstadium noch nie.

*

Sonnabend, 3.4.1993 – Freier Tag vor der Premiere, der hoffentlich von allen zum Ausruhen genutzt wird. Wir gehen vormittags ins Mauritshaus. Endlich ist Zeit dafür. Das Wiedersehen mit meinem Lieblingsbild, Rembrandts «David singt vor Saul», fällt enttäuschend aus, da die Beleuchtungsverhältnisse der berühmten Galerie so schlecht sind, dass man kaum etwas erkennen kann. Trotzdem weiß ich wieder, warum ich dieses Bild liebe. Es ist die Stärke des Ausdrucks und der Komposition, düster und gewaltig. Der weinende König, der hässliche David, das rührt mich tief an.

Eine Ausstellung im Nebenraum ist dem niederländischen Theatermaler Cornelis Troost gewidmet: eine Entdeckung. Das muss ich mir für den «Rosenkavalier» merken. Wir gehen essen mit unserem David, dem ich auf mein Bedanke-mich-Kärtchen zur Premiere geschrieben habe, er sei in dieser Produktion ein Goliath für mich gewesen.

Abends mit dem Taxi nach Amsterdam. Die Freunde der Oper laden zu einem Gespräch über den «Midsummer Night's Dream».

Nette, aufgeschlossene Leute fragen die üblichen Fragen. Ich schwatze munter drauf los, Tobias fachsimpelt, Julian ist eloquent wie immer.

*

Premierentag, 4.4.1993 – Ich wache mit starken Gliederschmerzen auf. Arme, Nacken, Rücken, Schultern und Knie, kein Knochen, der mir nicht weh tut. Heißer Kopf. Das Herz rast, trotzdem friere ich. Ein heißes Bad soll Muskelentspannung bringen, danach wenig Besserung. Ich fühle mich hundeelend, muss aber aufstehen und meine Bedanke-mich-Karten zu Ende schreiben. Ich bin schlapp und kurzatmig. So etwas habe ich noch nie erlebt. Ein ziehender Schmerz in der Herzgegend, der in leichter Form seit Tagen da ist, verstärkt sich. Trotzdem schleppe ich mich zum Interview mit der ruhigen Christine Lemke-Matwey, einer Journalistin aus München, die in der Hotelhalle mit ihrem Computer und Digitalrekorder auf mich wartet. Da sie intelligente Fragen stellt, die mich zum Nachdenken bringen, vergehen eineinhalb Stunden im angeregten Gespräch. Sie will das für eine Sendung im «Deutschlandfunk» und für irgendeine Schweizer Theaterzeitung verwenden. Ich halte nur mit Mühe durch und sehne mich nach meinem Bett. J. sehe ich mit Diana Mulgan, die zur Premiere aus London angeflogen ist, und Juliane Banse, die aus Leipzig angereist ist, in die Hotelbar gehen. Ich schließe mich für ein paar Minuten an, aber mir ist so elend, dass ich mich lieber noch zehn Minuten hinlege, bevor wir das Hotel mit einem Arm voll weißer Rosen für die Sänger und den Geschenken für die Kinder verlassen.

Wir teilen alles aus, auch Inspizient und Technischer Direktor werden bedacht. Wir nehmen unsererseits Karten und Geschenke entgegen, die wir in einem großen Müllsack verstauen, den David in der Kantine organisiert hat. Ich nehme alles wie durch einen Nebelschleier wahr, bin kaum fähig, normal zu reagieren. Aber die allgemeine Stimmung scheint gut. Nachdem wir alle Mitwirkenden begrüßt und ihnen toi, toi, toi gewünscht haben, landen wir fünf Minuten vor Beginn auf unseren Plätzen in der letzten Reihe. Der erste Teil geht, wie ich finde, ziemlich spannungslos vorbei, läuft aber wesentlich besser als in der Generalprobe. Es wird exakt gesungen und gespielt. Premierennervosität ist spürbar. Der arme Chris Gillett ist stark indisponiert und kämpft sich tapfer durch den Abend. Hut ab, dass er überhaupt singt! Jeder andere Tenor hätte abgesagt. Ein echter Profi!

Kurzer, aber herzlicher Pausenapplaus. Zweiter Teil: enorme Steigerung. Julian musiziert flott und klangschön. Eine runde Sache entsteht. Am Schluss donnernder, sich steigernder Applaus. Besonders das Spiel der Handwerker hat die Stimmung angeheizt, es lief präzise, delikat und urkomisch ab, Adrian war nie zuvor besser. Visser kam blendend zur Geltung, sein Moon war saukomisch. Und sogar der Hund in seinem sternenbesetzten Mäntelchen machte einen zufriedenen Eindruck und wedelte mit dem Schwanz. Großer Applaus mit Bravos für alle Beteiligten, auch für uns, das «schwarze Team». Kein einziges Buh: Das soll es in Amsterdam lange nicht gegeben haben. Na also. Die Schlacht ist gewonnen. Schöne Stimmung hinterm Vorhang. Jeder gratuliert jedem, und das von Herzen.

Ich sitze für einen Moment allein im Foyer vor der Kantine, bevor wir uns dem Empfang anschließen. Große, wie mir scheint, ehrliche Elogen von Pierre Audi, der sehr begeistert ist von der Aufführung und mir strahlend gratuliert. Ein zufriedener Intendant ist etwas Schönes. Viele heitere, gelöste Gesichter und Gespräche. Die abgeschminkten und gebadeten Kinder springen aufgeregt zwischen uns herum und erbitten Unterschriften in ihre Autogrammbüchlein. Jeder will nochmal die Hand schütteln. Alles ist in Freude und Harmonie, die Solisten sind erschöpft und glücklich. Ich kämpfe nach wie vor mit meiner Schwäche, bin zum Umfallen müde. Der Bus nach Amsterdam wartet, und die Premierenfeier löst sich bald auf. Wir gehen ins Hotel. Meine Blumen verschenke ich an Marianne, die hilfreiche Dame vom Betriebsbüro. Nur Anna B.s gelbe Rosen, die so frisch sind, dass sie die morgige lange Heimfahrt wohl überstehen werden, nehme ich mit.

Eine der wichtigsten Premieren meines Lebens ist vorbeigegangen. Ich bin dankbar für den Erfolg, aber viel zu erschöpft, ihn auch zu genießen. Die anstrengende Reise, die vor mir liegt, die Hektik zu Hause, die Leere nach all der Anspannung – die Depression ist vorprogrammiert. Nun, das kenne ich schon und weiß damit einigermaßen umzugehen. Besonders die Echolosigkeit nach so einer dichten, von Menschen und Emotionen erfüllten Zeit macht mir immer zu schaffen. Mit schlechter Presse rechne ich automatisch. Die wird man uns nicht postwendend durchfaxen. Aber irgendein Gruß, ein Zeichen, eine positive Nachwehe, das wäre schön.

★

Wieder zu Hause, einige Tage später – Ich habe mich nicht getäuscht: Telefon und Fax bleiben still. Nichts und niemand nimmt nun noch Notiz von uns. Nach getaner Arbeit ist der Regisseur das unwichtigste Wesen der Welt. «Der Mohr hat seine Schuldigkeit getan, der Mohr kann gehen.» Nirgendwo trifft das so zu wie in diesem Beruf. Die häuslichen alltäglichen Verpflichtungen brechen über uns herein. So viel hat sich angesammelt, ich weiß nicht, wo ich ansetzen soll. Wichtig ist ja eigentlich auch nur, was als nächstes ansteht.

★

Ein gutes halbes Jahr später – Es ist alles so gekommen, wie ich gedacht habe. Ich habe nie wieder etwas von Amsterdam gehört. Mit Julian bin ich allerdings in Kontakt. Wir planen eine gemeinsame neue Produktion, es soll der «Fliegende Holländer» mit dem Kirow-Ensemble in St. Petersburg sein. Mit Tobias stehe ich in freundschaftlicher Verbindung und höre ab und zu von ihm aus London. Jennies Bruder ist im Sommer gestorben. Das Leben geht weiter.

## *Israel*

Wir waren nach Israel gereist, zur Probenarbeit für die Koproduktion. Es war eine ereignisreiche und berührende Zeit in Tel Aviv. Der «Midsummer Night's Dream» wurde im alten Theater in Jaffa, einem Vorort von Tel Aviv, aufgeführt. Während ein neues, modernes Opernhaus im Bau war, probten wir in Jaffa, dieser malerischen Festung.

Die Besetzung hatte sich weitgehend geändert, und das hieß erneute intensive Arbeit mit den Sängern, die ihre Partien überwiegend zum ersten Mal sangen. Statt Linda Kitchen war nun meine Lulu, Christine Schäfer, dabei. Ähnlich zierlich wie Linda und ebenso koloraturfreudig, war sie eine großartige Vertreterin der Rolle. Ein enthusiastischer, junger israelischer Bariton, Dan Ettinger, sang den Demetrius – heute ist er ein Dirigent mit einer Weltkarriere.

Asher Fisch, der Dirigent unserer Produktion, ein kluger, agiler Musiker, hatte das Stück perfekt im Griff. Der Kinderchor war motiviert und temperamentvoll, die Proben liefen zügig und professionell. Ich konnte Neues ausprobieren und einiges vertiefen. Technik und Beleuchtung waren längst nicht so kompliziert wie in Holland. Vertraut mit der Materie, konnten wir Pannen und Engpässe im Vorfeld abfangen. Die Beleuchtungsproben sind mir trotzdem in unangenehmer Erinnerung, weil Scharen von Flöhen, die im Teppichboden des Zuschauerraumes wohnten, unsere Waden überfielen und sich daran gütlich taten …

Das Tempo und die Atmosphäre der lebensvollen Stadt Tel Aviv begeisterten mich. Wir hatten eine kleine, praktische Wohnung in einer baumbestandenen Straße. In den Bäumen hingen kopfüber Flughunde, die durch die Gegend flogen wie Tauben. Die Tiere mit ihren kleinen Hundeköpfen zwischen den großen Flügeln wirkten wie Urweltgeschöpfe und Science-Fiction zugleich.

Ich gab ein Interview, bei dem mir die bohrenden, insistierenden Fragen des Journalisten die Tränen in die Augen trieben, aus Scham über die Vergangenheit. Insgesamt bemühte ich mich, so wenig wie möglich Deutsch zu sprechen, lernte aber deutsche Emigranten kennen, die sich der deutschen Kultur zutiefst verbunden fühlten und im Gespräch mit mir das Deutsche, ihre Sprache, gerne verwendeten. Ich lernte auf Hebräisch bis zehn zählen und fand die Sprache der deutschen in Melodie und Duktus ähnlich.

Der Aufenthalt in Israel endete mit einer erfolgreichen Premiere. Ich nahm mir vor, in dieses wunderbare Land zurückzukehren. Ich war berauscht und erschüttert zugleich – eine aufrüttelnde Erfahrung, die ich vertiefen wollte.

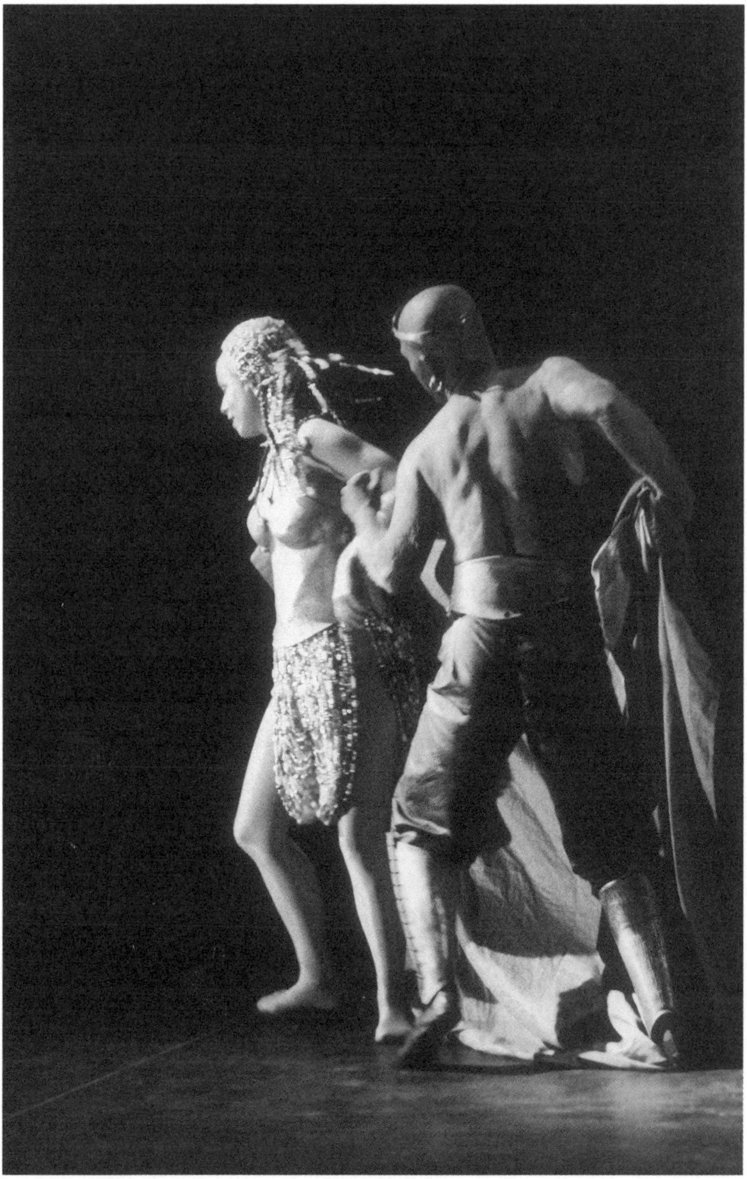

Szene aus dem «Midsummer Night's Dream» in Tel Aviv
mit Christine Schäfer als Tytania und Jeffrey Gall als Oberon

## *Nachspiele*

2004 hörte ich doch noch einmal von Amsterdam! Man bat mich, eine «Rosenkavalier»-Produktion zu übernehmen, die Willy Decker, der bekannte Regisseur, begonnen hatte und aus Krankheitsgründen nicht zu Ende bringen konnte. Jedenfalls war er abgereist, und man suchte nun dringend Ersatz, die Premiere sollte pünktlich stattfinden. Bühnenbild und Kostüme standen fest, der erste Akt war fertig gestellt, weiter war Decker nicht gekommen. Es blieben zehn Tage.

In Innsbruck konnte ich mich frei machen, denn es war ein Regisseur im Haus, der ruhig und professionell arbeitete, so dass meine längere Abwesenheit nicht ins Gewicht fallen würde, weil keine Probleme zu erwarten waren. Wir fuhren also nach Amsterdam, und ich übernahm den nicht unerheblichen Rest des Stückes.

Natürlich war es für die Besetzung, die sich auf die Arbeit mit Decker gefreut hatte, nicht leicht, nun plötzlich mit mir vorlieb nehmen zu müssen. Die Sängerin der Marschallin ließ mich das auch spüren, indem sie nicht bereit war, irgendeine Anregung oder Änderung, den ersten Akt betreffend, anzunehmen. Ich war erstaunt über die übliche sentimentale, pathetische Grundhaltung des Rollenbildes. Der erste Akt lief zudem in einem überbordenden Rokoko ab, das mir gar nicht lag. Also versuchte ich, ein bisschen zu modernisieren und zu «verjüngen», biss aber bei dieser Sängerin auf Granit. Der Rest der Besetzung war aufgeschlossener, und es stellte sich ein produktives, harmonisches Arbeitsklima ein.

Zu meiner Freude war der gute, inzwischen älter gewordene lustige Vimper wieder als Statist in der Produktion. Ich hatte ihn aus dem «Midsummer Night's Dream» in bester Erinnerung, und er war mit seinen Späßen und Ideen genauso unermüdlich wie eh und je. Ich setzte ihn viel ein, er ging durchs ganze Stück, gut gelaunt und immer zur Stelle.

Pierre Audi hatte sich nicht verändert, er war so freundlich, aufmerksam und ernsthaft wie vor Jahr und Tag. Auch Klaus Bertisch gab es noch, aber beim «Rosenkavalier» konnte er mir nicht viel hineinreden, den kannte ich vermutlich besser als er. Außerdem hatte ich die Oper schon zweimal inszeniert und wusste, was ich wollte.

Sonst hätte ich auch den undankbaren Job, in zehn Tagen zwei Riesenakte zu stemmen, nicht gewagt.

Es blieb ein undankbarer Job, denn die Probenbedingungen wurden erschwert durch die unerschütterlich eingehaltenen, gewerkschaftlich überwachten Arbeitszeiten, die besonders der Chor befolgte. Es wurde peinlich darauf geachtet, dass pünktlichst mit der Probe Schluss war, jede Minute Überziehung erregte Unwillen. Das ist überall auf der Welt bei den Kollektiven Chor und Orchester das Gleiche, aber in Amsterdam war es besonders schlimm. Erstaunlicherweise wird dann aber der Beginn der Probe legerer behandelt, da kommt man gerne zu spät, bummelt heran, und die Regie wird leicht als überakkurat betrachtet, wenn sie auf pünktlichen Beginn Wert legt.

Wie dem auch sei, ich habe das Pensum in Amsterdam geschafft und mich bemüht, mich mit dem sehr guten, aber meinem Geschmack nicht entsprechenden Bühnen- und Kostümbild zu arrangieren. Die Premiere fand statt, doch «der Mohr hat seine Schuldigkeit getan, der Mohr kann gehen» – so fühlte ich mich auch hier danach.

Bei der Wiederaufnahme der Produktion einige Spielzeiten später, die mich noch einmal nach Amsterdam brachte, hatte ich dann in Anne Schwanewilms eine Marschallin, die so jung und unsentimental mit der Rolle umging, wie ich es mir wünschte. Die Marschallin ist eine kluge Frau mit Lebenserfahrung, eine reflektierende, aber temperamentvolle, charmante Person, die auch mit Ironie umzugehen weiß, wie alle Frauengestalten bei Hofmannsthal. Und sie ist jung. Zwar ist sie sich des Älterwerdens bewusst, aber dass sie gerade zu ihrem knabenhaften Liebhaber darüber spricht, mit Worten, die er überhaupt nicht verstehen kann und will, ist ein Moment der Selbstvergessenheit, der Verlorenheit, der seine Folgen hat, genauso wie die Aufgabe der Rosenüberreichung, die sie Octavian auferlegt, ohne sein Wollen. Sie treibt ein kleines, gefährliches Spiel mit ihm, das sie am Ende verliert …

Dem Amsterdamer Abenteuer folgte ein nächstes. Wieder war es der «Rosenkavalier», und erneut sollte ich einspringen, weil ein Regisseur abgesagt hatte. Diesem Stück ist nicht zu entkommen – es holt mich immer wieder ein. Diesmal bat das renommierte Festival in Baden-Baden um meine Rettungsaktion, und ich erlebte eine der merkwürdigsten und unerfreulichsten Produktionen, die ich je zu verantworten hatte.

Natürlich war es eine reizvolle, eine sogenannte Bombenbesetzung, lauter Stars ihres Fachs, die die Rollen schon oft gesungen hatten. Simon Rattle mit seinen Berliner Philharmonikern war der Dirigent. Wir kannten und mochten uns – für mich sind die Berliner nach wie vor das beste Orchester der Welt, und Strauss, von ihnen gespielt, sollte ein Genuss sein.

Das Problem war hier das Bühnenbild. Ein Bühnenbildner musste gefunden werden, denn mit der Regie war auch der ursprüngliche Bühnenbildner abgesprungen. Man schlug mir Erich Wonder vor, der Zeit hatte und einspringen konnte wie ich. Mir war Wonder sehr recht, ich hatte seinen «Rosenkavalier» in Frankfurt gesehen, den er mit Ruth Berghaus gemacht hatte. Damals hatte mich die vollkommen neue Sicht auf das Stück nach all den traditionellen Inszenierungen, die ich gewöhnt war, fasziniert und sogar befreit. Ich sah der Zusammenarbeit mit diesem Altmeister also mit Spannung und Neugier entgegen.

Wir trafen uns mehrmals in Wien. Immer musste ich anreisen und ihn in seinem Atelier besuchen; er verließ Wien, wo er lebte, nur ungern. Das Seltsame war, dass ich das Gefühl hatte, die Oper sei ihm überhaupt nicht vertraut. Er kannte kaum die Rollennamen, die berühmte Rosenüberreichung war ihm ein Rätsel. Er hatte zwar eine Aufnahme gehört, aber ein wirkliches Eindringen in das Stück konnte ich nicht feststellen. Dass er es schon einmal gemacht hatte, war ihm entfallen.

Umso interessanter waren die Berge von Bildern aus Fotobüchern, die er mir vorlegte – alles rein assoziative optische Eindrücke, die er sammelte, mit denen er spielte und die er versuchte dem szenischen Ablauf der Oper zuzuordnen. Es war ein mir ungewöhnlicher Vorgang, auf den ich mich aber neugierig einließ. Das endlich Ausgesuchte und dann Verfremdete wollte er auf große Schleier malen lassen, die auf der Bühne in unterschiedlichem Abstand aufgehängt werden und durch eine raffinierte Beleuchtung zu magischer Geltung kommen sollten: so seine Vorstellung, der ich mich hoffnungsvoll anschloss. In der Theorie schien das alles sehr originell und war eben die typische Wonder'sche Arbeitsweise, die seinen Ruhm als außerordentlich phantasievoller Bühnenzauberer begründet hatte. Das Kostümbild war auf meinen Wunsch Dietrich von Grebmer anvertraut worden, mit dem ich schon viel und erfolgreich zusammengearbeitet hatte.

Es wurde die unangenehmste Probenzeit, die ich je erlebt habe. Dietrichs Kostüme waren zwar hinreißend und gefielen sogar der Starsängerin Anja Harteros, die die Marschallin sang. Was aber die Verwirklichung des im Endeffekt sündhaft teuren Bühnenbildes betraf, wurde es eine große Enttäuschung.

Die bunten Schleier waren für die Proportionen der Bühne zum Teil falsch berechnet und passten nicht, warfen hässliche Falten und wollten die versprochene Magie ganz und gar nicht von sich geben. Es wurde geändert und verzweifelt versucht, das Beste daraus zu machen. Die Schleier waren auch aus unterschiedlichem Material, was die geplanten Lichtwirkungen entscheidend erschwerte – alles in allem ein unverständlicher Vorgang, zu dem Wonder sich wenig äußerte, während er seine Unzufriedenheit vor sich hertrug. Die Karre ließ er von seinen Assistenten aus dem Dreck ziehen, und der *lighting designer* hatte wahre Wunder zu vollbringen.

Ich versuchte inzwischen, einen stimmigen, temperamentvollen «Rosenkavalier» zu erarbeiten. Sir Simons Frau, Magdalena Kožená, war ein williger, ungewöhnlicher Octavian, Anna Prohaska als Sophie eine Freude, fleißig, offen für alles, hochintelligent und motiviert. Auch alle anderen Sänger der größeren und kleineren Partien, von denen das Stück wimmelt, waren freudig zur Stelle.

Dann ereilte ein Grippevirus die Besetzung, und viele Sänger fielen tagelang aus, ganz zu schweigen von dem überwiegend abwesenden Star-Ochs, der irgendwelchen Gastspielen nachging. Und Anja Harteros kam sowieso nur für vier Tage Regieproben angereist, das war in ihrem Vertrag so ausbedungen, damit hatte man sich abzufinden.

Als sie endlich da war, verstanden wir uns prächtig, und sie machte auch alles, was ich von ihr verlangte. Die Rollengespräche mit ihr waren interessant und zielführend für die Partie, die sie natürlich schon diverse Male gesungen hatte. Aber sie war bereit, ein paar neue Ideen auszuprobieren und umzusetzen. Sie ist eine glänzende

Schauspielerin – umso bedauerlicher, dass sie es nicht für nötig hält, einen Probenprozess, der unter Umständen neue Gedanken über eine Rolle entstehen lässt, mitzumachen. In der Endphase der Proben stieß dann auch der Ochs kontinuierlich dazu, alle waren wieder gesund, und wir steuerten heftig auf die Premiere zu.

Von technischer Seite konnten nicht alle Probleme ausgeräumt werden, aber Wonder kümmerte sich nicht darum, sondern nahm unermüdlich sein Bühnenbild mit der Videokamera auf, aus allen Winkeln des riesigen Hauses. Ich war froh, als alles vorbei war, und alles andere als zufrieden.

Ich muss diese Erfahrung als ein unseriöses Abenteuer betrachten. Unter den schwierigsten Arbeitsbedingungen, bei ständiger Abwesenheit der Protagonisten, denen diese Abwesenheiten vertraglich zugesichert sind, ein so schweres Stück wie diese Strauss-Oper erarbeiten zu sollen, ist eine Zumutung. Zumal der Baden-Badener Betrieb auf allen Seiten große Kompetenzschwächen aufweist. Mit Enthusiasmus allein und eifriger Sponsoringstrategie ist nur oberflächlich gutes Theater zu machen. Mir kam das Ganze wie ein Etikettenschwindel vor. Da wird in jedem kleinen und mittleren Haus in Deutschland verantwortungsvoller und seriöser gearbeitet.

# Regiegedanken

Als Musikerin, als Bühnenpraktikerin lasse ich mich bei der Erarbeitung einer Operninszenierung immer noch und immer wieder von der Musik inspirieren, in der atmosphärisch alles gesagt ist, was Worte nicht vermögen. Und von den Menschen, die die Rollen zu gestalten haben.

Sehr wichtig ist mir außerdem die Auseinandersetzung mit dem Bühnenbildner, der ein unerlässlicher Partner ist, zumal wenn er dramaturgisch mitdenkt. Die Proportionen und die Gestaltung des Bühnenraumes sind ein die Phantasie beflügelnder Faktor und ein wesentlicher Punkt in der Vorbereitung. Zu hören, zu lesen – das Notenbild wie den Text – und vor dem Arbeitsmodell sitzend Bilder im Kopf entstehen zu lassen ist ein konzentrierter Einstieg in das Geschehen, das sich dann mehr und mehr verdichtet – bis die inneren Bilder so weit zum Leben erweckt sind, dass sie sich in Bewegung umsetzen lassen, bis der Handlungsablauf klar umrissen, Szene für Szene vor mir steht, bis der «Film» läuft …

Mich reizt es, in gemeinsamer Arbeit mit den Darstellern, den Sängern herauszufinden, wie weit man die Identifikation mit Rolle und Stück treiben kann, wie weit jeder in der Lage und bereit ist, sich einzulassen, auch auf ungewöhnliche Sichtweisen und Textinterpretationen. Wie weit gelingt es, Barrieren, innere Hemmungen abzubauen und einzureißen – bei sich und anderen, um dem neuen Wesen, das entstehen soll, Raum zu geben? Dem Regisseur, der Regisseurin muss es gelingen, im Darsteller die notwendige Phantasie und Imagination zu entfachen und ihn auf dem Weg durch das Stück zu begleiten, liebevoll unnachgiebig, um das in seiner konzeptionellen Intention angestrebte Ziel zu erreichen. Das ständige Hinterfragen des Weges und des Zieles sind dabei selbstverständlich. Je weiter die Identifikation mit Rolle und Bühnencharakter getrieben werden kann, je mehr der Darsteller sich der Rolle hingibt, desto befriedigender für das Bühnengeschehen und das Publikum wird das Ergebnis sein.

Für mich ist die eigene Vorstellungskraft die Gangart durch ein Stück. Ich muss mich mit jeder Figur und ihren Beweggründen im Vorfeld auseinandersetzen und identifizieren. Ich muss «verstehen», warum, wieso, weshalb – wie, wo, wann, woher und wohin. Nur dann kann ich glaubwürdig auf den Darsteller übertragen, was mir an dem darzustellenden Charakter wichtig erscheint. Nur dann lässt dieser sich – durch meine deutende Phantasie und die des Darstellers – zum Leben erwecken.

Eine Inszenierung beginnt im Allgemeinen mit dem sogenannten Konzeptionsgespräch. Alle, die mit der Produktion zu tun haben, versammeln sich vor der ersten Probe, und Regisseur und Bühnenbildner erläutern, was sie sich zum Stück und seiner Umsetzung gedacht haben. Meine Konzeptionsgespräche habe ich immer denkbar knapp gehalten, denn es ist mir wichtiger, mit den Proben zu beginnen, die ja auch immer Proben aufs Exempel sind: Nun erweist sich, ob das, was man sich am Schreibtisch ausgedacht hat, schlüssig in die Bühnenpraxis umzusetzen ist. Was nutzen der klügste Vortrag über die geplante Machart und Stückanalyse, wenn davon dann auf der Bühne kein Funken spürbar ist? Außerdem interessieren sich die Sänger, die heutzutage zum großen Teil des Deutschen gar nicht mächtig sind, sowieso nur dafür, wie das Kostüm beschaffen ist, das sie tragen müssen … Es gibt stundenlange erhebende und erhellende Konzeptionsgespräche, an denen aber eigentlich nur die Vertreter der Dramaturgie Anteil nehmen, wie an den Gesichtern der Übrigen unschwer abzulesen ist. Kurz und gut – so lautet meine Devise bei derlei Gelegenheiten. Kurz ist mir meistens gelungen; ob gut, sei dahingestellt.

Der großartige, ständig ausgebuchte Johannes Leiacker, der Bühnenbildner, mit dem ich das Glück hatte, einige Male in Frankfurt zu arbeiten, hielt auch nichts vom obligaten intellektuellen Geschwafel vor der ersten Probe. Das machte ihn mir besonders sympathisch – er war so kurz und bündig wie ich. Wir waren immer sehr bald in der praktischen Arbeit und nutzten die Zeit zur Überprüfung der Schreibtischtäterei. Denn meistens erscheint einem jede angesetzte Probenperiode zu kurz, die Zeit läuft einem davon.

Ich möchte mit meiner Arbeit bei der Klavierhauptprobe fertig sein. Danach beginnen die Orchesterproben, und die Regie hat kaum noch Möglichkeiten zu gravierenden Änderungen, ohne Betrieb und Sänger zeitlich gewaltig unter Druck zu setzen. Das ist im Schauspiel anders, da kann man bis zur Generalprobe Entscheidendes verbessern, vertiefen, ausprobieren. Da hängt kein gewerkschaftlich organisierter, zeitlich gebundener Orchesterapparat daran. In den Schlussproben beim Schauspiel habe ich schon atmosphärische Wunder von Wachsen und Sich-Runden erlebt. Diese Wunder gibt es beim Musiktheater nicht. Da zählt am Schluss nur die ständig befeuerte Motivation und die stimmliche Frische der Sänger. Sänger sind – das liegt in der Natur der Sache – nicht so belastbar. Darauf muss der Regisseur Rücksicht nehmen und der Dirigent möglichst auch. Dann kann das Ergebnis zur Premiere womöglich zufriedenstellend sein.

Danach ist das Wachsen und Werden, der Gewinn an Sicherheit und die Vertiefung der Aussagekraft ein Prozess, der über die Strecke der angesetzten Vorstellungen erhalten bleiben sollte. Routine ist ein schlechter Kumpan, ob in der Oper oder im Schauspiel. Man sollte sie vermeiden wie der Teufel das Weihwasser.

Inzwischen bin ich bei der stattlichen Anzahl von über achtzig Inszenierungen gelandet, und etliches an Projekten kommt in den nächsten Jahren noch dazu. Ob ich die hundertste Produktion schaffen werde? Ich lasse mich überraschen.

Die Gedanken zu meinen Operninszenierungen habe ich im Laufe der Jahre gesammelt und zusammengefasst – ein ganz persönlicher Opernführer sozusagen –, jeweils gedacht als Grundlage für meine Konzeptionsgespräche, zur Erläuterung für meine Kollegen und Mitspieler, die sich mir für die Wochen der Erarbeitung einer Neuinszenierung künstlerisch anvertrauen. Denn sie sind es, die die Theorie in die Praxis umsetzen.

Ein paar dieser Konzeptionsgedanken zu Stücken, die mir besonders am Herzen lagen, gebe ich als Abrundung diesem Buch mit, so dass sein Ausklang zugleich Aufbruch zu neuen kreativen Abenteuern bedeutet. «Komm' aus dem Staunen nicht heraus» – diese Worte des Ochs von Lerchenau am Ende des «Rosenkavaliers» entsprechen genau meinem Lebensgefühl. Und wenn ich mir etwas wünschen dürfte, dann, dass es noch eine Weile so weitergeht …

## «Die Zauberflöte»

Über kein Stück der Opernliteratur ist seit eh und je so viel nachgedacht und geschrieben worden wie über Mozarts «Zauberflöte» – außer vielleicht noch über Wagners «Ring». Und kein Stück wird verbindlicher und oberflächlicher «konsumiert» als diese vertrackte, wunderbare, kurzweilige, langatmige «Zauberflöte».

Die «Zauberflöte» ist es meistens, die ausgewählt wird, wenn man als Kind zum ersten Mal in die Oper gehen darf. Sie ist ganz dazu angetan, heilige Scheu oder auch ganz einfach Langeweile zu erwecken, wenn nicht hin und wieder Papageno aufträte, dieser Vogelmensch mit seinem bunten Kleid und seinen krausen Reden. Denn was versteht ein Kind schon von der alles überwindenden, herzergreifenden Liebe Taminos zu Pamina, durch ein Bild geweckt und durch Gefahren und Todesangst hindurch bewahrt? Oder von der edlen, weltumspannenden Menschenliebe des Sarastro, dessen pflichteifernde «Weisheitslehre» so volltönend und pathetisch über die Rampe kommt?

Die nächtlichen, aggressiven Temperamentsausbrüche der verzweifelten «Königin», die von Rachsucht und Hassliebe zur abtrünnigen Tochter getragen sind, verfangen da schon eher. Oder der schwarze, agile Monostatos, der sich im Angesicht des Mondes die Finger nach eben dieser Tochter leckt («weiß ist schön, ich muss sie küssen!») und der hinter seiner schwarzen Farbe – so die Perspektive des Stückes – ein tiefgekränktes, geschundenes Menschenherz verbirgt. Eine Kreatur, der in der noblen Sarastro-Welt übel mitgespielt wird. Die drei Damen, die drei Knaben und die launige Papagena vervollständigen das Personal dieses phantastischen Rührstücks über die Liebe und den dornigen Weg, der zu ihr führt.

Die «Zauberflöte» also kennt man von Kindheit an, und sie begleitet einen durch das Leben als die deutsche Oper schlechthin – neben dem «Freischütz» natürlich –, deren Melodien man mitsummt und deren Figuren vertraute Bekannte sind. Und doch – was man da so gut zu kennen glaubt, entpuppt sich bei näherer Beschäftigung als ziemlich unbekannte Größe: So volksnah, märchenleicht und simpel ist das nämlich alles gar nicht, weder textlich noch musikalisch. Nicht nur der vielzitierten «Brüche» wegen, deren sich Mozart und Schikaneder durch Umstellung der Grundhandlung im letzten Augenblick, unter Zeitnot und Premierendruck und unter Vernachlässigung der gründlichen dramaturgischen Durcharbeitung, «schuldig» gemacht haben sollen.

Auch musikdramaturgisch ergeben sich ein paar Ungereimtheiten, die zwar weitgehend zu beseitigen sind, was aber die Puristen und Fanatiker sogenannter Werktreue wahrscheinlich nicht befriedigen kann. Die Stellung des Terzetts Nr. 19 («Soll ich dich, Teurer, nicht mehr sehen») zum Beispiel ist umstritten. Es wird in vielen Inszenierungen kurzerhand weggelassen. Lässt man es da, wo es steht, ergibt der nachfolgende Selbstmordversuch Paminas keinen Sinn, denn sie wird aus dem Terzett mit dem tröstlichen Hinweis entlassen, dass sie ihren Tamino nicht lange entbehren muss: «Ihr werdet froh euch wiedersehn», verheißt Sarastro. Warum also sollte Pamina sich zwei Szenen später, nämlich in Nr. 21, erdolchen wollen? Es gibt jedoch die Möglichkeit, das Terzett, auf das seiner musikalischen Schönheit wegen nicht verzichtet werden sollte, zu einem früheren Zeitpunkt zu bringen, nämlich vor Paminas berühmter g-moll-Arie «Ach, ich fühl's, es ist verschwunden» – und damit ist der Leidensentwicklung Paminas logischer Raum gegeben.

Und noch einen anderen «Eingriff zum Besseren» des dramaturgischen Ablaufs habe ich gewagt: Der versierte Theaterkomiker Schikaneder, der Papageno der Uraufführung, hat sich kurz vor dem Finale der Oper noch seine ganz persönliche Schlussnummer gesichert – mit seinem Arioso und dem beliebten Duett mit der endlich erscheinenden Papagena. Das sollte das Publikum als Ohrwurm mit nach Hause nehmen; da wollte Schikaneder noch einmal mit den Damen in der dunklen Menge des ausverkauften Freihaustheaters kokettieren: «Schöne Mädchen, denkt an mich. Will sich eine um mich Armen, eh ich hänge, noch erbarmen» … Und das stört gründlich und hinterhältig den Abschluss des heroischen Prüfungsweges der liebenden Helden Pamina und Tamino, die doch eigentlich nach Bestehen des berühmten Feuer- und Wasserrituals, einem musikalischen Höhepunkt der «Zauberflöte», ohne Verzug dem Finale zueilen sollten, vom Chor und Sarastro schon sehnlichst erwartet. So habe ich Papagenos Nummer in meiner Produktion dem Selbstmordversuch der Pamina vorangestellt. Und keiner hat's bemängelt, vielleicht sogar niemand bemerkt!

Andererseits sind es gerade die Brüche, die das Stück und seine Figuren so schillernd und facettenreich werden lassen. Auf Sarastro und die Königin der Nacht zum Beispiel könnte man ein ganzes psychoanalytisches Vokabular anwenden: Ihre Handlungen und Beweggründe erscheinen mehr als abgründig und fragwürdig. Taminos Wandlung vom ziemlich arroganten, oberflächlichen Jüngling zum verantwortungsvoll handelnden, Sturm und Drang überwindenden, pflichtbewusst Liebenden ist eindeutig im Text intendiert und in Mozarts tiefgründiger, himmelstürmender Musik ausgesprochen. Am eindeutigsten verhält sich Pamina, die mit reiner Stärke durch das Labyrinth der Szenen und Auftritte wandelt und der Prüfungen eigentlich gar nicht bedarf, denn sie liebt ihren Tamino schon, kaum dass ihr Papageno nur von ihm erzählt, während er doch immerhin ein Bild von ihr gesehen hat. Und mit traumwandlerischer Sicherheit weiß sie: «Er ist es», als er dann endlich vor ihr steht. Für einen kurzen Augenblick sind sie vereint, die Liebenden aus dem Märchen über die Liebe und die Menschlichkeit, die nicht nur im Märchen Utopie bleibt.

Denn im kurzen, auch musikalisch statuarischen Finale dieser großen, menschlichen Oper voller allzumenschlicher Schwächen fallen die Königin und ihre drei Damen sowie der arme Monostatos unversehens in den Abgrund der Hölle, der sich auf dem Höhepunkt des humanitären Gedankens auftut, bei Übergabe des Sonnenkreises an die neuen Herrscher alter Ordnung: «Die Strahlen der Sonne vertreiben die Nacht», singt Sarastro, und damit fällt der Vorhang über einer Oper, in der das Nächtliche, das Dunkle, das Unerklärliche zwei Akte lang und für immer seinen Platz behauptet.

## *«Tristan und Isolde»*

Wagners Oper «Tristan und Isolde» ist ein Werk der Ungeheuerlichkeit! Ein Diskurs, der permanent an die letzten Dinge rührt. Wie kann man schildern, was Wagner eine «Handlung» nennt – eine innere Handlung, die sich nur in ständiger, glühender innerer Beteiligung äußert, mit einer Intensität, die den Darstellern das Letzte abverlangt? Denn auf der Bühne herrscht der Stillstand, auch der Zeit.

Herausgehoben aus der Zeit treiben die Darsteller im Geschehen – und in den gewaltigen stimmlichen und emotionalen Anforderungen, die Wagner ihnen abverlangt. Tag und Nacht sind Metaphern für das Ausgeliefertsein an Zustände und Befindlichkeiten; sie sind Bedrohung auf der einen und ersehntes Nirwana auf der anderen Seite.

Isolde pendelt zwischen depressiver Verzweiflung und uneingestandenen Hoffnungen, die ihr Inneres verstören. In eruptiven Befreiungsversuchen ist sie bereit zu sprechen, zu analysieren, sich der fragenden Brangäne zu öffnen, die an ihrem Nichtwissen leidet und mitleidet. Isolde ist bereit zur Rache für den durch Tristan an ihr begangenen Verrat, dabei unaussprechlich liebend und verletzt. Sie ist jedenfalls eher bereit zu reden als Tristan, der sich bedeckt hält und sich an das Gerüst der Konvention, der höfischen Gebärde klammert.

Langsam erst entdeckt er sich und offenbart seine Gefühle, um im Augenblick der Befreiung von allen Zwängen zusammen mit Isolde ein anderer Mensch zu werden. Ein Befreiter, der sein Grübeln, seine Todesahnung und Sehnsucht plötzlich, von der Liebe befeuert, in Worte fassen kann – Worte, deren Vielfalt und Empfindungskraft nicht nur Isolde staunen machen. Aber auch sie ist zur Wortschöpferin geworden. «Des Weltenlebens Walterin» nennt sie die Liebe, die sie erfüllt. Die Kraft ihres Gefühls ist so groß, dass auf der Erde kein Platz dafür ist. Nur im «Weltatem», der sie beide durchströmt, sind diese Gefühle, diese Liebe aufzufangen.

Auf Erden muss diese Liebe Utopie bleiben, da die Rücksichtslosigkeit der Hingabe, das Verzehrende, Versehrende dieser Neigung unbegreiflich und unstillbar bleiben. Die Auflösung im «Urvergessen» ist die Konsequenz, die Tristan von Anfang an – über alle Sühnebereitschaft hinaus – klar ist. Es ist eine Konsequenz, die Isolde durch die überirdische analytische Klarheit, der beide sich im zweiten Akt hingeben, mit zu vollziehen bereit und imstande ist. Eine überirdische Heiterkeit, eine bewusste Loslösung von aller Erdenschwere ergreift beide und führt in die Souveränität einer durchlebten und vollzogenen Individuation auf der Stufe zwischen Leben und Tod, die sie Mitmenschen und Umwelt wie im Wachtraum erleben lässt.

Die Wunde, an der Tristan krankt, heißt «Tag» und «leben müssen». Als ein Herausschreiten aus sich selbst, als seelische Verschmelzung von «Ich» und «Du» – ein Eintauchen in den innersten Kern des Seins –, so erlebt er einen Tod, der nicht real sein muss. Es ist ein Rückzug, ein Sich-dem-Leben-Verweigern, ein «Versinken, Ertrinken», von dem Isolde singt, wobei sie Tristan auffängt und begleitet mit der Kraft einer Liebe, die beiden zur mystischen Ekstase wird. Das «Wunderreich der Nacht» ist die Ebene, die Tristan und Isolde fortan beschreiten in «wahnlos holdbewusstem Wunsch». Die hermetische Totalität, mit der sie sich dieser Welt entziehen, um die Vorwegnahme des Nirwana zu erleben, lässt sie unerreichbar, unantastbar werden. Ratlos und reglos bleiben wir zurück.

## *«Carmen»*

Als ich Bizets Oper 2002 in Innsbruck inszenierte, wollte ich die Geschichte von Carmen und José so genau wie möglich erzählen, ohne Ablenkungsmanöver. Es ist eine Geschichte von einfachen Leuten mit komplizierten Gefühlen, eine Geschichte von den großen und wichtigen Dingen des Lebens: von Liebe und Tod. Eine junge, attraktive, launische Zigeunerin und ein durch sein aggressives Temperament gefährdeter Soldat treffen aufeinander. Die spontane, heftige Beziehung, die entsteht, endet für den Mann, José, in Qualen der Eifersucht und Hörigkeit, für die Frau, Carmen, in emanzipatorischem Freiheitsdrang, Loslösung, Selbstständigkeit, Kompromisslosigkeit – Tod.

Wer hier zum Opfer wird, ist nicht zu klären – jeder ist dem anderen ausgeliefert, nur der Tod bringt Befreiung von Zwang und Abhängigkeit. Sich auf Carmen einzulassen, auf ihre Launen, ihre Liebe, heißt verbrennen im Wechselbad der Gefühle. José verbrennt, wird Opfer und Täter zugleich. Carmen findet in ihrem Gefühl für Escamillo, den Helden der Stunde, zu Glück und innerer Sicherheit, ihr erwächst daraus Kraft und Souveränität. Die Lösung von José, der Schritt zur persönlichen Freiheit, bringt ihr jedoch den Tod – gewollt, gewählt.

Das alles zu hinterfragen, in seinem dramatischen Gehalt auszuloten, der opernhaften Verklärung zu entgehen, dem Pathos der großen Geste zugunsten der menschlichen und zwischenmenschlichen Aussage der Protagonisten zu entsagen – dazu neben der Hauptgeschichte ein paar leichtherzige, leichthändige Nebengeschichten zu erzählen, das hatte ich mir vorgenommen. Da ist zum Beispiel die Geschichte vom verschmähten Dancairo oder die vom bei mir schiefgeknöpften Wachsoldaten, dem aufmüpfigen Zuniga. Oder die Geschichte der tief enttäuschten Micaela, deren Liebe José nicht erwidern kann, weil Carmen ihn süchtig macht, süchtig nach ihren Augen, mit Haut und Haar …

Diese heißblütige Tragödie wurde von einem französischen Novellisten, Prosper Mérimée, erfunden und von einem französischen Komponisten, Georges Bizet, als *opéra comique*, das heißt mit gesprochenen Dialogen, konzipiert. Sie spielt in Spanien, doch das ist im Zeitalter des Massentourismus irrelevant. Wir kennen Spanien aus eigener Anschauung inzwischen besser, als es uns die Bühne vermitteln und vorgaukeln kann. Darum kann diese Geschichte irgendwo und irgendwann auf der Welt spielen, denn Namen – wie Carmen und José – sind Schall und Rauch. Und was die Schlagartigkeit der großen Liebe, die Unausweichlichkeit des Todes betrifft: Die ereilen Menschen überall.

Der Stierkampf und sein Torero aber – das sind die spanientypischen Ingredienzien, die nicht fehlen dürfen. Sie bringen Grandezza, Disziplin und Ritual in ein Geschehen, das von Leidenschaft und Emotion beherrscht wird.

Carmen stirbt sehr jung. Und ihre Geschichte und Musik sind so jung und unverbraucht, als seien sie gestern erfunden.

## *«Fidelio»*

Der gewaltige Brocken «Fidelio», Beethovens unbewältigtes Meisterwerk, hat mich bewegt und erregt, solange ich Musik bewusst erlebe und wahrnehme. Die Leonore war meine Traumrolle – und sie ist es geblieben, denn ich war leider kein Sopran.

Später habe ich mich als Regisseurin mit diesem Stück auseinandergesetzt, und ich tat es mit größter Anteilnahme an den Schicksalen der Protagonisten und ebenso mit großer Vorsicht und Scheu vor der Leidensfähigkeit und Verletzbarkeit derer, die die farbigen und vielschichtigen Figuren dieser Oper darstellen müssen. Die Emotionalität, die kraftvolle Zeichnung jedes einzelnen Charakters verlangen eine ungeheure Identifikation mit dem Geschehen.

Ich nehme als Beispiel nur die Beziehung des jungen Paares Marzelline/Jaquino: Wie tief verletzt ist dieser junge Mann durch Marzellines Treuebruch! Eine als selbstverständlich empfundene Liebesbeziehung geht in die Brüche, das Liebesobjekt entzieht sich. Wie viel Aggression und Bitterkeit, Liebesnot und Sehnsucht bricht sich in der Begegnung der beiden Bahn! Nichts von singspielhafter, biedermeierlicher Betulichkeit will sich mir hier zeigen – weder textlich noch musikalisch.

Die komplizierteste, beklemmendste Figur aber ist der Kerkermeister Rocco, weil er derjenige ist, mit dem man sich leider am besten identifizieren kann. Seine Palette reicht von trockenem Galgenhumor bis zu Pflichtbewusstsein, Opportunismus und Brutalität. Aber auch Selbstkritik und Erkenntnis der Niederungen seiner Existenz sind ihm gegeben. Ihm, der sich fast pausenlos für das, was er tut, tun muss, vor sich und anderen entschuldigt, wächst Leonore sozusagen als Entwicklungshelferin zu. Sie trägt zur «Menschwerdung» Roccos bei durch ihren Mut, ihre umfassende Liebe, ihren Enthusiasmus, ihre Zivilcourage.

Für mich ging es bei der Aufführung des «Fidelio» weder um Aktualisierung noch um eine ideologische Abstraktion oder eine realistisch-politische Deutung, zu der die als Prototyp eines Tyrannen fulminant gezeichnete Figur des Pizarro verleiten könnte. (Aber wer ist hier eigentlich der «Böse»? Man lese den Text von Pizarros Angst- und Wutausbruch im ersten Akt … Nur weil Leonore Florestan liebt, muss der nicht integer sein.) Es ging mir um die lebendige Vergegenwärtigung eines beispielhaften Geschehens. Das Überzeitliche, das «Mitmenschliche» dieser großen Oper berührt mich in seiner entwaffnenden Reinheit, seiner überdimensionalen Unschuld.

Dass ich den Worten des Don Fernando, des in versöhnlicher Mission erscheinenden Gouverneurs, keinen Glauben schenken kann, steht auf einem anderen Blatt. Und dass sich Pizarro in der

Schlussapotheose noch einmal aus dem Staub erhebt, das ist das Elend dieser Welt, vermutlich bis in alle Ewigkeit.

## *«Die Frau ohne Schatten»*

1897 schon entstand «Der Kaiser und die Hexe», ein frühes Drama Hofmannsthals, von diesem nur als «Plan», «Entwurf», als «nie abgeschlossene Arbeit» angesehen. Es hat bekenntnishaften, autobiographischen Charakter. Das einaktige Drama kann jedoch absolut als motivische Vorstudie zu «Die Frau ohne Schatten» gelten. Der Kaiser des Dramenentwurfs entspricht dem Kaiser im Opernlibretto. Statt der weißen Gazelle wird dort eine Taube gejagt, doch auch sie verwandelt sich in eine Frau.

Wichtige Quellen waren für Hofmannsthal Goethes «Märchen», «Faust II», vor allem auch die Märchen aus «Tausendundeiner Nacht». Den verschiedensten Erzählungen aus dieser Textsammlung hat Hofmannsthal Gedanken, Bilder und Szenen entliehen. Auch Richard Strauss war lebenslang ein tiefer Goethe-Verehrer, der sich Goethe wahlverwandt fühlte und wichtige Affinitäten empfand. Sein lebenslanger Umgang mit Goethes Dichtung und Lebensphilosophie prägte sein Denken. Darin traf er sich mit Hofmannsthal.

Im Februar 1911 notierte dieser erste Einfälle und einen Handlungsversuch, der sich konkret auf eine «Frau ohne Schatten» bezieht. Dieser Entwurf ordnet die handelnden Personen noch der Commedia dell'Arte zu, es kommen also Harlekin, Smeraldine etc. vor. Daraus wurden dann Wiener Volksfiguren, woraus endlich der Färber und die Färberin entstanden. Auffallend war für Strauss sofort der Prüfungs- und Läuterungsgedanke, die Verwandtschaft mit dem Grundmotiv der «Zauberflöte». Er sah das Ganze von Anfang an als «große Oper».

Strauss begann umgehend mit der Komposition, 1913 entstanden der erste und der zweite Akt. Im Juli 1914 wurde der dritte Akt beendet, 1915 war die ganze Komposition fertig und lag dann vier Jahre lang verwahrt in Strauss' Schreibtisch, weil sich Komponist und Librettist nicht entschließen konnten, die Oper während des Weltkrieges uraufzuführen. Im Oktober 1919 war es endlich so weit: In Wien kam es zur Uraufführung.

Ein paar Worte zum Personal, das die Oper sichtbar oder unsichtbar bevölkert: Da ist Keikobad, der Übervater, der Unsichtbare aus der Welt des Geistigen. Er kommt bei Gozzi im Märchen von Turandot vor. (Von dort ist auch der Name des Färbers, Barak, entliehen.) Aus dieser Überwelt, die von reinem, weißem Licht durchstrahlt ist – daher die gläserne, kristalline Erscheinung der Kaiserin, der «Frau ohne Schatten» –, kommt auch die Amme. Sie wünscht sich, dass die Kaiserin unberührbar sei, und verabscheut die Menschenwelt voller Not, Trauer und Schmutz. Den Schatten, den die Kaiserin verlangt, will sie ihr schaffen, ohne ihr das Leid, die Leidensfähigkeit der Menschen zu vermitteln. Eine groteske Heiterkeit, ein übernatürlicher Galgenhumor umgeben die Amme. Sie ist der Kaiserin verfallen, leidet mit ihr und an ihr.

Für die Färberin stand Richard Strauss' Frau Pauline «Modell». Zitat Hofmannsthal über die Färberin: «Es ist halt eine bizarre Frau mit einer sehr guten Seele im Grund, unbegreiflich, launisch, herrisch und dabei doch sympathisch.» Zu dieser «Frau» notierte Hofmannsthal auch, dass sie nicht nur um ihrer Schönheit willen keine Kinder haben wolle, sondern auch, «um ihre Stimme zu erhalten». Die Sängerin Pauline Strauss war über die Anspielung, von der Ehemann Richard ihr natürlich erzählte, recht verärgert. Sie ließ sich aber beschwichtigen, als Strauss meinte: «Woraus soll der Dichter schöpfen, wenn nicht aus dem wirklichen Leben?»

Barak hat als Einziger neben Keikobad einen Namen und somit eine Sonderstellung, er, der Werbende, Geduldige, Hingegebene, Hoffende, Wartende. Noch ist er blind für die Bedürfnisse der Färberin – «einäugig», noch nicht erlöst aus eigener Kraft zur Gemeinschaft, zur Zweisamkeit, die Ganzheit bedeutet.

Vielfältige Assoziationen stellen sich ein beim Begriff «Schatten»: das Schattenreich, die Welt der Toten, die Schattenwelt; die «sieben Mondberge», der Herrschaftsbereich des Keikobad, die Welt der noch «Ungeborenen». Das Eintreten aus dieser Welt in die Erdenwelt ist das Sich-Existenzialisieren. Hofmannsthal nennt Keikobads Welt auch «die Welt der Präexistenz», die Welt des Idealen, die unangetastet ist von der Realität des Irdischen, des Unzulänglichen, Schmutzigen, Sterblichen, Schuldig-Werdenden. Auch der Gedanke der Reinkarnation spielt hier hinein. Der Schatten ist das bejahte

Dunkel. Der Schatten des Apostels Petrus, sagt die Apostelgeschichte, hatte heilende Kraft, wenn er auf Kranke fiel. Der Jungfrau Maria wird gesagt, eine göttliche Kraft wird sie beschatten – und sie wird Mutter. Man denkt zudem an das Motiv vom verlorenen oder verkauften Schatten (etwa bei Adelbert von Chamisso und E. T. A. Hoffmann).

Die starke Thematik der Verwandlung, die reinigende Kraft der inneren Wandlung ist eine wichtige, tiefenpsychologische Komponente des Stückes. Auch die Thematik des Traumes ist natürlich in der Psychoanalyse von großer Bedeutung – Hofmannsthal nahm alle Strömungen und Entwicklungen auf diesem Gebiet wahr. Die Traumwelten der Kaiserin und der Färberin sind hier warnende Vision, dort Wunschwelten.

Das alles sind keine neuen Motive. Die Figuren und Motive, die Hofmannsthal verwendete und gestaltete, lassen sich vielmehr in den Mythen und Märchen der ganzen Welt finden. Märchen beinhalten ja immer sozusagen mustergültige Fälle seelischer Reifeprozesse nach typisch menschlichen Verirrungen und Verwirrungen, nach Krisen und Ungewissheiten, ausgelöst durch Leichtsinn und Fehlverhalten.

Die Lösung der Konflikte, die Erlösung und Überwindung geschieht bei Hofmannsthal und Strauss durch die Versöhnung der Gegensätze zu einem sinnvollen, diesseitigen Leben, zum Seelenheil auf Erden, das sich aus seelischer Ganzheit ergibt. Liebendes Dulden, Mitleiden und die Annahme des Todes sind wichtige Erkenntnisse auf dem Weg des Reifens.

In einem der zahllosen Artikel und Essays zur «Frau ohne Schatten» gibt es das schöne Wort, dass in dieser Dichtung Hofmannsthals die Seele etwas über sich selber aussagt – dass das Stück also sehr tief und wahrhaftig der Innenschau eines Menschen verpflichtet ist. Ich bin der Überzeugung, dass Hofmannsthal in keinem seiner anderen Werke so viel von sich selber und seiner seelischen Struktur preisgegeben hat wie in der «Frau ohne Schatten». Richard Strauss ist kongenial mit dieser Offenbarung umgegangen.

«Die Ungeborenen» in dem Stück sind Inbegriff aller schöpferischen Möglichkeiten in uns, aller fruchtbaren Gedanken und Taten im Zukünftigen, die wir in uns zeugen und austragen müssen. Nicht leibliche Kinder sind hier also gemeint, sondern die seelische Fruchtbarkeit, die nur entsteht, wenn das Individuum in sich selbst Vater und Mutter zugleich ist: ein souveräner, zugleich dienender geistiger Vater und eine beseelte, zugleich sinnliche Weiblichkeit.

Diese Kräfte, die dem Menschen eingeboren sind, muss dieser in sich annehmen, das heißt bejahen und ausbilden, um sie fruchtbar werden zu lassen. Das Märchen personifiziert diese Grundkräfte als Kaiser und Kaiserin, als Färber und Färberin, die zusammengenommen eine seelische Ganzheit darstellen. Schöner lässt es sich kaum sagen und ausdrücken als in der «Frau ohne Schatten». Das so verschlüsselt Märchenhafte ist damit sehr klar und eindringlich umrissen.

Dieses Märchenhafte in der «Frau ohne Schatten» ebenso klar und eindringlich ins glaubwürdige Bühnenleben hinein zu erlösen muss bei der Erarbeitung einer Produktion die Aufgabe der Regie sein, um dem Verständnis dieser herrlichen, sich verströmenden Oper zu dienen.

## *«Peter Grimes»*

Benjamin Brittens genialer Wurf «Peter Grimes» ist eins der bedeutendsten Werke des Musiktheaters aus dem vorigen Jahrhundert. Das spannungsreiche Geschehen des Stückes kreist um die labile, selbstdestruktive, weltabgewandte, dabei cholerische Persönlichkeit der Titelrolle. Sie steht im Gegensatz zu den Fischerdorfbewohnern, die sich allzu gern aus dem Gleichmaß des Alltags aufrütteln lassen und als Masse dem verstörenden Individuum Grimes gegenüber anklägerisch und voyeuristisch agieren – ein modernes «Aktenzeichen XY»-Geschehen, im Zweifelsfall eben nicht *für* den Angeklagten … Nur Kapitän Balstrode und Ellen Orford, die weibliche Hauptrolle, bringen Verständnis für den visionären, vehement sich selbst beklagenden Grimes auf, dessen Außenseitertum in den verordneten Selbstmord führt.

Hingerissenheit löst die Musik und Faszination die Thematik von Brittens Oper in mir aus. Und Bestürzung. Bestürzung darüber, wie nahe einem der Anti-Held Peter Grimes kommt in all seiner quasi autistischen Verzweiflung, seinem trotzigen Selbstmitleid. Die Tragödie dieses sich Verweigernden entwickelt sich vor dem Hintergrund der subtilen Schilderung des bigotten Lebens einer Fischerdorfgemeinschaft, in der jeder jeden kennt und jeder mit den Schwächen, Lastern und dem Leben des Nachbarn vertraut ist. Ablenkung vom harten, gleichgültigen Einerlei des Alltags, der von der Übermacht der Natur abhängig und geprägt ist, bringen Alkohol und Liebesspiel, bringen Süchte, Verdächtigungen und die «Menschenjagd»: Grimes ist der Gejagte, die Masse sein Verfolger. Einzelne skurrile, scharf gezeichnete Typen heben sich von dieser Folie ab wie Farbtupfer im gleichmütigen, dann wieder von Emotionen getragenen Geschehen.

Benjamin Britten schrieb «Peter Grimes», seine erste Oper, mit gerade einmal 32 Jahren. Dabei entstand ein vollendetes Meisterwerk von hohem Schwierigkeitsgrad und Anspruch, voll blühender Melodik, origineller Harmonik, mitreißender Rhythmik. Immer wieder verdichtet sich das in dramaturgischer Hinsicht ungeheuer sicher konzipierte Stück, nicht zuletzt dank der gewaltigen Chöre, zu atemberaubender Spannung, die sich musikalisch und szenisch unvermutet aufbaut und der sich wohl niemand entziehen kann.

Meine Inszenierungen des «Grimes» in Innsbruck und Saarbrücken wollten bewusst auf illustrierendes Lokalkolorit verzichten und sich stattdessen auf abstrahierender Ebene bewegen, die Raum schafft für die konzentrierte Thematik von Masse und Macht, von Individuum und Massenhysterie. Daneben steht gleichberechtigt die Naturgewalt von Meer und Sturm als Gleichnis für die seelischen Befindlichkeiten der handelnden Personen. Reichtum und Farbigkeit der Partitur verdeutlichen das soghafte Geschehen. Die berühmten *interludes* sind Konzentrate der geballten atmosphärischen Kraft, die diesen genialen Opernstoff beseelt.

## *«Salome»*

Um einen Zugriff auf diesen gewaltigen Stoff, auf diese komplexe, pervertierte Frauengestalt zu bekommen, war es für mich hilfreich, mir die Entstehung des Stückes vorzustellen, das Richard Strauss' Oper zugrunde liegt, und es dadurch als Abstraktion zu behandeln: Salome als Kopfgeburt Oscar Wildes. Mein Anstoß dazu war ein

Foto, das, so meinte man, Oscar Wilde als Salome verkleidet darstellt. Inzwischen hat man aber herausgefunden, dass es eine Sängerin zeigt, die eine verblüffende Ähnlichkeit mit Wilde hat. Trotzdem war dieses Foto die Initialzündung zu meiner Konzeption der «Salome», als ich die Oper 2006 auf die Bühne brachte.

Man weiß, wie intensiv und faszinierend für Oscar Wilde die Beschäftigung mit dem Salome-Stoff war. Als er seinen Einakter schrieb, geriet der kreative Prozess für ihn immer mehr zur Identifikation mit der Hauptfigur, Salome wurde zur Projektionsfläche. Dabei spielten auch die homoerotischen Aspekte seines Lebens eine Rolle, das Begehren und die letztlich doch unerfüllte Liebe zu «Bosie», Lord Alfred Douglas. Und so schien es ganz logisch, in meiner Inszenierung den *creator* Oscar Wilde in das Geschehen einzubauen. Wie durch Wilde die Gestalten des Dramas entstehen, aus seinen Gedanken und seiner Phantasie geboren, wie er immer wieder von den Figuren ergriffen wird und wie sich diese Figuren verselbständigen und ihm entgleiten, das wollte ich zeigen. Salome ist keine reale Figur, sondern eine Kunstfigur wie Oscar Wilde, der sich sozusagen zu sich selbst stilisierte und sein Image als mondäner Dandy pflegte. Mit seinem Hang zu extravaganten Kostümen, die er sich anfertigen ließ, unterstrich er eine dekadente Künstlichkeit, die er lebte und liebte.

Weil Oscar Wilde und seine Lebenszeit in meiner Interpretation des Stückes eine inspirierende Rolle spielten, war es folgerichtig, die Handlung in seine eigene, private Welt zu verlegen, ins viktorianische England der Jahrhundertwende. Genauer gesagt spielte sich das Geschehen bei einer Abendgesellschaft in der Wohnung Oscar Wildes ab. Diese Idee ermöglichte es, den Prozess der Erschaffung der Figuren mitzuverfolgen und die Abstraktion zum Leben zu erwecken.

Die geladenen Gäste, die sich in Wildes Salon befanden, seine Mutter und sein Vater sowie Studienkollegen und Professoren, verwandelten sich in seiner Phantasie zu den Figuren seines «Salome»-Dramas: Die exzentrische Mutter, die literarische Salons führte und schriftstellerisch unter dem Pseudonym Speranza tätig war, wurde zu Salomes machtgieriger, ehrgeiziger Mutter Herodias. Wildes Vater, ein berühmter Augen- und Ohrenarzt, verwandelte sich in Salomes lüsternen Stiefvater, König Herodes. Und durch einen Musenkuss hauchte Wilde seinem Intimfreund Bosie Bühnenleben ein und machte ihn zum jungen Hauptmann Narraboth, der unsterblich in die Prinzessin Salome verliebt ist … So verwandelten sich nach und nach alle anwesenden Figuren und spielten ihre Rollen in Wildes Drama. Er entwickelte ihre Geschichte und lenkte das Geschehen, wobei auch er immer wieder Teil des Dramas wurde und die Rolle einzelner Figuren übernahm.

Salome ist eine verwöhnte Prinzessin, die gewöhnt ist, dass all ihre Wünsche erfüllt werden. Sie lebt in einer Atmosphäre, in der ein Menschenleben nichts zählt, was deutlich wird, wenn Narraboth sich ihretwegen entleibt und sie ihm dabei ungerührt zusieht. Sie ist eine faszinierende und zugleich erschreckende Figur, zu deren Charakter nicht einmal Oscar Wilde selbst einen festen Standpunkt beziehen konnte. Er stellte sie mal als unschuldiges, naives Kind dar, mal als Femme fatale und männermordenden Weibsteufel.

Das Objekt ihrer unmenschlichen Begierde ist Jochanaan, der von ihrem Stiefvater Herodes gefangen gehalten wird. Als Belohnung für ihren Tanz, den sie vor Herodes aufführt, verlangt sie Jochanaans Kopf. Um den brutalen Schluss zu umgehen, der in seiner ursprünglichen Form kaum darstellbar erscheint und durch das Pappmaché der Requisite leicht der Gefahr der Lächerlichkeit und einer Pseudograusigkeit ausgesetzt ist, wurde Oscar Wilde bei mir schließlich zu Jochanaan.

Die Beweggründe für Salomes grausamen Wunsch sind vielseitig interpretierbar. Logisch scheint mir, dass ihr eigener Tod ein Liebestod ist. Denn schon bevor Herodes den Befehl gibt «Man töte dieses Weib», ist sie in eine andere Welt abgehoben. Aus der Musik geht eindeutig hervor, dass sie bereits in ihrem Schlussmonolog, der ein Dialog mit Jochanaan, dem toten Geliebten, ist, gemeinsam mit diesem in eine andere Sphäre eingetaucht ist. Ihre Todessehnsucht hat viel mit Oscar Wilde selbst und seinen «Sehnsüchten» zu tun.

In dieser Oper begehrt jeder jeden: Salome begehrt Jochanaan, Herodes begehrt Salome, Narraboth begehrt Salome, der Page begehrt Narraboth, Herodias begehrt Rache. Das Leben begehrt den Tod – Eros und Thanatos in höchster Qualität, als Erlösung und perversester Lustgewinn …

## «Der Freischütz»

Schwerpunkt in diesem abenteuerlichen Stück ist für mich die Figur des Max. Was mich dabei interessierte, als ich Webers Oper 2006, im Freud-Jahr, inszenierte, ist die Zerstörungskraft der Versagensangst, die Max quält. Das steigert sich bis zur Impotenz, denn auch Agathe in ihrer unermüdlichen, abgrundtiefen, liebevollen Besorgnis wird für Max zur Bedrohung. Ihre Weiblichkeit erstickt ihn, ihre Liebesforderung, die Aussicht auf die bürgerliche Zweisamkeit im Ehebett, und dass er sich dafür beweisen und bewähren muss, morgen, morgen – das sind Horrorvisionen, denen er mit seiner labilen Persönlichkeit nicht gewachsen ist. Er geht darin unter – Depressionen, Ängste, Verzweiflung lähmen ihn. Er wird hinfällig, anfällig für die Verführungskünste des Kaspar, der sich aus Überlebensnot im Dreißigjährigen Krieg dem Bösen verschrieben hat.

Für Kaspar, den von Agathe Abgewiesenen, wird Max zum Opfer seiner Rache, durch Max gewinnt Kaspar Aufschub für die Erfüllung des Teufelspakts. Erworbene und angeborene Skrupellosigkeit, innere Verrohung zeichnen ihn aus, den wilden, rücksichtslosen Kaspar, der sich offen selbst der Nächste ist. Er, der von seiner Umgebung mit Argwohn beobachtet wird, beobachtet selbst den anderen, der auf der Abschussliste steht, mit witterndem Instinkt für dessen Schwäche und Verzweiflung. Max kann sich nicht mehr wehren, er hat Wirklichkeitssinn und Abwehrkraft verloren und greift nach dem Strohhalm der Magie.

Zwei Welten stehen gegeneinander – die Welt des Mythos, des Aberglaubens, des mittelalterlichen Teufelsspuks, die Samiel verkörpert und Kaspar mitschleppt; und die Welt der Vernunft, der Aufklärung, des Pragmatismus, des Versuchs der erhellenden Einordnung, die zu Rationalität führen und im modernen Sinn zu professioneller Hilfe, die eine gefährdete, ausgelieferte, getriebene Persönlichkeit wie Max suchen und finden kann. Vertreter dieser «neuen Welt» sind eindeutig Ännchen und der Eremit. In Max wechseln visionäre, aber verzerrende Innenschau, Phantasie und Horror und tatsächlich gelebtes Geschehen einander ab. Die von ihm durch Angst und Versagen verzerrte Realität wird ihrerseits von Kaspar kühl seziert und zu eigenen Zwecken ausgenutzt.

Samiel verkörpert das Böse in uns und um uns – die Kräfte des Bösen und der Verführung, denen wir anheimfallen können, wenn bewusste Gegenwehr fehlt, wenn ein Vorteil winkt, wenn Auswege erkauft werden wollen … Samiel ist in vielerlei Gestalt zur Stelle, unvermittelt, ungeahnt, selbstsicher, siegessicher, ironisch, zynisch, wandelbar, brutal, lauernd, grotesk: ein Schemen, ein Wesen, nicht Mann, nicht Frau, in jedermanns Vorstellung vorhanden – aber wie? Er ist ein Teufelsspuk, der allgegenwärtig ist, aus der Phantasie geboren, ein Vehikel für das Unerklärbare, Unwägbare, für böse, brutale Instinkte, die in jedem Menschen lauern.

Die «Lichtgestalt» Agathe strebt Max unaufhaltsam und besitzergreifend entgegen, mit ständig offenen Armen. Das Bett ist aufgeschlagen, großkariert, mit Rosen bekränzt. Die Rosen des Eremiten segnen das Kommende, vor allem den kommenden Tag, der die Entscheidung bringt. Agathe träumt, sie warnt, sie wartet, sie liebt, sie hofft, sie fordert, sie überfordert …

Ännchen, ihre Cousine, durchschaut all dies, beobachtet und denkt sich ihren Teil. Sie predigt Vernunft, wobei ihr jedes Mittel recht ist, und wappnet sich mit Cleverness und Herzensklugheit. Sie spricht das rechte Wort im rechten Augenblick, wach, teilnehmend, mitfühlend, unsentimental und resolut: Fort mit dem alten Plunder! Her mit dem stabilen Halt, mit heißem Tee und frischem Bettzeug! Jetzt wird geschlafen! Morgen ist ein anstrengender Tag.

Kuno, Agathes Vater, der fürstliche Erbförster, hängt am Überkommenen: So war es und so bleibt es! Bitte nicht stören! Verstörendes wird zur Seite gedrängt, Aufstieg und Berufsehre sind alles. Nur der Platzhirsch kriegt die Tochter – wenn er seinen Platz zu Recht, mit Können und Lauterkeit, behauptet. So ist es immer gewesen. Dazu noch die Erbförsterei! Und stapft davon durch den deutschen Wald. Waidmanns Heil!

Ach ja, und Ottokar, der böhmische Fürst – das ist ein eitler, verzogener Adelsspross, ein überkommener Autoritärer, ein Sklavenhalter. Er isst gar zu gerne Wildbret … Die Nonchalance des großen Herrn steht ihm gut, das Freibier versteht sich von selbst. Aber er ist nicht unbelehrbar, er ist noch jung. Allerdings bleibt ihm wenig Zeit in dieser Oper. Sein Profil ist eng umrissen und großzügig zugleich. Er passt sich an, er wird die Aufklärung erleben.

Das Volk, ob Jäger oder Bauer, die Masse, reagiert mit lautstarker Wucht und ganz spontan. Wo eben noch ein Schwacher gehetzt und gehänselt wurde, kehrt im Handumdrehen Mitleid ein: Er ist ja einer von uns! Wenn's uns nun so erginge?! Es gibt in dieser Oper erstaunliche Möglichkeiten zu Reflexion und Gefühlsumschwung. Das Volk ist nicht dumm. Es kann nicht mehr lange dauern, dann werden Vernunft und Wachheit, die heraufziehende Aufklärung die Oberhand gewinnen und den Teufelsspuk, die dumpfe Unwissenheit und die dunklen Mächte der Magie vertreiben.

So denkt der Eremit, der mit menschlichem Verständnis zum Besseren mahnt und seine Hand zur Hilfe reicht. Er verkörpert die Tugend der Vernunft, der Weisheit und des Intellekts. Aus seinem Schatten treten Freud und die Errungenschaften der psychoanalytischen Erfassung des sich selbst preisgegebenen Menschen hervor.

Für Kaspar aber kommt jede Hilfe zu spät – Samiel war schneller. Und Max?

Webers Oper berührt drei Zeitebenen: die Zeit, in der die Geschichte vom «Freyschützen» ursprünglich angesiedelt ist; die Zeit, der Kaspar verhaftet ist, die Zeit nach dem Dreißigjährigen Krieg; und die Zeit der heraufziehenden Aufklärung und die Moderne mit unserer Sicht auf die Dinge. Es sind also drei «Zeitgeister», die sich überschneiden, durchdringen, miteinander streiten und unsere Phantasie zu forschendem Miterleben anregen. Ist Max zu retten? Ist die Beziehung zwischen Max und Agathe lebensfähig?

Weber wollte ein gemäßigtes Happy End, in Gestalt eines Probejahrs, das Max zu bestehen hat. Seine literarische Vorlage hingegen, die Volkssage aus dem «Gespensterbuch» von Johann August Apel, erschienen 1810, verweigert einen versöhnlichen Schluss. 2006 wollten wir sehen, wohin uns unser Umgang mit dem wilden, urwüchsigen, verzweifelten Stoff führen würde. Depression, Prüfungsangst, Versagensangst, die Notwendigkeit zu bestehen gegen Konkurrenz und Neider, Missgunst und Rachegefühle, der Blick in den eigenen Abgrund – das alles ist uns modernen Menschen unverändert nah und erlebbar. Doch wir haben Freud und seine Erkenntnisse. Wir kennen das kritische und analytische Hinterfragen und Denken, wir haben – wie Kant meinte – «den Mut, uns unseres eigenen Verstandes zu bedienen». Max hat das offensichtlich nicht. Er hat – mit letzter Kraft – nur den Mut der Verzweiflung. In unserer Aufführung mussten wir den Weg mit ihm gehen, um zu sehen, wohin er führt.

Die Wolfsschlucht ist Maxens Albtraum. Alle Ängste sind grausam versammelt: Kaspar an Agathes Brust, eine Prüfungssituation in höchster Potenz, ein schiefgegangener LSD-Trip ohne LSD ... Die Fortsetzung: der Blick in Agathes Welt – die plappernden, geschäftigen Frauen – die Vorbereitungen zur «Vereinigung» – die «Totenkrone» – der nervende Gesang der Brautjungfern – der Rettungsanker der Zauberei, die «Freikugel» – Kaspars Rache ...

In der Literatur ist die Gestalt des Teufels eine überaus gebrochene Figur mit vexierbildartigen Möglichkeiten, eine farbenreiche «Unperson», der Spottlust, Witz, Schlagfertigkeit, Intelligenz und Galgenhumor zugebilligt werden. Die Armee des Teufels rekrutiert sich aus äußerst facettenreichen Spielarten des Bösen, Luzifer, Belzebub, Samiel usw. Der Teufel hat jedenfalls mehr komödiantische Varianten auf Lager als sein Gegenspieler im Himmel. So habe ich es mir im «Freischütz» gestattet, den Samiel als Erzkomödianten auszuweisen, der sich den Spaß, seine Opfer zu quälen und zu gängeln, nicht entgehen lässt. Er «ebnet» die verworrenen Wege der seelisch Versehrten, Max und Kaspar. Er ist immer präsent, auch wenn man ihn nicht braucht. Kaspar bedient sich seiner, ohne zu merken, dass Samiel längst die Liste seiner Opfer abhakt. Der Teufel bekommt, was er will, wenn nicht heute, so doch morgen.

## *«Pelléas und Mélisande»*

Mélisande – wer bist du, woher kommst du? Was sie weiß, verrät sie nicht. Sie bleibt unbekannt bis zum Ende, ihrem frühen Ende. Mélisande stirbt an der Wunde des Lebens, dem sie nicht gewachsen ist. Liebt sie Pelléas wirklich? Vertraut sie Golaud, Pelléas' Halbbruder, den sie zu Anfang des Stückes heiratet?

Der arme, große, scheue Golaud! Der Bart macht ihn grau und beschützt ihn; seine Verletzlichkeit bleibt verborgen. Er gibt sich rau und wird aus Verzweiflung gewalttätig. Er ist grob zu seinem Sohn aus erster Ehe, Yniold, und vergreift sich an Mélisande – verwundet, getroffen wie das Tier, das er am Anfang jagt, bevor alles beginnt, wobei es aber schon längst begonnen hat. Sie haben alle ein Schicksal, die da agieren auf der Bühne Maeterlincks, dessen Schauspiel Debussy für seine Oper adaptiert hat. Dies Schicksal ist eingebettet in Alltagssprache, steht zwischen den Zeilen und hinter den Menschen, groß und atemlos. Es wartet …

Geneviève – welcher deiner Männer war dir näher? Und welcher der Söhne ist es? Sie verrät es nicht. Der erste Gemahl und Vater Golauds starb, der zweite Gemahl und Vater von Pelléas ist krank. Abgeschirmt in der Abgelegenheit seines Krankenzimmers, lernen wir ihn gar nicht kennen. Aber Geneviève ist präsent. Wir wissen sie bei Yniold, dem Enkel, sie umgibt Arkel, ihren Vater, den König von Allemonde, mit Sorge und Sorgsamkeit. An die Düsternis von Schloss und Umgebung hat sie sich gewöhnt. Sie friert und merkt es nicht mehr, ist souverän geworden im Umgang mit Depression und Gefährdung, sensibilisiert für andere. Sie wirkt aus dem Hintergrund und bleibt gelassen.

Arkel hat für alles einen großen Gedanken parat, einen Erklärungs-, einen Deutungsversuch. Seine Bilder entstehen hinter blinden Augen, die ihn nach innen sehend machen. Er nimmt wahr, er nimmt teil, erwärmt sich am Leben, solange es währt. Er hofft auf Mélisande, sein Atem trifft sie, und seine Hände greifen nach ihrer Jugend, ein hingehauchter Kuss macht ihn sehnen. Und als sie verlöscht, da ist es ihr Kind, das neugeborene, an dem sich Hoffnung und Zukunft entfalten. Er hat das letzte Wort und die tiefsten Gedanken.

Pelléas, in fortwährender Unrast, ist immer in Abreise begriffen. Die aufgeschobene Reise zum sterbenden Freund, der ihn im ersten Akt ruft, ist Symbol der Unstetigkeit, Rastlosigkeit, Verlorenheit, die sein Leben durchzieht. Pelléas ist kein Bleibender. Warum liebt er Mélisande, ihr Haar, ihre Scheu? Ist sie wie er, ist es darum? Die Flut ihrer Haare verbirgt und beschützt sie, sie versteckt sich dahinter. Und Pelléas ertrinkt in der Fülle ihres Haars und seiner Gefühle. Die Sehnsucht – wonach? – hält ihn im Schatten. Er weint … Weint er ohnehin viel oder nur um den kranken, sterbenden Freund? Er ist weich, zerfließt, er ist behutsam. Er hat Angst vor seinen Gefühlen: Sie sind so neu, so verstörend. Er geht ihnen entgegen und lernt mit Mélisande das Lachen.

Ja, liebt sie ihn, oder flüchtet sie nur zu ihm vor dem großen, lauten, zärtlichen Golaud, dem sie sich ausgeliefert fühlt, der sie besitzen will? Wenn Yniold und Pelléas bei ihr sind, ist ihr wohl. Die Reinheit und Wärme von beiden umgeben sie tröstlich. Aber untröstlich ist sie an sich selbst – eine Verstörte. Warum? Was geschah ihr? Wovor flieht sie, wovor hat sie Angst? Sie legt die Hände über ihre Augen, nur da ist Licht. Arkel legt seine Hände auf sie – was Golaud sieht. Und Pelléas taucht aus dem Schatten auf, immer, jeden Tag, jede Nacht. Golaud hat ihn gesehen bei Mélisande, bedeckt von ihrem Haar …

Yniold leiht Golaud seine Augen, indem er Pelléas und Mélisande für seinen Vater beobachtet: Was Unschuld war, wird Schuld. Der goldene Ball der unbedachten Kindheit ist verloren, der Argwohn des Vaters berührt und verstört Yniold. Er ahnt die Trauer, versteht nicht, ist ratlos. Die Schafe ziehen vorbei, zum Schlachten getrieben. Sein Mitleid ist abgrundtief – das unvermittelte Mitleid mit jeder Kreatur ergreift das Kind.

Sind Yniold und Mélisande sich ähnlich? Fühlen sie sich zueinander hingezogen, weil sie hell füreinander sind, hell und unbelastet in aller Düsternis und Schwere des Schlosses?

Wenn man von Mélisande spricht, über sie nachdenkt, drängen sich die anderen dazwischen. Sie ist nie allein, aber unendlich einsam. Golauds Eifersucht ist immer greifbar, Arkel sucht und tastet nach ihr, Yniold schmiegt sich an sie und sucht ihre Wärme und Zärtlichkeit, Geneviève beobachtet sie fragend – wer bist du, Mélisande? Und Mélisande kann es nicht sagen, sie hat keine Worte für sich und kaum für andere. «Ich höre dich nicht», sagt Pelléas, «ich sehe dich nicht – tritt aus dem Schatten. Unsere Liebe soll Licht sein.» Sie tut es – und als sie das Verhängnis nahen fühlt, breitet sie die Arme aus: «Umso besser –». Pelléas fällt durch Golaud: Die Liebe, die Eifersucht töten ihn.

Schließlich gebiert Mélisande Golaud ein Kind und stirbt daran und an der Wunde, die Golaud ihr schlug, als sie vor dem toten Pelléas und seinem Mörder floh. Umgeben von allen, stirbt sie fast unbemerkt – sie geht davon, ganz still, entzieht sich der Reue Golauds, der Forderung Arkels, der Aufmerksamkeit des Arztes, der Sorge Genevièves, den Pflichten der Mutter … Sie folgt Pelléas.

## «The Turn of the Screw»

In Brittens Oper «The Turn of the Screw» gibt es nur Hauptrollen. Alle Partien sind gleichwertig an Größe, zumindest an Bedeutung.

Da ist die Gouvernante – mit immer dringlicher werdenden Überforderungserscheinungen. Sie hat sich zu viel vorgenommen in ihrem ungeheuren pädagogischen Ehrgeiz und muss erkennen, dass sie dem Eigenleben der ihr anvertrauten Waisenkinder Miles und Flora nicht gewachsen ist, dass sie nicht in deren Innenwelt vordringen kann. Die sind abgeschottet durch ihre «Erlebnisse» mit Quint, einem einstigen Diener des Hauses, und Miss Jessel, der früheren Gouvernante, von denen sie ausgenutzt oder vernachlässigt wurden, ganz nach deren Bedürfnissen. Die beiden früheren Angestellten sind eigentlich tot, tauchen aber in der Phantasie der Kinder immer wieder in Haus und Garten auf.

Quint, der Verführer, ist ebenfalls besessen von Ehrgeiz und dem Wunsch nach Besitzergreifung, von dem Trieb, sich Geschöpfe zu eigen zu machen. Von Miles wird er bewundert. Miles gab ihm seine junge Seele, sein Vertrauen und seine Wissbegier. Er suchte den Bruder und Vater und vergötterte den Diener. Quint vergiftete die kindliche Psyche mit Anforderungen und «Themen», wie sie unkindlicher nicht sein können. Er war eine Belastung für Miles, der sich durch diesen Freund überfordert fühlte, aber an ihm wachsen wollte. Was zurückblieb, ist ein altkluges, frühreifes, eitles, hinterhältiges, abgekapseltes Kind – kalkulierend, verführerisch, schlau.

Auch Jessel war Quint verfallen, dabei ist sie selbst unkenntlich als Person, als Typ. Ihr Charakter wird nicht geschildert – sie ist abgelebt und ruhelos. Flora warb einst um sie und hing an ihr, wurde aber nicht aufgefangen; nun hängt sie umso verzweifelter an der Erinnerung.

Seit Jessel und Quint die irdische Welt verließen, sind die Kinder der bodenständigen, hilflosen, ebenfalls überforderten Haushälterin Mrs. Grose und der neuen Gouvernante überlassen. Die Sehnsucht nach den so prägenden, nun sich entziehenden Ansprechpartnern Quint und Jessel wird in Miles und Flora übermächtig. Sie träumen sich in Zwiegespräche mit den Toten, die sie als Lebende in ihrer Einsamkeit so sehr beeinflusst haben. Das Bedürfnis nach Zuwendung gebiert Traumbilder, Phantasien – Quint und Jessel werden zu Untoten, zu Objekten pubertärer, erotischer Ahnungen, von denen sich die Kinder leiten lassen, so dass sich eine Besessenheit herausbildet. Abgewiesen von der Außenwelt, die durch den immer abwesenden Onkel und durch Miles' Verweisung von der Schule symbolisiert ist, vegetieren die Kinder, nur von «Untergebenen» geformt, in der Abgeschiedenheit des Landsitzes Bly dahin.

Miles und Flora «erspielen» sich ihre Welt, in der sie zurechtkommen müssen. In ihnen schwelt die Rebellion gegen das Schicksal der Isolation, gegen das Abgeschobensein in fremde Hände. Die aufkeimenden Neigungen zu Jessel und Quint wurden durch den Tod beider vernichtet und in falsche Bahnen gelenkt. Wir wissen nicht, wo die erlebte Realität aufhört und das Hirngespinst der Pubertierenden beginnt. Sind sie tatsächlich Verführte? Oder ist die Beobachtung der Beziehung zwischen Jessel und Quint, die ein Liebespaar waren, das, was ihre Phantasie in dieser Richtung anheizt? Der frühreife Miles beobachtet genau, während die launisch versponnene Flora unbewusster bei der Sache ist. Sie wappnet sich mit spröder Abwehr, kleinen Grausamkeiten, Wutausbrüchen.

Wie weit gingen die «Zärtlichkeiten», das kindliche Anlehnungsbedürfnis? Wir werden die Antwort nicht erfahren. Unsere Phantasie darf allerdings bis zum Äußersten gehen – nur ausgesprochen, bestätigt wird nichts. Alles bleibt vage, verworren, in schwebender Grauzone, mit makabrer Grazie. Wo ist Schuld, wie wandelt sich Unschuld? Wer verführt wen?

Henry James, nach dessen Erzählung die Oper entstand, hat das alles nicht so ernst gemeint. Mit artistischer Fingerfertigkeit schrieb er – auf ein Publikum hin kalkulierend, das Horrorgeschichten schätzte – eine Erzählung, ohne sie für allzu bedeutend zu halten: die routinierte Fingerübung eines hochbegabten Schriftstellers. Britten dagegen fand sich und seine Neigungen in der Geschichte widergespiegelt, in einer unausgesprochen und schwelend homoerotischen, pädophilen Atmosphäre.

Eine irisierende, klaustrophobische, verbissene, hinterhältig-skurrile, eine schlafwandlerisch sicher gezeichnete atmosphärische Spannung liegt in seiner Musik, die all das ausspricht, was die Worte der handelnden Personen nur andeuten. Es ist ein vieldeutiges Geschehen, das dem Zuhörer, Zuschauer alle Freiheiten seiner Phantasie lässt; oder, wie Henry James meinte: «Das Schlechte entsteht im Kopf des Lesers» – in diesem Falle im Kopf des die Oper Erlebenden. Überspannt, überfordert, einsam, hilflos, voll Angst und Sehnsucht sind sie alle, die da aufeinandergeworfen sind, die Lebenden und die Toten.

Dieses Stück dringt in Geschehnisse und Geheimnisse ein, denen man sich ausliefern muss in dem Wissen darum, dass es mehr gibt zwischen Himmel und Erde, als wir uns träumen lassen. Obsession und Hysterie sind Kräfte, die magisch zugleich abstoßen und anziehen.

Die Gouvernante ist diesen Kräften in der Begegnung mit den Kindern ausgeliefert, den Besessenen, die sich freiwillig und unwissend in die Hände der lebenden Toten begeben haben. An der Stärke seiner Gefühle und Imagination zerbricht zuerst Miles. Vor dem Scherbenhaufen einer unheilen Kindheit bleibt die Gouvernante als Versagerin zurück. Ich sehe sie als ehrgeizig, misstrauisch, verzagt, besten Willens, hysteriegefährdet, schwärmerisch, ausgeliefert, unpraktisch, wenig belastbar – überschwänglich. Mrs. Grose dagegen ist praktisch, faul, genusssüchtig, ziemlich dumm und schwatzhaft, dabei mitleidig, rigoros, nicht ohne Instinkt, aber kaum Konsequenzen ziehend.

Flora ist launisch, wütend, temperamentvoll. Sie besitzt durchaus Charme, ist ein Weibchen, schläft gern, ist hinterhältig, suggestiv und schlau. Miles schließlich betrachte ich als begabt, phantasievoll, frühreif, altklug, intuitiv und lauernd. Er ist verzweifelt und alleingelassen, unvermittelt zärtlich und offen, dann wieder verstohlen und misstrauisch. Bequem ist er, auf der Hut, er wehrt sich und kapselt sich ab. Zugleich ist er hellhörig, feinnervig, sensibel und konzentrationsfähig.

Überfordert sind sie wie gesagt alle, die da im Sog von Brittens Musik agieren, die Gefühle und Zustände so suggestiv zum Ausdruck bringt. Das Stück aufzuführen gleicht einer Reise durch ein faszinierendes inneres Geschehen, dessen Widerschein uns schaudern macht …

## «Die Trojaner»

Dass «Les Troyens» von Hector Berlioz ein «Monsterwerk» sind, lässt sich nicht verleugnen, und es ist schwer, dies Werk voller himmlischer Längen kurzweilig in die Tat umzusetzen. Aber das genau war es, was ich 2009 in meiner Innsbrucker Inszenierung versuchte. Ich wollte die Götter und Halbgötter, die Könige und Königinnen nicht entthronen, aber ich wollte sie vermenschlichen. (Und wer würde zum Beispiel aus Aeneas' Verhalten entnehmen können, dass er ein Halbgott ist, hervorgegangen aus der Verbindung des Anchises mit Aphrodite?)

Wer sich mühelos und launig über die griechische Mythologie informieren will, dem empfehle ich das Buch dazu von Michael Köhlmeier. Aber dass der Trojanische Krieg der schönen Helena wegen angezettelt wurde, weiß man ja: Paris, Sohn des Königs Priamos von Troja, hat Helena, die Frau des Menelaos, entführt. Die Griechen zogen daraufhin gegen die Trojaner ins Feld und belagerten in zehnjährigem Ringen deren Stadt, ohne sie erobern zu können. Odysseus gab schließlich den Rat, das hölzerne Pferd zu bauen und mit dieser Kriegslist zum Ziel zu kommen ... Das geschieht im ersten Teil der Oper.

Zeus ist zwar der kinderreichste Gott der Weltgeschichte – irgendeiner seiner Abkömmlinge hat immerzu irgendwo mit irgendwem irgendwelche Nachkommen. König Priamos aber ist mit seiner Hekuba auch recht fleißig zu Werke bzw. zu Bette gegangen: Immerhin sind in den «Trojanern» Cassandra, Menelaos, Polyxene, Hector, Kreusa, die Frau des Aeneas, und wie gesagt Paris seine Sprösslinge. Auf weitere Familienverhältnisse will ich hier nicht näher eingehen.

Es gibt jedoch auch Figuren, die nicht verschwippt, verschwistert oder verschwägert miteinander sind: so Chorèbe, Panthée, Jopas, Narbal und Hylas. Sie stehen in enger Verbindung zu den Protagonisten, haben aber ihr Schicksal und ihr Eigenleben, das zwar von Berlioz nicht besonders ausgeprägt vorgestellt wird, das wir aber für meine Inszenierung ausmalen wollten und mussten, um diese Figuren aus ihrem unbekannten Dasein zu erlösen.

Panthée ist ein Mann des Tempels, ein Priester. Er ist ein Freund, immer da, wenn Aeneas ihn braucht. Alles hat er im Blick und im Griff. Er ist klug und zurückhaltend, aber immer beteiligt, wenn es gilt, die Dinge zu analysieren. Er tut keinen unbedachten Schritt, ist langsam, bedächtig, verschwiegen und geht sorgfältig mit sich und den Menschen um, denen er sich verbunden fühlt.

Dann ist da Chorèbe, der bewundernswert geduldige Verlobte der Cassandra. Er liebt sie – trotz der unermesslichen Last, die sie zu tragen hat und mit niemandem teilen kann. Sie ist so schwer, diese Last, dass Cassandra nicht zur Ruhe kommt. Ihre Visionen und Schreckensbilder vom Untergang Trojas bedrängen sie so sehr, dass für nichts anderes mehr Raum und Kraft bleibt. Unermüdlich ist Chorèbe bestrebt, ihr zu helfen, ihr seine Liebe zu beweisen, ihr zuzuhören und sie aufzufangen, sie zu beruhigen und abzulenken. Aber auch er glaubt ihr und ihren Weissagungen natürlich nicht. Niemand glaubt ihr – das hat ihr Apollo angetan, weil sie ihm, dem omnipotenten Gott, nicht zu Willen war. Cassandra liebt Chorèbe durchaus, mit der Restkraft, die ihr verblieben ist. Aber sie weiß, dass ihnen kein Glück beschieden ist.

Chorèbe hat die schönste, die stimmigste Musik in der Oper. Das «Liebeslied», das er anstimmt, ist von tiefer, ehrlicher Menschlichkeit und Zuneigung getragen. Doch auch er wird in der Folge dieses unsäglichen Kriegs, des Kriegs der Kriege, fallen. Und Cassandra behält recht. Wer nicht hören will, muss fühlen, könnte man dazu sagen. Cassandra hat alles vorhergesehen, alles vorausgesagt. Sie folgt Chorèbe in den Tod – des letzten Schutzes, der letzten Wärme beraubt. Sie geht zugrunde mit offenen Augen, aus freien Stücken, so wie er, ein Opfer innerer und äußerer Umstände.

Auch König Priamos entzieht sich Cassandras Warnungen. Er hört sich väterlich, aber hilflos und ungläubig ihre schaurigen Geschichten an – und ist froh, wenn sein Schwiegersohn in spe ihn erlöst und das Zuhören übernimmt. (Das heißt, Cassandra hat bei ihren grausigen Gesichten und Geschichten immer einen Ansprechpartner.) Er zieht sich hinter seine Verpflichtungen zurück; die aktuellste ist, das trojanische Pferd in die Stadt transportieren zu lassen, ein folgenschwerer Fehler, dem nach und nach fast alle Beteiligten in Berlioz' musikalischem Monster zum Opfer fallen.

Aeneas überlebt, indem er sich mit einigen Getreuen und dem

Rest seiner Armee auf die Flucht begibt. Eine Zeitlang lässt er es sich – darum geht es im zweiten Teil der Oper, der in Karthago spielt – unter der Sonne im Lande Didos und unter ihren liebevollen Fittichen wohlergehen. Aber dann hat er genug von Nichtstun und Luxus und entzieht sich – zwar mit schlechtem Gewissen und unter tausend Beteuerungen – Didos Umklammerung, um dem Befehl der Götter und Gefallenen zu folgen: in Italien eine neue Heimat für den Rest seines Volkes zu finden und zu gründen. So entstehen Rom und das Heilige Römische Reich, deren Urvater Aeneas ist.

Aeneas, der Berufssoldat, kennt nichts als seine Pflicht und seine Ehre. Deswegen bleibt Dido auf der Strecke, frustriert, fassungslos, aller Zukunft beraubt; diesen zweiten Verlust einer großen Liebe nach dem Tod ihres Gemahls verkraftet sie nicht. Die Fassade der souveränen Herrscherin zerbricht. Auch sie ist sich selbst die Nächste und Selbstmord ihr spontaner Ausweg. Vermutlich wird Narbal für längere Zeit die Staatsgeschäfte übernehmen, nachdem er seine Trauer über den Hingang der starken, schwachen Dido überwunden hat. Er war ihr immer ein verlässlicher Vertrauter – soweit sie das zuließ. Er hat seine Königin bewundert und war ihr Berater und dezenter Beschützer. Hoffte er auf mehr? Die kraftvolle, überrennende Persönlichkeit des Aeneas muss ihm ein Dorn im Auge gewesen sein. Die Konsequenz, die Dido aus dessen Weiterreise zog, hat Narbal nicht vorausgesehen.

Berlioz hat sein Monsterwerk innerhalb von zwei Jahren geschrieben und danach noch eine Reihe von Umarbeitungen vorgenommen, zum Beispiel ganze Partien gestrichen und das Finale verändert. Damit entstand die endgültige Fassung, die man heute spielt. Eine Gesamtaufführung seiner klar in zwei Teile gegliederten Oper hat der Komponist nie erlebt, denn zu seinen Lebzeiten wurde nur der erste Teil, also die ersten beiden der fünf Akte, aufgeführt.

Für meine Fassung in Innsbruck habe ich einiges gestrichen, vor allem Chöre, die sich unendlich heroisch dahinziehen. Dabei empfinde ich den zweiten Teil als dramaturgisch wesentlich kraftvoller und von den Übergängen her plausibler und logischer aufgebaut als den ersten – bis auf einen Chor, der sich ziemlich sinnentleert einmischt, nur aus musikalischen, nicht aus dramaturgischen Gründen. Aber auf den kann man leider nicht verzichten.

Zu Beginn des zweiten Teils hat Dido sich hinter den Schutzwall ihrer Trauer um den verblichenen Gatten zurückgezogen und zeigt eine souveräne Fassade. Sie verliert selten die Fassung, vertraut sich nur Anna, ihrer Schwester, an. Sie ist stark und einsam, kann ihre Weichheit nicht zulassen, dafür ihre Trauer umso mehr. Von Aeneas, dem Vertreter einer ganz anderen Welt, ist sie fasziniert und verliebt sich in seine Männlichkeit, die in ihrer selbstbewusst verströmten Art erfrischend ist, ein Gegenpol zu der kommerziell ausgerichteten Dekadenz von Didos eigener Lebensweise.

Dido ist eine gewiefte Geschäftsfrau, sie hat gelernt, ihr Volk freundlich, aber bestimmt zu manipulieren. Ihre Ziele erreicht sie immer – zum Besten ihres Landes. Sie erwägt und verhandelt, bevor sie wagt und handelt. Die Liebe zu Aeneas aber bringt all ihre – wahrscheinlich mühsam erworbenen – Grundsätze ins Wanken. Dido beginnt, wieder an sich und ihre Bedürfnisse zu denken.

Nach dem zweiten Verlust eines geliebten Mannes aber gibt es für sie kein Äquivalent in Gestalt von Pflicht, Volk, Aufgabe, Macht mehr wie beim ersten Mal. Dafür hat sie sich zu sehr ausgeliefert. Der Stärke des Verlustes, als Aeneas sie verlässt, obwohl – oder gerade weil – auch er sie liebt, ist sie nicht gewachsen und zerbricht daran. Sie kann Aeneas nicht halten, sie hat versagt. Er wiederum opfert sich nicht, verrät sich nicht, verkauft sich nicht. Er bleibt sich und seiner Aufgabe treu: Italien ist stärker als Dido.

Anna, Didos Schwester, möchte um keinen Preis so sein wie diese. Sie umgibt sie liebevoll und freundschaftlich, aber nimmt sich an ihr kein Vorbild. Anna ist lebens- und liebeslustig, flirtet mit Jopas und Narbal, treibt gern Schabernack, macht alles neugierig mit und aus allem für sich nur das Beste. Krieg ist ihr nur vom Hörensagen bekannt. Sie kennt nur Wohlstand, Wärme, Geborgenheit und die angenehmen Seiten des Lebens. Die Trauer, die immerwährende, die Dido nach dem Verlust ihres Mannes ausstrahlt, will sie überwinden helfen.

Aeneas wird von seinem Sohn Ascanius auf der Flucht von Troja nach Karthago begleitet. Ascanius bewundert den Vater, den Kriegshelden, liebt seine Stärke und das raue Leben an seiner Seite. Dido jedoch macht ihn verzagt. Er gehört in eine Männergesellschaft, seine Mutterbindung an Kreusa ist schwach. Zwar bewundert er

Dido, verehrt sie, findet sie attraktiv und das Liebesverhältnis zwischen ihr und Aeneas ganz spannend, aber er hofft, dass es nur eine Episode ist. Der Vater soll eine Weile bleiben, aus Dankbarkeit zum Gastland, außerdem ist es hier warm und schön und luxuriös. Doch das Abenteuer Italien beflügelt auch Ascanius. Der Vater ist sein Gott, ihm folgt er bis ans Ende der Welt.

Und dann ist da noch Jopas, der Schöngeist, der Dichter am Hof von Karthago. Beschäftigt ist er überwiegend mit Lesen und Schreiben, eine Art Hofberichterstatter. Er beobachtet gern und genau und intrigiert auch ab und zu. Er ist der ergebene Diener seiner Herrin. Die Ankunft der Trojaner in der Idylle des Matriarchats ist ihm eher lästig, obwohl er in ihnen neue Objekte seiner Neugierde findet. Besonders Ascanius hat es ihm angetan – der junge, hübsche Möchtegern-Krieger erregt seine besondere Aufmerksamkeit, vielleicht sogar mit einer sonst eher unterdrückten, nun aber aufkeimenden homoerotischen Komponente. Dass Jopas für Dido aus seinen Werken rezitieren, für sie singen muss, ist selbstverständlich. Eine Selbstverliebtheit, ein brennender Ehrgeiz beflügeln ihn.

Langer Rede kurzer Sinn: Schwerpunkt der Oper sind für mich die beiden Frauenschicksale, das der Cassandra und das der Dido. Durch sie wollte ich auf der Bühne aufzeigen, welche Verheerungen ein Krieg auslöst, wie das Kriegsgeschehen – und auch das Nachkriegsgeschehen – die Menschen und ihren Lebensraum verwüstet und wie versehrt und zerstört die Menschen zurückbleiben, insbesondere die Frauen. Cassandra führt Krieg mit sich selbst. Und auch Dido, deren Matriarchat ihrem Land nur Luxus und Frieden beschert, wird durch die Flucht der kriegsverirrten und -verwirrten Trojaner zutiefst berührt und findet ihr Ende schließlich durch den Kriegshelden Aeneas.

«Ende gut, alles gut» kann man bei diesem Werk bei allen Göttern nicht sagen. Wir haben es 2009 bewusst in unsere Zeit gesetzt, weil ich glaube, dass die Verheerungen des Krieges und das Leid, das er auslöst, immer wieder, immer neu ertragen werden müssen, zur Schande der Menschheit. Die Griechen, die Trojaner, die Karthager – sie stehen stellvertretend für alle Kriege, alle Menschen dieser kriegerischen Welt.

## *«Arabella»*

«Arabella» sei – wie man oft lesen kann – Richard Strauss' Operette. Für mich ist sie ein Meisterwerk, das Strauss und Hofmannsthal auf der Höhe ihrer kongenialen Zusammenarbeit zeigt. Die Qualität des Textes ist genauso groß wie die der Musik, wobei das Ganze – und damit ist die Ebene des «Rosenkavaliers» erreicht – wie das Zitat aus einer anderen Zeit anmutet. Doch die Gefühle und die Ereignisse, die die handelnden Personen bewegen, sind zeitlos und also modern.

Die Vielschichtigkeit des Textes und die enorme Bandbreite der dadurch ausgelösten Emotionen und Assoziationen verleihen dieser Oper – oder besser: diesem Schauspiel mit Musik – eine Dimension, die nur durch größten schauspielerischen Einsatz erfüllt werden kann. Aktion und Reaktion sind in dieser Oper besonders wichtig: Es vergeht keine Sekunde ohne innere und äußere Beteiligung der Singenden, im Dialog und in den zahlreichen monologischen Momenten, in denen aber nicht das Publikum der «Ansprechpartner» ist, sondern die Selbstanalyse, das Reflektieren im Vordergrund stehen. Getragen wird das Stück von großartigen Charakteren, die alle Spielarten menschlicher Empfindungen durchmachen.

Arabella ist eine kluge junge Frau, die die Fähigkeit hat, über sich und das Leben nachzudenken. Sie kann dabei genauso melancholisch wie witzig sein. Sie ist ein rationaler, kompromissloser Mensch, bereit zum Aufbruch in eine große Liebe.

Ganz anders Zdenka, ihre Schwester, ein Mädchen, das notgedrungen als Bub «Zdenko» verkleidet wird. Sie lässt sich im Chaos ihrer Gefühle treiben und ist eigentlich immer überfordert in ihrem Bestreben, der geliebten Schwester einen Dienst zu erweisen. Altruistisch, übersprudelnd und empfindsam will sie den geliebten Matteo vor dem angedrohten Selbstmord retten, indem sie Verzicht leistet und ihn durch ein gewagtes Spiel in seiner Liebe zu Arabella bestärkt und ermutigt. In ihrer unendlichen, mitleidenden Liebesfähigkeit kann Zdenka den klaren Gedanken der Schwester nicht folgen. Alles, was sie denkt und tut, ist gesteuert von ihrer Liebe zu Matteo.

Arabellas Begegnung mit dem Grafen Mandryka ist ein magischer Moment, wie immer, wenn es um die Liebe auf den ersten Blick geht, die hier beide Seiten erfasst. Wie Tamino hat sich Mandryka in ein Bild verliebt. Gott sei Dank hält die Wirklichkeit dem Traum auch in diesem Falle stand. Obwohl die beiden verletzbaren, temperamentvollen Liebeskontrahenten einen schmerzlichen zweiten Blick der Liebe erleben müssen, wobei Eifersucht und Misstrauen eine bedeutende Rolle spielen, erhoffen wir doch ein Happy End für Arabella, in Mandrykas Haus, an dem die «helle, stille Donau» so klar und friedlich vorbeifließt und in das sie als Herrin – erhöht durch die Liebe des Grafen – einziehen soll. In Arabellas Welt ist das Wort «Emanzipation» nicht relevant, aber gleichberechtigte Partnerschaft eine Selbstverständlichkeit.

Wenn Arabella auftritt, entsteht eine weiche und gleichzeitig strahlende Atmosphäre (auch wenn sie selbst verhalten oder sogar traurig ist). Wir erleben das Geschehen durch ihre Fähigkeit, Zwischentöne wahrzunehmen. Arabella überstrahlt in ihrer geradlinigen, inneren und äußeren Schönheit, in ihrer Selbstbewusstheit den schäbigen Alltag, in den die total verarmte Familie geraten ist.

Graf und Gräfin Waldner, ihre Eltern, sind ein gehobenes, aber typisches Buffo-Paar. Immer leben sie in der tristen Realität, den Launen und Rücksichtslosigkeiten des alten Waldner verhaftet. Mandryka aber ist der Märchenprinz, dessen Seelenadel, dessen «strahlendes Auge», dessen äußere Erscheinung von Arabella als etwas ganz Besonderes wahrgenommen werden neben den sentimental-burschikosen Typen ihrer drei Verehrer.

Der jugendlich-sentimentale Held Matteo dagegen taumelt in unendlichem Selbstmitleid in die Todessehnsucht. Er ist blind vor Liebe zu Arabella (dazu tatsächlich äußerst kurzsichtig, also Brillenträger – vielleicht hilft das, seine Verwechslung Zdenkas mit Arabella im liebesnächtlichen Hotelzimmer etwas glaubhafter zu machen). Wie weit er am Ende, nachdem er Zdenka zur Frau genommen hat, deren großer, sehnsuchtsvoller Liebesfähigkeit gewachsen ist, erfahren wir nicht. Wir können nur hoffen, dass Zdenka ihn nachhaltig erwecken wird.

Es ist ein modernes Märchenspiel, in dem die handelnden Personen in all ihrer Wichtigkeit und Unwichtigkeit aufeinander zu tanzen. Aber eigentlich sind alle ausnahmslos nur dazu ausersehen, uns das Wesen Arabellas erkennen zu lassen: Sie spiegelt sich in allen – und alle sich in ihr.

Versuche, dieses Stück mit einer sozialkritischen Perspektive zu befrachten, schlagen meistens fehl und laufen den Intentionen der beiden Schöpfer entgegen. Es zu modernisieren ist unnötig, denn es ist modern: Alle Gefühle und Sichtweisen sind plausibel und nachvollziehbar, auch wenn Arabella im großen Liebesduett mit Mandryka – oder besser: dem Verliebtheits- und Erkennungsduett – sagt: «Und du sollst mein Gebieter sein.» So etwas ist natürlich *out*. Aber diese «Unterwerfungsgeste» ist doch nur die Hingabe an den Menschen, den Arabella als Partner für sich anerkennt und akzeptiert. Ganz andere Töne schlägt sie im ersten Akt Graf Elemer, einem ihrer Verehrer, gegenüber an: Voll Stolz und Witz weist sie ihn in seine Schranken. Er ist für sie kein Ebenbürtiger, er rührt nicht an ihre tiefe Sehnsucht, und also ist er ein Spielball, eine Tändelei, ein Zeitvertreib im «Warten auf den Richtigen».

Es ist die Musik, die diese Figuren zum Leben erweckt und mit Bühnenatem beseelt – einem Atem, der mit der Kurzatmigkeit und Hektik unseres Lebenstempos nichts zu tun hat. Die großen Bögen, die Strauss für die Frauenstimmen komponiert hat, verdeutlichen die kontemplativen seelischen Schwingungen, die monologisch oder dialogisch Arabella, Zdenka (und auch Mandryka) beleben.

Mandryka ist in dieser Oper der Fremdkörper, hereingeschneit aus den «slawonischen Wäldern», ein Mann, der seine Fremdheit bewusst ausspielt. Er ist ein «Gesunder», aber durch persönlichen Verlust Verletzter, dem die Dekadenz der Wiener Gesellschaft zuwider ist, ein Naturverbundener, dessen ungehobeltes Benehmen nur Selbstschutz ist, um seine Verletzbarkeit zu kaschieren. In seiner Sensibilität trifft er sich mit Arabella, die Seelenkorrespondenz der beiden liegt auf der Hand. Arabellas seelische Konstruktion versetzt sie in die Lage, seine Verletzbarkeit richtig einzuordnen und sein Verhalten zu verzeihen. Mandrykas Selbstwertgefühl steht auf tönernen Füßen; diese Frau, diese Partnerin wird ihm helfen, es wiederzufinden und aufzubauen. Das Geld, die materielle Sicherheit, die Mandryka umgeben, sind nur eine Erleichterung, eine Hilfe auf dem Feldzug in die Welt der Wiener Dekadenz und Morbidität, die für zwei Paare das Happy End bereithält.

Alle weiteren Figuren sind typische Vertreter einer Gesellschaft, die zusammengesetzt ist aus Oberflächlichkeit, Champagnerlaune und Vergnügungssucht. Gräfin Waldner ist lebenslustiger und verführbarer, als sie ahnt und wir denken. Und die Verehrer Arabellas sind keine Kostverächter. Banal und gefräßig taumeln sie vermutlich von einer Affäre in die andere. Wir erfahren wenig über sie. Sie sind die typischen «Jäger» und verkraften ihren Misserfolg bei Arabella gelassen. Elemer «trauert» vielleicht sogar drei Wochen, tröstet sich aber aus Trotz schon zwischendurch. Und Dominik ist austauschbar. Mit Lamoral allerdings geht Arabella beim Abschied freundlich um – er rührt sie in seiner Ehrlichkeit. Es ist ein buntgemischtes Personal, Alltagstypen, erhöht durch die schöpferische Kraft des unschlagbaren Gespanns Hofmannsthal/Strauss.

## *«Falstaff»*

Verdis Alterswerk ist der Geniestreich eines fast Achtzigjährigen. Das kongeniale Libretto Arrigo Boitos lag im März 1890 vor, und Verdi machte sich begeistert an die Arbeit. Im September 1892 war die Komposition beendet, am 9. Februar 1893 fand die Uraufführung an der Scala statt. Es ist Verdis einzige Komödie – eine geniale Komprimierung all seines Könnens, von unerhörter Klarheit und Durchsichtigkeit. Alles ist auf den Punkt gebracht. Eine nervöse, temperamentvolle, turbulente, geistreiche, kraftvolle Komödie von ungeheurer Frische ist hier entstanden. Verdi verlässt alle musikalischen Klischees und findet einen ganz neuen Konversationston, ein ganz der Handlung unterworfenes Parlando, voller Situationskomik und atmosphärischen Ausbrüchen. Das ständige Aufbrechen der musikalischen Struktur in explosionshafte Entladungen von kürzester, geballter Präzision ist charakteristisch für die musikalische Sprache des «Falstaff». Immer wenn das Ganze sich beruhigt und in einen lyrischen, melodischen Fluss geraten will, folgt sofort der nächste musikalische Temperamentsausbruch. Aber immer ist es gebändigte Kraft, höchste Meisterschaft.

Boito hat nach Shakespeares Dramen «Die lustigen Weiber von Windsor» und «Heinrich IV.» eine konzentrierte, genial verdichtete Vorlage geschaffen: eine Literaturoper höchsten Ranges. Alles Überflüssige, Ausufernde, jede sozusagen dramaturgische Geschwätzigkeit ist vermieden. An den groß angelegten textlichen und musikalischen Ruhepunkten, die Falstaff, Ford und dem jungen Liebespaar Nannetta und Fenton gehören, lassen uns Librettist und Komponist in die seelische Befindlichkeit der jeweils musikalisch agierenden Personen hineinblicken. In der ansonsten herrschenden Dauerturbulenz des Geschehens, in der Geschwindigkeit, mit der ein genialer Einfall dem anderen folgt, ist es jedoch nicht leicht, den charakteristischen Gehalt der handelnden Personen auszumachen.

Falstaff, der Motor des Geschehens, ist so etwas wie ein aristokratischer Allesfresser, nur daran interessiert, das Leben von seiner angenehmen Seite zu erleben. Seine Skrupellosigkeit paart sich mit Unverschämtheit und Überheblichkeit. Falstaff ist aber auch – und das finde ich aberwitzig und höchst originell – ein Philosoph! Seine Monologe zeigen ihn als Nachdenkenden, Formulierungsfreudigen, der mit dem philosophischen Gedankengut von Shakespeares Zeit beschäftigt ist. Er verkörpert im wahrsten Sinne des Wortes das, was René Descartes, der erste Philosoph der Neuzeit, in den Gedankenraum gestellt hat – das Selbst-Bewusstsein.

Shakespeare konnte die «Meditationen», das epochemachende Werk des um eine Generation jüngeren Descartes, nicht kennen. Lautet der Kerngedanke dort: «Cogito, ergo sum» – «Ich denke, also bin ich» –, muss es bei Falstaff heißen: «Ich genieße, also bin ich!» Und denken tut er auch, und zwar ziemlich viel. Er denkt zum Beispiel nach über «die Ehre», aber auch über seine Körperlichkeit, die ihm nicht Last oder Ballast ist, sondern quasi ein Statussymbol, eine umwerfende, überrumpelnde Körperlichkeit, der man sich kaum entziehen kann, auch wenn man darüber lachen muss. Es ist eine mit Charme und Leichtigkeit ertragene Körperlichkeit, die seine Genusssucht ihm auferlegt hat. Er trägt sie mit Grandezza, ja geradezu mit Stolz. Falstaff ist ein anmaßender Körperphilosoph, ein gewitzter, intelligenter, selbstbewusster Kerl, der sich für unwiderstehlich hält, was seine einzige Dummheit ist.

Ford, dessen Frau Alice Falstaff verführen will, leidet in seiner grenzenlosen Eifersucht Qualen. Eifersucht ist ein grausames Geschehen, zumal wenn sie durch ein in unseren Augen lächerliches Objekt wie Falstaff ausgelöst wird. Ford ist ein erfolgreicher Geschäftsmann mit intakter Familie, mit reizender Frau und reizender

Tochter, die ihn lieben – wie kann er im Ernst glauben, Alice fiele auf so einen Dickwanst herein!?

Verdi hat seine Alice geliebt. Oft hat er betont: «Sie hat den Teufel im Leib!» Für ihn war sie die geheime Hauptrolle, und er meinte, es drehe sich alles um sie. Doch ohne die Titelfigur könnte Alice nicht so zu Witz und Temperament auflaufen, wie sie es tut. Indem sie die Unverschämtheit Falstaffs rächen will, nimmt sie die Fäden des Geschehens in die Hand. Willigste Helferinnen hat sie in Nannetta, ihrer Tochter, und der frustrierten Meg Page, die von Verdi leider sehr stiefmütterlich behandelt worden ist.

Außerdem ist da Mrs. Quickly, die als Einzelgängerin erscheint und von der man wie von Meg eigentlich gar nichts erfährt, weil niemand im Stück Zeit hat, sich auf sich selbst zu besinnen, weil alle abgezogen, aufgesogen, abgelenkt und umhergetrieben sind von der Virilität Falstaffs und seinem überrennenden Selbstbewusstsein. Eine Profilierung gelingt in Quicklys Fall nur musikalisch, durch ihre botengängerische Aktivität, zu der sie zweimal gezwungen ist und von der sie einmal begeistert erzählt.

Da sind Bardolfo und Pistola, Falstaffs Diener. Sie sind Kriegsheimkehrer und dementsprechend geschädigt, verroht, menschenverachtend, skrupellos, ganz einfach Abzocker und Halsabschneider. Es ist ihnen so ziemlich alles wurscht – Hauptsache, sie haben's bequem, warm, haben was zu saufen und zu huren. Sie sind ohne Moral, opportunistische, immer ihren Vorteil witternde Geschöpfe. Die einzige Disziplin, die sie je erfahren und praktiziert haben, ist der Drill des Krieges.

Dann gibt es noch den Dr. Cajus, dem in jeder Beziehung übel mitgespielt wird. Er wird von Falstaffs Halunken ausgebeutet, wird aufs Kreuz gelegt, nicht ernst genommen. Als jemand, der Spott und Hohn auf sich lädt, kann er natürlich bei der von ihm umworbenen Nannetta nicht reüssieren. Eigentlich ist er ein armer Teufel, doch auch er spürt mit männlicher Unverfrorenheit nicht, wie sehr die junge Frau ihn ablehnt. Rückhalt hat er bei Ford, warum auch immer – dem wäre er als Schwiegersohn willkommen, aber Nannetta ist in fester Hand.

Ihre Liebe zu Fenton ist jung und schwärmerisch. Der ist ein Dichter, drückt sich blumig und weitschweifig aus, poetisiert den

Augenblick. Er nutzt jede Gunst und Ungunst der Stunde, um seiner Nannetta nah zu sein, wobei er die mütterliche Sympathie auf seiner Seite hat, während Ford ihn ablehnt.

Das Ganze führt zur nächtlichen Maskerade, die Falstaff endlich ans Ziel seiner Wünsche bringen soll … Das Stück lebt von und mit seinem Personal, mit dem wir schmunzelnd lieben und leiden. Nie sind sich Ernst und Heiterkeit näher als hier: ein Paradebeispiel dafür, wie ernst man Komik nehmen muss, damit eine echte Komödie daraus wird. Der Reichtum der Musik, die Zärtlichkeit und Menschlichkeit, mit denen Verdi seinen Falstaff umgibt, weisen uns den Weg.

# *Anhang*

## *Dank*

Mein Dank gilt Manuel Brug, der durch eine launige Frage bei einer Premierenfeier in Frankfurt den Stein ins Rollen gebracht hat: Er wollte wissen, wie es um ein Buch von mir bestellt sei. Ich machte mich an die Arbeit.

Ich danke Christine Lemke-Matwey und Markus Thiel, dass sie Verständnis dafür hatten, dass ich alleine schreiben wollte und auf ihre jeweilige Mithilfe verzichtet habe. Meiner wunderbar feinfühligen und rücksichtsvollen Lektorin, Frau Dr. Stefanie Hölscher, danke ich aus tiefstem Herzen! Ich habe viel gelernt.

Und ich danke Jennie und Anna für ihre tatkräftige Mithilfe des Recherchierens, des Ratens und Mutmachens.

Zu guter Letzt danke ich mit meiner ganzen Zuneigung Emmi und Ernst Huber, die mir zugereister Preußin mit all ihrer bajuwarischen Loyalität und Hilfsbereitschaft seit über dreißig Jahren in Haus und Hof zur Seite stehen.

# *Zeittafel*

1939 Geboren am 3. Juli in Berlin als Tochter der Schauspielerin Sabine Peters und des Baritons Willi Domgraf-Fassbaender.

1944 Evakuierung zu den Großeltern nach Dresden und Erlebnis der Bombennacht am 13. Februar 1945.

1948 Übersiedlung von Berlin nach Hannover. Schülerin des Sophiengymnasiums.

1952 Rückkehr nach Berlin. Besuch des Gertraudengymnasiums.

1958 Umzug nach Nürnberg. Besuch des Konservatoriums und Beginn des Gesangsstudiums beim Vater.

1961 1. April: Antritt des Engagements an der Bayerischen Staatsoper. Rollen u. a. Niklas in «Hofmanns Erzählungen», Dritter Knabe in «Die Zauberflöte» (unter Hans Knappertsbusch) und Page in «Salome» (unter Karl Böhm). Premiere von «Eugen Onegin», Partie der Olga (neben Fritz Wunderlich und Hermann Prey).

1962 Hochzeit mit dem Regisseur Gerhard Weitzel. Hänsel in «Hänsel und Gretel».

1963 Djamileh in Bizets gleichnamiger Oper und Dorabella in «Così fan tutte», Annio in «La clemenza di Tito» und Dritte Norn in «Die Götterdämmerung». Altpartie in Strawinskys «Les Noces» (unter Rafael Kubelík). Erste Rundfunk- und Schallplattenproduktionen. Erster Liederabend.

1965 TV-Produktion von «Madama Butterfly» mit Anneliese Rothenberger. «Così fan tutte» in Düsseldorf. Erstes Auslandsgastspiel in Bordeaux (Page in «Salome»). Clarissa in Rossinis «Liebesprobe» bei den Münchner Festspielen (Regie Günther Rennert).

1966 Erstes Weihnachtsoratorium (unter Karl Richter). Bach-Passionen in Perugia (unter Wolfgang Sawallisch). Erstes Verdi-«Requiem».

1967 «Salome»-Page an der Mailänder Scala. Erstmals Octavian im «Rosenkavalier», in der alten Hartmann-Inszenierung der Bayerischen Staatsoper.

1968 Übernahme der Eboli in «Don Carlo». Schallplatteneinspielung von Flotows «Martha» (neben Anneliese Rothenberger, Nicolai Gedda und Hermann Prey). Cherubin in «Figaros Hochzeit» (unter Karl Böhm). Mahlers «Lied von der Erde» in Hamburg (unter Wolfgang Sawallisch).

1969 Fricka und Carmen in München. «Sommernachtstraum» von Mendelssohn Bartholdy (unter Otto Klemperer).

1970 «Die Fledermaus» (Orlofsky) und «Der Ring» (Rheintochter) in München. «Carmen» in San Francisco. Konzerte in Salzburg, Berlin und Osaka (unter Herbert von Karajan).

1971 Marina in «Boris Godunow» (unter Rafael Kubelík) in München. Uraufführung von Stockhausens «Drei Lieder» in Paris. «Rosenkavalier» in London, Covent Garden (unter Josef Krips).

1972 In Paris Brangäne in «Tristan und Isolde». Legendäre Neuinszenierung des «Rosenkavaliers» mit Otto Schenk und Carlos Kleiber in München. «Così fan tutte» bei den Salzburger Festspielen (unter Karl Böhm).

1973 Sesto in «La clemenza di Tito» (in der Inszenierung von Jean-Pierre Ponnelle). Fricka in «Das Rheingold» an der Mailänder Scala.

1974 Debut an der Metropolitan Opera in New York und in Tokio mit «Der Rosenkavalier».

1975 Festspielpremiere von «Don Carlo» in München (unter Georges Prêtre). «Così fan tutte» an der Wiener Staatsoper. «Der Rosenkavalier» an der Semperoper Dresden.

1976 «Boris Godunow» und Uraufführung von Gottfried von Einems «Kabale und Liebe» in Wien. «Rosenkavalier» an der Mailänder Scala (unter Carlos Kleiber). Marie in «Wozzeck» in Berlin.

1977 Charlotte in «Werther» (mit Plácido Domingo) in München. «Carmen» in Frankfurt.

1979 Amneris in «Aida» (unter Riccardo Muti), Elisabetta in Donizettis «Maria Stuarda» (mit Montserrat Caballé) in München. «Così fan tutte» in London (unter Karl Böhm), «Fledermaus» in Wien. «Hänsel und Gretel», Filmproduktion mit Edita Gruberová. Beginn der Meisterkurstätigkeit.

1980 Verdis «Requiem» in der Arena di Verona (unter Riccardo Muti). Giulietta in «Les Contes d'Hoffmann» beim Maggio Musicale Firenze (Kostüme Karl Lagerfeld).

1981 Fricka («Rheingold» und «Walküre») in Wien (unter Zubin Mehta). Sesto in «La clemenza di Tito» in Köln und Edinburgh.

1982 Geschwitz («Lulu») in Berlin.

1983 «Lulu» in London und Wien (unter Lorin Maazel). Glucks «Orfeo ed Euridice» in München (mit Lucia Popp unter Eugen Jochum). Beginn der jährlichen Liederabende in der Londoner Wigmore Hall. Waltraute in der «Götterdämmerung» in Bayreuth (unter Georg Solti).

1984 «Werther»-Filmproduktion in Prag. Konzerte unter Giuseppe Sinopoli, Zubin Mehta, Carlo Maria Giulini, Wolfgang Sawallisch und Leonard Bernstein.

1985 Beginn der jährlichen Auftritte bei der Schubertiade Hohenems/Feldkirch/Schwarzenberg. «Der Rosenkavalier» in San Francisco.

1986 Amme in «Die Frau ohne Schatten» an der Mailänder Scala. «Rosenkavalier» und «Walküre» an der Met.

1987 Neuinszenierungen von «Falstaff» (Mrs. Quickly) in London und München.

1988 Konzerte in New York und Boston (unter Seiji Ozawa), in Berlin, Wien und Frankfurt («Gurre-Lieder» unter Claudio Abbado). «Salome» (Herodias) in Chicago und «Capriccio» (Clairon) beim Strauss-Festival in München. Abschied vom Octavian.

1989 Einstudierung des «Rosenkavaliers» als Spielleiterin in München. Neuinszenierung von «Elektra» (Klytämnestra) in Wien und Salzburg (unter Claudio Abbado). «Tristan und Isolde» in Barcelona und Madrid. «Fledermaus» an der Met.

1990 «Capriccio» in Glyndebourne (unter Bernard Haitink). Erste Inszenierung: «La Cenerentola» in Coburg.

1991 «Lulu» in Paris.

1992 Regelmäßige Regiearbeit, neben Konzerten, Liederabenden, Opernauftritten und Meisterkursen.

1993 Überwiegend Liederabende mit über dreißig Auftritten.

1994 «Elektra» an der Met (unter James Levine), der letzte Opernauftritt. Am 19. Dezember letzter Liederabend im Bahnhof Rolandseck mit Elisabeth Leonskaja als Begleiterin.

1995 Operndirektorin am Staatstheater Braunschweig (bis 1997).

1997 Rezitationen: «Pierrot Lunaire» (Schönberg), Sprecherin in den «Gurre-Liedern» und der «Schönen Magelone».

1999 Ab 1. September Intendantin des Tiroler Landestheaters Innsbruck (bis 2012).

2000 «Pierrot Lunaire»-Konzerte in Frankfurt, Bamberg und Nürnberg.

2002 Berufung zur Künstlerischen Leiterin des Eppaner Liedsommers.

2004 Auftritte als Sprecherin, u. a. beim Schleswig-Holstein Festival.

2006 Übersetzung des Librettos von «Robinson Crusoe» (Offenbach) aus dem Englischen.

2007 Auftritte als Sprecherin, u. a. in Wien, Brüssel, Amsterdam und Düsseldorf.

2008 Ernennung zur Vorsitzenden der Richard-Strauss-Gesellschaft, München (bis 2017). Kulturbeiratsmitglied des Kunstministeriums Wien.

2009 Auftritte als Sprecherin, u. a. in Hamburg, Aachen und Mainz. Künstlerische Leiterin des Richard-Strauss-Festivals, Garmisch-Partenkirchen (bis 2017).

2010 Libretto für «Lulu – das Musical» (Musik Stephan Kanyar).

2012 Juryvorsitzende des ARD-Wettbewerbs für Gesang. Libretto für das Musical «Shylock» (Musik Stephan Kanyar).

2013 Vermehrte Meisterkurse u. a. in München, Zürich, Berlin, Karlsruhe, Graz, Weimar, Frankfurt. Realisierung des CD-Projekts «Richard Strauss – Complete Works for Voice and Piano» in Garmisch-Partenkirchen.

2014 Juryvorsitzende des Hugo-Wolf-Liedwettbewerbs in Stuttgart.

2015 Juryvorsitzende des Hilde Zadek Wettbewerbs in Wien. Meisterkurse in Stuttgart, München, Karlsruhe, Bregenz, Neumarkt, Zürich, Sabionetta, Freiburg, Berlin, Graz.

2016 Meisterkurse in München, Stuttgart, Heidelberg, Bregenz, Prag, Neumarkt, Torgau, London, Hamburg, Graz, Zürich.

2017 Meisterkurse in Dresden, Bregenz, Zürich, Karlsruhe, Neumarkt, Salzburg, Leipzig, Braunschweig. Sprecherpart in «Kaddisch» (Bernstein) in Nürnberg.

2018 Meisterkurse in München, Karlsruhe, Graz, Dresden, Berlin, Zürich, Gütersloh, Düsseldorf, Basel. Juryvorsitzende beim Hugo-Wolf-Liedwettbewerb in Stuttgart, «Ton und Erklärung» in Leverkusen und beim Maritim Wettbewerb in Timmendorfer Strand.

2019 Meisterkurse in München, Neumarkt, Dresden. Auftritte als Sprecherin.

## *Auszeichnungen (Auswahl)*

| | |
|---|---|
| 1970 | Bayerische Kammersängerin |
| 1979 | Berliner Kritikerpreis |
| 1983 | Österreichische Kammersängerin |
| 1985 | Frankfurter Musikpreis |
| 1986 | Mitglied der Bayerischen Akademie der Schönen Künste |
| 1987 | Dr. h. c. der Universität Manchester |
| 1989 | Bundesverdienstkreuz am Bande |
| 1992 | Bayerischer Verdienstorden |
| 1995 | Maximiliansorden für Wissenschaft und Kunst |
| 2001 | Bundesverdienstkreuz 1. Klasse |
| 2002 | Großer Tiroler Adler-Orden |
| 2004 | W. A. Mozart-Preis der Goethe-Stiftung Basel |
| 2004 | Ehrenmitglied des Deutschen Musikrats |
| 2005 | Verdienstkreuz der Stadt Innsbruck |
| 2006 | Münchner Musikpreis |
| 2010 | Orden Pour le Mérite für Wissenschaften und Künste |
| 2011 | Ritter der Legion d'Honneur |
| 2012 | Bundesverdienstkreuz 1. Klasse mit Stern |
| 2012 | Ehrenring der Stadt Innsbruck |
| 2013 | Hugo-Wolf-Medaille der Internationalen Hugo-Wolf-Akademie |
| 2013 | Life Achievement Award von Diapason, Paris |
| 2015 | Oberbayerischer Kulturpreis |
| 2016 | International Opera Award, Lifetime Achievement |
| 2017 | Goldene Medaille des Markts Garmisch-Partenkirchen |
| 2017 | Ehrenmedaille in Gold des Landkreises Garmisch-Partenkirchen |
| 2017 | Echo Klassik, Lebenswerk |

## *Tonträger (Auswahl)*

Über 250 Einspielungen auf Schallplatte und CD, die zahlreiche Preise erhielten, darunter zweimal einen Gramophone Award.

### *Oper*

Leo Fall: Der fidele Bauer
*Symphonie-Orchester Graunke/Carl Michalski*

Pyotr Il'yich Tchaikovsky: Evgeny Onegin
*Bayerisches Staatsorchester/Joseph Keilberth*

Alessandro Scarlatti: Il giardino di amore
*Münchner Kammerorchester/Hans Stadlmair*

Richard Strauss: Der Rosenkavalier
*Bayerisches Staatsorchester/Joseph Keilberth*

Oscar Straus: Ein Walzer Traum
*Symphonie-Orchester Graunke/Willy Mattes*

Giuseppe Verdi: La traviata
*Bayerisches Staatsorchester/Giuseppe Patané*

Hans Pfitzner: Palestrina
*Bayerisches Staatsorchester/Joseph Keilberth*

Wolfgang Amadeus Mozart: Die Zauberflöte
*Bayerisches Staatsorchester/Wolfgang Sawallisch*

Alban Berg: Lulu
*Wiener Philharmoniker/Christoph von Dohnányi*

Richard Wagner: Die Meistersinger von Nürnberg
*Symphonieorchester des Bayerischen Rundfunks/Rafael Kubelík*

Friedrich von Flotow: Martha
*Bayerisches Staatsorchester/Robert Heger*

Johann Strauss: Die Fledermaus
*Wiener Symphoniker/Willi Bostovsky*

Wolfgang Amadeus Mozart: La finta giardiniera
*Mozarteum Orchester Salzburg/Leopold Hager*

Georges Bizet: Carmen
*Staatskapelle Dresden/Giuseppe Patané*

Giuseppe Verdi: Don Carlos
*Radio-Symphonie-Orchester Berlin/Giuseppe Patané*

Wolfgang Amadeus Mozart: La clemenza di Tito
*Wiener Staatsopernorchester/István Kertész*

Richard Wagner: Der Ring des Nibelungen (Die Walküre)
*Wiener Philharmoniker/Georg Solti*

Wolfgang Amadeus Mozart: Così fan tutte
*Wiener Philharmoniker/Karl Böhm*

Hector Berlioz: Roméo et Juliette
*ORF-Symphonieorchester/Lamberto Gardelli*

Engelbert Humperdinck: Hänsel und Gretel
*Wiener Philharmoniker/Georg Solti*

Jacques Offenbach: Die schöne Helena
*Münchner Rundfunkorchester/Willy Mattes*

Giuseppe Verdi: Aida
*Bayerisches Staatsorchester/Riccardo Muti*

Wolfgang Amadeus Mozart: Così fan tutte
*Bayerisches Staatsorchester/Wolfgang Sawallisch*

Jules Massenet: Werther
*Bayerisches Staatsorchester/Jesus Lopez Cobos*

Richard Wagner: Tristan und Isolde
*Staatskapelle Dresden/Carlos Kleiber*

Giuseppe Verdi: Il trovatore
*Orchestra dell'Accademia Nationale di Santa Cecilia/Carlo Maria Giulini*

Berühmte Opernarien
*Radio-Sinfonieorchester Stuttgart/Hans Graf*

Giuseppe Verdi: Rigoletto
*Orchestra dell'Accademia Nationale di Santa Cecilia/Giuseppe Sinopoli*

Giacomo Puccini: Manon Lescaut
*Philharmonia Orchestra/Giuseppe Sinopoli*

Jules Massenet: Werther
*Prague Symphony Orchestra/Libor Pešek*

Alban Berg: Lulu
*Orchestre National de France/Jeffrey Tate*

George Enescu: Oedipe
*Orchestre Philharmonique de Monte-Carlo/Lawrence Foster*

Richard Strauss: Salome
*Berliner Philharmoniker/Zubin Mehta*

Alban Berg: Lulu
*Wiener Staatsopernorchester/Lorin Maazel*

Johann Strauss: Die Fledermaus
*Wiener Philharmoniker/André Previn*

Charles Gounod: Faust
*Welsh National Opera Orchestra/Carlo Rizzi*

Engelbert Humperdinck: Dornröschen
*Münchner Rundfunkorchester/Ulf Schirmer*

Richard Strauss: Capriccio
*Wiener Philharmoniker/Ulf Schirmer*

Richard Strauss: Intermezzo
*Münchner Rundfunkorchester/Ulf Schirmer*

### *Konzerte*

Gioachino Rossini: Petite Messe solenelle
*Wolfgang Sawallisch*

J. S. Bach: Weihnachtsoratorium
*Symphonieorchester des Bayerischen Rundfunks/Eugen Jochum*

Robert Schumann: Das Paradies und die Peri
*Düsseldorfer Symphoniker/Henryk Czyz*

Felix Mendelssohn Bartholdy: A Midsummer Night's Dream
*Symphonieorchester des Bayerischen Rundfunks/Otto Klemperer*

Gustav Mahler: Symphonie Nr. 2
*London Symphony Orchestra/Leopold Stokowski*

Ludwig van Beethoven: Symphonie Nr. 9
*Münchner Philharmoniker/Rudolf Kempe*

Gustav Mahler: Symphonie Nr. 2
*Symphonieorchester des Bayerischen Rundfunks / Rafael Kubelík*

Ludwig van Beethoven: Missa solemnis
*Symphonieorchester des Bayerischen Rundfunks / Rafael Kubelík*

Ludwig van Beethoven: Symphonie Nr. 9
*Wiener Philharmoniker / Karl Böhm*

Gustav Mahler: Kindertotenlieder
*NDR Sinfonieorchester / Klaus Tennstedt*

Franz Schubert: Geistliches Chorwerk, vol. 1–3
*Symphonieorchester des Bayerischen Rundfunks / Wolfgang Sawallisch*

J. S. Bach: Messe h-Moll
*Symphonieorchester des Bayerischen Rundfunks / Eugen Jochum*

J. S. Bach: Johannes-Passion
*Consortium musicum / Wolfgang Gönnenwein*

Franz Schubert: Messen As-Dur und C-Dur
*Symphonieorchester des Bayerischen Rundfunks / Wolfgang Sawallisch*

Johannes Brahms: Alt-Rhapsodie
*Tschechische Philharmonie / Giuseppe Sinopoli*

Franz Schubert: Messe in Es-Dur
*Symphonieorchester des Bayerischen Rundfunks / Wolfgang Sawallisch*

Gustav Mahler: Das Lied von der Erde
*Berliner Philharmoniker / Carlo Maria Giulini*

Gustav Mahler: Kindertotenlieder
*Münchner Philharmoniker / Sergiu Celibidache*

Johannes Brahms: Werke für Chor und Orchester
*Tschechische Philharmonie / Giuseppe Sinopoli*

Joseph Haydn: Paukenmesse
*Symphonieorchester des Bayerischen Rundfunks / Leonard Bernstein*

Georg Friedrich Händel (Mozart): Der Messias
*Radio-Sinfonieorchester Stuttgart / Neville Marriner*

Antonín Dvořák: Requiem
*Tschechische Philharmonie / Wolfgang Sawallisch*

Gioachino Rossini: Petite Messe solenelle
*Katia und Marielle Labèque / Stephen Cleobury*

Gustav Mahler: Symphonie Nr. 2/Lieder eines fahrenden Gesellen
*Philharmonia Orchestra/Giuseppe Sinopoli*

Paul Hindemith: Requiem
*Wiener Symphoniker/Wolfgang Sawallisch*

Gustav Mahler: Symphonie Nr. 8
*Wiener Philharmoniker/Lorin Maazel*

Arnold Schoenberg: Gurrelieder
*Radio-Symphonie-Orchester Berlin/Riccardo Chailly*

Gustav Mahler: Das klagende Lied
*Radio-Symphonie-Orchester Berlin/Riccardo Chailly*

Modest Mussorgsky: Songs and Dances of Death
*Gothenburg Symphony Orchestra/Neeme Järvi*

Kurt Weill: Die sieben Todsünden/Chansons
*NDR Radiophilharmonie/Cord Garben*

Gustav Mahler: Orchesterlieder
*Deutsches Symphonie-Orchester Berlin/Riccardo Chailly*

Claude Debussy: Die Spielzeugschachtel
*Kölner Rundfunkorchester/Alfred Walter*

### *Lieder*

«Zigeunerlieder»
*Karl Engel*

Robert Schumann: Spanisches Liederspiel; Johannes Brahms: Liebesliederwalzer
*Erik Werba*

Lieder von Franz Schubert
*Erik Werba*

Lieder von Schumann und Brahms
*Erik Werba*

Lieder von Mendelssohn und Wolf
*Erik Werba*

Lieder von Schumann
*Erik Werba*

Lieder von Liszt, Milhaud und Mahler
*Irwin Gage*

Lieder von Johannes Brahms
*Irwin Gage*

Johannes Brahms: Liebesliederwalzer op. 52 und op. 65
*Karl Engel / Wolfgang Sawallisch*

Robert Schumann: Dichterliebe; Arnold Schoenberg: Das Buch der hängenden Gärten
*Aribert Reimann*

Robert Schumann: Frauenliebe und -leben; Liederkreis op. 24
*Irwin Gage*

Lieder von Franz Liszt
*Irwin Gage*

Antonín Dvořák/Johannes Brahms/Max Reger: Duette
*Juliane Banse / Cord Garben*

Lieder von Gustav Mahler, Alban Berg und Claus Ogerman
*John Wustman*

Franz Schubert: Winterreise
*Aribert Reimann*

Gustav Mahler: Das Lied von der Erde
*Cyprian Katsaris*

Romantische Duette
*Kurt Moll / Cord Garben*

Franz Schubert: Schwanengesang
*Aribert Reimann*

Lieder von Franz Liszt
*Jean-Yves Thibaudet*

Hugo Wolf: Mörike-Lieder
*Jean-Yves Thibaudet*

Lieder von Franz Schubert
*Cord Garben*

Lieder von Carl Loewe
*Cord Garben*

Lieder von Franz Schubert
*Graham Johnson*

Robert Schumann: Liederkreis op. 39/Johannes Brahms: Vier ernste Gesänge
*Elisabeth Leonskaja*

Johannes Brahms: Die schöne Magelone
*Elisabeth Leonskaja*

Franz Schubert: Die schöne Müllerin
*Aribert Reimann*

Richard Strauss: Complete Works for Voice and Piano
*Enoch Arden/Wolfgang Rieger*

## *DVDs*

Richard Strauss: Der Rosenkavalier
*Bayerisches Staatsorchester/Carlos Kleiber/Otto Schenk*

Jules Massenet: Werther
*Prager Sinfonieorchester/Libor Pešek/Petr Weigl*

Richard Strauss: Elektra
*Wiener Staatsopernorchester/Claudio Abbado/Harry Kupfer*

Johann Strauss: Die Fledermaus
*Bayerisches Staatsorchester/Carlos Kleiber/Otto Schenk*

Engelbert Humperdinck: Hänsel und Gretel
*Wiener Philharmoniker/Georg Solti/August Everding*

Johann Strauss: Der Zigeunerbaron (Regie)
*Festivalorchester Mörbisch/Manfred Mayrhofer*

## *Übersetzungen und Musical-Libretti*

2006 Jacques Offenbach: Robinson Crusoe
2008 Michael Nyman: Love Counts
2010 Lulu – das Musical (Komponist: Stephan Kanyar)
2012 Shylock! (Komponist: Stephan Kanyar)

## *Inszenierungen*

* Schauspiel

1990 Gioachino Rossini: La Cenerentola (Coburg)
1992 Franz Schreker: Der ferne Klang (Opera North, Leeds)
1992 Alban Berg: Lulu (Innsbruck)
1992 Engelbert Humperdinck: Hänsel und Gretel (Augsburg)
1993 Benjamin Britten: A Midsummer Night's Dream (Amsterdam/Tel Aviv)
1993 Wolfgang Amadeus Mozart: Die Zauberflöte (Coburg)
1994 Richard Strauss: Der Rosenkavalier (Oldenburg)
1995 Richard Strauss: Ariadne auf Naxos (Meiningen)
1995 Gioachino Rossini: La Cenerentola (Wiesbaden)
1995 Benjamin Britten: A Midsummer Night's Dream (Braunschweig)
1996 Wolfgang Amadeus Mozart: Don Giovanni (Oldenburg)
1996 Richard Wagner: Tristan und Isolde (Braunschweig)
1996 Carlisle Floyd: Susannah (Wien)
1996 Stephen Sondheim: A Little Night Music (Braunschweig)
1997 Claude Debussy: Pelléas et Mélisande (Braunschweig)
1997 Giuseppe Verdi: La traviata (St. Gallen)
1998 Wolfgang Amadeus Mozart: Lucio Silla (London/Copenhagen)
1998 Giuseppe Verdi: Rigoletto (Chemnitz)
1999 Wolfgang Amadeus Mozart: Die Zauberflöte (Meiningen)
1999 Jacques Offenbach: Orpheus in der Unterwelt (Innsbruck/Dortmund)
2000 Jule Styne: Gypsy (Innsbruck)
2000 Jules Massenet: Werther (Innsbruck)
2001 Ralph Benatzky: Im weißen Rößl (Innsbruck)
2001 Richard Strauss: Der Rosenkavalier (Innsbruck)
2001 Richard Wagner: Tristan und Isolde (Innsbruck)
2001 Franz Lehár: Das Land des Lächelns (Innsbruck/Ulm)
2002 Georges Bizet: Carmen (Innsbruck)
2003 Richard Strauss: Arabella (Straßburg)
2003 Benjamin Britten: A Midsummer Night's Dream (Innsbruck)
2003 Ludwig van Beethoven: Fidelio (Innsbruck)
2003 Johann Strauss: Die Fledermaus (Hannover)
2003 Johann Strauss: Der Zigeunerbaron (Innsbruck)
2004 Richard Strauss: Der Rosenkavalier (Amsterdam)

2004 * John von Düffel: Othello. Therapie (Innsbruck)
2004 Richard Strauss: Die Frau ohne Schatten (Innsbruck)
2005 Benjamin Britten: Peter Grimes (Innsbruck)
2006 Richard Strauss: Salome (Innsbruck)
2006 * Gerhard Hauptmann: Vor Sonnenuntergang (Innsbruck)
2006 Stephen Sondheim: Das Lächeln einer Sommernacht (Innsbruck)
2006 Carl Maria von Weber: Der Freischütz (Innsbruck)
2006 Johann Strauss: Die Fledermaus (Innsbruck)
2007 Claude Debussy: Pelléas et Mélisande (Innsbruck)
2007 * Alan Ayckbourn: Frohe Feste (Innsbruck)
2008 Giacomo Puccini: Tosca (Innsbruck)
2008 Benjamin Britten: The Turn of the Screw (Innsbruck)
2008 Carl Maria von Weber: Oberon (Innsbruck)
2008 Peter Tschaikowsky: Eugen Onegin (Innsbruck)
2009 Jacques Offenbach: Les Contes d'Hoffmann (Innsbruck)
2009 Richard Wagner: Das Rheingold (Innsbruck)
2009 Hector Berlioz: Les Troyens (Innsbruck)
2010 Richard Strauss: Arabella (Innsbruck)
2010 Gioachino Rossini: La Cenerentola (Innsbruck)
2011 Bedřich Smetana: Die verkaufte Braut (Innsbruck)
2011 Richard Strauss: Elektra (Innsbruck)
2011 Johann Strauss: Der Zigeunerbaron (Mörbisch)
2012 Giuseppe Verdi: Falstaff (Innsbruck)
2012 Benjamin Britten: Albert Herring (Innsbruck/Volksoper Wien)
2012 Gaetano Donizetti: Don Pasquale (Gärtnerplatztheater im Cuvilliés-Theater, München)
2012 Engelbert Humperdinck: Hänsel und Gretel (Graz)
2013 Leoš Janáček: Katja Kabanova (Regensburg)
2013 Richard Strauss: Ariadne auf Naxos (Frankfurt)
2014 Giuseppe Verdi: Rigoletto (Regensburg)
2015 Peter Tschaikowsky: Eugen Onegin (Kiel)
2015 Richard Strauss: Der Rosenkavalier (Baden-Baden)
2015 Giacomo Puccini: La Bohème (Coburg)
2015 Carl Maria von Weber: Der Freischütz (Schloss Tabor Festival, Österreich)
2015 Gioachino Rossini: La Cenerentola (Gärtnerplatztheater im Cuvilliés-Theater, München)
2016 Benjamin Britten: Peter Grimes (Saarbrücken)
2016 Benjamin Britten: Paul Bunyan (Frankfurt)
2017 Richard Strauss: Salome (Regensburg)
2017 Engelbert Humperdinck: Hänsel und Gretel (Braunschweig)
2018 Richard Strauss: Capriccio (Frankfurt)

2018 Gioachino Rossini: Il barbiere di Siviglia (Bregenzer Festspiele)
2019 Richard Strauss: Die Frau ohne Schatten (Kiel)
2019 Hans Werner Henze: Der junge Lord (Gärtnerplatztheater, München)
2019 Gaetano Donizetti: Lucia di Lammermoor (Regensburg)
2019 Friedrich von Flotow: Martha (Schloss Tabor Festival, Österreich)

## *Bildnachweis*

Vorderer Vorsatz (von links oben): Als Eboli («Don Carlos», München), Carmen («Carmen», München), Marina («Boris Godunow», München), Fricka («Das Rheingold», München), Gräfin Geschwitz («Lulu», München), Marie («Wozzek», Deutsche Oper Berlin), Sesto («La clemenza di Tito», München), Dorabella («Così fan tutte», Salzburg), Orfeo («Orfeo ed Euridice», München), Amme («Die Frau ohne Schatten», Mailand)

Hinterer Vorsatz (von links oben): Als Gräfin Geschwitz («Lulu», London), Amneris («Aida», München), Octavian («Der Rosenkavalier», Wien), Orlofsky («Die Fledermaus», München), Clarissa («Die Liebesprobe», München), Waltraute («Götterdämmerung», Berlin), privat, als Hänsel («Hänsel und Gretel», München), Charlotte («Werther», München), Eboli («Don Carlos», München)

Archiv der Salzburger Festspiele/Photo Ellinger: S. 99; vorderer Vorsatz, unten, 3. v. l.

Deutsches Theatermuseum München, Archiv Rudolf Betz: S. 89, 93; hinterer Vorsatz, oben, 5. v. l.

Deutsches Theatermuseum München, © Oda Sternberg: S. 115, 121, 124, 144; vorderer Vorsatz, oben, 5. v. l.; hinterer Vorsatz, oben, 2. v. l., unten, 2. und 5. v. l.

Deutsches Theatermuseum München, Archiv Sabine Toepffer: vorderer Vorsatz, oben, 4. v. l., unten, 4. v. l.; hinterer Vorsatz, oben, 1. und 4. v. l.

Deutsches Theatermuseum München, Foto Sabine Toepffer: S. 168; vorderer Vorsatz, oben, 2. und 3. v. l.; hinterer Vorsatz, unten, 3. v. l.

Tina Eder, Hall/Tirol: S. 181, 189

Foto Fayer, Wien: hinterer Vorsatz, oben, 3. v. l.

Haramaty Photographers, Tel Aviv: S. 309

Anne Kirchbach, Starnberg: S. 113; vorderer Vorsatz, unten, 2. v. l.; hinterer Vorsatz, unten, 4. v. l.

Siegfried Lauterwasser, Überlingen: S. 100

Deen van Meer, Amsterdam: S. 233, 245, 254, 274, 285, 287

Nationalarchiv der Richard-Wagner-Stiftung Bayreuth/Zustiftung Wolfgang Wagner: S. 150 (Wilhelm Rauh)

Gunnar Neubarth, München: S. 139

Oda Sternberg, München: S. 122, 142, 159; vorderer Vorsatz, oben, 1. v. l.

Eduard Straub, Meerbusch-Büderich: S. 167

Teatro alla Scala, Mailand: S. 90 (E. Piccagliani); vorderer Vorsatz, unten, 5. v. l. (Lelli e Masotti)

Leider war es nicht in allen Fällen möglich, die Inhaber der Rechte zu ermitteln. Wir bitten deshalb gegebenenfalls um Mitteilung. Der Verlag ist bereit, berechtigte Ansprüche abzugelten.

## *Personenregister*

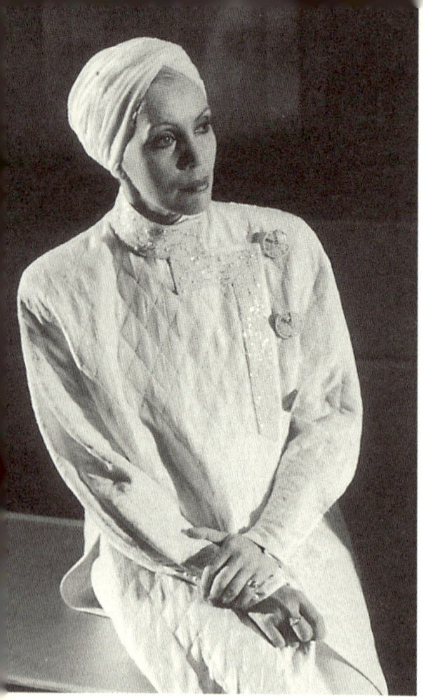
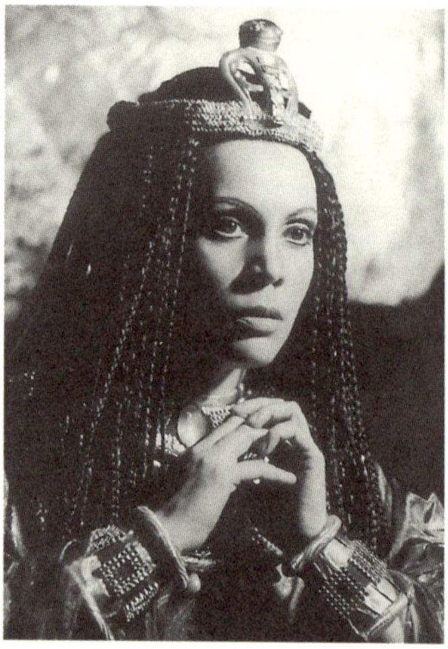
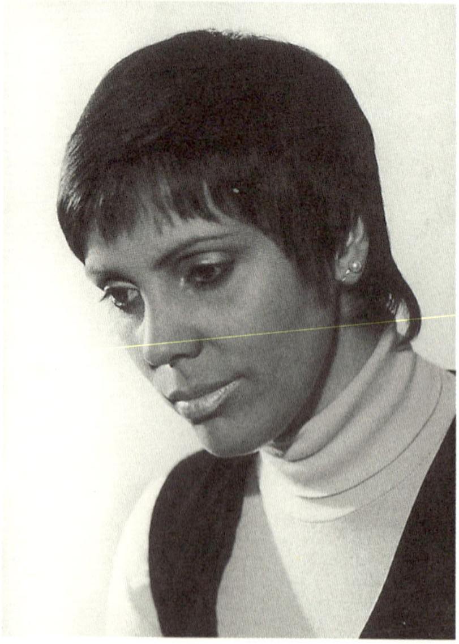
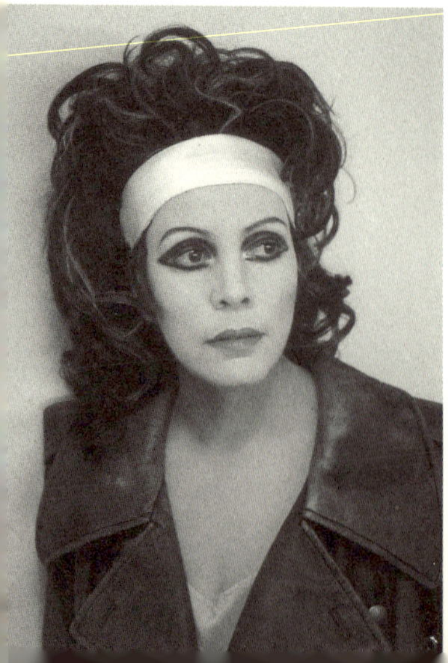